여성
노동
가족

이 책은 부산대학교 기본연구지원사업(2년)에 의하여 번역되었음

여성
노동
가족

근대유럽의 여성노동과 가족전략

조앤 W 스콧 | 루이스 A 틸리 지음
김영 옮김

Women
Work
and
Family

앨피

일러두기

- 이 책은 Women, Work and Family(1978)의 개정판(1987)을 완역한 것이다. 개정판에는 초판 서문이 빠져 있어 한국어판도 이를 따랐다.
- 본문 속 ( )는 지은이의 첨언이며, 〔 〕은 옮긴이의 첨언이다.
- 저자주는 미주로, 역자주는 각주로 처리했다.

루이스 틸리와 나는 미국에서 제2의 페미니즘 물결이 고조에 달했던 시기에《여성 노동 가족》을 집필했다. 이 책은 1978년에 처음 출판되었지만, 이 책이 처음 세상에 태어난 시기의 역사적 맥락을 넘어서 긴 수명을 가지게 되었다. 우리의 목적은 구체적인 증거를 가지고 특히 여성과 일의 관계에 대해 서유럽 사회에 만연한 여성사에 얽힌 수많은 오해에 도전하는 것이었다. 우리는 임금소득이 경제적 조건을 향상시킬 뿐만 아니라 개인성을 완성시키는 동시에 시민권 획득에 기여한다는 점에서 필연적으로 여성의 해방을 가져올 것이라는 생각에 이의를 제기하고자 했다. 우리가 생각하기에 그런 생각은 현대 중간계급 여성의 경험에 기초한 것이다.

　연구는 우리를 여러 가지 다른 결론으로 이끌었다. 첫째, 여성의 경제적 상황은 전통과 근대의 단순한 대비로 제시된 것보다 훨씬 더 연속성이 있었다. 전前산업화 시기와 산업화 시기 모두 여성의 일은 가족경제의 맥락에서 규정되었고, 생애주기에 따라 달라지는 경향이 있었다. 즉, 젊은 여성은 결혼할 때까지 또는 출산할 때까지 가정 밖에서 임금을 벌다가, 결혼 후에는 화폐소득에 대한 필요와 자녀 출산 및 양육에 대한 요구를 결합시키면서 일하는 장소와 정도를 조정했다. 둘째, 산업혁명은 우리가 예상했던 것보다 영향력이 크지 않았다. 직물 산업에 관한 수많은 연구들은 집 밖에 있는 공장에 고용되어 임금을 버는 여성들에게만 초점을 맞추어 더 많은 여성들이 산업화 시기에도 가내 하인으로 임금을 벌었다는 사실을 보이지 않게 만들었다. 셋째, 노동조건 개선과 시민권에 대한 접근은 노동시장 참여에 따른 것이 아니었다. 그와 같은 진보는 노동자들의 조직적인 운동과 노동계급 남성 및 남성 정치인들에게 대항해 온 페미니스트 운동의 결과로 많은 희생을 치르고 얻어졌다.

이 책은 이전 연구를 통해 우리 두 저자가 가장 잘 알고 있는 영국과 프랑스에 초점을 맞추었다. 우리가 모든 곳에 적용될 수 있는 보편적 유형을 밝혔다고는 생각하지 않는다. 우리는 이 책이 우리가 수행한 것과 같은 종류의 연구, 즉 다양한 여성의 다양한 경험에 빛을 비추어 역사적·문화적 맥락에서의 중요한 차이들을 설명하는 다른 연구들을 자극하게 되기를 바란다.

이 책이 한국어로 번역되는 것을 매우 기쁘게 생각한다. 그러나 한국의 독자들이 이 책이 한국 여성들의 경제사와 사회사를 반영하고 있으리라 기대하지 않기를 바란다. 우리의 결론에 지나치게 무게를 두기보다 우리의 작업이 한국의 역사에 질문을 제기하는 계기가 되기를 바란다. 예를 들어, 한국의 산업화는 영국 및 프랑스보다 훨씬 더 늦게 시작되었으므로 산업화가 18,19세기의 영국 및 프랑스에 미친 것과는 다른 국내적·국제적 영향을 미쳤을 것이다. 그것이 만들어 낸 차이는 무엇인가? 우리가 서술한 경험에 해당하는 관행들이 한국에도 도입되었는가? 그런 관행들이 한국의 문화적 전통에 맞추어 변형되었는가? 한국의 문화적 전통이 자본주의적 생산조직보다 더 중요한가? 어떤 측면에서 그러한가? 글로벌경제가 우리가 서술한 경험들을 표준화하거나 변형했는가?

이 책의 번역자에게 깊이 감사한다. 이 책의 문제의식을 공유하며 생산된 역사적 연구들에 관해 듣게 되기를, 그리고 여전히 전 세계 여성의 삶의 중심에 있는 이 문제들에 대해 한국의 독자들과 함께 계속해서 생각하게 되기를 기대한다.

2007년

조앤 W. 스콧

임금은 여성에게 해방을 약속하는가?

이 질문을 던지며 저자들은 18세기에서 20세기 중반에 이르는 시기에 걸쳐 영국과 프랑스 여성들이 어디서 어떻게 노동해 왔는지, "(임금)노동이 여성의 지위를 개선시켰는지 또는 가족 내 여성의 역할을 변화시켰는지 여부와 산업혁명과 관련된 급격한 변화가 여성에게 어떤 영향을 미쳤는지"를 검토한다. 그 결과, "산업화로 여성이 가구를 떠나 임금을 벌 수 있는 기회가 생긴 것은 사실이지만 임금 자체가 '해방'을 의미한 것은 아니었"으며, "딸, 아내, 그리고 어머니로서 여성과 가족 사이의 관계를 크게 변화시키지는 않았다"고 결론 내린다. 그리고 "여성의 노동조건 개선과 시민권에 대한 접근"은 노동시장 참여보다는 "노동자들의 조직적인 운동과 노동계급 남성 및 남성 정치인들에게 대항해 온 페미니스트들의 운동의 결과로 많은 희생을 치르고 얻어졌다"고 주장한다.

저자들에 따르면 "역사적으로 볼 때 남성 노동자에게 자율성과 더 높은 지위를 부여한 것은 임금만이 아니었다." 또한 1970년대의 페미니스트 이론이 강조한 "자기결정권은 가족이 아니라 노동시장에서 가능하며, 가족은 전통의 고수를 표상하는 반면, 노동시장은 근 내성을 약속한다고 보는 것, 직업을 갖게 되면 가족적 유대는 후순 위가 된다고 여기는 생각들"은 "현대 중간계급 여성들의 경험에 기 초"하는 것으로 대다수 여성의 역사적 경험을 반영하지 못한다. 엄 격하게 성별화된 노동시장의 직업구조로 인해 여성은 저숙련·저임 금의 주변부 노동자로 노동시장에 유입되어, 임금노동을 하더라도 가족과의 유대를 근절할 수 없기 때문이다. 성별화된 직업구조는 여 성이 출산 능력을 가졌다는 사실로 정당화되고 사회적으로 수용되 는데, 이에 따라 여성의 노동은 가족의 재생산과 생계전략에 결박되 게 된다.

노동시장이 요구하는 더 많은 자격(취업 스펙)을 갖추어 고용안정 과 고임금을 약속하는 더 나은 일자리를 통해 자립과 자존을 확보하 려는 21세기 여성들의 입장에서는 이 책의 주장에 동의하기가 쉽지 않을지도 모르겠다. 그러나 한국의 여성 노동시장 상황을 생각하면 이 책의 통찰은 바로 우리의 현실에 관한 것이기도 하다. 20세기 후 반부터 한국에서 기혼 여성을 중심으로 여성의 경제활동 참가가 꾸 준히 증가해 왔지만, 증가한 여성 일자리는 대부분 최저임금 수준의 임금밖에 받지 못하는 저임금 서비스 노동이다. 더욱이 여성의 고학 력화가 진전되어 2009년부터 여성의 대학 진학률이 남성의 대학 진 학률을 상회하고 있음에도 불구하고, 성별 임금격차가 줄어들지 않 고 있다. 여성의 노동은 평가절하당하고 있는 것이다.

그러나 이 책이 현실에 대한 이런 우울한 통찰만 보여 주는 것은 아니다. 이 책은 사회가 남성의 영역과 여성의 영역으로 나뉘어 남성의 영역이 더 우월한 것으로 평가되는 사회의 조직 원리와 여성을 비정치적 존재로 간주하는 사회적 통념이 언제나 그랬던 것은 아니라는 점을 보여 준다. 페미니스트 인류학자들의 연구에 따르면, 부족사회에서 여성은 공동체의 생존을 위해 필요한 먹거리의 60~80퍼센트를 생산했다. 이 책은 가까운 과거인 17세기와 18세기의 영국과 프랑스에서 딸로서, 아내로서, 어머니로서 성별과 연령, 혼인 상태에 따른 가구 내 분업에 따라 일하는 여성의 노동이 없었다면 가족의 생계 자체가 유지될 수 없었음을 보여 준다.

전산업사회에서 가구의 경제생활은 아내와 남편이라는 두 노동 주체의 노동이 결합되어야만 유지될 수 있었고, 여성, 특히 기혼 여성은 "가족경제의 주춧돌"이었다. "가족이 궁핍한 것은 부인이 돈을 벌지 않기 때문"이라고 여겨졌다. 산업화가 진전된 19세기에도 "여성이 가족의 소득에 기여해야 하는 자신의 몫을 다하지 않으면 게으른 것으로 간주되었다." 농가에서도 도시의 수공업 가족에서도 "부인은 남편의 진정한 동료"였으며, 아내와 남편의 "경제적인 동반자 관계가 생존을 위한 최선의 수단"이었기 때문에, 사별 남성은 살아남기 위해 재혼할 수밖에 없었다. 전산업사회의 가구경제 안에서 기혼 여성에게 부여된 가장 중요한 역할은 어떻게 해서든 가족들이 먹을 음식을 조달하는 것이었고, 이러한 기혼 여성의 역할은 가족 안에서 여성에게 특정한 권한을 부여하고, 여성을 정치적 활동에 참여하게 만들기도 했다. 참정권이 없던 시기에 서민계층 저항정치의 전형이었던 '빵 폭동'이 여성으로만 수행되거나 여성에 의해 주도된 이유다.

더 나아가 이 책은 여성의 역할과 남성의 역할, 즉 젠더가 역사적·문화적 산물인 것과 마찬가지로 모성 또한 역사석 창소물임을 보여 준다. 현재의 우리가 당연한 규범으로 인지하고 있는 자녀와 정서적 교감을 나누고 자녀의 인생에 근원적 책임을 지는 존재로서의 어머니는 19세기까지의 유럽 민중의 삶에서는 찾아보기 어렵다. 전산업사회에서 "아이가 태어나고 아이를 돌보는 것은 가구에서 수행되는 일 가운데 우선순위가 가장 낮은 일이었"고, "일거리가 밀려들 때 어머니들은 가게 일의 리듬을 깨기보다는 아기를 보모에게 보냈다." "유모가 키우는 아이는 어머니가 직접 키우는 아이보다 사망률이 거의 두 배나 높았"음에도 불구하고, "가족의 자원을 고갈시킬 뿐인 아이를 돌보기 위해 돈벌이를 연기하거나 제쳐 놓을 수는 없었"기 때문이다. 무산계층에서 아이가 가족생활과 기혼 여성의 삶에 중심적 존재로 등장하는 것은 19세기 말 이후다. 생활 수준 향상을 위해, 그리고 자녀가 갖는 경제적 가치의 변화 때문에 노동계급의 가족들이 산아제한을 실천하기 시작했다. 그러자 군대와 노동력인구의 충원을 걱정한 위정자들과 중산층 박애주의자들이 어머니 역할에 대한 '계몽'과 교육, 그리고 감시에 나섰다.

20세기에 들어 1세계 노동계급에서 남성은 가족임금소득자로 여성은 가족돌봄노동자로 성별분업이 강화되었다. 여성은 가족 내로 격리되었고, 기혼 여성의 1차적 역할은 자녀를 낳아 건강하게 기르는 것으로 규정되었다. 하지만 20세기에도 어머니의 역할이 자녀 양육에 국한된 것은 아니다. 어머니들은 이웃이나 친척 같은 비공식적 연결망의 정보와 간헐적·부분적 취업을 통해 자녀가 필요로 하는 경제적 자원을 조달하고, 가족의 계층상승을 기획하고 실행하는 가족생활의 중심이었다. 또한, 합리적 가계 운영으로 가족들에게 더 질 좋은 식사를 제공해야 한다는 요구는 여성들로 하여금 소비자협동조합운동을 조직하게 했다. 예를 들어, 영국에서 1930년까지 약 6만 7천여 명의 여성이 여성협동조합길드를 통해 결집해 저렴한 가격의 물품 구매뿐 아니라 회합과 집회를 열며 활발히 활동했다.

이 책의 또 다른 미덕은 생생하고 치밀한 역사 서술이다. 주지하는 바와 같이 사회사 연구는 개별 사건보다는 그 사건들을 관통하는 근본 문제에, 그리고 '이야기story로서의 역사'보다는 그 이야기들의 구조와 유형에 초점을 맞추는 연구다. 그러나 이 책은 이야기의 구조와 유형을 선명히 드러낼 뿐 아니라 삶의 생생함과 구체성도 함께 전달한다. 이 책은 독자에게 마치 영상자료를 보고 있는 듯한 착각을 일으키게 할 정도로 요크, 아미엥, 루베, 스톡포드, 프레스턴 그리고 앙쟁에 살았던 다양한 연령의 여성과 남성의 삶을 생생히 전달한다. 이러한 생생함과 구체성을 위해 저자들이 동원하는 자료의 방대함은 독자를 감탄하게 할 뿐이다. 저자들은 센서스 조사와 같은 공식적 기록 및 연구자들의 문헌뿐 아니라 여행자의 기록, 지역 교구 자료, 노동자들의 자서전, 잡지, 신문광고, 정치 팸플릿에 이어 민요, 시, 소설 등 그야말로 다양한 장르의 자료를 놀라운 솜씨로 활용한다.

이 생생함과 구체성은 한두 세기 전에 지구 반대편에서 일어났던 일들이 마치 한국 사회에서 있었던 일들인 듯한 느낌을 불러일으킨다. 농번기에 아이를 학교 대신에 들에 내보내는 부모들과 아이를 학교에 데려오려는 교사들의 치열한 투쟁은 1970년대 이전에 태어난 한국인이라면 누구나 떠올릴 수 있는 기억이다. 도시로 이주한 이후 잔 부비에가 겪었던 경험은 어머니와 딸의 유대가 도시로 이주한 딸들이 식비를 아껴 가며 돈을 모아 고향의 어머니에게 보내는 모습, 가내 하녀로 일하는 이유를 "가족을 위해서"라고 말한 쥘리에트 소제의 모습은 1960년대와 70년대 여성 노동자들의 모습 그 자체다.

1978년에 처음 출간되었을 때 페미니스트 진영에 엄청난 도발을 일으켰던 이 책의 문제 제기와 발견은 이제 더 이상 '새롭지' 않다. 이 책의 통찰이 이후 연구의 출발점이 되었기 때문이다. 그러나 이 책의 통찰은 여전히 현재적이다. 저자들은 말한다. 여성은 역사와 문화에 따라 다르게 규정되며 "여성에 대한 보편적이고 동질적인 사회학적 범주는 없"지만, 이 책이 검토하는 모든 시기에 걸친 한 가지 공통점이 있다. 즉, 여성은 "언제나 '남성'과의 관계 속에서 정의"되고 "여성이 적어도 두 가지 역할, 즉 생물학적 역할과 경제적 역할을 한다고 여겨짐으로써 여성은 가치가 낮은 노동자가 되고 임금도 적게 받으며, 그 결과 가족 부양에 더욱 의존하게 된다."

많은 페미니스트 연구는 전산업사회에서 산업사회로의 이행기와 부족사회의 삶에 대한 분석을 통해 전산업사회에서 여성들이 오늘날의 여성들보다 더 많은 권한을 가지고 더 높은 사회적 지위와 인정을 향유했음을 규명했다. 자본주의와 남성 권력이 공모해 마녀사냥을 벌인 결과인 여성의 신체에 대한 지배와 여성 존재에 대한 총체적 부정, 그리고 성별분업의 자연화가 성공적으로 수행되었다. 이를 통해 자본은 여성에게 전담된 노동력 재생산 노동을 비가시화하고 무급화함으로써 임노동의 가치를 평가절하할 수 있게 되었다. 뿐만 아니라 여성이 수행하는 임금노동을 여자라면 누구나 할 수 있는 저숙련 노동으로 치부해 여성을 주변부 노동시장에 배치함으로써 저임금 노동자를 안정적으로 확보할 수 있었다. 자본과 결탁한 남성노동자(중심의 노동운동)들은 여성을 노동시장 중심부에서 배제함으로써 가내에서 여성의 노동과 신체를 지배할 수 있는 토대를 마련했다. 여성 노동자 전원 해고로 노사 합의에 이른 1998년 한국의 현대자동차 정리해고 반대투쟁이 시사하듯, 남성 노동과 자본의 결탁은 서양의 현상만이 아니다.

여성이 저숙련·저임금의 주변부 노동자로 노동시장에 진입하게 되는 것은 남성은 수행하지 않는, 사회를 유지하기 위해 필수적인 노동을 수행하기 때문이다. 여성은 결혼해 가사를 담당하고, 출산해 아이를 키우느라 직장 일에 집중할 수 없을 것이므로 바람직한 노동자가 아니다. 출산을 하지 않는 여성은 사회의 존속을 위태롭게 하기 때문에 반사회적인 존재며, 따라서 괜찮은 일자리를 가질 자격이 없다. 결혼이 여성의 업무 수행에 방해가 된다면 그것은 여성의 '독박가사' 때문이며, 어머니가 된 여성이 일-가족 양립의 어려움 때문에 업무에 집중할 수 없다면 그것은 여성의 생명 창조 능력 때문이 아니라 강제된 '독박육아' 때문이지만 사회가 여성에게 어떤 의무를 부여했는지는 질문되지 않는다. 심지어 여성은 징집되지도 않는 군복무를 하지 않으므로 불이익을 받는 것이 당연하다. 한 마디로, 여자는 남자가 아니기 때문에 문제다. 여자는 남자보다 사회를 위해 더 많이 공헌하고 있으므로 차별 받아 마땅하다.

인류의 전 역사에 걸쳐 여성은 가족과 사회 성원의 생존과 생계를 위해 다양한 방식으로 노동해 왔다. 여성의 노동 없이 인류는 생존할 수 없었다. 그럼에도 우리가 살아가고 있는 사회는 여성의 기여를 합당하게 평가하지 않는다. 최근 사회적 관심을 불러일으키고 있는 채용 과정 성차별 사건에서 알 수 있듯이, 여성이 고용안정과 임금안정이 보장되는 괜찮은 일자리로 접근하는 데 필요한 것은, 더 많은 인적 자본이 아니라 부당한 차별에 대한 문제 제기이고 연대와 투쟁이다. 신자유주의적 경쟁에서의 승리는 결코 우리의 대안이 될 수 없다. "여성의 지위 향상과 시민권에 대한 접근"은 임금노동만으로는 얻어질 수 없고 여성들의 정치적 투쟁을 통해 쟁취되어야 한다.

차례

제1부 ——— 산업화 이전 시기의 가족경제

제1장 — 경제와 인구

제2장 — 가족경제와 미혼 여성

제3장 — 가족경제와 기혼 여성

제2부 ———— 산업화와 가족임금경제

제4장 — 산업화

제5장 ── 인구 변화

제6장 ── 가족임금경제와 여성

제3부 ─── 가족소비경제를 향하여

제7장 ── 직업과 인구의 변화

그림 차례

표 차례

이 책의 작업은 1975년에 시작되었다. 우리는 사회사 연구자로 교육을 받았고, 영국과 프랑스의 도시에서 진행된 산업화와 노동계급의 정치학에 관한 논문을 저술했다. 1970년대 초반에 우리는 각자 자신의 전공 분야에서 여성사 강좌를 개발해 달라는 요청을 받았다. 이런 강좌들은 당시 미국 사회의 여러 단체뿐만 아니라 대학 커리큘럼에서 여성이 비가시적이고 주변적인 존재로 다뤄지는 것을 극복하려 했던 페미니스트 운동의 요구에 대한 직접적인 대응이었다. 페미니스트 활동가들은 대학 강좌에서 지식을 전달하는 것과 여성의 사회적 지위 사이의 중요한 연관성을 지적했다. 만약 서구 문명에 관한 강좌에서 여성이 주요 저자 목록에 포함되어 있지 않다면, 주요한 역사적 사건들에 관한 설명에서 여성이 행위자로 등장한 적이 한 번도 없다면, 만약 인간의 도덕발달이론을 구축하는 데에서 여성의 경험이 배제되었다면, 남학생이든 여학생이든 학생들이 내릴 수 있는 분명한 결론은, 여성은 능력이나 성취, 잠재력이 남성보다 열등하기 때문에 연구 대상으로 중요하지 않다는 것이다. 이와 같은 '학습'은 그동안 페미니스트들이 도전해 온 여성에 관한 관념들을 영속화하는 효과를 낳았다. 페미니스트의 도전은 다음과 같이 여러 측면에서 제기되었다. 먼저, 여러 전문가 단체나 노조, 그리고 'NOW'[*]와 'WEAL'[**]과 같은 페미니스트 단체들을 통해 과거에는 여성에게 닫혀 있던 직업과 공공조직에 여성이 들어갈 수 있도록 압력을 가하는 정치적·법률적 활동이 있었다. 또 여성 스스로 자신의 종속적인 지위를 비판하고 이를 변화시킬 '의식화consciousness raising' 작업이 수행되었다. 그리고 여성사나 여성 문학 같은 분야에서의 개별 강좌 및 여성학에서의 학제 간 프로그램이라는 형태로 대학과 고등교육기관에서 연구 및 커리큘럼 프로젝트가 진행되었다. 지금도 그렇지만, 당시에는 그 어느 것도 쉽게 성취된 것이 없었다. 그러나 페미니스트들은 중요한 기반을 얻는 데에 성공했으며, 특히 학문 영역에서 이룬 성과는 괄목할 만했다. 여성학 강좌들은 초기에는 교수진이나 학생들의 즉흥적인 활동에서 발전했으나, 이제 많은 기관에서 정규 교과과정이 되었다.

틸리 교수와 나는 여성사 강좌를 어떻게 기획할지를 두고 토론하면서 공동 작업을 시작했다. 우리는 수많은 견해를, 특히 여성과 노동에 관련된 쟁점들을 연구하는 방법을 공유하고 있음을 알게 되었

---

[*] National Organization for Women. 1966년에 창설된 미국에서 가장 큰 여성운동단체로, 50만 명 이상의 회원과 500개 이상의 지부를 가지고 있다. 제도 및 법률 개선을 통한 여성의 사회적·경제적 지위 향상을 추구한다.

[**] Women's Equity Action League. 1968년에 창설되었다가 1989년에 해산한 미국의 여성운동단체. NOW와 달리 낙태나 섹슈얼리티 등의 문제에는 적극적인 목소리를 내지 않고, 교육이나 취업에서 여성의 동등한 기회에 초점을 맞추어 활동했다.

다. 경제 변화와 노동 경험이라는 주제는 우리의 기존 연구와도 잘 맞을 뿐만 아니라, 현대 여성운동의 중요한 주제이기도 했다. 1970년대 초반에 이루어진 이론화 작업은 대부분 임노동work for wages과 여성의 지위 개선 간의 관계를 강조했다. 즉, '노동'(일반적으로 명확히 규정되지는 않았지만 의미상 유급 노동을 의미한다)은 여성이 집 안에 억압적으로 감금되고 가족에 종속되는 상황에 대한 해결책으로 제시되었다. 그러나 이런 상관관계는 지나치게 도식적이어서 사회사와 경제사의 복잡성을 무시하고 있다. 역사적으로 볼 때 남성 노동자에게 자율성과 더 높은 지위를 부여한 것은 임금만이 아니었다. 또한 임금과 여성해방을 연결하는 것은 다음과 같은 생각, 즉 자기결정권은 가족이 아니라 노동시장에서 가능하며, 가족은 전통의 고수를 표상하는 반면 노동시장은 근대성을 약속한다고 보는 것, 직업을 갖게 되면 가족과의 유대는 후순위가 된다는 생각과 관련된 것 같다. 우리가 보기에 가족과 노동, 전통과 근대성, 종속과 자율성, 남성과 여성 간의 이런 대립은 과장되어 있다. 우리의 그간의 연구에 따르면, 노동의 역사는 이런 요소들의 팽팽한 대립이라기보다는 상호 관련을 의미한다.

우리는 여성과 노동을 두고 페미니스트들이 벌이는 논쟁과 사회적·경제적 변화를 두고 사회사 연구자들이 벌이는 논쟁의 핵심에 자리한 두 가지 의제를 검토하고자 《여성 노동 가족》을 저술했다. 즉, 노동이 여성의 지위를 개선했는지 또는 가족 내 여성의 역할을 변화시켰는지 여부와, 산업혁명과 관련된 급격한 변화가 여성에게 어떤 영향을 미쳤는지를 살펴보는 것이다.

우리는 연구를 통해서 국가적·지방적·지역적national·regional·local 다양성이라는 복합적인 설명을 이끌어 냈다. 여성이 고용될 기회는 부분적으로는 경제발전의 속도와 성격에 따른 것으로, 영국과 프랑스 간에도 차이가 매우 컸다. 결과적으로 19세기에 프랑스에서는 영국에서보다 훨씬 많은 여성이 농업노동에 고용된 반면, 영국 여성은 프랑스 여성보다 가내 하인이 되는 빈도가 훨씬 높았다. 그러나 중요한 지방적·지역적 유사성도 발견되었다. 프랑스와 영국의 탄광촌은 서로 비슷했으며, 노동력 구성이나 인구학적 특성, 가족과 가구 조직의 측면에서 면방직 산업이 발달한 도시나 상업 중심지와는 다른 모습을 띠었다. 자세히 조사한 결과, 어떤 맥락에서건 여성의 고용 기회와 가족 내 지위를 규정하는 데에는 경제적·인구학적 변수들의 상호작용을 고려하는 것이 중요하다는 사실을 확인했다. 또한 연구 과정에서 우리는 여성과 산업화에 관한 전반적인 특징과 우리가 제기했던 몇 가지 중요한 문제에 대한 답을 얻었다.

간단히 말해서, 우리의 연구 결과는 다음과 같다. 여성이 임노동에 참여하게 되었다는 것이 변화를 의미하기는 해도 그 자체가 여성의 사회적 지위 개선을 의미하는 것은 아니며, 딸과 아내 그리고 어머니로서 여성과 가족 사이의 관계를 크게 변화시키지는 않았다는 것이다. 즉, 산업화로 인해 여성이 가구household를 떠나 돈을 벌 수 있는 기회가 생긴 것은 사실이지만, 임금 자체가 '해방'을 의미하지는 않았다. 그 이유는 첫째, 여성이 임노동시장에 들어가는 것은 대체로 가족 전략에 따른 것으로, 이는 전통적으로 가족 내에서 여성의 책임으로 여겨졌던 바를 완수하는 하나의 방법이었다. 게다가 여성들이 얻은 직업에서 드러나는 또 다른 중요한 특징은 그 직업들이 성별화되었다는 것이다. 전前산업사회부터 현재까지 직업은 성에 따라 분절되었으며, 여성의 노동은 계속해서 저숙련·저임금과 결합해 왔다. 성별로 분절된 노동시장은 차별화된 시장일 뿐만 아니라 비대칭적이어서, 여성의 노동에는 계속해서 남성보다 낮은 등급이 매겨졌다. 19세기 초반에는 공장에, 20세기 초반에는 사무실에 여성이 대거 진출했지만, 이 진출이 여성이 남성과는 다른 일을 하는 열등한 노동자라는 사회적·경제적 편견을 근본적으로 바꾸지는 못했다. 또한, 임금을 번다는 사실이 자동으로 여성에게 가족 성원으로서 새로운 역할을 가져다주지도 않았다. 그 대신 여성의 출산 능력(기혼이건 미혼이건, 심지어 자녀 출산을 완료한 후에도)은 고용주와 부모, 국가 관료, 그리고 여성 자신이 여성의 노동에 부여하는 의미에 영향을 미친 것으로 보인다. 그 의미의 구체적 내용은 우리가 연구했던 시기별로 매우 다양하지만, 그 내용은 모두 여성 노동자를 일반적인 (남성) 노동자의 범주에서 예외적인 존재로 여기게 했다는 점에서 유사성이 있다. 여성이 적어도 두 가지 역할, 즉 생물학적 역할과 경제적 역할을 한다고 여겨짐으로써, 여성은 가치가 낮은 노동자가 되고 임금도 적게 받으며, 그 결과 가족의 부양에 더욱 의존하게 된다. 가족관계는 노동시장의 비대칭성에 상응하며, 그와 동시에 그런 비대칭성이 기초하는 구조를 재생산한다. 그러므로 여성·노동·가족은 불가분의 범주가 되며, 서로 규정하고 서로 의존관계를 창출한다. 이 세 가지 용어는 모두 여성 노동사에 중요한 통찰력을 제공한다고 볼 수 있다.

여성·노동·가족, 이 세 용어는 이 책의 분석틀을 나타내지만, 각각에 대한 정의와 설명이 필요하다. 이 책을 처음 서술했을 때, 우리는 이 용어들에 대한 명확한 정의를 갖고 있었다. 그 뒤로 학자들(사회사 연구자, 페미니스트) 사이의 논쟁으로 문화 및 이데올로기와 경제 과정의 관계에 관한 새로운 문제들이 제기되었으며, 그런 관계를 검토할 새로운 이론적 분석틀이 도입되었다. 이런 논쟁들로 우리는 우리가 초기에 내린 정의의 유용성과 한계를 명확히 하고, 일부 주장은 유지하고, 일부는 다시 이론화하며, 무엇을 더 연구할 필요가 있는지를 지적할 수 있게 되었다.

여성 —— 여성에 대한 보편적이고 동질적인 사회학적 범주는 없다. 여성이란 용어는 역사와 문화에 따라 그것이 의미하는 바가 다르며, 심지어 특정 사회 내부에서도 다르게 정의된다. '여성'은 결코 남성과 분리되어 정의되지 않으며, 언제나 '남성'과의 관계 속에서 정의된다. 여성다움의 내용과 특성은 남성다움과의 대비를 함축하므로, 여성의 역할과 지위는 남성과의 관계를 수반한다. 이런 이유 때문에 생애주기 차원에서 여성을 살펴보아야 하는데, 그래야만 사회적 지위와 연령, 성적sexual 정의가 얽혀 있는 방식들을 찾아낼 수 있기 때문이다. 우리가 검토해 온 역사적 맥락에서 여성에게 주어졌던 서로 다른 선택지는 부분적으로는 생애주기 단계에 대한 사회적 정의에 근거한 것이었다. 딸, 부인, 어머니, 사별 여성, 미혼 여성은 노동 현장이나 가정에서 서로 다른 가능성에 직면하게 된다. 여성이 생애주기에서 어떤 단계에 속해 있는가는 고용관계의 수요와 공급양 측면, 곧 고용주가 적절한 노동자를 선택하거나 노동자가 특정 직업에 취업할 가능성에 중요한 영향을 미친다.

이와 마찬가지로, 사회경제적socio-economic 지위는 여성을 차별화한다. 19세기 영국과 프랑스의 정치가와 사회개혁가들이 '여성' 문제를(마치 생물학적으로 결정된 단일한 범주가 있기라도 한 것처럼) 다룰 때조차도, [바람직한] 여성의 행동을 사회계층에 따라 다양하게 규정하고, 사회계층별로 여성을 위한 프로그램들을 명확히 구분했다. 예를 들어, 그들 자신은 여성 하인을 고용해도 자신의 딸이 보수를 받는 일을 하는 것은 금지했다. 또한, 그들은 노동비용을 낮춘다는 이유로 공장에서 여성의 고용을 정당화하면서도, 자신의 부인이 집에 있는 것은 '자연스러운' 여성적 기질을 실현하는 것으로 찬양했다. 가난한 여성의 매춘은 눈감아 주어도, 자기 계급의 여성에 대해서는 정숙하고 정결한 여성성을 찬양했다. 이런 모순은 계급 역사의 일부이며, 우리가 다루는 시기에 출현한 사회경제적 지위에 따른 뚜렷한 구별 짓기의 일부다. 물론 빈자와 부자 사이의 차이는 산업혁명 이전에도 존재했지만, 18세기 말과 19세기에 산업자본주의의 전면적 발전과 함께 계급관계로 재정의되었다. 경제적 보상을 위해 생산활동에 참여한 여성들은 대부분 빈민이나 노동계급 출신이었기 때문에, 우리는 그들에게 초점을 맞추었다. 이 책에 등장하는 여성들은 농민, 수공업 장인, 소매상, 도시와 농촌의 숙련·반숙련노동자 가족 출신으로, 자신의 노동력을 정기적으로 지출하거나 판매함으로써 생계를 유지하던 사람들이었다.

여성에 대한 우리의 정의는 그 범주에 내포된 사회학적 복합성과 다양성을 고려하지만, 이 책에서는 문화적 정의가 어떻게 성립되었는지, 그리고 계급에 따라 문화적 정의가 어떻게 달라지는지, 여성이 특수하고 다양한 여성 정체성 개념을 어떻게 내면화하고 행동하는지 등의 문제는 제기하지 않고자 한다. 이런 문제들 중 일부는 우리의 주된 관심사와 별로 관계가 없다. 우리가 다룬 주제들을 계속 탐구할 수 있게 해 주었지만 이 책에서 더는 발전시키지 않은 문제들도 있다. 이 문제와 관련해서는 두 가지 예를 들면 충분하다고 본다. 첫 번째는 누구를 고용할 것인가 하는 고용주의 결정이 당시에 여성은 어떤 존재이며, 여성이 무엇을 할 수 있는지를 규정하는 데에 기여했던 방식들과 관계가 있다. 비록 전산업화 시기에 여성이 성특정적sex-specific인 직업과 임무에 종사했을지라도, 여성이 산업화 이후 임금노동으로 그 일을 하게 준비시키는 어떤 내재적인 특성이 그 일 자체에 있었던 것은 아니다. 실제로, 산업화 초기에 공장에서 여성을 고용한 것은 여성은 방적紡績, 남성은 방직紡織이라는 기존의 성별 직업 분절에 반하는 것이었다. 고용주들이 반복적이고 기계적인 작업을 여성의 일로 명명했을 때, 그들은 여성 본성에 대한 기존의 고정관념을 따랐을 뿐만 아니라 여성됨의 정의를 새롭게 규정하는 데에도 기여했다. '여성' 자체는 검토될 필요가 있는 역사적 구성물이다. 이는 단순히 '몸'으로 환원될 수 없다. 왜냐하면 몸이나 성차에 대한 인식조차 역사적 · 문화적으로 규정되기 때문이다. 이 책에서 우리는 여성이 하는 일이 시간의 흐름에 따라 달라진다는 사실을 보여 줄 것이다. '여성'이나 '여성들'이라는 용어 자체가 사회 변화 과정의 일부로 재규정되는 방식에 대한 연구는 차후의 과제로 남겨

두었다.

두 번째 예는 여성과 정치 행동에 관련된 것이다. 이 책의 많은 부분에서 우리는 여성의 생활을 구성하는 구조적·물질적 영향력들을 강조하는데, 우리는 여성이 이런 영향력 아래에서 정치적 행동을 한다고 생각했다. 여성 노동자의 파업에 대해서도 짧게 논의했지만, 이 책에서 사용하는 사례는 대체로 가족과 자녀의 안녕을 위해 곡식과 빵의 부족에 저항하는 여성에 관한 것이다. 또 우리는 여성의 노조 활동이 상대적으로 저조했던 이유가 가족에 대한 책임이 우선이었기 때문이라고 설명한다. 여성에게는 남성이 경험하지 않는 시간의 제약이 있었다. 어떤 의미에서 우리는 공식적인 조직이나 활동에 여성의 참여가 저조한 것에 대해 노동운동 측의 설명과 기준을 받아들인다. 이런 설명들은 여성의 활동이 노동자로서의 사명감 결여나 가족생활로 말미암은 산만함 때문에 방해받는다고 간주한다. 우리는 이 조직들이 그들의 정책이나 사고방식을 통해 여성을 배제하는 방식을 철저히 폭로하지 못했으며, 여성이 자신의 집단적인 이해관계를 규정하고 추구하고자 발전시킨 대안적인 활동을 찾아내지도 못했다. 우리가 연구한 시기에 여성들의 정치학은 무엇이었는가? 이 질문에 대답하려면 좀 더 유연한 정치학 개념이 요구된다. 언제, 어떻게 여성은 그들의 집단적 이해관계를 규정했는가? 그들이 그렇게 한 적이 있기는 한가? 노동하는 여성들 사이에서 여성적 동질성에 대한 동의는 어떻게 명확히 표명되었는가? 노동하는 여성의 '이해관계'는 어떤 역사적 시기에 인식되었는가? 이런 문제들은 이후의 연구가 구조뿐만 아니라 의식과 집단적 정체성에도 주의를 기울일 필요가 있음을 제기한다.

노동work[*] —— 우리는 노동을 가구 내 사용 및 교환을 위한 생산활동으로 규정했다. 이 용어의 의미나 그와 관련된 활동의 성격이 시대에 따라 변화했기 때문에, 우리의 용어 사용 역시 변화되었다. 우리의 주된 관심은 여성의 임금소득wage earning이며, 이런 형태의 노동은 명백히 19세기에 등장했고, 이에 대한 체계적인 기록도 이 시기에 시작되었다. 물론, 여성은 18세기에도 농업노동자, 수공업자, 소상인, 상점 점원 등으로 임금을 벌었으나, 당시에는 대체로 가족 단위의 일부로서 일했고, 분리된 개인소득으로 임금을 받은 것은 아니다. 산업자본주의가 여성 노동에 미친 영향을 설명하고자, 우리는 전산업화 시기에 이루어진 생산활동의 전례들에 초점을 맞추었다. 따라서 임금을 받고 일하는 가내 하인의 활동을 제외한 육아, 요리, 가사 등 가내 활동domestic activity은 노동 개념 속에 일체 포함시키지 않았다(그러나 식량 확보, 가족이 사용할 직물과 의류 생산은 포함시켰다. 이런 가내 활동들은 대체로 임금소득과 연결되었기 때문이다. 이런 가내 활동으로 얻은 생산물은 가족에게 현금이 필요할 경우 내다 팔 수 있었고, 실제로 자주 그랬다). 가내 활동이 보상받아야 하는 사회적으

---

[*] 엥겔스에 따르면, 영어에서 work는 사용가치를 생산하며 질적으로 규정되는 노동이며, labor는 (교환)가치를 생산하며 양적으로 측정되는 노동이다(카를 마르크스, 1867〔2008: 103〕) 한국에서 work는 일반적으로 '일'로 번역되며 임금노동을 의미하는 labor보다 넓은 개념으로 사용된다. 그러나 이 책의 저자들은 work와 labor를 엄격하게 구분해서 사용하지 않기 때문에 문맥에 따라 work를 노동 또는 일로 번역한다.

로 유용한 노동인지를 두고 흥미롭고 중요한 논쟁이 있었으나, 아직 이를 엄밀히 구분하여 논할 단계는 아니었다. 더욱이 우리가 다룬 특정한 논쟁들은 여성의 임노동과 관련된 것이므로, 전산업화 시기의 '순수한' 가내 활동과 교환을 위한 노동을 구분하고자 했다.

전산업사회에서 산업사회에 이르는 여성 노동의 연속성에 관한 문제는 우리에게 특히 중요했는데, 이는 우리가 보기에 당시의 분석가들이 전통과 근대의 대비를 지나치게 과장했기 때문이다. 자본주의에 비판적인 역사가들은 여성이 가구경제로 통합된 근대 초기에 여성의 상황이 훨씬 양호했으며, 따라서 근대 초기에 여성은 가족과 공동체 생활의 모든 측면에서 (아마도 훨씬 더 평등하게) 큰 영향력을 행사했다고 주장한다. 이와 달리 자본주의 발전을 진보와 연결하는 사람들은 여성사를 여성의 노동시장 참여 확대를 중심으로 해석한다. 따라서 여성이 가족의 제한에서 벗어나 더욱 독립적인 삶을 살고, 노동과 정치라는 공적인 세계에 더 폭넓게 참여하게 되었다고 본다. 이런 견해들은 모두 여성이 가구에서 작업장으로의 뚜렷한 단절을 경험했다고 전제한다. 그러나 우리가 볼 때, 변화는 있었지만 그 변화가 그런 종류의 것은 아니었다. 많은 여성의 노동 장소가 점차 변화했고, 일부는 임금과 같은 보상 형태에서 변화가 일어났다. 그러나 이런 변화들이 필연적으로 가족 유대의 단절을 수반하거나, 여성이 과거보다 좀 더 평등해졌다고 재정의할 정도는 아니었다. 실제로 이 책에서 자세히 설명되는 놀라운 역사적 측면은, 전산업사회에서 산업사회에 이르기까지 가내 서비스라는 여성 고용의 특정 형태가 지속된다는 사실이다. 우리가 얻은 또 다른 중요한 결론은, 모든 시기에 여성의 다양한 노동은 변화된 조건에 대한 가족의 경제적 적응 전략을 나타낸다는 것이다. 달리 표현하면, 여성(그리고 남성)의 노동은 한결같이 가족의 전략이었다.

그러나 연속성이 중요하다고 주장하는 것이 곧 변화를 부정하는 것은 아니다. 우리는 여성에게 열린 새로운 직업뿐만 아니라 변화하는 고용 형태도 자세히 살펴보았다. 우리는 산업혁명 과정에서 여성의 직업이 만들어진 경제 부문들을 살펴보았고, 다양한 여성 직업과 노동하는 여성의 연령과 결혼 상태, 특정 지역의 피고용인 수, 그들의 출신 가족 등에 대한 인구학적 윤곽을 그려 보았다. 이 책이 제공하는 이런 정보가 없었다면, 여성 노동사의 변화나 결과에 이 같은 문제들을 제기하기 어려웠을 것이다.

우리는 이 책에서 경제 변화를 기준으로 다소 도식적으로 시기를 구분했기에 연속성이라는 주제로 이를 보완했다. 여성 노동과 가족 전략은 경제적 기회와 인구학적 압력에 대한 대응으로 표현된다. 우리의 모델은 각 시기 안에서는 상호작용하지만, 시기 구분은 지나치게 경직되어 있다. 우리가 전산업화 시기에서 묘사하는 가구경제는 사실 우리의 설명보다 훨씬 더 복잡했던 것 같다. 도시에서 여성은 종종 집에서 멀리 떨어진 곳에서 일했으며, 수공업자의 부인은 남편과는 독립적으로 사업을 경영하고 도제를 훈련시켰다. 남녀 숙련 노동자에게 임금은 그들의 생활에서 중요한 부분이었던 것으로 보인다. 우리가 묘사하는 노동과 생계의 이상적인 균형은 소농 가구에 더 적절하게 들어맞을지도 모르겠다. 그러나 그곳에서조차 현실은 우리가 설명하는 것보다 훨씬 더 경제적 교환이나 여성의 간헐적인 임노동, 그리고 [가구원들의] 개별적인 임시방편 활동 등과 관련되어 있을 수 있다. 전산업화 시기 가족경제 모델은 산업화 시기의 특정 측면, 특히 (19세기에) 모든 가족 구성원이 점점 더 임금에 의존하고 있음을 파악하는 데에 도움을 주지만, 이는 자본주의적 생산과 교환 형태가 18세기에 이미 존재했던 정도를 과소평가하게 한다. 여성과 산업화 역사를 개념화하려는 이후의 연구들은 우리의 시기 구분을 재고하려 할 수도 있으며, 시기를 날카롭게 구분하기보다 점진적인 과정으로 파악할 수도 있다. 그럼에도, 우리는 우리가 제공하는 모델이 단지 분석적인 목적을 위해 변화의 특정 측면들을 밝혀 주는 수단으로만 기능할지라도 필요하다고 주장하고자 한다.

우리는 경제 변화에 대해 논의하면서 행위자, 즉 새로운 정책을 정의하고 보완하며 실행하는 사람들에게는 거의 관심을 기울이지 않았다. 이 책에서 산업화는 종종 인간의 통제나 의도를 벗어난 일종의 자율적이고 익명적인 과정으로 등장한다. 산업화는 사람들— 이 경우에는 여성들—에게 영향을 주고 사람들은 그에 따라 행동하지만, 인간 행위자와 과정 자체의 관계는 자세하게 설명되지 않는다. 연구를 진행하면서 우리는 고용주들이 생산을 조직하는 방법과 고용될 사람을 결정하며, 그들이 개인이나 집단으로 그들의 이상을 실행한다는 사실을 명기하는 것이 중요하다고 생각하게 되었다. 노동시장의 성별 분절은 성별분업에 의존하고, 또 이를 재생산하는 고용주들이 결정한 결과이다. 고용주들이 그런 결정을 강제할 수 있는 능력은 그들이 노동시장에서 차지하는 지위와 손익계산에서 나온다. 물론 고용주는 고립된 채 행동하지 않는다. 그들의 정책은 정치

경제학자의 저술과 과학자와 기술자의 발명, 경영 전문가의 충고 등에 기반을 둔다. 또한, 국가정책은 법 제정이나 세금, 관세의 형태로 고용 유형에 영향을 주며, 특정 직업이 특정 성에 배타적일 것을 요구하는 노동자 집단의 조직화된 압력 역시 그러하다. 이 밖에도 무수히 많은 여타 사회적·문화적 영향이 존재한다. 따라서 19세기 초반의 직물업과 20세기 초반의 타자수나 전화교환원같이 성별화된 전례가 없는 완전히 새로운 직업들에서 고용주들이 어떻게 여성을 고용하게 되었는지를 상세히 검토하는 것은 가치 있는 일일 것이다. 고용주들은 이런 결정을 어떻게 정당화했는가? 당시 성에 따라 직업을 분리할지 말지, 즉 누구를 고용할 것인지에 대한 논쟁이 있었는가? 이와 같은 고용 결정의 정치학은 무엇인가? 이런 질문들은 새로운 경제구조가 실현되는 구체적인 방식, 그리고 여성의 노동을 여성만이 수행할 수 있는 일로 규정하는 방식을 확인할 수 있게 한다.

가족 —— 이 책에서 우리는 '가족'을 같은 가구에서 생활하는 부부 중심의 친족 집단으로 규정했다. 이는 대부분 부부와 아이들을 의미하며, 때로 몇 세대에 걸쳐 있기도 하다. 우리의 정의는 18~19세기에 일반적이었던 가족 개념과 일치하며, 기록보관인이나 역사인구학자들이 사용한 용어와도 일치한다. 이 책에서 '가족'이라고 할 때 대부분은 하나의 조직 단위를 언급하는 것이지만, 우리의 분석은 또한 경제적 생존에 대한 집단 책임과 관련된 공유된 가치들을 강조한다. 물론 이것이 특정한 가족 조직에 구현된 유일한 의미와 가치는 아니지만, 우리의 연구 목적에서는 중심적인 것이다. 여성이 어떻게,

어떤 조건에서 노동했는지를 이해하려면, 가족의 경제 전략을 살펴보는 것이 도움이 될 것이다.

오늘날 전략이라는 개념은 의식적인 계산을 의미한다. 우리는 이것이 좀 더 넓은 의미가 있다고 생각하는데, 이는 변화하는 경제 환경에 직면해서 사람들이 결정을 내리는 방식을 생각할 수 있게 한다. 특히 우리가 검토한 시기에는 사회생활의 모든 수준에서 합리적인 계산이 실행되었기 때문에, 전략이라는 관점에서 행위를 평가하는 것이 잘못된 것은 아닌 것 같다. 그러나 우리는 이와 더불어 전략을 일상생활의 실제적인 (생계) 수요에 대한 (문화적으로 특수한) 인식을 압축적으로 표현한 것a shorthand으로 간주한다. 변화하는 가족의 전략에 초점을 맞춤으로써, 우리는 가족이란 구성원의 역할과 행위를 그들을 둘러싼 환경 변화에 맞추도록 조정하는 역사적 구성물이자 인간관계의 다양한 세트이며, 보편적인 형태를 지닌 고정적인 실체가 아니라는 관념을 도입했다.

가족에 관한 우리의 논의는 사회적으로 수용된 성별분업 원리들의 존재를 당연한 것으로 받아들인다. 젠더가 문화적·역사적 산물임을 인정하면서도, 때로는 출산이 불가피하게 어머니가 할 수 있는 일의 종류를 제한한다거나, 절대적인 시간제한이 여성의 노동 가능성을 평가하는 데에 분명히 영향을 미쳤다고 가정한다. 최근 몇 년 동안의 논쟁이 여성의 생물학적 조건과 그들의 숙명에 관한 문제에 너무나 집중되었기 때문에, 여성과 재생산을 언급할 때 우리가 의미하는 바가 무엇인지를 명확히 하는 것이 중요하다. 재생산은 문화적으로 규정되고 사회적으로 조직된 행위다. 거기에는 여성에 대한 내재적이고 불가피한 사회적 결론은 없다. 또한 그것은 배타적으로 여성적인 행위도 아니다. 심지어 모성의 의미조차 역사적 맥락과 관계가 있다. 실제로 이 책에서 검토하는 시기들에서, 다양한 집단이 다양한 종류의 모성을 실천했다. 예를 들어 어떤 여성은 노동을 했고, 어떤 여성은 노동하지 않았다. 일부 여성들은 아이에게 젖을 먹였고, 다른 여성들은 유아를 유모에게 보냈다. 아버지들은 때때로 일상생활의 실제적 조직인 가구 속에서 가사와 육아를 공유했다. 그러나 여전히 아이는 여성이 책임지는 것이며, 모성 역할에 대한 요구 때문에 여성은 특정한 일을 할 수 없다는 문화적 가정들이 일반적으로 받아들여졌다. 전산업화 시기의 소규모 경제조직들로 말미암아 여성은 사회적으로 규정된 재생산 책임과 생산활동을 더 많이 결합할 수 있었다. 반면, 산업사회에서는 그런 선택의 여지가 줄었는데, 이는 장소와 규모와 시간을 요구하는 직업의 수가 늘었기 때문이며, 재생산이 여성의 배타적인 기능이며 여성의 유일한 역할이라는 새로운 문화가 강조되었기 때문이다. 이 두 가지 변화가 결합해서 생산과 재생산의 대안적 형태를 찾는 것을 불필요하게 했다. 만일 여성이 본성상 산업노동에 적합하지 않다면, 왜 여성들이 나서서 노동과정, 임신과 육아에 관한 사회적 합의social arrangement를 변화시키고자 하는가? 여성의 본성에 관한 견해들, 특히 재생산 역할에 대한 견해들을 경제구조에 짜 넣음으로써, 고용주는 재생산과 육아라는 (사회적) 문제를 개별 가족에게 떠넘기고, 여성의 재생산 역할을 불가피한 것으로 보이게 했다. 이런 해결책은 여성의 활동과 관련되어 있으며, 그 때문에 가구와 가족 조직의 가시적인 관행에 〔여성의 재생산 역할에 관한) 이데올로기적 처방이 실행된다.

우리는 이런 가시적인 관행이 여성의 재생산 역할에 관한 이데올로기가 사회적으로 형성된 것이 아니라 '자연적인 것'이라는 관념을 영속화한다는 점에 주목한다. 가족과 재생산활동에서 여성이 여전히 중요한 역할을 한다는 점과, 이런 것들이 노동과 정치를 제한한다는 사실을 강조함으로써, 우리는 새로운 노동 상황이 여성의 삶에 미친 영향을 최소화한다. 예를 들어 19세기와 20세기에 일어난 노동에 기초한 집단행동에 관한 새로운 연구들은, 여성이 언제나 자신을 재생산활동의 행위자로만 규정한 것은 아니며, 가족 내 의무 때문에 정치활동에 대한 참여를 단념한 것도 아님을 보여 준다. 여성의 가족 내 지위에 대한 이데올로기적 규정이 실행되는 데에는 더 많은 굴곡과 저항이 있었다.

가족은 경제적 상황과 인구 압력에 대처할 전략을 마련해 가면서 밀착된 단위로서 행동한 것으로 보인다. 이 책의 많은 부분에서 우리는 가족이 응집적인 단위로 행동했으며, 가족은 이해관계를 공유하는 관계라는 가족에 대한 일종의 집단주의적 에토스에 따라 개별 가족원이 행동했다고 가정했다. 우리는 여전히 그것이 사실이었다고 생각하지만, 또한 전략적 단위로서의 가족에 대한 우리의 강조가 그런 전략이 수행되는 과정에 충분한 주의를 기울이지 못하게 했다고 생각한다. 그 과정에는 무엇이 가족의 이해관계인가에 대한 동의뿐만 아니라 투쟁과 협상, 거래, 지배 등이 포함된다. 어떤 경우에 갈등은 불평등한 권력관계 때문에 발생한다. 자원을 통제하는 부모는 저항하는 자녀에게 묵종을 강요할 수 있다. 또한, 남편은 가족의 문제에 대해 자신의 권위를 인정하는 법적 규정을 등에 업고 부인의 순종을 끌어낼 수 있었다. 더 나은 일자리를 얻을 수 있는 남성은 경제적 지위에 상응하는 복종을 요구했다. 다른 경우에, 가족원은 그들의 행위를 정당화하고자 경쟁적인 이데올로기들을 끌어들였다. 즉, 아버지는 자신이 벌어들인 임금을 소비할 수 있는 개인의 권리를 주장했고, 반면 어머니는 자녀의 복지에 근거해서 가구의 지출을 결정해야 한다고 주장했다. 자녀는 자립을 내걸고 가족의 통제에 저항한 반면, 부모는 친족과 공동체의 권위에 기대어 자녀에 대한 그들의 요구를 옹호했다. 이런 협상은 수용되기도 하고, 가구와 가족의 역할에 대한 기존 관념에 문제를 제기하기도 한다. 이후의 연구들은 문화적 개념과 구체적 행위의 상호작용을 이해하는 방법의 하나로 이와 같은 가족의 협상과 의사결정에 초점을 맞출 필요가 있다. 왜냐하면, 그것이 성과 연령에 따른 기존의 분업이 변형되고 재생산되는 방식을 새롭게 조명할 것이기 때문이다.

가족 내 분업이 중요하다는 사실은 우리에게 여성과 노동의 범주를 다시 상기시켜 주며, 이 세 가지 항목의 상호작용과 불가분의 성격을 강조해 준다. 이 책의 제목은 우리의 분석 체계와 함께 여성 노동사를 여성 · 노동 · 가족 개념과 경험의 역사로 연구하는 것에 대한 우리의 공헌을 나타낸다. 1978년 이래로 새로운 문제들이 제기되고 새로운 연구가 계획되고 수행되었다면, 그 연구들은 이 책에 나오는 논쟁과 증거 자료들과 결별했다기보다는 이것들에서 출발했을 것이다.

《여성 노동 가족》은 비교적 미지의 땅에 대한 지도와 같다고 볼 수 있다. 이 책은 광대하고 복잡한 지역들을 통과하며 얻어 낸 몇 가지 중요한 개념적 통로들을 펼쳐 놓는다. 이 개념적 통로들은 영토의 특징을 묘사해 줄 뿐 아니라, 가장 중요하게는 지도를 구성하는 요소들을 사회사 연구자의 틀에 통합시키면서 그 지도를 사회사 연구자에게 익숙한 맥락에 위치시켜 준다. 우리는 논쟁의 발전과 완전히 새로운 경로가 우리가 제작하는 지도에 보태어지리라 기대한다. 실제로 우리는 각자 함께 제작한 지도의 형태를 일부 변경할 연구에 착수했다. 그것은 결국 이런 종류의 책이 가진 목적이기도 하다. 즉, 여성 노동사에 대한 일련의 문제를 제기하고 해결하며, 동시에 현대 페미니스트들의 의제에 대해 계속해서 새로운 사회적·정치적 문제를 제기할 수 있는 연구의 장을 열어 놓는 것이다.

루이즈 A. 틸리/조앤 W. 스콧

1987년 2월

제1부

산업화 이전 시기의
가족경제

여러분 가운데 누구도
일하지 않아도 괜찮은 결혼을 할 수 있을 거라고
기대하지는 못할 것이다.
또 바보가 아닌 한
밥벌이를 남편 혼자서 해야만 한다거나
밥벌이에 전혀 기여하지 못하는 부인을 맞을 것이라고는
생각할 수 없을 것이다.

_ "A Present for a Servant Maid"(1743), Ivy Pinchbeck, *Women
    Workers and the Industrial Revolution*, pp. 1~2.

제1장

경제와 인구

18세기 영국*과 프랑스의 도시와 지방에서 경제생활은 소규모로 조직되었다. 당시의 자료를 살펴보면 지방에는 조그마한 농장들이 점점이 늘어서 있고, 도시에는 북적거리는 좁은 거리를 따라 작은 상점이 줄지어 있었다.

영국의 저널리스트 아서 영Arthur Young은 프랑스를 여행하는 동안 피레네 산맥 지역을 관찰하며, "많은 소규모 사유지들 … 시골은 대부분 폐쇄적이고, 거의 가시덤불 울타리로 둘러쳐져 있었다."라고 기록했다. 그는 가론Garonne의 포도밭을 다음과 같이 묘사했다. "유럽에서 가장 기름진 계곡 가운데 하나로 … 많은 타운들은 윤택하며, 지역 전체가 끝없이 마을로 이어졌다."[1] 영은 좀 더 빈곤한 지역에서도 여기저기 흩어져 있든 모여 있든 촌락과 마을에는 소규모 농장이 대다수라는 사실에 주목했다. 영국 북부에서도 풍경은 비슷해서,

---

* 일반적으로 영국을 지칭하는 말로 England, Britain, Great Britain, The United Kingdom이 혼용된다. 구분하자면 England는 영국의 한 지역country이며, Britain 또는 Great Britain은 England, Scotland, Wales를 모두 포함하는 영국을 지칭하는 말이다. The United Kingdom of Great Britain and Northern Ireland의 준말인 The United Kingdom은 말 그대로 Great Britain에 북아일랜드까지를 포함한 지역을 지칭하는 용어다. 그러나 이 책의 본문에서는 세 용어가 반드시 구분되지 않고 혼용되고 있다. 표에 England라고 기재하고 본문에서는 이를 Great Britain 또는 The United Kingdom이라고 읽기도 한다. 때문에 문맥에 따라 명확히 잉글랜드에 국한된 내용이라고 판단되는 경우를 제외하고는 이 세 용어를 모두 구분 없이 영국으로 옮긴다. 단, 표와 그림에서는 원문에서 England라고 표기된 것은 '잉글랜드', Great Britain 또는 United Kingdom이라고 표기된 것은 '영국'으로 옮긴다. 1부에서 영국으로 옮긴 것은 대부분 잉글랜드이고, 2부부터는 혼용되기 시작한다.

우번Wooburn에서 뉴포트 파그넬Newport Pagnell까지 토양은 매우 다양하다. 몇 마일은 매우 푸석푸석한 모래고, 그 너머에는 진흙이 일부섞인 자갈밭이다. 완덴Wanden의 경우 토양은 거의 모래고, 대규모 농장은 거의 없다.[2]

1795년에 영국의 한 목사가 서술한 바에 따르면,

이전에는 하층민 가운데 많은 사람이 자신의 집과 집 주위의 땅을 몇 뙈기 갖거나, 다른 사람의 토지를 임대했다. 그 땅에서 그들은 생계의 많은 부분을 조달했다.[3]

농촌 사람에게 생활의 중심은 규모야 어떻든 농장이었다. 농장의 중심은 가구*로서, 그들은 가구에서 생활했고 가구를 중심으로 노동을 조직했다.

농촌과 도시 제조업자의 경우, 가구는 작업장이자 동시에 주거지였다. 한 수직기 방직공weaver이 삼촌의 집을 회상한 다음의 내용은 영국과 프랑스의 수많은 장인이나 소상인의 회상일 수도 있을 것이다.

삼촌이 살았던 마을에 죽 늘어선 집들은 동쪽을 향해 있었다. 집

---

* 가구가 주거와 가계를 공유하는 집단을 칭하는 것에 비해, 가족은 혈연으로 이어지는 친족 집단을 칭한다.

앞에는 대충 포장된 보도와 마차가 다니는 자갈길이 깔려 있었다. 삼촌 집에는 다른 집과 마찬가지로 '하우스house'라고 불리는 큰 방이 중심에 있었다. 이와 함께 같은 층에는 4개의 수직기를 들여놓을 수 있는 베틀 방이 있었고 하우스 뒤에는 조그만 부엌과 식품 저장실이 있었다. 하우스와 베틀 방 위로 침실 몇 개가 있었고 부엌과 식품 저장실 위에는 작은 방이 하나 더 있으며, 계단이 죽 늘어서 있었다.[4]

수공업 작업장에서건 토지에서건 생산활동은 대부분 가구를 중심으로 이루어졌으며, 대체로 가족원들이 그런 노동에 참여했다. 이런 조직 형태는 '가구' 또는 '가내 생산 양식'으로 불린다. 이는 가족 조직에 큰 영향을 미쳤다. 가구에 필요한 노동의 양과 내용이 남성과 여성, 아동의 노동 역할을 규정했고, 가족은 이들의 노동으로 생계를 꾸려 나갔다. 노동과 주거, 가구의 노동 필요, 생계 필수품, 가족 관계 등이 서로 얽혀서 '가족경제'를 이루었다.

가족경제의 구체적인 형태는 수공업자와 소농이 서로 달랐다. 또한 도시와 농촌에서 빈부에 따라 달랐으며, 유산자 가족과 무산자 가족 사이에도 큰 차이가 있었다. 그러나 모든 경우에 생산활동과 가족생활은 불가분의 관계로 얽혀 있었다. 또한 가구를 중심으로 자원과 노동, 소비의 균형이 맞추어졌다.

농촌경제

18세기 내내 사람들은 대부분 농촌에서 생활하고 농업에 종사했다. 여러 지역에 관한 연구를 기초로 추정해 보면, 1750년에 전체 영국인의 약 65퍼센트와 프랑스인의 75퍼센트 정도가 농업에 종사했다.[5] 농업조직의 형태는 영국과 프랑스에서 서로 달랐다.

18세기 프랑스 농촌에서 가장 전형적인 가구는 소농 가구였다. 18세기 동안 인구 증가와 높은 소작료, 세금의 압력으로 많은 가족이 토지와 유리되었고 극심한 빈곤에 빠졌다. 영이 묘사한 것을 보면, 당시 이들의 곤궁한 생활을 알 수 있다.

프랑스 대부분의 지역에서 농장주는 소농과 뒤섞여 있다. 부의 차원에서 볼 때, 이들은 일반 노동자보다 나을 것이 거의 없다. 이 가난한 농장주들은 반타작 소작농-metayers *으로 노동과 농기구 이외에 농장에 채워 넣을 것이 없는 사람들이다. 극도로 비참했으며, 풍족함이란 거의 찾아볼 수 없었다.[6]

일부 가족들은 자신의 토지를 경작해 가까스로 생계를 꾸릴 수 있었고, 다른 가족들은 자급자족을 위한 생산뿐만 아니라 포도, 곡류,

---

* 지주가 농지를 대여해 주고 그 대가로 추수기에 수확량의 절반을 징수하는 소작제도로 조선 후기 타조법打租法이 그것이다.

올리브 등의 작물을 내다팔았다. 어떤 가족은 수입을 보충하고자 옷이나 옷감을 만들었다. 또 다른 가족들은 자신의 토지를 직접 경작하면서 시간제 노동자로 고용되기도 했다. 수입과 지출을 맞추기 위해 어떤 수단을 강구하든, 이 지방민들은 소농으로 남았고, 그들이 소유한 토지가 아무리 작더라도 가족의 생활은 궁극적으로 토지를 중심으로 조직되었다.[7]

소농 가구의 구성은 시기에 따라 매우 다를 수 있다. 그러나 어떤 시기든 함께 생활하고 노동하는 사람은 혈연관계와 상관없이 '가족'을 이루었다. "소농에게 가족은 한 식탁에서 식사를 지속적으로 같이 하거나, 한솥밥을 먹어 온 많은 사람을 포함하는 개념이다. … 프랑스 소농에게 가족이란 한 지붕 밑에서 잠을 자는 사람들을 의미했다."[8]

가족family과 **가구**household라는 용어가 대체로 같은 뜻으로 사용되고, 하인이 가족원과 같이 식사했음에도 불구하고, 토지를 소유한 소농 가구에서 비혈족인의 수는 그 소농 가족의 구성에 따라 정해졌다. 토지를 소유한 소농은 자산인 토지가 한정되어 있었기 때문에, 노동과 소비의 균형을 맞추어야만 했다. 또한 노동의 양과 이에 필요한 노동자의 수는 가족의 생활주기에 따라 변화될 필요가 있었다. 젊은 부부는 파종기와 추수기에 며칠 동안만 다른 노동자의 도움을 받으면 필요한 것을 어느 정도 메울 수 있었다. 아이가 태어나면 아이에게 젖을 먹여야 하기 때문에 어머니가 집에서 멀리 떨어진 곳에서 일하기가 어려워진다. 따라서 가족의 노동력만으로 가족의 소비를 충족시킬 수 없는 때에는 외부에서 노동력을 충원했고 젊은 남녀가 하인으로 고용되었다. 하인은 현금으로 임금을 받는 경우는 거의 없었고, 일반적으로 숙식을 제공받는 조건으로 일했다. 자신의 가족에게 부양받을 수 없거나, 그들의 노동이 가족에게 필요하지 않은 경우에 다른 가구에서 하인으로 일했다. (한 연구에 따르면 17세기 말 잉글랜드에서 전체 농촌 노동자의 30퍼센트가 하인이었고, 농촌 지역의 15~24세 연령층 가운데 60퍼센트가 하인이었다.) 소농은 자녀가 성장함에 따라 외부의 도움을 받을 필요가 줄어든다. 한 가구에 대여섯 명의 아이가 함께 생활하면 그들이 소유한 토지에 필요한 것보다 노동력이 남아돌 수도 있다. 이때 소농은 토지를 더 구입하거나 더 많이 임대하거나 했다. 그러나 토지가 부족한 서유럽 지방에서는 자녀가 일자리를 찾아 집을 떠나는 것이 일반적이었다. 그들은 보통 다른 가구에서 하인으로 일했다.[9]

영국에서는 18세기 내내 작은 농장에서 생계를 이어 가는 사람들이 여전히 있었지만, 이들은 소멸해 가는 집단이었다. 농업 자본주의의 발달과 더불어 대토지 소유주들이 모직물의 원료인 양털을 제공할 양을 키우기 위해 소농들을 강제로 땅에서 몰아내면서[*] 땅을 잃은 소농의 폭력적 저항이 일어났다. 그러나 저항에도 불구하고, 결국 영국의 소농들은 토지 보유 투쟁에서 패배했고 토지를 경작할 권리를 잃었다.[10] 1750년대에 이르러 토지는 "일부 하층 젠트리gentry와 소농을 희생시키고 … 한 줌의 대토지 소유자들"에게 집중되었다.[11]

---

[*] 《유토피아》의 저자 토머스 모어는 이런 현실을 가리켜 "전에는 사람이 양을 잡아먹었지만 지금은 양이 사람을 잡아먹는다"라고 말했다.

1795년에 한 관찰자는 괴로운 심정으로 이 과정을 묘사했다.

소득을 높이고자 **지주들**은 몇 개의 작은 농장을 하나로 묶고, 임대료를 최대한 높이고, 수리비는 지급하지 않았다. 부유한 농부들 역시 가능한 한 많은 농장을 구입해 집중시켰다. … 이에 따라 전에는 각기 분리된 농장에서 독자적으로 생계를 꾸려 가던 수천의 가족이 점차 일용노동자계급이 되었다. 실제로 수천 개의 교구에서 농부의 수가 이전의 절반에도 못 미쳤다. 농사짓는 가족의 수가 줄어드는 것에 비례해서 가난한 가족의 수가 증가했다.[12]

토지가 없는 사람들은 큰 농장에서 일하는 농업노동자가 되거나 가내공업cottage industry에 종사하기도 했다. 가내공업에 종사하던 사람들은 집에서 선대제 상인들을 위해 일했다. 당시 영국의 전형적인 가내공업은 모직물이었고, 후에는 면직물로 바뀌었다. 상인들은 영국과 프랑스 농촌의 집집마다 원료를 가져다주고 직조된 옷감을 가져다 타운이나 마을에서 팔았다. 농촌 가구에 옷감 직조를 맡김으로써 상인은 길드의 통제에서 벗어날 수 있었는데, 도시 수공업자 조직인 길드는 당시 도시에서의 생산을 엄격히 감독했다.** 농업노동자와 마찬가지로 가내공업의 방적공도 임금을 위해 일했지만, 자신의

** 당시의 길드는 생산량뿐만 아니라 생산시간과 생산방법까지 통제했으며, 당연히 가격도 통제했다. 당시에는 물건을 합당한 가격보다 비싸게 파는 것은 용서 받을 수 없는 부도덕하고도 불법적인 행위였다.

가구에서 생산 속도와 생산조직을 스스로 통제하면서 일했다는 점이 달랐다. 여기에서 가족은 생산과 소비의 단위였고, 가구는 노동과 주거가 이루어지는 장소였다. 그러므로 부유한 농민 가구와 마찬가지로 가내 직조공(및 양말 직조공, 못과 사슬을 만드는 금속 노동자 등)의 가구에서도 가족경제는 존재했다.

반면에 농업노동자는 돈을 벌러 집을 떠나 다른 곳으로 갔다.

> 엄청나게 많은 사람들이 어느 정도 독립적이었던 편안한 상태에서 불안정한 피고용인 처지로 전락했다.[13]

가족원들은 종종 같이 일했다. 사람들이 노동하는 목적은 모두 현금을 집에 가져오거나 식량과 교환함으로써 가족의 생계를 확보하는 것이었다. 농업노동자 가족에게 가족 성원이란 생산이 아니라 소비를 공유하는 관계를 의미했다. 이 경우 가족경제는 '가족임금경제family wage economy'가 되었다. 농업노동자 가족에게는 노동자에 대한 필요보다 임금에 대한 필요가 이들 가족 성원의 노동을 규정했던 것이다.

도시의 노동

근대 초기에 영국과 프랑스의 도시들은 경제적 · 직업적 구조가 유사했다. 도시는 본질적으로 소비재 생산과 상업의 중심지였다. 주된 활동은 도시마다 달랐지만, 도시 생활은 농촌과 현저한 차이가 있었

[그림 1-1] 자주 언급되는 영국의 주요 도시

다. 상품과 서비스, 현금 등을 교환하는 다양한 사람들이 도시의 성
벽 안으로 모여들었다.

몇몇 도시를 검토해 보면 도시 생활의 다양성을 알 수 있다. 영국
의 요크York와 프랑스의 아미앵Amiens을 중심으로 근대 초기의 도시
생활을 살펴보자. 두 도시는 경제와 사회구조에서 전형적으로 '전산
업적'인 성격을 갖고 있었다. 요크는 대성당이 있는 도시로 상업이
성행한 반면, 아미앵은 소규모 수공업 면직 제조가 주된 사업이었

다. 요크는 그림 같은 성벽과 아름다운 건물들로 유명했다.

19세기의 한 골동품 애호가는 이를 다음과 같이 묘사했다.

성벽 안으로 수세기에 걸쳐 웅장하고 아름다운 도시가 생겨났다. 인구의 대다수는 대성당을 중심으로 모여들었는데, 이곳은 모이기 편할 뿐만 아니라 안전을 위해서도 가장 선호되는 곳이었다. 그러나 이 지역은 다양한 용도로 사용되기에는 매우 제한된 곳이었다. 대성당과 성 레오날드 병원 그리고 기타 종교적인 건물들은 모두 담으로 둘러싸여 있었고, 죽 늘어선 석조 울타리는 도시의 팽창을 가로막았다. … 공간 부족과 치안 불안이 있었고, 주민의 건강과 편의는 그 건물들을 보호하기 위해 희생되었다.

많은 거리에는 게이트gates나 웨이ways같이 옛 영국인에게서 전래된 이름이 붙여졌다. 석조 가옥은 거의 없었다. 가정집들은 부실한 지반 위에 허술한 목재 구조물로 만들어졌다. … 예전에 많은 집은 통나무나 그루터기로 만들어졌으며, 집주인은 그 위에 걸터앉아 이웃과 한 담을 나누곤 했다. … 그들은 엄격한 규율 아래에서 거래를 했다. 대부분의 상품은 시 당국이 심리해서 가격이 결정된 후이야 물품 대금을 청구할 수 있었고, 거래 시에 장인들과 검사관들에게 엄격하게 조사 받았다.[14]

피에르 데용Pierre Deyon은 17세기 말에 한 여행객이 아미앵에서 느꼈던 다채로움을 다음과 같이 묘사했다.

종종 하수구의 두 배쯤 되는 눅눅하고 불결한 수로들이 있는 … 장중한 관문들을 통과해 본 사람에게 그 도시는 그리 유쾌한 모습이 아니었다. 그러나 그곳은 시끌벅적했으며, 포도주, 밀, 향료, 면직물의 교역으로 끊임없이 북적거리는 곳이었다. 여행객은 옛 읍들의 … 거리를 지나, 반은 소농이고 반은 도시인인, 방언을 쓰는 군중 사이를 지나 시장과 여관을 향해 내려갔다. … 그곳은 또한 왈각달각거리는 베틀 소리와 물레방아 돌아가는 소리, 가죽을 무두질하는 냄새, 그리

[그림 1-2] 자주 언급되는 프랑스의 주요 도시
(1815~1871년, 1918~1945년의 국경)

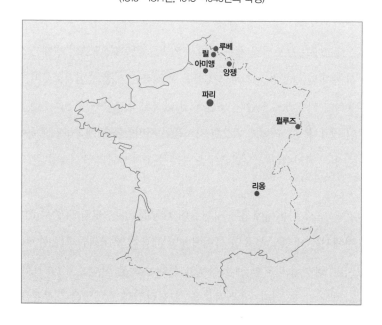

고 양모를 씻고 빗질하는 가게들의 풍경이 모험심 강한 관광객을 자극하는 북부와 서부 지역의 제조업 도시다.[15]

남성과 여성에게 제공되는 구체적인 직업들은 각 도시의 경제구조에 따라 달랐다. 요크에서 제조업은 대부분 사치품 생산과 관련되었다. 여기에는 종 주조, 유리 채색, 양은과 시계 세공 등이 포함되었다. 19세기 후반 요크 경제의 중심을 이루었던 코코아와 초콜릿, 과자 제조업은 18세기 소규모 가족사업에서 비롯되었다. 요크에서 헐Hull 항구에 이르는 하천무역과 관련된 직업도 있었다. 버터와 곡류, 석탄, 소금, 양모가 요크를 통해 정기적으로 선적되었다. 비록 요크의 번영(요크는 한때 영국 제2의 수도였다)이 18세기 말에 이르러 쇠퇴한 것처럼 보이기는 하지만, 요크는 수공업과 교역의 중심지로 남았다.

요크에는 두드러진 제조 분야가 있지는 않았다. 요크의 경제는 도시 주변의 광활한 지역과 생산물을 거래하는 시장 중심지로서의 중요성에 기초하고 있었다. 또한 요크 인구의 대다수는 주민의 기본적인 필요와 젠트리에게 필요한 사치품과 서비스들을 생산하고 유통하는 일에 종사했다. 젠트리에게 요크는 중요한 사교의 중심지였다.[16]

지방 도시 아미앵에서는 사람들이 대부분 양모 교역에 종사했다. 도시에서는 비교적 부유한 사람에게만 세금이 부과되었다는 한계가 있지만, 당시의 다양한 세금 목록을 통해 아미앵 사람들이 종사했던 직업들을 알 수 있다. 세금 목록을 보면 장인과 소매상은 대부분 면

직업과 식품, 건축업에 종사했다. 1722년의 목록을 통해 하인의 수도 많았음을 알 수 있다.[17]

도시마다 특화된 교역 품목은 달라도 조직 형태는 유사했다. 경제 단위는 소규모였고, 대체로 가구와 중복되었다. 생산 규모는 작았고, 상업과 제조업의 활동량과 질은 길드나 기타 법규, 제한된 자본 규모 등으로 통제되었다. 지방에 비해 도시 생활은 좀 더 전문화가 진행되었다. 예를 들어, 식품과 의류 생산은 대다수 도시 거주자의 가구와 분리된 장소에서 이루어졌다. 도시의 가족은 필요한 것들을 직접 만들기보다 대체로 시장이나 가게에서 구입했다. 구두 제조업자의 경우에 판매용 구두는 직접 만들어도 의류와 식품은 구매하는 식이었다. 이런 분업 덕분에 도시의 가족은 농촌의 가족보다 훨씬 더 활발히 소비활동에 참여했고, 정규적인 교환수단으로 현금을 사용했다.

그러나 제조업과 교역은 주로 지역 주민의 수요에 맞게 조정되었다. 식품 및 의류 생산과 주택 건설은 도시에서 가장 큰 제조 분야였다. 한 추계에 따르면, 도시 노동인구의 55~65퍼센트가 이 분야에 고용되었다.[18]

요크와 마찬가지로 아미앵에서도 길드는 숙련 수공업자들의 훈련과 활동을 규제했다. 교역에 종사하는 노동자 수는 제한되었고, 여성용 모자와 숄 제조 같은 몇몇 경우를 제외하고 장인과 도제는 남성이었다. 수공업자들은 가족원이나 도제apprentices, 직공journeymen, 하인servants의 보조를 받으며 자신의 집이나 소규모 작업장에서 일했다. 실제로 자영 수공업자 가구의 동학dynamic은 소농과 매우 유사했는데, 이는 노동 공급과 소비의 필요가 균형을 이루어야 했기 때문이다. 수공업자는 상품을 충분히 생산하고 판매해야 가족을 부양할 수 있었다. 교역에서 타인과의 경쟁은 길드가 통제했고, 길드는 장인이될 사람의 수를 제한했다. 그러나 노동 수요는 한 직종 안에서도 다양했으며, 어떤 일은 계절의 영향을 받았다. 어떤 일은 계절에 따라 매우 왕성한 생산활동을 요구하다가 특정 시기가 되면 부진해졌다. 수공업자의 가족은 일손이 부족할 때 무임금 조수로서 종종 일손을 보탰다. 가족원만으로 필요한 노동을 채울 수 없을 때 수공업자는 조수를 고용했으며, 조수는 그들의 노동을 필요로 하는 가구에서 생활했다. 반면 사업 활동에 가족원의 노동이 필요 없는 경우에는 다른 곳에서 일자리를 찾도록 가족원을 내보냈다. 수공업자의 자녀는 도제나 가내 하인으로 다른 가구에 합류했다.

수공업자가 자신의 집에 있는 작업장에서 거의 모든 상품을 생산하고 가족을 노동력으로 사용하기는 했으나, 도시경제는 집을 벗어나 노동할 수 있는 기회를 많이 제공했다. 남성과 여성은 하인, 노점상, 수공업자, 건설 노동자의 조수로서 임금을 벌었다. 임금노동자에는 장인으로 승진할 기회가 없는 직공, 불경기에 그나마 가지고 있던 자본마저 잃고 다른 사람을 위해 노동하게 된 장인, 부모의 가게에서 노동력을 소화하지 못한 수공업자의 자녀, 자본은커녕 부양할 가족만 있는 도시 이주민, 미숙련노동자, 사별 여성 등이 포함되었다.

17세기와 18세기에 도시인구 가운데 많은 사람이 하인으로 일했다. 세금과 인구 기록에서 이들은 언제나 누락되었기 때문에 그 수는 정확히 알 수 없다. 그럼에도 불구하고, 기록상 명확하게 하인으로 확인된 사람들의 수만 보면, 당시 유럽의 도시에서 하인은 15세에서 65세에 이르는 인구의 약 16퍼센트를 차지했던 것으로 추정된다. 올웬 후프턴Olwen Hufton은 18세기 프랑스의 도시에서는 하인이 노동인구의 13퍼센트를 차지했다고 주장했다. 1695년 엑스Aix에서는 노동인구의 27퍼센트가 하인이었다. 하인이라는 용어는 매우 광범한 고용 범주를 의미했다.[19] 집안일을 하든 상품을 만들든, 피부양 가구원은 모두 하인이었다. 가내 하인은 부유한 가구와 장인 가구, 소규모 수공업자 가구에도 있었다. 이들은 추가 구성원으로서 가족경제에 합류한 젊은 남성과 여성이었다. 실제로 하인을 묘사하는 데에 사용된 언어를 보면, 그들이 피부양인이라는 점과 연령대를 알 수 있다. '가내 하인'은 청년lad과 처녀maid의 동의어로서, 미혼의 젊은 피부양인을 의미했다.

반면, 임금노동자는 농업노동자 가족과 마찬가지로 자신의 가구에서 가족과 함께 생활했는데, 이는 생계를 위해 돈을 벌어야 할 필요에 따른 것이었다. 임금노동자가 도시에 존재했다는 사실은, 그들이 충분히 돈을 벌 수 없을 때 식량을 제공했던 자선단체의 공문서와 그들의 활동에 길드가 제기한 소송을 통해 알 수 있다. 일반적으로 소규모 수공업자, 미숙련·계절노동자, 짐 마차꾼, 행상 등이 이들 목록에 올라 있다. 1767년 파리에서 음식과 옷가지를 팔고 하숙을 치는 비길드원을 등록 기재하라는 의회 칙령이 내려졌을 때, "소매상인, 헌옷과 모자 또는 넝마와 고철, 버클, 금속 제품 등을 수리하는 수선공 … 안약, 티눈약 등 갖가지 약을 파는 사람…" 등이 그 목록에 포함되었다. 1775년 요크의 비길드원에 대한 소송 목록에도 이런 직업들이 다수 포함되어 있었다.[20] 임금노동자 가족의 모든 구성원은 일정한 나이가 되면 일을 찾아 나섰다.

그러나 개인의 노동만으로는 수입이 너무 적었고, 가족원의 수입을 합해도 간신히 가족을 부양할 정도였다. 이런 가족에서 개인은 가족을 부양하고자 노동력을 팔았으며, 이들은 "원칙적으로는 아닐지라도 … 사실 프롤레타리아트"였다.[21] 이들 가족의 경제는 "가족임금경제"였다.

생산과 소비

영국과 프랑스의 도시와 지방에서는 사람들이 소규모 작업장에서 노동했으며, 대개 가구가 작업장이었다. 생산력은 낮고 노동의 분화는 제한되었고, 노동자는 많이 필요했다. 노동력에 대한 수요가 커서 남성뿐만 아니라 여성에게도 그리고 아주 어린 아이와 허약자를 제외한 모든 사람에게 일이 할당되었다. 직업은 훈련과 숙련 수준뿐만 아니라 성과 연령에 따라 분화되었지만, 서민계층에서 신체 건강한 가족원이라면 어떤 일이라도 해야 했다.

개인의 일은 가족 내 지위에 따라 규정되었다. 한 관찰자는 20세기 프랑스 소농의 가구경제를 17,18세기의 소농과 수공업자 가족에게도 적용할 수 있는 용어로 묘사했다. "가족과 사업은 일치했다. 가장은 가족의 대표인 동시에 사업의 대표였다. 실제로 그는 한쪽의 대표였기 때문에 다른 쪽의 대표가 되었다. … 그는 불가분의 실체인 직업생활과 가족생활을 영위했다. 그의 가족원은 또한 동료 노동자였다."[22] 그들이 실제로 함께 노동을 했든 그렇지 않든, 가족원은 가족의 경제적 이해 속에서 노동했다. 소농과 수공업자, 그리고 프롤레타리아트 가족에서 가구는 가족원의 노동을 할당했다. 어떤 경우든 모든 결정은 개인의 이해관계가 아닌 집단의 이해관계 속에서 이루어졌다. 이런 내용은 장자에게 상속된 집에서 기거하며 이제는 장자의 소유가 된 자산으로 부양받는 형제자매나 나이가 든 부모에 대한 의무를 자세히 설명해 놓은 유언장*이나 결혼 계약서 등에 기입되어 있었다. 그들은 '가족의 번영'과 '지정된 상속인'을 위해 "혼신의 힘을 다해" 일해야 했다.[23] 유산자 가족의 경우, 토지의 규모와 상점의 종류가 가족원이 어떤 일을 해야 할지와 가족원의 노동이 필요한지 아닌지를 규정했다. 생산 수단을 통제할 수 있는 사람들은 가구의 구성을 생산의 필요에 맞추어 조절했다. 무산자 계층에서는 가족의 생계 수단 그 자체인 임금을 벌기 위해 남성과 여성, 아이까지 일하러 나가야 했다. 이들은 가구 구성을 소비 욕구에 맞추어 조절했다. 프롤레타리아트 가족을 묶어 주는 유대였기 때문에 편의와 필요의 유대로, 소농과 수공업자의 가족을 묶어 주는 재산 소유의

---

* 상속은 부모의 사망 이전에 이루어지는 경우가 드물지 않았으며, 상속에 관한 내용을 중심으로 작성되는 유언장에는 상호 간의 의무에 대해 매우 상세히 기록하는 것이 일반적이었다. 예를 들어 장자에게 토지를 상속한 부모가 노동할 수 있는 동안 어떤 일을 얼마나 해야 하는지, 그리고 장자가 토지 상속과 그 노동의 대가로 부모에게 제공하는 음식량은 각 항목별(우유, 치즈, 빵, 고기, 채소 등)로 일주일당 얼마만큼이 되어야 하는지 등도 매우 구체적으로 기록했다.

이해관계(또는 상속되는 기술)보다 영구적이지 못했다. 유산자와 무산자 가구의 구성도 달랐다. 그럼에도 가족의 이해를 위해 노동해야 하는 책임의 문제에서 빈자와 부자의 차이는 별로 없었다.

노동의 목적 가운데 하나는 가족원에게 필요한 것을 공급하는 것이었다. 전체적으로 농촌의 가구가 도시의 가구보다 훨씬 더 자급자족적이기는 했지만, 유산자와 프롤레타리아트 가구 모두 소비의 단위였다. 농촌 가족은 일반적으로 그들이 소비할 식량과 의류와 도구를 생산했지만, 도시 가족은 그것을 시장에서 구입했다. 이런 차이는 가족원이 어떤 노동을 할지에 영향을 주었다. 예를 들어 도시 가족의 여성은 시장에서 매매하는 데에 더 많은 시간을 할애했고, 가내 생산에는 더 적은 시간을 썼다. 또한 도시에서는 아이들이 도와주어야 할 집안 허드렛일이 더 적었다. 도시 가족에게 노동은 판매를 위해 특정 상품을 생산하는 것이었으며, 여기에는 개인의 노동력 판매도 포함되었다. 소농 가족의 경우에는 토지 경작과 가구 경영 같은 더 다양한 과업이 있었다. 그러므로 소비 욕구를 충족시키는 방식도 도시 가족과는 달랐고, 이는 가족원이 해야 할 노동의 종류에도 영향을 미쳤다.

가구 구성원의 수가 그들을 부양할 자원을 넘어설 때, 그리고 가구 내에서 그런 자원을 얻을 수 없을 때, 가족은 종종 그 규모를 조절했다. 자녀가 일할 수 있을 정도로 자라면, 비혈족들은 다른 곳으로 일하러 떠났다. 그다음에는 자녀가 떠났다. 상속제도에 따라 상속을 받지 못한 사람은 일자리를 찾아 멀리 떠났으며, 수공업자들은 자녀를 가족의 작업장에서 떠나게 함으로써 일자리를 제한했다. 반면 임금 때문에 무산자의 자녀는 집에서 수마일 떨어져 있었다. 이 시기에 사람들은 농장에서 농장으로, 농장에서 마을로, 마을에서 타운으로, 그리고 농촌에서 도시로 이주했다. 비록 이 기간에 이주가 대부분 시골에서 시골로, 지방에서 지방으로 이루어졌지만, 일부 사람들은 도시로 옮겨 갔는데 그들은 대부분 젊고 미혼이었다. 실제로 이 시기에 도시는 기본적으로 시골에서 이주해 온 사람들 덕에 성장했다. 도시 환경은 혼잡하고 비위생적이어서 사망률이 높았고, 종종 사망자가 출생자보다 많았기 때문이다. 도시로 온 이주자들은 가까운 지역 출신이었다. 데용은 아미앵의 교구 등록 문서, 도제 계약, 참정권자 등록 문서에 관해 검토한 결과, 대부분의 이주자가 아미앵이 중심도시인 피카르디Picardie 지방에서 왔다는 사실을 밝혀냈다. 같은 마을 출신자들은 서로 가까이에서 살았다. 젊은 남성과 소년은 자기 마을 출신 장인의 도제가 되고자 이주했다. 젊은 여성과 소녀는 남자 형제를 따라 아미앵에 가서 가내 하인이 되었다.[24]

　이주는 식량이 부족한 경제위기 때에 증가했는데, 이런 때에는 모든 가족원이 일을 해도 모든 가족원을 부양할 수 없었다. 17, 18세기에 지방의 불안정한 생활은 피에르 구베르Pierre Goubert와 후프턴 같은 이들의 연구에 생생히 기록되어 있다. 이 연구들은 당시 평민 대다수가 노동으로 근근이 살아갔음을 보여 준다. 노동 생활 말기에 이르면 수공업자와 소농에게는 처음에 가지고 시작했던 기구 몇 개나 조그만 땅뙈기 외에는 남는 것이 없었을 것이다. 이런 상황에서는 가족을 먹여 살리는 것조차 끊임없는 걱정거리였다. 서민계층 식단의 주식인 빵 가격이 상승하면, 가족의 소득으로는 가구의 생존이 불가능했을 것이다. 구베르는 다음과 같이 빵 가격을 기준으로 코퀴

Cocu 가족의 운명을 기록하고 있다.

이 가족은 일주일에 108솔sol(프랑스의 옛 화폐단위)을 벌었고 70
파운드의 빵을 먹었다. 빵 가격이 파운드당 0.5솔일 때 그들의 생계
는 안전했다. 그러나 빵이 파운드당 1솔이 되면, 생활은 궁핍해지기
시작했다. 빵이 파운드당 2솔이 되고 3.2솔, 3.3솔 그리고 3.4솔이 되
면 — 1649, 1652, 1662, 1694, 1710년에 그랬던 것처럼 — 이들의
삶은 비탄에 빠지게 된다.[25]

빵 가격이 안정적일지라도 다른 요소들이 가족 예산을 불균형하
게 만들 수 있었다. 농사와 사업의 침체는 가족의 재원을 극심하게
압박했을 것이다. 이런 시기에 사람들은 집단적으로 가족을 먹일 식
량을 구하러 나섰고 항의행동을 하기도 했다. 상황이 개선되지 않을
때, 개별 가족은 자녀가 하인이나 도제, 방랑자 등이 되어 스스로 자
신의 운명을 개척하도록 내보냈을 것이다. 때로는 아버지가 일을 찾
아 집을 떠났다. 가족을 부양하는 데에 아무런 기여도 할 수 없는 경
우, 아버지는 집을 떠남으로써 가구의 부담을 줄였다. 그러나 아버
지가 집을 떠나는 것은 또한 빈곤이 들이닥칠 불확실한 미래로 가족
을 방치하는 것이기도 했다.

가족원 가운데 성인은 남아서 계속 일을 했지만, (일을 할 수 없는)
어린 자녀는 소비와 노동의 균형을 회복하기 위해 멀리 보내졌다.
절망적인 상황에서 부모는 막내를 버리거나 포기할 수도 있었을 것
이다. 나이는 좀 들었지만 아직 생산적으로 일하기에는 어린 자녀

역시 그들의 운명이 어떻게 되든지 간에 멀리 보내졌다. 소설 속의 헨젤과 그레텔, 엄지공주와 같이 부양 능력이 없는 부모가 버린 아이들이 실제로 있었다. 17세기 아미앵에 대한 데용의 연구는 식량이 부족했던 1693~1694년과 1709~1710년 시기에 버려진 아이들의 수가 증가했음을 보여 준다. 버려진 아이들 가운데는 유아뿐만 아니라 7세에 이르는 어린이도 있었다.[26] 18세기 엑상 프로방스Aix-en-Provence의 구호 기록에 관한 최근 연구에 따르면, 자녀를 부양할 수 없었기 때문에 가족이 아이들을 자주 고아원에 등록했다고 한다. 이 가운데 3분의 1만이 실제 고아였다. 일단 아이가 고아원에 들어가면 그 아이는 자신의 형제 · 자매와 만날 가능성이 컸다. 반면, 먼저 보낸 아이는 집으로 돌아오고, 다른 형제가 고아원에 보내지는 일도 있었다. 가족은 고아원을 임시 해결책으로 사용해, 경제적 상황에 따라 아이들을 고아원에 보냈다가 찾아오고는 했다. 그래서 한 소녀는 1746년 엑상 프로방스의 고아원에 들어갔다가, "1747년에 잠시 집에 돌아왔고, 다시 고아원으로 돌아갔다. … 뒤에 다시 집으로 갔고 … 1755년에 다시 고아원에 들어갔다."[27]

노동 장소와 노동조직은 농촌 가구와 도시 가구, 유산자 가구와 무산자 가구에 따라 차이가 났다. 소비수준과 가족의 필요를 충족시키는 방법도 달랐다. 그러나 모든 경우에서 가족은 노동과 소비의 단위였으며, 이 양자의 균형을 맞추기 위해 가족의 규모를 조절하고 가족원이 해야 할 일을 할당했다.

결혼

근대 초기 영국과 프랑스의 인구학적 유형은, 인간과 자원의 균형을 맞추어야 할 필요성을 반영하고 있다. 주로 사망이 이 유형에 영향을 미쳤다. 인구와 자원의 관계를 나타내는 지표 중 가장 민감한 것이 결혼연령일 것이다. 결혼연령은 상속법과 기타 특수한 조건에 따라 달라지는 동시에 도시인가 시골인가에 따라, 그리고 지방별로 서로 달랐다. 그러나 서민계층에서는 자산이 있는지 없는지의 차이가 가장 결정적이었다.

결혼은 무엇보다도 하나의 경제 장치로서 가족경제의 기반을 형성하는 것이었다. 결혼을 위해 남녀는 자신들을 부양할 뿐 아니라, 궁극적으로는 자녀를 부양할 수단을 가지고 있어야 했다. 이는 소농 자녀의 경우 토지에 대한 접근 가능성을 의미했다. 수공업자의 경우라면 숙련 기술의 획득과 도구, 나아가 작업장의 소유를 의미했다. 신부는 지참금이나 가구에 기여할 다른 수단을 가지고 있어야 했다. 유산자 가족에서 이런 자원은 거의 세대에서 세대로 전수되었다.

영국에서는 장자상속이 지배적이었지만, 프랑스에서는 그렇지 않았다. 프랑스의 일부 지역에서, 특히 서부 지역에서는, 상속자와 그의 부인은 직계가족제도 속에서 남자의 부모와 함께 살았다. 반면 프랑스 북부 지역에서는 집이 빌 때까지 젊은 남자가 결혼을 연기해야 했다. 이는 부모가 모두 사망할 때까지 기다려야 함을 의미했다. 토지는 한 명의 자녀에게 상속됐는데, 반드시 그런 것은 아니지만 일반적으로 장남에게 상속되었다. 장남은 형제자매에게 가족 소유의 토지에서 그들 몫에 해당하는 만큼을 현금으로 주었다. 남자 형제는 그 돈으로 토지를 사거나 사업을 했고, 여자 형제는 그 돈을 지참금으로 사용했다. 종종 상속자는 형제자매에게 돈을 주기 위해 재산을 저당 잡히기도 했다. 그 돈을 주지 않는 경우도 왕왕 있었다. 그런 경우, 형제들은 상속자의 가구에서 숙식을 제공받는 조건으로 미혼 노동자로 일하면서 가족농장에 남았다. "소농이라면 다음과 같이 계산할 것이다. 내 농장은 기껏해야 아들을 하나나 둘밖에 부양할 수 없다. 다른 자녀들은 결혼하지 않거나 다른 곳에서 그들의 행운을 찾아야만 할 것이다."[28]

수공업자의 경우, 사업 규정으로 조혼을 막았다. 도제와 직공은 훈련을 완전히 마치기 전에는 결혼할 수 없었다. 일부 사례를 볼 때, 수공업자들은 기술 습득이 어렵다는 것과 더불어 도제 기간을 둠으로써 노동자가 그들의 사업에 접근하는 것을 통제할 수 있었다. 도제와 직공으로 구성된 결사체들은 기혼자를 그들의 대열에서 추방함으로써 이런 통제를 더욱 강화했다. 젊은 미혼 남성은 생산 체제에서 적절한 지위를 확보할 때에만 결혼할 수 있었다.

지참금이 필요하다는 것은 젊은 여성 또한 증여재산을 받기 위해 종종 부모가 사망할 때까지 기다려야 한다는 것을 의미했다. 예를 들어, 1654~1657년에 섬유산업 중심지 맨체스터Manchester에서 초혼 여성의 절반 이상이 결혼 즈음에 아버지를 잃었다. 노동하는 여성이 어느 정도의 지참금을 모으는 데에는 여러 해가 소요되었다.[29]

영국과 프랑스에서는 이런 결혼 조건으로 말미암아 상대적으로 만혼이 이루어졌다. 여성은 일반적으로 24~25세에, 남성은 27세에 결혼했다. 여성의 만혼은 그녀들이 19세나 20세에 결혼했을 경우보다 아이를 적게 낳게 된다는 것을 의미했다. 25세에 결혼한 여성은 가임 기간 가운데 일부 시기에만 활발하게 출산하게 된다(당시에는 혼외 성관계가 많지 않아서 사생아 비율이 낮았다. 18세기 동안 프랑스에서 사생아 비율은 전체 출생률의 1.2퍼센트에서 2.7퍼센트로 증가했다). 그러므로 상대적으로 높은 결혼연령은 완성된 가족의 규모를 제한한다는 의미에서 일종의 산아제한 작용을 했다.[30]

무산자들은 상속할 재산이 없었다. 그러므로 젊은 남성과 여성은 임금을 벌 수 있을 때에야 결혼할 수 있었다. 개인이 노동을 할 수 있을 뿐만 아니라 임금을 받는 일자리를 얻어야 했다. (예를 들어 하인은 미혼으로서 고용된 가구에서 생활해야 하며, 대부분 임금을 현금이 아니라 숙식으로 제공받는 노동 여건상 결혼할 수 없었다.) 한 연구에 따르면, 17세기 동안 셰필드Sheffield와 잉글랜드에 가내공업이 등장함으로써 일자리와 현금이 제공되고 결혼연령이 낮아졌다.[31] 다른 지역에서는 상업적 농업의 성장과 그에 따른 농업노동자 수요의 증가로 같은 결과가 발생했을 수 있다.

극빈자들은 결혼식을 하지 못하는 경우가 종종 있었다. 재산도 없고 장래에 재산을 모을 수 있다는 기대감도 없었기 때문에, 성관계를 합법화할 필요가 없었다. 17세기에 엑스 지방에서는 도시 빈민에 대해 다음과 같은 언급이 있었다. "그들은 결혼의 신성함을 전혀 알지 못하며 음란하게도 동거를 한다."[32] 그러나 이들은 예외적인 사람들이었고, 보통은 재산이 없어도 결혼식은 올렸다. 그들은 소농이나 수공업자보다 일찍 결혼했고, 그 결과 결혼 생활 동안 더 많은 아이를 낳았다. 대부분은 그들의 노동에 의지해 생계를 유지할 것으로 기대되었다. 1780년 아미앵에서 결혼한 어떤 부부는 자신들이 가난하다는 사실을 인정하면서, 만약 다소간이라도 돈을 모으게 되면, 신부는 "유산에 대한 선취권에 따라 재산 중 150리브르를 갖게 되고, 부부 중 더 오래 사는 사람이 침대와 잠옷 … 부부의 의복, 도구, 반지와 보석을 갖게 될 것"이라는 데 동의한 계약서를 작성했다.[33]

　물론 평생 결혼하지 않는 사람도 있었다. 일반적으로 생애 독신은 지방보다는 도시에 더 많았다. 때로는 결혼한 형제와 함께 농장에 남아 있는 미혼의 형제자매도 있었다. 그러나 대체로 이들은 일자리를 찾아 도시로 이주했다. 특정 도시의 직업 구조는 도시 이주자 대부분의 결혼 운을 결정하기도 했다. 예를 들어, 실크 산업이 발달한 리옹Lyon에서는 일하러 온 여성이 남성보다 훨씬 많았다. 그 결과, 18세기 내내 리옹에서 성인 여성의 약 40퍼센트는 50세가 될 때까지도 미혼으로 지냈다(남성이 여성보다 많은 곳에서는 이보다 더 많은 여성이 결혼했다). 아미앵의 한 부유한 교구에서는 50세 이상 여성 중 20퍼센트가 미혼으로 사망했다. 이보다 가난했던 두 교구에서는 그 비율이 13퍼센트였다. 부유한 교구에는 가내 하인이 많았다는 것이 이 차이를 설명해 준다. 도시는 직업 규정상 결혼할 수 없는 사람들이 많이 거주하는 곳이었다. 종교단체 관련자, 군인, 하인, 매춘부 등이 전형적인 도시 거주자였다.[34]

출생과 출산력*

일단 부부가 결혼하면 나이에 상관없이 아이를 갖기 시작한다. 첫아이의 절반가량은 부모가 결혼한 지 1년 안에 태어났다. 프랑스의 한 시골 마을에 관한 연구에 따르면, 첫아이가 태어난 후 대략 25개월에서 30개월의 간격을 두고 아이들이 태어났다. 이런 터울은 출산 뒤의 성교 절제와 수유라는 두 가지 요소 때문이었는데, 수유는 배란이 시작되는 것을 지연시켰다. 도시 노동계급 가족에서 어머니들은 직접 수유하기보다는 아이를 유모에게 보냈고, 영아사망률도 높았으므로 출산 간격이 더 짧았다. 아이를 유모에게 보내거나 아이가 사망하는 경우엔 수유 기간이 짧아지므로 여성이 직접 아이를 키우면서 수유했을 때보다 더 빨리 임신하게 되었다. 일례로 소규모 수공업자와 장인, 노동자가 있는 아미앵의 교구에서는 아이가 2년 간격으로 태어났다. 반면에 여성들의 노동시간을 매우 많이 요구하는 실크 산업이 발달하고, 일반적으로 아이들을 유모에게 보냈던 리옹에서는 출산 간격이 더 짧았다. 이곳에서는 1년에 한 번꼴로 출산을 했다.[35]

부부가 종종 의도적으로 산아제한을 했다는 증거도 있다. 17세기 영국 데번Devon의 콜리턴Colyton 마을에 관한 한 연구를 보면, 부부들이 계획적으로 가족 규모를 제한했음을 알 수 있다. 저자인 리글

---

* 출산력은 현실적으로 출산을 할 수 있는 제반 여건과 양육 문제, 출산 의지 등을 포괄하는 종합적 개념이다. 경제적·사회적 상황에 따라 변동하는 출산력을 측정하는 지표로는 조출생률, 일반출산율, 연령별 출산율, 합계출산율 등이 있다.

리E. A. Wrigley는 막내와 바로 윗 아이의 터울이 일반적인 터울보다 더 긴 것은 출산을 조절하려 노력한 증거라고 주장한다. 물론 부부의 첫 피임 시도는 실패했지만, 출산 간격이 길어졌다는 것은 노력의 증거다. 피임 방법은 아마도 질외사정이었을 것으로 추측되는데, 이는 당시 가장 널리 알려지고 시행된 방법이었다.[36] 그러나 가족 재구조화family reconstitution에 대해 같은 종류의 자료나 방법을 사용한 다른 연구들 중에 18세기 후반 이전에 가족 규모를 의도적으로 제한하려 했다는 주장은 없다. 하지만 어느 쪽이든 완성된 가족은 대규모가 아니었다. 아이는 기껏해야 4~5명이었고, 성인이 될 때까지 살아남은 아이는 대체로 2~3명에 지나지 않았다. 그 이유는 무엇인가?

첫째, 영양과 보건 상태가 매우 열악했다. 이 시기 서민층의 식단을 분석하면 일관되게 영양실조의 증거가 나타나는데, 이로 말미암아 임신은 억제되었고 유산이 증가했다. 어머니의 불충분한 영양 상태 때문에 유아는 사산되거나 허약아가 될 가능성이 컸고, 영양 부실은 유아에게 공급할 모유에 영향을 주었다. 더욱이, 부실한 영양 상태 때문에 많은 여성이 폐경기인 40세나 45세가 되기도 전에 생식 능력을 잃었다.[37]

둘째, 영아사망률이 매우 높았다. 비록 영아가 출생 당시에는 죽지 않더라도, 비위생적이고 열악한 출산 과정 때문에 1년 안에 사망하는 경우가 많았다. 유아도 많이 죽었다.

마지막으로, 배우자가 사망하거나 출산으로 사망하는 산모가 많아 결혼 기간이 짧았다. 프랑스의 한 어촌에서는 전체 결혼의 3분의 1이 15년 안에 죽음으로 깨졌다. 남성이 재혼할 기회는 대체로 여성보다 많았다. 그 결과, 많은 여성이 생식이 가능한 전 기간에 걸쳐 성교를 할 수는 없었기 때문에 임신이 제한되었다. 죽음이 어린아이나 배우자를 강타하는 상황에서, 산아제한을 할 필요는 거의 없었다.[38] 사망은 근대 초기 영국과 프랑스에서 가족 규모를 조절하는 자연적인 수단이었다.

사망과 사망률

가족원의 요절은 이 시기 가족생활에서 익숙한 경험이었다. 사망률과 출생률이 거의 비슷해 인구성장은 매우 완만하게 이루어졌다. 인구 1천 명당 출생아 수를 의미하는 조출생율crude birth rate은 약 35명이었고, 조사망률은 30명이었다. 1730년경까지 사망률이 급격히 치솟아 일부 지역에서는 인구 1천 명당 사망자가 150명, 300명, 심지어 500명에 이르기도 했다. 이는 광범위하게 발생한 흉작과 그에 따른 기아, 흑사병 같은 전염병의 결과였다. 흑사병은 1720~1722년에 프랑스 서부를 강타한 후 더는 발생하지 않았지만,[39] 20세기에 진입할 때까지 새로운 질병들이 발생해 치명적인 전염병이 되었다. 인구학자들은 극단적으로 널리 확산된 죽음은 18세기 초반의 질병과 기아에 기인했다고 본다.

그러나 사망률이 상대적으로 안정적이었던 시대에도 1천 명당 30명의 사망률은 현재 서유럽의 사망률에 비해 세 배 이상 높은 수치다. 프랑스 시골 마을에 대한 연구들은 당시 유아의 4분의 1이 태어난 지 1년 안에 사망했고, 나머지 4분의 1은 20세가 되기 전에 사망했음을 밝히고 있다. 도시의 사망률은 이보다 더 높았다. 예를 들어, 17세기 아미앵에서는 전체 묘지의 60~70퍼센트가 25세 이하 사망자의 것이었다. 교구마다 마을마다 구체적인 사망률은 달랐지만 전체적인 상황은 영국과 프랑스가 비슷했다. 구베르는 전산업화 시기의 가족이 경험한 죽음을 다음과 같이 적절하게 요약했다. "성인 한 사람을 만들기 위해서는 두 명이 태어나야 했다."[40]

갓 태어난 생명에 대해 당시 사람들이 기대했던 수명은 30세였다. 물론 이런 통계에는 유아와 어린이의 사망이 포함되어 있다. 만약 어떤 사람이 25세가 될 때까지 살아 있다면, 그가 50세나 60세까지 살 가능성은 태어난 직후보다 훨씬 커진다. 체계적인 증거를 모으기는 어렵지만, 성인의 사망률 또한 꽤 높았다. 고아나 사별 여성에 대한 숫자가 이를 입증해 준다. 영국 마을 클레이워스Clayworth에 대한 분석에서, 라슬렛Laslett은 1676~1688년 사이에 "이 마을에 거주했던 전체 어린이(14세 이하)의 32퍼센트가 부모 중 한 명을 잃거나 두 명을 모두 잃었"음을 발견했다. 영국의 19개 마을 아이들에 관한 연구는, 1599~1811년에 아동의 20퍼센트가 고아였다고 밝히고 있다. 프랑스의 경우, 장 푸라스티에Jean Fourastié가 가상으로 그린 17세기 말의 가족생활이 이해를 돕는다. 이 가상 상황에서 평균 20년이 지나면 한쪽 배우자의 죽음으로 결혼이 깨진다. 이렇게 부모가 사망하여 고아가 된 아이의 평균연령을 계산해 보면 14세였다.[41]

출산 중 어머니의 사망은 많은 아이들을 고아로 만들었다. 위생 관념에 대한 무지와 자궁에서 아이를 억지로 끄집어내려는 산파들의 비과학적인 분만 방식, 그리고 임신부의 전반적인 건강 부실은 산모의 사망률을 높였다. 실제로 17,18세기의 소규모 마을들을 대상으로 추출한 연령별 사망률 표는 가임연령인 24세에서 40세 사이에 여성이 남성보다 훨씬 더 많이 사망했음을 보여 준다. 1674~1676년에 아미앵의 생레미Saint-Rémy 교구에서 15세에서 45세에 이르는 여성 중 53명이, 남성 중 40명이 사망했다. 1665~1668년에 다른 교구에서도 같은 연령대의 여성은 91명이 사망한 것에 비해, 남성은 단지 52명이 사망한 것으로 기록되어 있다.[42]

부모 한쪽의 사망은 고아뿐만 아니라 홀어미나 홀아비를 만들어 냈다. 이들의 존재는 재혼, 특히 남성의 재혼을 통해, 그리고 사별 여성의 이름이 훨씬 많은 구호 명부와 세금 목록으로 증명된다. 푸라스티에의 계산을 따르면, 27세에 결혼해 50세까지 살아남은 남성 1천 명 중 거의 절반이 부인을 잃었다. 이 중 많은 남성이 재혼했을 것이며, 두 번째 부인 또한 잃게 될 것이었다(재혼한 사별 여성이 남성보다 적다는 사실을 제외하면 여성의 경우도 계산이 비슷할 것이다). 전체적으로 18세기 프랑스에서 "전체 결혼의 최소한 30퍼센트는 부부 한쪽이 재혼이었다." 대부분의 교구에는 사별 여성이 많이 있었다. 샤토됭Châteaudun에서 1696년 세금 목록에 오른 재봉사와 방적공 중에서 적어도 절반은 사별 여성이었다. 18세기 바이외Bayeux에서 마직물과 모직물 산업 노동자의 46퍼센트 이상이 사별 여성이었다.[43] 아이들을 부양하고자 고군분투하는 가난한 사별 여성은 당시 모든 지역에서 흔히 볼 수 있었다.

근대 초기에는 사망률을 의학으로 통제할 수 없었다. 영양 상태는 빈약했고 위생학에 대해서는 알려진 바가 없었으며, 의학은 발달하지 못했다. 1778년에 한 프랑스 인구학자는 "약품이 더 많은 사람을 살릴지 죽일지는 여전히 문제"라고 기록했다.[44] 그 결과, 성인이 될 때까지 살아남은 사람이라면 모두 가까운 친척, 즉 아버지나 어머니, 형제자매의 상실을 경험했다. 조부모를 아는 아이는 거의 없었고, 첫 손자가 태어나는 것을 볼 때까지 사는 조부모도 거의 없었다. 고아가 되고, 배우자와 사별하고, 아이를 잃는 것은 흔한 경험이었다. 가족의 규모와 출산, 가구의 노동 공급에 관한 계산에서 사망에 대한 예측은 중요했다.

이상이 17,18세기 영국과 프랑스의 경제적·인구학적 특징이다. 아직은 제조업보다 농업이 중요했으며, 사람들은 대부분 농촌에서 생활했다. 프랑스에서는 소규모의 토지 소유와 수공업적 제조업이 전형적이었다. 영국의 경우, 1750년에 이르러 한편으로는 농토의 합병이 일어났고 그에 따라 농장의 규모가 확대되었다. 다른 한편으로는 무산자 비율이 계속 증가했다. 양국에서 노동은 아직은 본격적으로 분화되지 않았으며, 생산성은 낮았다. 인구학적 측면에서, 출생률과 사망률은 모두 높아서 인구 증가는 매우 완만하게 이루어졌다. 비교적 높은 결혼연령과 독신율도 출생률 감소에 일조했다. 가구의 관점에서 볼 때, 부족한 자원과 소비의 균형을 세심하게 맞추어야 할 필요성이 생활의 모든 면에 영향을 미쳤다. 가족생활과 경제조직은 불가분의 관계로 얽혀 있었다. 이른 사망은 개별 가구에 익숙한 경험이었다. 여성의 지위와 활동은 이런 맥락에서 규정되었다.

제2장

가족경제와 미혼 여성

미혼 여성은 대부분 딸이나 하인으로서 가구에 속해 있었다. 젊은 미혼 여성은 나이와 무관하게 그들이 생활하거나 일하는 가구의 피부양자로 간주되었다. 가내 생산 양식에서 노동은 대부분 가구를 중심으로 이루어졌고, 그 기본 단위는 결혼한 부부였다. 소녀들은 자기 집에서 일하거나 다른 가구에서 일했다. 그들이 이런 종속에서 벗어나려면 결혼을 해야 했는데, 당시에 미혼 여성은 성인이라도 어린아이로 취급되었기 때문이다. 당시 소녀와 아가씨와 하녀는 같은 뜻이었다. 나이와 결혼 상태, 직업은 서로 복잡하게 얽혀 있었다.

다른 사람의 가구에 살지 않는 미혼 여성은 자기 가족 내에서 사실상 하녀 노릇을 했다. 면직물업 같은 분야에 고용된 여성은 대개 가족이나 같은 처지에 있는 다른 여성과 함께 생활했다. 수도원에서조차 미혼 여성은 금욕 생활을 하는 독신 자매celibate sisters들과 가족을 이루었다. 매춘부도 일반적으로 무리를 지어 생활했다. 혼자 살거나 경제적으로 독립하기란 극도로 힘든 상황이었다. 여성의 임금은 매우 낮아서 가장 좋은 직업이더라도 남성 임금의 3분의 1이나 2분의 1에 불과했다.[1] 여성이 성인의 지위뿐만 아니라 경제적 안정을 얻을 수 있는 유일한 길은 결혼이었다. 결혼하지 않는 여성은 이례적인 존재였다. 물론 수녀가 된다면 그 역할과 자율성에 제한을 받더라도 보호와 인정을 받을 수 있었다. 그러나 수녀원에 들어가지 않으면서 결혼하지 않는 여성은 물질적인 곤경과 성적 착취에 취약했다.

이 시기를 연구하는 데에 필요한 총량적 수치들은 없지만, 지역 연구들을 보면 농촌 지역의 경우 비교적 늦은 나이에 하더라도 결혼하지 않은 여성이 거의 없음을 알 수 있다. 여성의 독신 비율은 도시에서 더 높았는데, 이는 성비 차이와 미혼 여성에게 특화된 직업들이 도시에 집중되었기 때문이다.[2] 이런 직업 대부분은 가내 서비스나 수도원과 마찬가지로 가족과 같은 종속 상태를 포함했다.

미혼 여성의 노동

여성들은 자신이 속한 가족경제에 봉사하면서, 딸로서 노동 생활을 시작했다. 그들이 하는 구체적인 일은 그들의 가족이 생산과정에서 차지하는 위치, 즉 가족이 종사하는 사업의 성격에 따라 달라졌다.

딸들은 일을 할 수 있는 나이가 되자마자 집에서 일을 도왔다. 아주 나이가 어린 딸은 남자아이의 역할과 전혀 차이가 없었으며, 아이들의 노동을 묘사한 여러 연구들도 이들을 구분하지 않았다. 남아와 여아는 4~5세가 되면 허드렛일을 할당받았다. 농촌에서 아이들은 농장의 동물을 돌보거나 추수와 이삭줍기 등을 도왔다. 가족이 가내공업rural industry에 종사하는 농가에서는 양모를 세탁하거나 분류하며, 방적 일을 배웠다. 디포Defoe는 18세기 초 영국의 양모 방직 가족을 다음과 같이 묘사하고 있다.

여자와 아이들은 가장 어린 아이에서 가장 나이가 많은 노인까지 모두 실을 잣고 빗질하는 일에 동원되었다. 일하기에 충분한 나이는 아니었지만 4세가 넘으면 그 자신을 부양하기에 충분한 일을 했다.[3]

자라면서 딸은 대체로 어머니를 돕고 아들은 아버지를 도왔다. 농업지대에서 딸은 낙농을 돕고, 가금류를 돌보고, 식사를 준비하고 옷감과 의복을 만들었다. 파종하고 추수하는 동안에는 식구들과 함께 들판에서 일손을 도왔다.

> 하트퍼드Hertford 지방은 대부분이 경작지였는데 … 거의 1년 내내 여자아이는 밀을 줍는 일을, 남자아이는 파종기에 쟁기를 잡아당기는 일과 농번기에 필요한 여러 가지 일을 했다.[4]

어머니가 산업노동에 종사하는 경우, 딸은 어머니를 도왔다. 프랑스 리옹의 실크 방직 중심지 주변에 있는 마을에서 한 모녀는 뽕잎으로 누에를 쳤다. 아버지가 다른 일 때문에 농장 노동을 그만두게 되자, 모녀는 농장을 돌보았다. 프랑스의 해변 지역에서는 남성이 오랫동안 바다에 나가 있는 어부였기 때문에 여성이 농사일을 했다.[5]

도시에서도 딸은 가족을 위해 일했다. 수공업자의 경우에 가구는 동시에 작업장이기도 했기 때문에, 아버지가 실크를 방직하든 양모를 방직하든, 구두를 꿰매든 코트를 꿰매든, 칼을 만들든 빵을 굽든 그의 식구들은 그의 조수였다. 1693년 보베Beauvais에,

> 서지serges〔양복지〕를 방직하는 장 코퀴와 그의 부인과 세 딸이 살았는데, 막내딸이 이미 9세가 되었으므로 엄마와 딸 셋 모두 그를 위해 양모에서 실을 뽑았다.[6]

만약 아버지가 자신의 가구가 아닌 다른 곳에서 일한다면, 딸은 어머니를 도와 행상과 세탁부, 재봉사일을 했다. 17세기의 한 일기는 딸이 어머니가 하는 일을 따르게 되는 방식을 명확히 보여 주고 있다.

슈 레인에서 새 바지를 사고 쿠크 여사에게 돈을 지불했다. 그리고 낡은 바지를 염색하기 위해 수선을 맡겼다. … 앞으로는 그녀의 딸 바바라에게 부탁해야겠다. 그녀는 나를 위해 같은 일을 해 줄 것이다.[7]

어머니가 집에서 일을 하는 경우, 딸은 어른이 되면 필요한 가사와 농사, 기술을 배우면서 일종의 도제로서 어머니를 도왔다.

그러나 모든 젊은 여성이 결혼할 때까지 집에 남아 일했던 것은 아니다. 가족이 필요로 하는 노동은 딸이 집에서 해야 할 일의 유형을 규정할 뿐만 아니라, 그녀가 집에 남을지 말지도 규정했다. 가족 노동은 성과 연령에 따라 분화되었다. 그러므로 만일 가족에게 딸의 노동이 필요 없다면, 그녀는 일자리를 찾아 어딘가로 떠났다. 일할 수 있는 어린이 두세 명과 하나 이상의 딸이 있는 소농들은 스스로 생활비를 벌도록 더 어린 딸들을 내보냈다. 방직기에 실을 공급하는 데에 대여섯 명의 실 잣는 사람이 필요한 직조공이라면 딸들은 틀림없이 집에 묶여 있었고, 반면 도제로 있는 아들과 부인만으로 노동력이 충분한 제빵공과 제화공은 대체로 딸들을 멀리 보냈다. 그러므로 가족은 특정한 일에 적합하지 않은 딸을 내보내고, 그 대신 남성 도제를 고용함으로써 노동 공급을 조절했다.

자녀를 부양할 수 있는 가족의 능력도 딸이 일하는 장소에 영향을 미쳤다. 조그만 토지를 가지고 생계를 꾸려 가는 농부의 경우, 딸 하나를 먹이는 것이 그녀가 수행하는 노동의 가치보다 더 클 수 있었다. 자녀를 1년 내내 부양하는 것보다 추수기에 지역 노동자 몇 명을 고용해 먹이는 것이 더 싸게 먹혔다. 더욱이 경제위기 때에는 부양할 수 없는 "잉여 아동surplus children"의 수가 늘게 되어, 아들과 딸들이 하인이나 도제로 일자리를 찾아 떠났다.

죽음도 딸들이 일자리를 찾아 집을 떠나게 하는 요소였다. 한쪽 부모가 죽게 되면 홀어미나 홀아비에게는 아이를 부양할 수단이 거의 남지 않게 되었다. 예를 들어, 16세기에서 18세기에 걸쳐 프랑스 샤토됭 마을에서 포도주 양조업자의 딸들은 결혼할 때까지 집에 있었다. 그들은 모든 가사 노동과 가구 노동에 참여하다가, 결혼할 때 충분한 지참금을 받았다. 그러나 부친이 사망하면 상황이 즉각 변했다. 어머니가 사업을 맡게 되자 가족의 소유물을 팔거나 아들 중 하나에게 사업을 넘겼다. 너무 어려 결혼할 수 없거나 "즉각 결혼할 수 없는 딸들은 곧바로 소도시에 가서 하녀가 되거나 시골에서 농장 하인이 되었다."[8]

혼자된 부모가 재혼하면 첫 결혼에서 얻은 아이들은 혼란에 빠졌다. 계모나 계부가 의붓자녀를 부양하고 돌보는 것을 싫어하거나, 아이들 사이의 싸움과 질투를 견딜 수 없게 되기 때문이었다. 《신데렐라》나 《백설공주》 같은 동화는 이런 관계의 한 측면을 포착하고 있다. 18세기 프랑스 작가인 레스티프 드 라 브르통Restif de la Bretonne(1734~1806)은 풍요로운 소농 가족에서 일어난 이와 같은 상황에 대해 얘기하고 있다. "아버지가 재혼했을 때, 새어머니는 의붓딸 네 명을 쫓아냈다. 딸 하나는 결혼했고, 하나는 파리로 갔으며, 두 딸은 할아버지와 함께 이사했다."[9]

부모가 모두 살아 있다 해도, 가족의 경제적 자원은 한 명 이상의 자녀가 결혼해 성인으로 독립적으로 살아갈 수 있는 재산을 마련해 주기에 불충분했을 것이다. 딸에게는 지참금이 필요했고, 가족은 관례상 이를 마련해 주었다. 농촌 지역에서는 상속법에 따라 여성에게 대체로 일정 액수의 돈이나 가구, 농장 비품과 같은 동산이 주어졌다. 또 지역의 관습에 따라 결혼할 때 충분한 재산을 증여받거나, 아니면 부모가 죽은 뒤에 지급한다는 약속을 받았다. 도시의 수공업자는 딸에게 가구 비품이나 현금, 연장 등을 주거나 기술을 전수했다. 시골과 도시의 하층계급 사이에서는 가족이 지참금이나 증여재산에 기여하는 규모가 매우 작았기 때문에 종종 가족의 기여분이 보충되어야 했다. 이런 점에서 수공업자의 딸은 시골 농장의 딸보다 유리했다. 그녀가 가진 기술의 가치가 매우 높이 평가되었기 때문이다. 농장의 힘든 막노동과 달리 직업 기술을 가지고 있으면 상대적으로 높은 임금을 벌 가능성과 남편의 사업에서 평생 동안 남편을 보조할 가능성이 보장되었다. 이런 기술은 농촌 소녀들에게 요구되는 지참금을 대신하는 것으로 받아들여졌다. 그러나 두 경우모두에서 여성이 결혼하는 데에는 지참금이 필요했으며, 가족이 (또는 여타의 출처에서) 이를 제공할 수 없다면 여성 본인이 직접 지참금을 벌어야 했다.[10]

한 가지 또는 여러 이유로 딸들이 일자리를 찾아 집을 떠나야 할 때, 그들은 일반적으로 다른 가구에 들어갔다. 농촌에서 가내 서비스는 젊은 여성의 전형적인 직업이었다. 물론, 18세기 초반에 특히 영국의 시골 면직물 제조 지역에서는 방적공에 대한 수요가 매우 컸다. 한 대의 직조기에 충분히 실을 공급하려면 네 명의 방적공이 필요했다. 한 영국인은 "전처럼 농부의 집에 주당 12페니를 받고 일하러 가는 대신, 주당 9실링을 받고 실 잣는 일을 선택한 여자 하인들"에 대한 불만을 토로했다.[11] 방적공은 자기 집이나 직조공의 가구에서 생활했다. 그러나 실을 잣거나 레이스 제조에 취업할 수 있는 지역에서조차 소녀들은 어릴 때는 면직일을 하다가 12세나 13세가 되면 가내 서비스일을 하기도 했다. 도시는 여러 가지 다양한 기회를 제공했으며, 도시 출신 소녀들은 이런 이점을 이용했다. 여성 수공업자나 상인 밑에서 도제로 일하기도 하고, 면직물이나 의류 제조와 관련된 그 지역의 기업에서 임노동을 하기도 했다. 프랑스 캉Caen의 레이스 산업은 5세에서 15세 사이의 소녀들을 고용했다. 그들은 먼저 두 달 동안 도제 훈련을 받았는데, 이때 부모는 훈련비나 작업대를 사용하는 대가로 장소비를 지급했다. 수습이 끝나야 일당을 벌수 있었다. 그러나 농촌과 마찬가지로 도시에서도 젊은 여성의 주된 직업은 가내 서비스였다. 예를 들어, 1599년 일링Ealing에서는 "(15세에서 19세 사이의) 여자아이의 거의 4분의 3이 부모 곁을 떠나" 대부분 하녀로 일하며 생활한 것으로 보인다.[12]

생산활동의 대부분이 가구 안에서 또는 가구 주변에서 조직되던 시기에는, 가내 서비스가 젊은 미혼 여성의 주요 직업이었다. 그 일에는 20세기의 가사 노동에 해당하는 일뿐만 아니라 다양한 허드렛

일이 포함되었다. 하인은 숙식을 대가로 일하는 가구의 피부양자였다. 여성 노동의 비용은 낮았고, 일할 젊은 미혼 여성은 쉽게 구할 수 있었기에 생산에 필요한 여분의 일손을 얻고자 하인을 고용하는 것은 흔한 관행이 되었다. 가내 서비스는 가구가 노동 공급을 교환하고 노동과 소비 필요 사이의 균형을 잡는 관습적인 수단이었다.

상층계급 가족에서 '가내 서비스를 제공하는' 소녀는 한두 가지 일을 맡았는데, 세탁부나 청소부, 시중드는 하녀, 아이 보는 하녀 등이었다. 가구 생산 단위에서 하녀는 필요한 일은 무엇이든 할 수 있는 여분의 일손이었다. 농장에서라면 목축을 돌보거나 추수를 할 것이고, 직물도시에서라면 '거주하며 일하는 피고용자'였다. 리옹의 하녀는 가내 잡일을 하고 실크 직조를 준비하고 도왔다. 딸이 있는 가족기업에서는 기업의 성격에 따라 딸이 해야 할 일이 규정되었는데, 그 일에서 하녀가 맡던 가장 더럽고 성가신 일들은 제외되었다.[13] 일을 하는 대가로 하녀는 의식주를 제공받았고, 보통 1년 정도가 되는 기간의 마지막에 임금을 받았다. 이는 그때까지는 자신을 위해 소비할 돈이 거의 없이 고용주에게 전적으로 의존했음을 의미한다. 또 1년이라는 고용 기간 단위는 소녀들이 이 가구에서 저 가구로 빈번히 옮겨 다녔음을 시사한다. 일부 하녀는 이보다 더 자주 옮겨 다녔을 것이다. 고용주는 이들의 서비스에 어떤 것도 지급하려 하지 않으면서 어떤 시점에 그들을 해고했을 것이다. 소규모 사업이 실패하게 되면 하녀가 아무리 오랫동안 일했더라도 임금을 한 푼도 지급하지 않고 해고할 수밖에 없었다.

딸이 일자리를 찾아 집을 떠나더라도, 가족의 유대가 항상 단절되지는 않았다. 부모는 대체로 일자리 구하는 것을 도왔고, 서비스 노동에 종사하는 기간 사이사이에 딸들에게 집을 제공했다. 한 연구는 영국에서 농장 하녀가 하인보다 훨씬 더 빈번히 가족에게 돌아갔음을 밝히고 있다.[14] 더욱이 친족 연결망은 일자리를 찾는 사람이 가장 흔히 사용한 수단이었다. 농촌에서 소농과 농업노동자는 이웃 농장이나 가까운 마을 또는 비교적 큰 타운에서 딸의 일자리를 구했다. 농촌 여성들은 장날 장터에서 다른 여성들로부터 딸에게 적당한 일자리를 전해 들었다. 일부 지역에는 하인이라는 직업을 좀 더 공식적으로 확보하는 방법이 존재했다. 어린 소녀들은 일자리를 찾아 매년 서는 고용시장에 가려고 집에 돌아갔다. 사보이 사람Savoyard이 리옹을 가거나 루에르그Rouergue 사람이 에로Herault의 포도 농장에 가거나, 남자 형제나 아버지가 다른 지역을 방문하게 될 경우 여자 형제나 딸이 따라서 갔다. 후프턴은 18세기 프랑스 일부 지역에서 남성 가족원이 여성들의 이주 형태를 조절했던 것으로 보인다고 주장한다.[15] 도시에서 수공업자와 그의 부인은 사업과 이웃, 친족관계 등을 이용해 딸의 도제 자리를 확보했다. 미숙련노동자들은 도시의 노동시장에서 하는 일이라면 어떤 것에든 자신의 아이들을 소개했다.

소녀들이 가족과의 접촉을 유지할 수 있는지 없는지는 거주지와 집과의 거리에 따라 결정되었다. 일부 소녀들은 혼자서 시골 마을에서 큰 직물업 중심지나 지방 도시 및 수도권으로 이주해 도시의 영구 거주자가 되었다. 시골 출신 소녀들은 도시로 이주한 반면, 도시 소녀들은 자신이 태어난 도시 안에서 일하고 결혼하면서 집 가까이에 머물 가능성이 컸다. 일반적으로 도시나 농장에서는 여성의 값싼 노동이 지속적으로 필요했기 때문에, 소녀들은 대부분 가끔 집을 방문하거나 음식물 꾸러미를 가져가거나 하면서 결혼하기 위해 다시 집으로 돌아갈 기대를 안고 모든 걸 참아 내면서, 집에서 가까운 거리에 남아 있을 수 있었다.

물론 소녀의 부모가 사망하면 상황은 바뀌었다. 고아들은 일자리를 찾을 때나 이주할 때 도와줄 가족 연결망 없이 혼자서 해결해야 했다. 자원도 없고 도움 받을 사람도 없었으므로, 고아들은 고용주나 자선단체, 국가의 자비에 운명을 맡기고 구할 수 있는 일이라면 어떤 일이라도 하기 위해 정착해야만 했다. 그들은 가장 상처받기 쉬웠고, 착취에 더 노출되었으며, 범죄자나 매춘부, 사생아를 낳는 어머니가 되는 고통을 당할 가능성이 컸다. 16세기 영국의 한 치안 판사는 "부모가 죽고 그들을 돌봐 줄 사람이 아무도 없어서 … 비행을 저지르는 거리의 소녀들"을 그 시대의 '치부dells'라고 묘사했다.[16] 가족이 (사회적 신분만큼이나) 경제적·사회적 생존에 중요했던 사회에서, 가족이 없다는 것은 결국 부정적인 영향을 미칠 수밖에 없었다.

취업 기회가 제한되었기 때문에, 젊은 미혼 여성의 노동도 제한되었다. 이들의 노동 유형과 노동 장소는 가족의 필요로 결정되었다. 당시 하층계급 가족에서 모든 사람이 그랬던 것처럼, 딸 역시 자신이 한 부분을 이루고 있는 가족을 부양하기 위해 일했다. 이와 더불어, 노동을 통해 훈련과 기술을 획득하고 지참금에 쓸 돈을 모아 결혼을 준비했다.

구애와 결혼

소녀들이 결혼 준비가 된 때는, 약간의 자본을 직접 모으거나 가족에게 받았을 때, 즉 그녀가 하나의 생산 단위인 가구의 설립을 도울 준비가 되었을 때였다. 돈이 꼭 많아야 하는 것은 아니었다. 프랑스에서는 약간의 현금과 침대, 침대보, 그릇 몇 개가 소녀들이 가장 흔하게 새 가구에 가져가는 것이었다. "배니온Bannion의 사랑스러운 아가씨"라는 아일랜드 민요는 다음과 같이 노래했다.

> 엄마는 나에게 나도 결혼할 수 있다고, 돌아가실 때 엄마의 침대를 주시겠다고 말씀하셨죠. … 아빠는 41실링과 염소 한 마리와 소 한 마리를 먹일 풀밭을 갖고 계시죠.[17]

종종 딸이 벌어들이는 작은 소득도 가족에게 보탬이 되었다.

딸이 멀리 이주하지 않는 한, 또는 고아가 아닌 한, 딸의 결혼은 다양한 방식으로 가족과 관련되었다. 첫째, 가족의 경제 상황은 대체로 비슷한 수준의 남편감을 선택하도록 제한했다. 가족이 약속하거나 제공한 지참금의 규모는 가족이 소유한 토지나 사업의 재력을 반영했다. 수공업자의 기술적 지위는 그 자체가 중요한 고려 대상이었는데, 엄격히 통제되던 기술에 대한 접근이 사위에게는 열려 있었기 때문이다. 토지를 소유한 농가에서는 부모들이 자신의 가족보다 재산 수준이 낮은 청혼자를 거부하기도 했다. 결혼은 가족의 자본을 늘리거나 새로 정비할 기회였다. 또, 부모와 공동체의 기대는 간접적으로 자녀들로 하여금 자신도 부모가 살았던 방식대로 살겠다고 생각하게 했다. 그들은 대체로 출세를 기대하지 않았고, 부모 정도의 수준에 머무르기를 원했다. 그래서 사회적·경제적 지위가 엇비슷한 사람들 사이에서 짝을 구했다.

둘째, 부모가 거주하고 노동하는 공동체가 소녀들이 가장 쉽게 남편감을 찾을 수 있는 곳이었다. 농촌 지역에서는 마을, 지역의 사교 모임, 그리고 고용주의 가구에서 남편감을 만났다. 프랑스에서 야회夜會veilée는 부모와 이웃의 감시 속에서, 그리고 대개 성별로 분리된 여러 활동 속에서, 젊은 남녀가 만날 수 있는 기회였다. 야회는 추운 겨울 저녁에 가장 크고 따뜻한 헛간에서 모임을 갖는 농촌 지역의 관습이었다. 가축과 사람들이 열기를 만들어 내는 이 모임은 사교의 호기였다. "사람들은 벤치에 앉아 잡담하고 웃으며, 세금과 세리에 대해 불평을 털어놓고, 젊은 남녀에 대한 소문을 만들어 내곤 했다."[18]

도시의 소녀들은 아버지의 작업장에 있는 도제나 직공, 또는 다른 수공업자의 아들과 결혼할 수도 있었다. 노동과 사업의 연결망은 결혼 상대를 만나는 중요한 원천이기도 했다. 아미앵에서 이와 같은 "직업내혼corporative endogamy"은 하나의 규율이었다. 많은 경우, 젊은 남성들은 같은 사업에 종사하는 다른 남성의 누이와 결혼했다. 도제는 장인master의 딸이나 사별 여성과 결혼했다.[19] 그러나 도제나 직공은 그 가구에 있는 하녀 가운데서 한 명을 선택할 수도 있었다. 서비스의 대가로 그녀가 자본을 조금 모았다면, 그 부부는 직조기를 한 대 구입해서 가게를 차렸다.[20] 이렇게 사회생활과 직업, 가족생활이 매우 긴밀히 연결되었기 때문에, 일터에서 만난 동료가 종종 결혼 상대자가 되었다.

물론 무산자들 사이에서는 직업적 차이를 뛰어넘어 결혼이 이루어졌지만, 지역 내혼geographic endogamy이 일반적이었다. 미숙련노동자나 무산자와 마찬가지로 수공업자와 장인도 같은 교구나 이웃 교구에서 배우자를 찾기 쉬웠다. 18세기 초의 바이외Bayeux에 대한 연구는 바이외에 사는 전체 기혼 여성의 63퍼센트가 바이외나 인근 14개 교구 중 한 곳에서 왔음을 밝혀냈다.[21] 일부 공동체는 교구를 넘어서까지 확대되었다. 사업 경로나 노동자들이 이주하던 방식은 사실상 사회적 공동체의 경계를 확장했다. 아마도 지역의 시장 체계는 배우자를 선택하는 가장 큰 사회적 단위였을 것이다.

사회적 · 지역적 공동체 안에서의 결혼은 결혼과 혼전 성관계에 중요한 의미를 함축한다. 이는 두 개인의 관계뿐만 아니라, 가족과 공동체 사회의 연대가 부부를 함께 묶어 주고 그들의 행동을 지배했음을 의미한다. 여러 지역에서 약혼한 커플은 결혼 전에 함께 자고 동거하기 시작했다. 물론 지역의 관습은 다양했지만 프랑스와 영국의 여러 지역 연구에서 그런 관행이 보고되었다. 혼전 임신 비율이 농촌보다 도시에서 더 높았다는 사실은 이런 동거가 도시에서 더 성행했음을 말해 준다. 혼전 성관계는 결혼을 전제한 것이었고, 흔히 일어나는 일이었기 때문에 허용되었다. 그러므로 임신한 상태로 결혼식을 치르는 신부도 있기는 했지만, 상대적으로 사생아는 거의 없었다. 헤어P. E. H. Hair는 1540년에서 1835년까지 영국의 77개 교구에서 혼인신고와 출생신고 건수 자료를 사용해, 전체 신부의 3분의 1에서 6분의 1 정도가 임신 상태로 결혼했음을 알아냈다.[22] 실제로 임신은 결혼을 촉진한 것으로 보인다. 조그마한 마을 공동체나 도시 수공업자들 사이에서, 배우자 선택을 후회하거나 결혼을 망설이는 젊은 남성에게 가족은 큰 압력을 가할 수 있었다. 이런 사회적 압력은, 특히 임신이 개입된 경우에 약혼한 남녀를 결혼시킬 수 있었다.

사생아를 낳은 여성은 대체로 혈연 가족과의 끈이 없는 경우가 많았다. 영국의 몇몇 연구는 사생아가 대부분 공동체에서 가장 가난하고 취약한 여성들에게서 태어났다는 사실을 밝히고 있다. 한 연구는 '사생아를 낳는 사람들'의 집단이 존재했다고 주장한다.[23] 성행위에서 그들은 그들보다 더 부유한 사람들과 큰 차이가 없었다. 차이라고 한다면 "상대적으로 부유한 사람들은 안정된 지위를 갖고 있었기 때문에, 기본적으로 자신들의 성행위를 합법화할 수 있었다"는 것뿐이었다.[24] 달리 표현하자면, 부유한 부모는 딸의 결혼 약속을 실행시킬 수 있는 더 나은 지위에 있었고, 부모가 없거나 부모와 멀리 떨어져 사는 소녀는 가장 취약한 위치에 있었다. 도시의 하녀는 고용주나 그녀가 만나는 젊은 남성에게 성적으로 착취당할 가능성이 컸다. 실제로 가내 하녀들에게서 사생아 출산과 영아 유기 비율이 가장 높았다. 이 여성들은 부모, 종교 또는 공동체 당국에 자신을 유혹한 사람이 약속을 지키도록 도와 달라고 호소할 수 없었다.

젊은 여성들은 부모뿐만 아니라 공동체 조직의 보호도 받았다. 많은 농촌 지역에서 구혼과 결혼 의식에는 마을의 도덕과 성행위를 통제하는 젊은 감시자 집단이 포함되었다. 특히 청소년기의 남성들은 교제 중인 커플의 행동을 단속했으며, 때로는 남자가 짝을 선택하는 데에도 영향을 미쳤다. 예를 들어, 이들은 커플 사이에서 일어난 불화나 난잡한 성관계, 간통을 조롱할 수 있었다. 그들은 커플을 따라다니면서 흉내 내고, 여자 집 창문 이래서 비속한 노래를 부르면서 비난 의례를 거행하기도 했다. 어떤 여자의 집 앞에 악취가 나는 나무가 심겨 있다면, 이는 그녀의 저급한 도덕 수준을 나타내는 것이었다. 이들은 자기 마을의 소녀와 사귀는 이방인과 싸우거나 그에게 벌금을 부과하기도 했다.[25] 영국에서는, 여성을 유혹한 기혼 남성이나 미혼모들에게 '격렬한 비난'을 퍼붓거나, 그들의 대문에 대고 '괴성'을 지르기도 했다. 다양한 단속 방식 가운데 한 가지 예를 들어 보자.

젊은이들이 짐승 뿔과 냄비와 소 목에 다는 방울을 가지고 모여서, 〔문제가 된〕 남자와 여자의 문 앞에서 끔찍한 소음을 냈다. 2주일 후에 그들은 그들이 선택한 장소에 이웃 마을 사람까지 불러 모았다. 그리고 바보들의 법정이 개최되었다. 진행자는 남자와 여자를 나타내는 두 허수아비를 불태우라고 명령했고, 이런 의식은 불쾌한 소음과 함께 거행되었다. 그리고 나서 전체 행렬과 법정에 참가한 사람들은 마을 거리를 통과해서 죄인들의 대문 앞까지 줄지어 행진했다.[26]

마을 공동체에서는 이런 절차들이 합법적 제재 효과를 가졌다. 격렬한 비난은 성행위에 관한 규범을 만들고 강제했다. 나탈리 데이비스Natalie Davis는 이들이 또한 지나친 조혼과 혼전의 난잡한 성관계를 방지하면서 젊은이들의 행동 자체를 규제했다고 지적했다.

수공업자 조직 역시 도제와 직공의 행동을 감시했다. 직공조합의 규칙에는 회원이 훈련을 완수하고 가족 부양에 보탬이 될 수 있을 때까지 결혼할 수 없다는 조건이 포함되었다. 길드에도 젊은이들이 여성을 유혹하는 것을 금지하는 규칙이 있었으며, 벌금이나 제명이라는 방법을 통해 이런 규칙을 시행했다.[27] 물론 길드 밖에 있는 사람들은 이런 규칙의 지배를 받지 않았다. 일반적으로 많은 사람이 도시를 드나드는 유동성 때문에, 특히 미숙련노동자들의 성적·사회적 행동을 규제하기는 더욱 어려웠다. 그러므로 사생아 출생률은 도시에서 더 높았으며, 내연관계도 도시에서 더 일반적이었다.

여성에 대한 구애와 결혼은 매우 다양하고 중요한 방식으로 가족과 관련되어 있었다. 일반적으로 젊은 남성이 여성의 가족에게 가서 청혼을 했다. 그러면 약혼한 커플의 양가가 모여서 결혼과 관련된 경제적 항목들을 명기한 계약을 했다. 결혼식은 가족과 공동체 회원들에 의해 거행되었다. 시골에서는 결합의 신성함을 축하하면서 마을 전체가 먹고 마시고 춤추며 즐겼다. 도시의 경우, 특정 사업에 종사하는 수공업자가 모두(이들은 대부분 서로 일로 얽혀 있었다) 잔치에 참석했다. 무산자와 미숙련노동자의 결혼식은 이보다는 소박했지만, 악대를 고용할 돈이 없더라도 손뼉을 치고 노래를 부르며 맘껏 춤을 추었다. 이런 의식과 축제는 그 커플이 성인이 되었음을, 그리고 새로운 가족이 탄생해 독립적인 생활이 시작됨을 알리는 것이었다. 유산자 계층에서 결혼은 두 가족을 연합시키고 재산을 결합시켰다. 그러나 하층계급에서는 결혼이 단지 새로운 가족경제, 즉 결혼하지 않고는 '생존할 수 없는' 재생산과 노동 단위의 탄생일 뿐이었다.[28]

서민계층의 경우, 결혼의 성격은 상층계급의 경우와 분명히 달랐다. 부유한 가족에서는 부모가 결혼을 엄격히 통제했다. 부모는 그들과 비슷한 소수의 부유한 가족과 자녀를 결합시킴으로써 지위와 부를 보존하고자 했다. 자녀의 결혼은 권력과 영향력의 연결망을 확대했다. 혈통은 보호되어야만 했고, 물려받은 재산은 확대되고 한 세대에서 다음 세대로 전승되었다. 이 경우에 재산은 지위와 정치권력의 토대였으며, 자녀의 결혼 통제는 귀족이나 지방 명사들의 엘리트 지위 보존에 결정적이었다. 마르틴느 세갈랑Martine Segalen이 연구한 프랑스의 브레빌Vraiville 마을의 경우에도 부와 정치권력의 전승 사이에는 밀접한 관계가 있었다. 이곳에서는 10대에 걸쳐 모든 시장이 최고 명문가 중 하나의 후손이거나 그들과 결혼한 사람들이었다.[29] 명문가의 가족은 자녀의 배우자를 극소수의 대재산가 중에서 신중하게 선택했다.

서민계층에서는 부모의 동의와 가족 사이의 계약이 이와는 다른 의미를 띠었다. 앞서 설명한 바와 같이 사회적·경제적 제약 아래에서 배우자에 대한 개인 선택이 허용되었다. 부모의 동의는 커플이 갖고 있는 자원을 확인하는 기능을 했다. 부모는 자녀가 자기 가족과 지위가 거의 비슷한 가족을 찾기를 원했다. 그 계약은 세습재산을 키울 자원을 획득하는 것이 아니라, 그 자원이 〔기존의 양가〕 가족들에서 새로운 가족에게 인도되는 것을 의미했다. 그러므로 계약은 결혼 당사자보다는 가족 사이에 맺어졌는데, 이는 가족이 사회에서 신원을 확인하고 개개인 모두가 구성원으로 소속되는 단위였기 때문이다. 자녀는 새로운 가족을 꾸리기 위해 가족을 떠나고, 생계 수단인 자원을 한 가구에서 다른 가구로 이동시켰다. 남자든 여자든, 자신이 태어난 출생 가족family of origin에서 출산 가족family of procreation으로 나아가는 과정에서 경제적 · 사회적 독립이라는 중간 단계를 경험하는 사람은 거의 없었다. 현대적 의미의 개인은 사회적 · 법적으로 제한을 받았다.

가족과 사회적 자원이 제한되어 있었기 때문에 결혼연령도 제약을 받았다. 남편과 마찬가지로, 부인도 자본이나 가구 집기, 또는 시장성 높은 기술 등의 형태로 결혼에 이바지할 것이 기대되었다. 결혼은 그 자체가 새로운 사업의 시작, 즉 남편과 부인의 경제적 파트너십의 시작을 의미했으며, 이는 '가족의 창업'이었다.[30] 가족과 공동체가 결혼식에서 축하했던 것도 바로 이런 새 가족의 등장과 사회적 · 경제적 단위의 재창조, 새로운 사업의 시작이었다.

결혼하기 전까지 젊은 여성은 일반적으로 가구에서 노동했다. 노동과 소비에 대한 가족의 필요는 그녀가 자신의 집에서 일할지 말지를 결정했다. 그러나 어디에서 일하든, 그녀는 자신이 생활하는 가구에 의존했다. 그녀의 노동은 가족경제에 이바지하고 자신을 부양하는 수단이었다. 노동은 또한 이후 그녀 자신의 가족을 건설할 때 필요한 자원을 축적하게 하여 결혼을 준비하게 했다.

제3장

가족경제와 기혼 여성

전산업사회의 가구에서 결혼한 부부는 "가장 작은 노동 공동체, 즉 노동의 기초 단위"였다.[1] 배우자 각각의 기여는 가족의 창출과 생존에 결정적이었다. 결혼은 시작부터 경제적 제휴였다. 두 배우자는 물적 자원이나 서로를 부양할 수 있는 능력을 각자 가져와서 결합했다. 농부의 아들은 토지를, 수공업자의 아들은 도구와 기술을 가지고 왔다. 신부는 지참금과, 때로는 시장성 있는 기술을 가지고 왔다. 소농과 수공업자의 딸이 가져온 지참금은 일반적으로 부부가 가구를 설립하는 데에 이바지했다. 이런 것에는 "약간의 현금, 가구, 아마포, 연장 등이 포함되었다. 때때로 직기 한 대, 양모 한두 타래, 양모나 실크 몇 파운드, 배 한 척, 어물전 상인은 뱀장어 천 마리, 도시에서는 경우에 따라 집 한 채나 집의 일부분, 시골에서는 목초지나 땅 몇 뙈기일 때도 있었다."[2]

1700년 바이외에서 씌어진 결혼 계약은 부인이 새 가구에 다음과 같은 것을 가져왔음을 보여 준다. "침대, 양 여섯 마리, 떡갈나무 장롱, 암소 한 마리, 1년생 젖소 한 마리, 양 12마리, 아마포 20파운드, 옷 두 벌과 식탁 냅킨 반다스(6장)."[3]

무산자들에게는 노동과 임금에 대한 약속만 있을 뿐이었다. 1687년에 아미앵의 석공인 프랑수아 파리에François Pariès와 마리 위그Marie Hugues는 (결혼)계약에서 비록 자신들은 물질적 재산이 없지만, "행복하고 서로에게 만족하고 있음"[4]을 선언했다. 여기에서 중요한 사실은 남편과 마찬가지로 부인도 새로운 가구 설립을 돕는 데에 경제적 기여를 (또는 기여를 약속) 했다는 사실이다. 이는 새 가족의 부양을 도와야 할 책임을 의미했다. 결혼할 때에 가져온 자원은 단지 시작일 뿐이었다. 부부 자신은 물론 이후에 자녀를 부양하기 위해 두 배우자는 계속 일해야 했다. 부부의 노동은 평생에 걸쳐 가족 부양의 주요 원천이었다. 가족은 생산과 재생산의 단위로서 경제활동의 중심이며 새 생명을 창조하는 곳이었다. 기혼 여성은 가족생활의 모든 측면에 이바지했으며, 이에 따른 몇 가지 역할을 가구에서 수행했다. 그들은 교환을 위한 생산과 소비를 위한 생산에 참여했으며, 이 두 가지는 모두 가족의 경제적 안녕에 이바지하는 것이었다. 또한, 그들은 출산과 육아라는 재생산 역할을 수행했다.

기혼 여성의 노동

기혼 여성의 노동은 가족이 농업이나 제조업 중 어느 것에 종사하는지, 또는 재산이 얼마나 있는지와 같은 가족의 경제적 지위에 따라 결정되었다. 노동이든 현금이든, 무엇이 필요하든지 간에 기혼 여성은 그것에 기여해야 했다. 출산한다는 사실이 여성이 무슨 일을 하는지에 영향을 준 것은 사실이지만, 그렇다고 해서 여성이 한 가지 일만 하거나 생산활동에서 배제된 것은 아니었다. 이 시기에 생산이 조직되는 방식은 여성이 가족경제에 기여할 것을 요구했으며, 여성으로 하여금 노동시간과 속도를 조절하며 다양한 가내 활동을 통합할 수 있게 했다.

전산업사회의 가구에는 농장이든 수공업 장인의 작업장이든, 재산이 있든 없든, 성과 연령에 따른 분업이 존재했다. 아주 어릴 때는 가장 단순하고 초보적인 허드렛일부터 시작해서, 나이를 먹어 감에 따라 기술 수준에 대한 기대도 커졌다. 몇몇 근력이 필요한 일들은 남성에게 할당되었지만, 여성이라고 힘쓰는 일에서 배제되지 않았다. 오늘날의 시각에서 보면 여성이 하기에는 지나치게 고된 일들이었다. 종종 무거운 짐을 끌어 나르는 일도 해야 했다. 농촌과 도시할 것 없이 부인들은 자신의 직업을 갖거나 생산과정에서 특수한 업무를 수행하면서 남편의 일에 참여했다. 당시 여성들이 했던 일들을보면 그들이 가족을 위해 여러 가지 기능을 수행했음을 알 수 있다. 일반적으로 가족 내 노동 분업에서 남성의 일은 가구에서 멀리 떨어져서 하거나 또는 오랫동안 멀리 떠나 있어도 시간이나 거리에 구애받지 않는 일들인 반면, 여성의 일은 좀 더 오래 집에 머물면서 하거나 시간 조정에 융통성을 발휘할 수 있는 일들이었다.

농촌 여성

농장에서 남성은 들판에서 일했고, 여성은 가구를 관리했다. 여성은옷을 만들고, 젖소와 돼지 및 기타 가금류를 키우고, 텃밭을 가꾸고,남는 우유와 채소와 닭과 계란을 시장에 내다 팔았다. 프랑스 소농들 사이에는 다음과 같은 속담이 있다. "아내가 없으면 젖소도 없다. 그러니까 우유도 치즈도 없고, 암탉도 병아리도 계란도 … 없다."[5] 이런 것들을 팔아서 생기는 돈이 가족이 만질 수 있는 유일한 현금이었다. 여성이 지역에서 이루어지는 거래에 참여한 것은 당시 여성들이 가족 내에서 맡은 역할이 다양했음을 보여 준다. 여성들은 가족의 생계와 관련된 부수적인 활동으로 돈을 벌었고, 그 돈은 가족을 위해 음식과 필수품을 사는 데에 쓰였을 것이다. 여성들의 가내 활동과 시장 활동은 겹쳐 있었고, 두 가지 모두 가족에게 중요한 경제 기능이었다. 번창하는 농장의 가족은 다양한 자원을 통해 성공할 수 있었는데, 그중 적지 않은 부분이 부인의 활동이었다. 18세기 프랑스 작가인 브레통Bretonne은 18세기 중반 부르고뉴Bourgogne의 소농 코뱅Covin과 그의 부인 마르게리트Marguerite가 여러 요인 덕분에 많은 재산을 모았음을 묘사한다. 그들이 집을 소유하고 있다는 사실에 덧붙여, "2헥타르의 들판은 빵을 만들 밀을 어느 정도 공급해 주었고, 반 헥타르의 포도밭은 코뱅에게 용돈과 포도주를 주었다. … 부부가 하는 방직은 시금치에 버터를 바를 수 있게 했고 … 마르게리트는 실을 잣고, 여섯 마리의 암탉에서 나오는 계란과 일곱 마리 양에서 나오는 양모, 젖소에서 나오는 우유와 버터와 치즈, 그리고 텃밭에서 나오는 채소로 … 돈을 벌었다."[6]

토지를 소유하지 못한 노동자의 부인도 가족경제에 기여했다. 그녀들은 피고용인이 되었고 "들판에서 일하고 온갖 종류의 힘든 일을 했다." 그렇지 않은 사람들은 가내 면직 노동자가 되었다. 어떤 이들은 이런 활동을 번갈아 했다. 루이 14세 시기에 보방Vauban은 자신의 재정 자문을 정당화하고자 농업노동자 가족을 묘사하면서, "지역에 따라 물레질과 바느질, 양말 짜기 또는 레이스 제조 등으로"[7] 돈을 버는 부인들의 능력이 중요함을 강조했다. 이처럼 부인이 현금소득 능력이 없거나, 텃밭을 경작하거나 가축을 키우지 않는다면 "생존이 힘들었을 것이다." 가장 흔한 가내노동은 실을 잣고 바느질을 하는 것이었다. 레이스 짜기, 새끼 꼬기, 장갑 만들기, 뜨개질, 자수 등은 가내 제조업의 중요한 분야였다. 아이비 핀치벡Ivy Pinchbeck은 17세기 영국에서 레이스 제조업 하나가 여성과 어린이를 10만 명 이상 고용했다고 추정했다. 당시 영국의 전체 의류산업에는 약 100만 명의 여성과 어린이가 종사했다.[8] 프랑스에서도 가내공업이 일부 지역에 집중되면서 방적에 고용된 여성의 수가 증가했다. 여성들은 저임금을 받으며 실을 뽑았는데, 17세기 말쯤에 피카르디에서는 하루 일당으로 5수sous를 받았다.[9] 남자 방직공은 그것의 두 배를 받았다. 그러나 기혼 여성 개인이 얼마를 벌 수 있느냐보다는 일을 함께 나누어 맡았다는 점이 더 중요했다. 방적과 방직은 모두 가족경제를 보충하는 토대였다.

가내노동 일자리를 구할 수 없는 부인들은 자신의 가내 활동을 판매했는데, 다른 사람을 위해 시장에서 장을 보거나 몇 가지 상품, 즉 직접 직조한 아마포나 방적한 실 가운데 남는 것을 시장에 내다 팔았다. 농촌 여성은 아이를 키울 수 없는 중간계층 여성이나 도시 수공업자의 아이를 돌보는 유모가 되었다. 파리나 실크 방직의 중심지인 리옹 주변의 농촌에서 유모일은 농촌 여성이 자기 아이를 돌보는 동안 부수입을 올리는 일반적인 방법이었다. 특히 프랑스의 대도시 주변에서 유모일은 조직화된 사업이었다. 일례로 파리에서는 농촌에 유모들을 확보해 놓고 도시에서 아기들을 모집해서 마차에 태워 농촌으로 운송하는 사람들이 있었다. 그 일을 하는 사람들은 운반자 또는 심부름꾼(남성은 므뇌르meneurs, 여성은 므사제르messagères)

으로 불렸다. 만일 영아가 영아기가 지나도록 생존한다면 대체로 3~4세가 될 때까지 그곳에 머물렀다. 18세기 후반의 한 통계는 파리에서 시골의 유모에게 보내진 아기들의 수를 1만 명 정도로 추산했다. 모리스 가르당Maurice Garden은 리옹에서 태어난 전체 아기 가운데 거의 3분의 1(5천~6천 명 중 대략 2천 명)이 농촌으로 보내졌다고 주장한다. 18세기 후반까지 수공업자나 상업에 종사하는 가족의 아이뿐 아니라 상층계급의 아이도 여기에 포함되었다.[10] 그러나 부유한 가족은 대체로 가구에서 같이 거주하는 유모를 고용했다. 유모 '사업'은 수공업과 상업에서 기혼 여성이 활약했던 전산업사회의 거대한 도시 중심지에서 가장 발달했던 것으로 보인다. 아이를 키우는 동안 유모에 대한 감독은 거의 이루어지지 않았다. 유모일은 돈벌이가 괜찮고 수요가 매우 많아서 일부 여성은 자신의 아이가 자라서 젖이 마른 뒤에도 아기에게 "젖을 먹였다."

당시 기혼 여성은 수입을 늘리고 가족 부양을 돕기에 충분한 돈을 벌고자 여러 일을 함께 하면서 다양한 종류의 일을 번갈아 하곤 했다. 실제로 가족이 궁핍한 것은 부인이 돈을 벌지 않기 때문이라고 여겨졌다.

여성은 주로 집 가까이에서 일했지만, 꼭 그런 것은 아니었다. 농장에서는 집중적으로 노동이 필요한 기간과 계절에 따라 이삭줍기뿐만 아니라 파종과 추수를 위해 들판에 나갔다. 17세기 중반에 남녀가 함께 곡식과 완두콩을 수확하는 모습을 묘사한 자료가 있다. 일은 체력에 따라 할당되었다.

우리는 짐수레를 타고 떠돌아다니는 사람들 외에 남자 일꾼 한 명이나 가장 일 잘하는 여자 일꾼 한 명을 항상 데리고 있다. … 어떤 지역(비 때문에 땅 표면이 심하게 울퉁불퉁한 지역)에서는 흔히 여성들을 고용하여 써레가 달린 수레로 옥수수를 긁어모으기도 한다. … 우리는 돈을 주고 완두콩 따는 일을 할 사람을 18명에서 24명 정도 구해 언제나 구역당 여섯 명씩 배치한다. 남자 한 명과 여자 한 명 … 여자 또는 소년 한 명과 남자 한 명 이런 식으로 배치하는데, 이들 가운데 가장 약한 쌍을 맨 앞에 배치한다. … 농장에서는 대체로 완두콩을 다 거둬들이거나 마지막 곡식을 추수하고 나서 (추수를 도와준) 일꾼들과 부녀자들을 모두 저녁 식사에 초대하는 것이 일반적이다.[11]

이와 반대로 남성이 추수기에만 추가 인력으로 여성을 도와 추수를 하고, 여성은 1년 내내 집과 들에서 온갖 농사일을 도맡아 하는 경우도 있었다. 소토지 소유자가 농업노동자로 일하거나 장사를 하는 지역에서는 여성들이 가족의 작은 땅을 경작했고, 남성들은 "건초를 베는 일주일 정도와 퇴비를 모으거나 여성이 할 수 없는 일을 돕는 며칠 정도를 제외하고는" 집에서 멀리 나가 일했다.[12] 마른Marne의 포도원에서는 "부인은 남편의 진정한 동료였으므로 포도를 경작하면서 남편이 하는 일을 모두 함께 했다."[13]

한편, 가족 전체가 함께 해야 하는 가내노동도 있었다. 예를 들어, 프랑스의 여러 마을에서는 여름에는 매주 한 번씩 겨울에는 한 달에 한 번씩 (공동 오븐에서 굽는) 빵을 반죽하고 준비하는 일에 "집에 있는 모든 사람의 에너지가 동원되었다."[14] 겨울에는 돼지를 도살하는 일에 전체 가족원과 때로 외부인의 도움까지 받았다. 노동이 집중적으로 필요한 시기에 농장과 가구의 일손이 부족하면 성별에 상관없이 모든 사람이 힘을 합쳤다. 보통 때는 서로 담당하는 역할이 달랐지만, 필요할 때마다 부부는 서로 일을 도왔다. 이처럼 가족경제는 남편과 부인 양쪽 모두의 노동에 의존했다.

도시 여성

집에서 일하는 숙련 수공업자의 부인은 일반적으로 같은 의자나 탁자에 앉지는 않았지만 같은 방 안에서 남편을 보조했다. 때로 부인은 남편이 일하는 재료를 준비하거나 끝마무리를 했다. 그러므로 남편이 방직공이면 부인은 실을 잣고, 도공끄ㅗ이면 금속에 윤을 내고, 재봉사면 단추를 달고, 제화공이면 구두를 닦았다. 부인과 남편의 노동이 동일한 경우도 있었는데, 다음과 같이 낭만적으로 그려진 두 명의 광폭 직물 직조공의 모습은 이를 잘 말해 준다.

> 더 넓은 덮개를 짜야 한다면
> 그는 동료를 선택하네.
> 나란히 앉아서 친절하게 도와줄
> 빠르고 섬세한 손놀림으로 함께 천을 짤 동료를.[15]

그러나 항상 남편의 방직일을 돕는 동료가 아닐지라도, 평상시에는 방적 일을 하는 부인이라도 남편이 다른 일을 하거나 아프거나 사망했을 때 남편 대신에 그 일을 계속할 수 있어야 했다. 핀치벡은 영국에서 18세기부터 전해 오는 긴 시를 인용하는데, 여기에는 양모를 사러 집을 떠나는 모직물 업자와 남편이 없는 동안 해야 할 일이 늘어나는 것에 불만을 토로하는 아내 사이의 말씨름이 들어 있다. 남편이 사업의 중요성을 상기시키자, 부인은 마음을 가라앉힌다.

> 베시와 어머니는 곧바로 일어나서
> 분주히 움직이면서 모든 일을 해내지.
> 우리 사업을 제대로 하고자 한다면
> 다른 모든 일을 제쳐 놓아야만 한다네.[16]

모든 가족원이 함께 일해 그 사업에서 공동으로 이익을 얻는다는 사실은 어떤 일들은 양성이 모두 배워 필요할 때 서로 대신할 수 있어야 한다는 것을 의미했다. 시구에도 나타난 것과 같이, 가족의 결합된 경제활동이 모든 사람에게 가장 중요한 것이었다.

집에서 상품을 생산해 판매까지 하는 경우, 수공업자의 부인은 대체로 가게 주인 역할까지 맡았다. 그녀는 흥정을 하고, 계산도 하고, 가게에서 일하는 노동자들을 감독하는 일도 도왔다. 이 중 상당수의 여성은 '틀에 박힌 힘든 집안일'에서 벗어나고자 하인을 고용하기도 했다. (여성의 직업이 실크 방적 또는 방직을 보조하는 것이었던) 리옹의 실크 산업에서 그랬듯이, 일거리가 밀려들 때 어머니들은 가게일의 리듬을 깨기보다는 아기를 보모에게 보냈다.[17]

그러나 많은 사업에서 부인이 남편에게 꼭 필요한 파트너이더라도, 심지어 그녀의 기술 수준이 남편과 대등하더라도 남편이 살아 있는 한 부인은 조수로 남았다. 기혼 여성은 남편이 사망한 뒤라야만, 그리고 재혼하지 않는 경우에만 특정 길드에서 온전한 회원으로 인정받았다. 음식과 의류산업을 제외한 직업의 호칭들은 일반적으로 남성을 지칭했다. 여성은 사별 여성이거나 그들 자신의 사업을 운영할 때조차 수공업자의 부인으로 불렸다. 그러므로 인쇄공이자 활자 주조공이었던 바스커빌Baskerville 씨가 사망한 후, 바스커빌 부인은 "남편인 바스커빌 씨가 전에 운영했던 것과 동일한 배려와 정확성으로 활자 주조 사업을 계속할 것임을 … 사람들에게 알릴 수 있도록 허가해 달라고 간청한다."[18] 이런 관행은 의심할 여지없이 여성이 가사를 담당했던 가족 내 노동 분업을 반영한다. 즉, 남편은 하루 종일 수공업자일 수 있었지만, 부인은 기타 활동으로 시간을 빼앗겼을 것이다. 더욱이 시간의 손실과 질병, 여성의 높은 사망률이 일반적으로 출산과 연관되었다는 사실에 비추어 볼 때, 최고 수준의 숙련을 요구하는 사업에서 여성에게 오랜 훈련 기간을 투자하는 것은 그다지 현명한 일이 아니었다.[19] 여성의 배제는 또한 수공업의 규모를 통제하는 수단이기도 했다. 노동이 부족할 때에만 여성이 특정 사업을 개업하는 것이 허용되었다. 일례로 인원수에 대한 압력 때문에 1700년까지 영국에서는 금세공에서 여성이 배제되었다(그러나 여성은 주로 하인이라 불리는 미숙련 조수로서 대규모 사업장에 고용되기도 했다. 이들은 대체로 젊은 미혼 여성이었다). 전반적으로 가정에 기반을 둔 숙련 사업에서 기혼 여성은 가족 노동력의 일부였다.

1700년에 영국과 프랑스의 여러 도시에서는 일부 여성이 자신의 기술과 사업을 가지고 있있는데, 이들 대부분은 음식과 의류를 생산하고 배달하는 일에 종사했다. 17세기에 프랑스에서 여성으로만 이루어진 조합에는 재봉사, 대마와 아마를 빗질하는 사람, 자수공, 양말 제조공이 포함되었다. 이와 함께 부채와 가발 제조공, 여성용 모자 및 망토 제조공 등이 포함되었다.[20] 영국의 여러 도시에서도 이와 비슷했다.

이런 사업을 하는 여성 가운데 다수가 정기적으로 도제를 고용했다. 예를 들어, 모자 산업에서 도제 기간은 5년에서 7년까지 계속되었고 비싼 수업료를 내야 했다. 여성은 남편과 무관하게 독립적으로 사업을 운영했으며, 종종 집에서 멀리 떨어진 곳에서 일하기도 했다. 17세기 런던의 관습은 다음과 같은 사실을 알려 준다.

도시에서 남편이 없거나, 혼자서 수공업을 경영하는 기혼 여성은 소녀를 도제로 데리고 있으면서 일을 돕고 배우게 했다. 또 전술한 바와 같이 도제들은 부인의 사업을 배우기 위해 작성한 도제 계약서에 따라 남편과 부인 양쪽에 속박당하게 되었고, 이런 도제 계약서에는 남성은 물론 여성들도 등록되었다.[21]

여성은 남편을 돕거나 자신의 사업을 경영했을 뿐만 아니라 소매업에도 등장했다. 영국에서 양조업은 한때 여성의 전유물이었다. 18세기 무렵에는 분위기가 바뀌었지만, 여성은 여전히 이 사업을 운영했다. 여성은 또한 제빵사, 식료품상, 여관 주인, 정육점 주인이기도

했다. 18세기 런던의 어떤 여성 푸줏간 주인은 "동물을 도살해 생활
했으며 … 그녀는 매우 숙달된 전문가였다."[22]

독자적으로 노동하는 기혼 여성 가운데 가장 많은 수를 차지한
집단은 미숙련노동자와 직공 부인이었다. 이들은 남편이 가구의 필
요를 충당할 만큼의 돈을 결코 벌 수 없었기 때문에 언제나 불확실
한 경제 상황에 놓여 있었다. 이들은 기술도 없고, 상품이나 가게를
열 자본도 없었다. 또한, 그들의 시간을 빼앗을 가족의 생산적인 사
업도 없었다. 그래서 아이를 데리고 약간의 옷감이나 "상하기 쉬운
음식 같은 것을 팔러 이 집 저 집으로 다니는" 행상이나 궁색한 상
인이 되었다.[23] 거리가 바로 그들의 가게였으며, 집은 그들의 작업장
이었다. 그들의 노동은 연장이나 설비가 필요 없는 것이었다. 제1장
에서 인용된 파리의 비非길드원 목록에 기재된 사람 가운데 여성은
1,263명이었으나, 남성은 486명에 불과했다. 이 여성들은 하숙집 주
인과 소매상, 또는 "헌 옷과 모자, 누더기와 주방용품, 버클과 쇠붙이
등을 수선하는 사람이었다."[24] 물건을 팔지 않는 여성들은 넝마를 줍
거나 수선을 하고, 상품과 물이나 오물을 운반하고, 세탁하는 등 언
제나 도시에 필요하면서도 일반적으로 길드의 통제 밖에 있는 미숙
련 서비스를 수행하면서 노동을 판매했다. 그들의 노동은 자신의 전
생애를 특징짓는 '임시방편경제the economy of makeshift'의 모습을 보여 주
었다. 그래서 돈 버는 데에 소요되는 시간도 산발적이고 불연속적이
었다.

어떤 가난한 여성은 … 일주일에 사흘을 청소하거나 세탁하러 나

갔다. 유모로 고용된 사람은 1년에 서너 달 정도 일했다. 가난한 시장 상인인 어떤 여성은 바구니를 들고서 일주일에 사나흘 정도 아침에 나갔다.[25]

저자는 방적 일이 이 여성들을 집에서 계속 고용할 수 있으며, "훨씬 더 행복하고 기운 나게 하는" 수단이라고 옹호했다. 그의 묘사를 통해 가난한 여성이 가족기금family fund에 기여할 방편을 찾아서 일했던 직업의 다양함을 포착할 수 있다.

여성이 필요한 시기는 상황에 따라 매우 달랐다. 추수기와 파종기에는 들에서 밤낮으로 일했다. 도시의 정육점 주인과 제빵공 부인은 가족이 운영하는 가게에서 많은 시간을 보냈다. 리옹의 실크 방적공은 다른 사람에게 돈을 지불하고 아이를 맡겼다. 계절을 타는 일을 하는 여성은 몇 펜스나 몇 수를 벌고자 긴 시간을 기다려야 했다. 그러나 대부분의 기혼 여성 노동에는 시간과 속도를 어느 정도 통제할 수 있는 유연성이 허용되었다. 일부 연구들은 현금소득 활동에 투여한 연간 노동일수는 여성보다 그녀의 남편이 더 많았을 것으로 추계했다. 남성이 1년에 약 250일을 노동했다면, 여성은 125~180일 정도를 노동했다. 1700년의 프랑스 직공 가족과 1750년의 농업노동자 가족의 생활비에 대한 당시의 분석에 기초한 연구들은, "가사나 육아 등 여성의 성sex에 기인해 추가되는 요구 때문에" 기혼 여성이 일을 더 적게 했다고 보았다.[26] 여성은 들판에서 유아에게 젖을 주거나 아이를 먹이기 위해 일을 멈출 수 있었고, 수공업과 소매 가게에서는 일부 시간을 가사에 할당할 수 있었다. 실을 감거나 양모 세탁하는 일은 어린 자녀를 데리고 일을 가르치며 할 수도 있었다. 거리를 걸어 다니며 집에서 만들어 온 상품을 파는 여성들은 언제나 아이들을 데리고 다녔다. 당시 사람들은 여성이 '노동을 적게' 했다고 묘사했지만, 여성의 시간에 대한 요구가 더 복잡했다고 보는 것이 더 정확한 것 같다. 이 시기에 여성이 했던 일의 형태를 보면, 집과 작업장이 다른 경우에도 여성이 생산활동과 가사 활동의 균형을 맞출 수 있었다는 사실을 알 수 있다.

사별 여성

지금까지 우리는 남편과 아내가 모두 살아 있는 '정상적인' 상황을 살펴보았다. 그러나 사망 통계를 보면 매우 빈번히 죽음이 이런 모습을 바꾸어 놓았음을 알 수 있다. 남편이 죽으면 가족의 분업은 붕괴되고 부인은 홀로 가족을 유지할 책임을 떠맡게 된다. 물론 농장을 경영하거나 임금을 벌 때 그녀를 도와줄 자녀가 있는 경우도 있다. 그러나 보통은 너무 어리거나 경험이 없어서 큰 도움이 되지 못했다.

사별 여성이 남편의 수공업을 경영할 권리를 얻는 경우는 그나마 가장 좋은 경우이다. 그녀는 가족의 법적인 대표가 되어 그녀의 지배권과 자율성을 공개적으로 인정받았다. 18세기 영국 신문들에 등장하는 광고를 통해 사별 여성이 가질 수 있었던 힘과 권한에 대한 특별한 인식을 포착할 수 있다.

이 마을의 시계 제작자 故 존 호손John Hawthorn의 미망인 M. 호손이 작고한 남편의 친구분들에게 깊이 감사 드립니다. 저는 (유능한 사람들과 함께 운영해 온) 지금까지의 사업을 이어 나갈 것입니다. 변함없는 호의를 베풀어 주십사 친구분들께 간청 드립니다. 저는 언제까지나 신중하게 최선을 다해 가게를 운영해 나갈 것입니다.[27]

그러나 일반적으로 사별 여성의 처지는 이것보다 훨씬 어려웠다. 남편의 도움을 받을 수 없게 된 대다수의 여성들은 가족사업을 계속하지 못하고 새로운 일을 구했다. 예를 들어, 프랑스의 샤토됭 마을에서 남편이 생존했을 때 가족사업의 일환으로 포도농장을 운영했던 농장주 부인들은 남편이 죽으면 바느질과 방적 일을 맡았다. 포도를 수확하는 일은 힘에 부쳐서 할 수 없었고, 누군가를 고용할 돈도 없었다. 얼마 안 되는 돈을 벌 수 있는 기회(일반적으로 재봉사)는 임금이 너무 낮아서 포도원의 생산활동을 유지하기에 부족했다.[28] 도시에서 가장 힘든 일을 하는 여성은 주로 사별 여성들이었는데, 이들은 어떤 일이든 닥치는 대로 해야 했다. 그러나 임금이 너무 낮았기 때문에 일을 해도 자기 한 몸 건사하기도 벅찼다. 재봉사나 미숙련노동자로서 이들이 할 수 있는 일은 저임금으로 악명 높은 일들뿐이었다. 때문에 여성의 임금만으로 가족이 생활할 수 없게 되면 자녀를 자선기관에 보내거나 스스로 생계를 꾸리도록 내보냈다. 17세기와 18세기의 구호단체 목록에는 사별 여성과 고아가 많았다. 샤토됭에서 자원이 없는 사람의 목록에 오른 여성들 대부분은 사별 여성이었다. 르 퓌Le Puy에서 "17명의 사별 여성(그중 12명은 레이스를 만드는 사람)에게 49명의 피부양자가 달려 있었다. 게다가 끼니를 거르던 32가구(93명) 가운데 21가구(62명)는 사별 여성이 가장이었다."[29]

경제적인 동반자 관계가 생존을 위한 최선의 수단이었으므로, 사별 여성에게는 재혼이 가장 행복한 해결책이었다. 사별 여성과 사별 남성은 할 수만 있다면 재혼했다. 파리 지역에 대한 한 연구는 16~18세기에 남성은 부인이 죽은 지 몇 달, 심지어 몇 주 지나지 않아서 재혼했다는 사실을 발견했다.[30] 재혼율은 상층계급보다 하층계급에서 훨씬 높았고, 상층계급에서는 남편이 사망할 때를 대비해 결혼 계약서에 명시해 놓은 돈과 자산이 있었기 때문에 궁핍을 면할 수 있었다. 부유층의 경우, 때로 상속에 위협이 될까 봐 자녀가 어머니의 재혼을 방해하기도 했다. 만약 사별 여성이 남편감을 찾아냈다면, 서민계층 사별 여성에게는 두 번째 결혼이 가구 내 분업의 복구를 의미했다. 만약 그녀가 수공업 장인이거나 어느 정도의 토지를 소유하고 있다면, 수공업 장인이나 농장주가 되려는 젊은 남성을 유인할 수도 있었다(장인의 사별 여성과 결혼함으로써 법적으로 장인 지위를 인수받을 수 있었다). 그러나 만약 그녀가 재산에 대한 권한이 없거나 혼자 사업을 유지하기 어려워 권한을 포기해야 한다면, 그녀는 전남편보다 경제 상황이 훨씬 더 열악한 사람과 결혼할 수도 있었다. 이 경우, 농장주의 사별 여성은 들판에서 일하는 농업노동자가 되거나 방적공이 되었다.[31]

그러나 대부분의 경우, 사별 여성은 새로운 배우자를 찾지 못하고 스스로 생계를 꾸려 가야 했다. 사별 남성은 두 번째 부인으로 젊은 미혼 여성을 선택하는 경우도 많았으나, 사별 여성은 나이가 많거나 자녀가 있는 경우 남편감을 찾을 기회가 줄었다(때로는 재혼의 대가로 자녀를 포기해야 했는데, 이는 장래의 남편이 그들에 대한 부양을 달가워하지 않거나 부양할 수 없었기 때문이었을 것이다. 어쨌거나 자신의 생계조차 불확실해 자녀를 유기해야만 했던 사별 여성에게 이런 대안은 오히려 나은 것이었다). 17,18세기 구호금 명부나 병원 기록들은, 생계를 유지하려 고군분투하지만 대부분 실패하고 마는, 어린 자녀가 딸린 사별 여성이나 나이 많은 사별 여성의 곤경을 적나라하게 보여 준다. 후프턴은 다음과 같이 논평했다. "사별 여성과 그 자녀가 모두 거지가 되는 것은 너무도 당연하다. 그들이 가진 다른 자원이 뭐가 있는가?"[32]

사별 남성 또한 사별 여성보다는 적었지만 (남성은 재혼하거나 쉽게 자녀를 유기했다) 구호금 명부에 기재되었다. 이들도 사별 여성과 마찬가지로 자신과 아이를 부양하는 데에 큰 어려움을 겪었다. 배우자를 잃은 남성과 여성은 생존과 아사, 가난과 극빈 사이의 경계가 극히 좁았음을 뚜렷하게 증명해 준다. 그들은 두 명의 협력자two partners가 가족의 생존에 결정적이었다는 사실을 더욱 분명하게 입증한다. 가족의 분업은 남편과 부인의 기여에 기반한 경제를 반영하는 것이었다. 한쪽 파트너의 사망은 일반적으로 가족경제의 해체를 의미했다. 비록 그들이 수행한 일은 달랐지만, 남편과 부인의 노동은 똑같이 가구에 필요했다. 18세기 프랑스에서 한 관찰자를 감동시킨 것은 바로 이와 같은 노동 협력이었다.

(사회의) 가장 낮은 계층에서, 시골에서, 도시에서 남성과 여성은 함께 땅을 경작하고, 가축을 기르고, 옷감과 옷을 만들었다. 그들은 합심해서 아이들과 노약자, 게으른 자, 약한 자 …를 보호하고 시중드는 데에 그들의 힘과 재능을 사용했다. 그들 사이에는 누가 보스인지를 나눌 수 없었다. 그들 둘 다 보스였다.[33]

노동에서의 협력 관계가 곧 가족생활의 모든 측면에서 남편과 부인이 '어느 정도 평등'했음[34]을 의미하는지는 그리 분명하지 않다. 그러나 가족의 생존이 두 파트너의 노동에 달렸었음은 명백하다. 가구의 분업은 남편과 부인의 차이에 대한 사회적 규정을 반영했으며, 여러 과업은 서로 보완적이었다. 노동 역할의 구분은 부분적으로 여성은 아이를 낳고, 가구와 가족경제에 필요한 활동들을 관리해야 한다는 개념에 근거했다. 가족경제는 생산을 담당하는 기본적인 경제단위로서 가족 그 자체를 재생산했다. 또 자녀는 노인과 의존할 수밖에 없게 된 부모들의 생계를 위해 중요했다.

기혼 여성의 가사 활동

부인의 주된 가사 책임은 가족을 위해 음식을 준비하는 것이었다. 모든 가족원의 노동이 직·간접적으로 생계에 이바지했지만, 부인의 특별한 역할은 음식을 조달하고 준비하는 것이었다. 소농 가족에서 "어머니의 의무는 절대적으로 중요한 것이었다. 그것은 '음식'이라는 한 단어로 요약될 수 있다."³⁵ 미숙련노동자 가구에서도 부인은 병아리와 젖소, 돼지나 염소를 키웠다. 텃밭은 그녀가 바느질을 해서 벌거나 남편이 들판에서 벌어 오는 빈약한 임금을 보충해 주었다. 도시의 부인들은 물건을 사러 시장에 자주 나갔는데, 음식과 기타 상품의 가격을 흥정하려고 옥신각신했다. 일부 여성은 집에 조그마한 텃밭과 가축 몇 마리를 갖고 있었다. 그녀가 먹을 것을 직접 키우든 사든지 간에, 달리 말해 그녀가 생산자이건 소비자이건 간에 음식을 조달하는 역할은 가족에 보탬이 되었다. 채소를 가꾸거나 가축을 기르거나 물건을 싸게 사거나 구매 물건의 질을 판단하는 등 부인의 능력은 곧바로 잘 먹거나 아무것도 먹을 수 없거나의 차이를 의미했다. 더욱 절망적인 상황에서는, 직접 구걸하거나 아이들을 자선단체에 보내어 도움을 청하는 식으로 가족의 음식을 조달했다. 돈을 벌거나 식량을 구할 방법을 강구하거나, 아이들을 먹이고자 자신은 굶는 등 여성은 '임시방편경제'도 관리했다. 투르Tours의 한 사제는 이런 여성들을 "새끼를 먹이기 위해 자신의 피를 주었던 아도로 떼Adoro Te의 독실한 펠리컨"*에 비유했다. 18세기 프랑스 빈민을 자세히 연구한 후프턴은

---

* 구약성서에 펠리컨이 자기 가슴을 부리로 찍어 피가 나오게 해 새끼들을 먹였다는 이야기가 나온다. 성 아우구스티누스가 자주 인용한 이야기로, 예수가 자신의 피와 살을 주는 것에 비유해 사용한다. 성서에 나오는 펠리컨 이야기의 다른 버전은, 비록 펠리컨이 새 중에서 새끼를 가장 아끼는 새이지만 새끼들이 면전에서 자신을 공격하자 새끼를 쳐서 죽였고, 사흘 후 어미가 통한하며 자신의 가슴을 쪼아 흐르는 피로 죽은 새끼들을 씻겨 부활시켰다는 이야기다. 영국에서 펠리컨은 어린이 보호의 상징으로 사용되며, 보행자가 신호등을 조작하는 건널목을 'a Pelican Crossing'이라고 한다. 자기 가슴에 상처를 내어 그 피로 새끼를 기르는 펠리컨의 그림은 미국 루

다음과 같은 결론을 내렸다. "가족경제에서 어머니의 중요성은 막대했다. 그녀의 죽음이나 무능력은 가족을 가난과 극빈 사이의 좁지만 매우 의미심장한 장벽을 건너게 할 수 있었다."[36]

음식은 거의 모든 가족의 예산에서 가장 중요한 부분이었다. 여유자금으로 저축하거나 생필품 이외의 것들을 살 수 있는 가족은 거의 없었다. 1701년 프랑스의 한 수공업자 가족은 하루에 온 가족이 43솔을 벌었는데, 빵과 청어, 치즈와 사과주스 등 음식 구매에 거의 36솔[60]을 소비했다. 더 가난한 가족은 이보다 못한 음식을 먹었다. 18세기 프랑스에서 지방과 도시의 임금소득자는 임금의 절반 이상을 빵을 사는 데에 썼다.[37]

부인의 음식 조달 역할은 기혼 여성에게 가족 안에서 특정한 권한을 부여했다. 부인은 돈을 어디에 소비하고 얼마 안 되는 가족의 자원을 어떻게 할당할지 정했다. 그녀는 가족의 금전적 교환의 대부분에 관해 인정된 관리자로서, 이 영역에서 그녀의 권위에는 의문의 여지가 없었다. 그러나 법적으로는 여성이 남성에게 종속되었다. 일부 여성은 신체적인 학대를 받기도 했다. 17세기와 18세기 하층계급에서 벌어진 범죄와 폭력, 이혼에 관한 최근의 연구들은 당시 아내를 구타하는 경우가 있었으며, 여성이 법에 호소하더라도 법은 남성의 편을 들었다는 사실을 지적하고 있다.˙

이지애나주의 문장紋章이기도 하다.
˙ 남성은 가장으로서 아이 외에 아내를 훈육할 권리가 있다고 여겨졌으며, 훈육의 수단으로 매를 사용하는 것도 허용되었다. 아내 훈육 시 남편이 자신의 엄지손가락보

법은 남성의 간통에는 관대해도 여성에게는 형벌을 내렸다. 당시의 법은 아내에 대한 남편의 폭력에도 관대했다.[38] 그러나 이런 연구들은 당연히 형사 법정에 갈 정도로 깨지고 부조화스러운 가족의 예에 초점을 맞춘 것이다. 그러므로 이 연구들은 당시 남편과 부인의 일상적인 관계를 적절히 설명해 주지 못하며, 가구 내의 권력**분배** 역시 자세하게 설명해 주지 못한다. 중요한 것은, 분명히 권력이 분배되어 있었다는 사실이다. 남성은 물리적·법적 권력을 가졌고, 여성은 빈약하나마 가족의 재정 자원을 관리했다. 서민계층 가구에서는 단 하나가 아니라 몇 개의 권력 자원이 있었던 것으로 보인다. 남성이 모든 것을 독점하지는 못했다. 가구 내 부인의 권한은 음식 비용의 관리에서 나왔다. 가족의 돈 대부분을 음식에 소비했다는 것은, 부인이 가족의 거의 모든 돈을 어떻게 소비할지를 결정했음을 의미한다.

대중정치와 여성

음식을 제공하는 역할은 부인을 공적이고 정치적인 활동에도 관계시켰다. 이 시기에는 가구의 관심사와 경제 문제가 중첩되었다. 가

다 가는 매를 사용하는 것은 폭력이 아니라고 판단되었는데, 이를 '엄지손가락의 법칙'이라고 한다.

족은 사적일 뿐만 아니라 공적인 기관이었던 것이다. 참정권이 없던 서민계층의 정치는 저항의 정치였다. 사람들은 불공정하다고 여겨지는 가격과 세금에 대해 불만을 토로하고자 떼를 지어 모였다. 당시에는 지배 엘리트들에게 압력을 가할 별다른 방법이 없었기 때문에, 그들은 높은 가격이나 세금을 거부하고, 세금과 회계 기록을 불태우는 등 종종 자신들의 손으로 직접 문제를 해결했다. 사람들은 남성과 여성을 가리지 않고 이런 소동들에 참여했으며, 그중 가장 전형적인 것이 빵과 곡물 가격에 대한 저항이었다.

빵 '폭동'은 일반적으로 제분업자들이 밀가루에 불순물을 섞거나 밀가루나 빵 사재기, 또는 대중들이 보기에 정당한 가격이 아니라고 여겨지는 상황에 대한 저항이었다. 여성들은 종종 이런 시위를 이끌었고, 참여자의 대다수도 여성이었다. 조르주 뤼데George Rudé와 톰슨 E. P. Thompson은 빵과 곡물 '폭동'을 상세히 분석했다. 이들은 이런 시위들이 자유방임 자본주의 관행의 도입에 저항하는 서민계층의 방법이었음을 밝혔다. 18세기와 19세기 초에 영국과 프랑스에서 그랬던 것처럼 특히 식량이 부족한 시기에, 지역 당국자들이 곡물과 빵 가격을 통제하던 관습적인 조치들을 축소했을 때 곡물 가격이 폭등했다. 사람들은 곡물 가격이 다시 안정돼야 가난한 사람도 먹을 수 있다는 전통적인 정의를 명분으로 봉기했다. 저항자들은 극빈자뿐만 아니라 숙련노동자 계층과 소농, 수공업자, 상인 그리고 그들의 부인들을 대표하는 사람들이었다. 여성들은 가족의 빵을 사기 위해 빵가게 밖에서 기다려야 하거나, 시장에서 곡물 가격이 인상됐다거나 곡식을 살 수 없다는 사실을 알게 됐을 때 저항을 시작했다. 여성 집단에 아이와 남편까지 가세한 저항자들은 방앗간이나 빵 가게로 몰려가 물건을 강탈하거나 '정당한 가격'으로 팔 것을 요구하고, 기계를 파괴하고 필요한 밀가루나 빵을 분배함으로써 상인들을 응징했다. 톰슨은 영국에서 일어난 수많은 예를 열거했다.

1693년에 수많은 여성이 노샘프턴Northampton 시장에 가서 "허리띠에 찔러 온 칼로 위협해서 자신들이 정한 가격으로 곡식을 강탈해 갔다"는 것에 대해 우리는 알고 있다. … 1740년 더럼Durham주州의 스톡턴Stockton에서 "막대기와 뿔을 든 한 여성"이 주동해 폭동을 일으켰다. 1795년 펨브룩Pembroke의 하버포드웨스트Haverfordwest에서는 목사의 도움으로 광부들과 싸우려 했던 고루한 치안판사가 "그 여자들은 남자들을 감쪽같이 속였으며, 매우 광폭했고…"라고 한탄했다. 버밍햄Birmingham의 한 신문은 스노우 힐Snow Hill의 폭동을 "성난 여성들이 일으킨, 폭도들"의 난동이라 묘사했다.[39]

1800년 제분업자들에게 통밀가루만을 생산하게 한 법에 항거해 서식스Sussex에서는,

많은 여성이 … 고스덴Gosden 풍차로 돌진했는데, 그곳에서 그들은 갈색 밀가루를 제공한 제분업자를 혼내 주고, 그가 입고 있던 옷을 빼앗아 … 갈기갈기 찢어 놓고, 그가 나중에라도 똑같은 방법으로 기구들을 사용할 경우 기구들도 똑같은 방법으로 손봐 주겠노라 위협했다. 이 속치마 부대의 용맹한 지도자는 후에 돌능금나무 술집에서 동

료들에게 1기니어치의 술을 융숭히 대접했다.[40]

나탈리 데이비스Natalie Davis는 16세기에 일어난 이런저런 폭동에서 여성이 중심 역할을 했기 때문에, 여성을 정열적이고 무질서하게 보는 대중의 관점이 형성되었다고 주장했다. 여성은 법적 처벌이 면제되었으며, 따라서 당국에 본인들의 행위를 책임지지 않아도 되었다. 데이비스는 특히 그들이 어머니였기 때문에, 진실을 말하고 부정의를 비난할 도덕적 권리를 가진 것으로 이해되었다고 지적한다.[41] 이와 더불어 여성들이 가족 내에서 식량의 제공자이자 소비자 역할을 맡았기 때문에, 빵 폭동은 그들의 구체적이고 집단적인 경험에 기초하여 발생한 것으로 이해되었다. 여성들은 식량 구매를 책임졌으며, 가격인상과 질 낮은 상품, 궁핍이 자신의 가족에게 미칠 영향을 가장 잘 알았다. [1799년의 밀 기근에 대한 대응으로 통밀로만 빵을 만들도록 제한한] 1800년의 〈흑빵법Brown Bread Act〉에 항거했던 영국 여성들은, 그 빵은 "입맛에 맞지 않고 … 그들이 매일 노동하는 상황에서 그런 빵을 먹게 하는 것은 부적절하며 … 그 빵이 그들과 특히 아이들의 장질환의 원인이 되었다"고 주장했다. 여성들은 특히 특정한 문제, 즉 가족을 먹이는 일과 관련된 문제에 집중해서 저항했지만, 저항 형태는 남성들이 사용했던 것과 동일했다.[42] 시장과 세금에 대한 저항은 먹고사는 일상의 일에 충실하고 가구와 공동체의 이해를 추구하는 사람들의 일상적인 모임에서 생겨났다.

출산과 양육

식량 공급자 역할은 기혼 여성의 생산적인 경제활동에서 중요한 측면으로, 여성의 재생산 역할과 결합되어 있었다. 아이를 낳고 먹이고 입히고 돌보는 것은 바로 여성이었기 때문이다. 아이는 결혼의 불가피한 결과였으며, 출산은 전적으로 여성의 활동이었다. 기혼 여성은 결혼 생활 중 많은 기간을 임신하거나 어린아이를 돌보는 데에 쓸 것으로 여겨졌다. 높은 영아사망률과 그에 따른 높은 출생률을 볼 때, 여성의 결혼 생활 기간 중 적어도 3분의 2가 재생산활동과 관련되었음을 알 수 있다. 여성에게 결혼이란 출산의 위험과 고통, 아이를 젖 먹여 키우는 데에 드는 시간, 아이를 돌보고 먹이는 것 그 자체였다.

출산을 둘러싼 활동은 거의 전적으로 여성의 몫이었다. 때로 산파들이 출산을 도왔다. 그들은 일반적으로 어머니나 공동체의 다른 여성들에게서 몇 가지 기술을 '전수받은' 지역의 여성이었다. 그러나 산파에게는 돈을 지급해야 했으므로, 대체로 아무런 사전 훈련이나 경험도 없는 여성들이 서로 출산을 도왔다. 그들은 지식이 부족했기 때문에, 산모와 영아를 불구가 되거나 죽게 만들기도 했다. 18세기의 한 자료는 이런 상황에서 어떤 일이 발생할 수 있는지를 자세히 설명해 준다.

그들의 기술을 고려해 볼 때 … 출산 시 아기의 팔이 제일 먼저 나올 경우 그들은 망설임 없이 부엌칼로 한쪽 팔을 잘라 버릴 것임을 알 수 있다. 그들은 … 아이가 머리부터 나오지 않으면 다시 아이를 밀어 넣고자 산모를 사다리에 거꾸로 매달아 다리를 허공에 뜨게 했다. 아이의 엉덩이가 먼저 나타나면 그들은 갈고리를 사용했으며, 아이가 나오기 쉽도록 주저 없이 산모의 신체를 야만적으로 잘랐다.[43]

그래도 출산 때 다른 여성이 같이 있는 것은 실제적이고 법적인 이유에서 도움이 되었다. 그 여성은 아기가 죽었을 때 산모가 아기를 살해한 것이 아님을 증언할 증인이 되었다. 17세기에 이르러 영국과 프랑스에서 남성 의사들이 출산에 관심을 두기 시작했다. 그들은 출산을 보조하는 새로운 기술을 발전시켰고, 산파를 부르는 관행을 규제했다. 지침서가 준비되었고, 지역의 관행에 대한 조사가 이루어졌다. 프랑스에서 산파에 대한 규제는 부분적으로 세례 관습을 확산시키려는 교회 관료들의 공세에 힘입은 것이었다. 로슈푸콜 Rochefoucauld 주교는 18세기 초 브르주Brouges 교구의 각 본당을 방문했다. 그는 많은 여성이 출산할 때 서로 돕는 것을 발견하고, 모든 여성이 함께 모여 국가와 교회의 훈련을 거쳐 증명서를 받을 한두 명의 '공식' 산파를 뽑게 했다. 그가 방문한 마을과 소도시들에서 그의 지시를 정확하게 따르는 곳도 있었으나, 이런 개혁이 대부분의 지방에서 행해지던 관행을 변화시키지는 못했다.[44] 19세기에 들어서도 훈련받지 않은 여성들이 분만을 도왔다. 후프턴이 기술한 바와 같이, "아이의 실제 탄생은 여성들 사이의 '공모' 속에서 이루어졌다."[45] 출산은 여성들 간의 결속을 낳았다. 그들은 경험을 공유했을 뿐만 아니라 최선을 다해 서로 돕고 보살폈다.

그러나 이렇게 태어난 아이를 돌보는 것은 가구에서 수행되는 일 가운데 우선순위가 낮은 일이있다. 가족을 위해 일하고 식량을 조달하는 것이 기혼 여성의 시간을 가장 많이 차지했다. 수공업 작업장에서건 농장에서건, 숙련이든 미숙련이든 노동은 대부분 집약적으로 시간을 투자해야 하는 것이었다. 남성과 여성은 온종일 노동을 했고, 그들에게 주어진 얼마 안 되는 여가도 대체로 일과 관련되어 있었다. 사람들이 겨울 저녁 헛간에 모여 온기를 지키고 이야기를 나누던 농촌 지역의 야회 역시, 동시에 농기구를 고치고 꿰매고 분류하고 과일과 채소를 씻는 시간이기도 했다. 도시의 여성들은 정식으로 고용되어 있든지 그렇지 않든지 간에, 일을 마치고 나면 실을 잣거나 먹을거리를 구매하고 준비하고 빨래를 하는 데에 많은 시간을 쏟아야 했다. 가구의 일거리들은 시간이 많이 드는 일들이었고, 노동을 절약해 주는 기술이 없어 노동하는 여성들의 허드렛일을 덜어 주지 못했다. 여성은 아이에게 헌신할 시간적 여유가 없었다. 가족의 사업에 참여해야 하거나 미숙련노동자로서 돈벌이를 해야 할 경우, 특히 영유아기 때는 가족의 자원을 고갈시키기만 하는 아이를 돌보기 위해 돈벌이를 연기하거나 제쳐 놓을 수 없었다. 일하느라 바쁜 프랑스 도시의 어머니들은 가능한 한 아이를 유모에게 보냈다. 리옹의 실크 방적공의 부인은 정육점이나 제빵공의 부인과 마찬가지로 아이를 돌보는 데에 시간을 할애하기보다, 그로 인해 아이가 죽을 가능성이 커진다 하더라도, 갓 태어난 아기를 낯선 사람에게 위탁했다.[46] 실제로 유모가 키우는 아이는 어머니가 직접 키우는 아이보다 사망률이 거의 두 배나 높았다. 집에 남은 아이라 할지라도 그다지 보호받지는 못했다. 당시에는 어린아이들에게 특별한 주의를 기울여야 한다는 사실이 인식되지 못했다. 핀치벡과 휴잇Hewitt이 기술했듯이, "영유아기는 사회적으로 성인 세계의 중요한 일들을 준비하는 데 필요한 생물학적인 필수 예비 단계일 뿐이었다."[47]

필립 아리에스Philippe Ariès는 가족생활에 관한 선구적 연구에서, 아동에 대한 관념과 아동기의 경험이 중요한 역사를 갖고 있다고 주장했다. 18세기 이전에 아이는 가족생활의 중심이 아니었다. 아이들은 걷게 되면 곧바로 어른의 축소판으로 옷을 입었으며, 놀이뿐만 아니라 노동에서도 성인의 모든 활동에 참여했다. 아동기는 의존 단계로 이해되기는 했으나 아이는 특별하게 취급되지 않았고, 아이들의 신체적·정서적 욕구가 성인과 다를 것이라는 개념조차 없었다. 아동기에 대한 새로운 관념은 17세기 중반 이후가 되어서야 상층계급 사이에서 확산되기 시작했다. 아리에스는 이런 관념들이 19세기 후반에야 비로소 서민계층으로 확산되기 시작했다고 지적한다. 그러므로 17~18세기에 노동계급과 소농 가족에서 유아기부터 약 7세까지의 아이는 의존적인 존재이긴 해도 가족 내의 우선순위를 바꾸지는 못했다. 아이는 가족이 진행 중인 활동에 함께 참여했고, 물질 자원과 부모의 시간에 대해 최소한의 요구만을 할 수 있었다.

가족 내에서 아이가 이런 지위를 차지하게 된 데에는 몇 가지 요인이 있었는데, 유아 및 아동의 사망률이 높았고 시간과 물질 자원이 상대적으로 희소했기 때문이다. 아이는 미처 성인이 되기 전에 사망할 가능성이 매우 컸다. 당시 부모들이 자녀들을 대한 방식을 보면 이를 잘 알 수 있다. 부모들은 오직 한 아이만이라도 살아남기

를 바라며 아이들에게 같은 이름을 지어 주곤 했다. 아이는 생명력
이 너무나 약했기 때문에, 어머니의 임신을 제한하거나 막을 이유가
전혀 없었다. 더욱이 두 명의 역사가들이 기술했듯이,

> 압도적으로 높았던 아동 사망률은 불가피하게 가족 내에서 개별
> 아동이 중심이 되거나, 부모의 관심과 애정의 중요한 대상이 되는 것
> 을 가로막았다. … 이 생명의 불확실성 또한 연령-지위로서의 아동기
> 의 중요성을 감소시켰다. 살아남아 성인으로 자라는 아이가 적은 사
> 회에서, 나이는 생존보다 중요하지 않았던 것이다.[48]

아이 개인이나 '아동기'의 필요 때문이 아니라 가족경제의 필요에
따라 아이는 유아 때부터 계속해서 집에 머물지 말지가 결정되었다.
만약 부모가 아이를 유모에게 보내지 않는다면, 그 아이는 7~8세가
되면 가내 하인 또는 도제로 보내졌다. 아이들은 열심히 일할 것으
로 기대되었으며, 가혹한 장인이나 안주인을 만나 고생하기 일쑤였
다(법정 기록은 잔학한 고용주에게서 도망친 어린 하인과 도제에 대한
기술로 가득 차 있다). 물론 가족에게 아이의 노동이 필요한 경우에는
집에 머물 수 있었다.

노동을 할 수 있을 때 비로소 아이는 가족의 자원으로 여겨졌다.
물론 부유한 가족에서는 아이의 존재 자체가 상속자로서 중요했다.
아이는 가능한 한 빨리 가구의 사업에 참여해 부모를 도와 일하기
시작했다. 그랬으니 식량난이라도 발생하면 일하지 못하는 아이는
유기되거나 멀리 보내졌을 것이다. 노동과 식량의 균형상 아이는 가

구에서 유용하지 않은 존재였기 때문이다.

아이가 가족 노동자로 남는다 할지라도 특별 취급 같은 건 없었다. 아이는 단지 가족 '팀'의 구성원으로서 노동할 뿐이었고, 아이의 이해관계와 욕구는 다른 가족원의 것과 다르지 않았다. 그러므로 어머니가 가족에게 제공하는 서비스는 아이들에 대한 서비스이기도 했다. 비록 임신부로 오랜 기간을 보내도, 여성은 자녀 양육 관련 활동에 많은 시간을 할애하지 않았다. 그저 자신이 맡은 일들을 수행하면서 일을 시키기 위해 아이들을 먹이고 훈련시켰다. 당시 기혼 여성은 세 가지 중요한 활동에 시간을 나누어 썼는데, 이 시기의 생산조직은 크게 보아 임노동과 가구 소비를 위한 생산, 그리고 재생산을 위한 여성의 여러 활동을 통합할 수 있게 했다.

생산은 거의 가구 안에서 이루어졌으며, 대부분의 경우 개인들이 노동시간과 속도를 조절했다. 판매를 위한 생산은 종종 가구가 소비하기 위해 생산한 것의 부산물이었다. 가구의 여러 허드렛일은 시간은 들어도 광범한 숙련과 전문성이 필요하지는 않았다. 출산은 여성의 일상 노동의 흐름을 끊고 시간을 빼앗았지만 여성들은 대체로 며칠 뒤면 다시 일로 돌아갔으며, 젖먹이에게 젖을 먹일 때에만 따로 시간을 낼 수 있었다. 아이를 어린 나이에 멀리 보내고 성인의 일상과 노동에 끌어들이는 것이 당시 어린이를 보는 관점과 돌보는 수준이었다. 그래서 기혼 여성은 임금을 벌거나 판매를 위한 생산을 하고, 가구를 관리하고, 동시에 아이를 출산할 수 있었다. 각각의 활동은 서로 영향을 주었지만, 어떤 단일한 활동도 그녀의 위치를 규정하거나 그녀의 모든 시간을 빼앗을 수는 없었다. 전 생애에 걸쳐 그리고 1년이나 하루 동안에도 기혼 여성은 균형을 맞추어 몇 가지 형태의 활동을 모두 수행했다. 기혼 여성은 가족경제의 주춧돌cornerstone이었던 것이다.

제2부

산업화와
가족임금경제

나는 결혼한 적이 없다.
어렸을 때는 하녀로 일하러 갔고,
하녀 일을 그만둔 뒤에는양복 조끼를 만들러 갔다.
그 후에야 나는 어머니, 아버지와 같이 집에서 살 수 있었고
그들의 노후를 보살폈다.

_ London garment worker(1850), E. Yeo and E. P. Thompson,
   eds., *The Unknown Mayhew*, p. 125

결혼한 뒤에 …
이제까지 내가 해 온 하찮은 일들 …
자질구레한 집안일이나 세탁일을 열심히 했으며 …
바느질도 했다.
그건 내 자녀 중 누구도
일할 나이가 되지 않았던 때의 일이다.

_ Lucy Luck(1848~1922), John Burnett, ed., *The Annals of Labour:*
   Autobiographies of British Working Class People, 1820~1920, p. 77.

제4장

산업화

산업화는 노동과 자원이 일차산업(농업·어업·임업)에서 분리되어 세조업과 상업 및 서비스 활동으로 이동하는 것을 의미했다. 생산 규모는 증가했고, 공장은 가구를 대신해 생산활동의 중심지가 되었다. 우리 시대의 용어로 표현하면, 가내 생산양식이 산업생산양식으로 대체되었다. 산업화 과정은 점진적이었고, 서로 다른 집단의 사람들에게 서로 다른 시기에 영향을 미쳤다. 결국 소규모 생산 단위의 감소는 자작 소농과 장인의 수가 감소하고, 임금을 위해 일하는 토지 없는 무산대중이 증가했음을 의미했다. 과거 무산대중의 가족 조직을 특징지었던 가족임금경제는 점차 노동계급 일반의 가족 조직 형태가 되었다. 유럽의 산업화를 조직한 체계는 자본주의였다.

프랑스와 영국의 산업화 유형들

당대인이 만들어 내고 역사가들이 전수한 산업화에 대한 기본 이미지 가운데 하나가 바로 공장에서 일하는 여성 노동자이다. 그들은 임금소득 활동을 했던 여성의 원형이다. 전형적으로 이 여성들은 임금을 벌어야 할 필요 때문에 가족과 헤어진 어린 '여공mill girl'이거나 기혼의 '직공operative'이었다. 1838년 영국의 한 의원은 다음과 같은 관찰 내용을 의회에 제출했다.

면직물 공장의 광경은 피를 얼어붙게 했다. 그곳은 여성들로 가득 차 있었는데, 대부분이 어렸고 일부는 어린아이와 함께 있었으며, 매일

12시간씩 서 있어야 했다. [그들이 일하는] 시간은 아침 5시부터 저녁 7시까지며 휴식 시간은 두 시간이다. 그들은 정확히 12시간을 서 있었다. 몇몇 방은 열기로 가득 차 있고 악취가 심했으며, 온통 솜털 부스러기로 가득 차 있었다. 나는 거의 기절할 뻔했다. 젊은 여성들은 모두 창백하고 누렇고 말랐지만 대체로 어느 정도 나이가 찬 여성들이었다. 또한 영국인의 눈에는 낯설겠지만 그들은 모두 맨발이었다.[1]

사람들이 여성에게는 공장노동이 너무 가혹하다고 판단하든지 말든지 간에, 많은 관찰자들은 면직물 공장과 산업화를 같은 의미로 받아들였고, 산업화가 여성들에게 미친 영향을 주로 '섬유공장노동'이라는 용어로 설명했다. 나아가 그들은 시장을 위한 생산활동에 참여하는 여성의 수가 면직물 공장의 출현과 함께 증가했다고 주장했다.

이런 해석은 섬유 공장이 새로운 지역에서 여성을 많이 고용했기 때문에 설득력이 있다. 많은 사람이 모여서 함께 일하고, 움직이는 기계와 많은 노동자를 다루는 데에 필요한 시간 규율, 그리고 복잡한 기계들을 움직이는 데 사용되는 무생물 동력은 관찰자들의 관심을 끌었다. 공장은 곧 경제적·사회적 변화에서 이익과 위험의 상징이 되었다.

그럼에도 불구하고 이런 해석은 잘못된 것이다. 산업화는 많은 여성이 임금을 벌어서 가족을 도와야 했음을 의미했다. 여성들은 가구의 생산을 위해 노동하는 대신에 자신의 노동력을 팔아서 현금으로 가져와야 했다. 섬유 공장은 여성에게 일자리를 제공했다. 그러나 공장이 19세기의 영국과 프랑스에서 여성의 임금소득 활동에서 유일하거나 지배적인 형태는 아니었다. 산업화가 여성 고용에 미친 영향은 좀 더 다양했으며, 낭시 '여공'에 대한 일반적인 이미지가 함축했던 것처럼 아주 급격한 것도 아니었다.

영국은 산업화가 진행된 최초의 국가였다. 1750년대부터 처음에

[그림 4-1] 영국의 산업별 남녀 노동자 수(1851~1951)

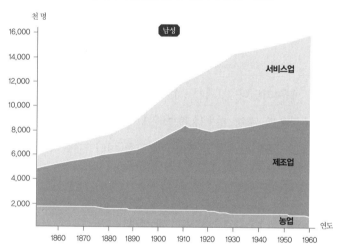

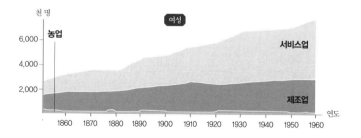

출처: Deldycke, *La Population active et sa structure*(특별히 다른 언급이 없으면 이 책에서 사용하는 프랑스와 영국 수치는 델디크의 자료에 포함된 통계에 기초한다).

는 면직물산업에서, 그리고 훨씬 뒤늦게 철강 산업에서 변화가 일어났다. 새로운 기술과 조직 변화 그리고 생산 규모와 그에 따른 사회적 변화는 매우 급격해서, 19세기 연구자들은 그 과정을 '산업혁명Industrial Revolution'이라고 칭했다.

〈그림 4-1〉에서처럼, 1850년까지 제조업은 영국의 경제활동에서 명백히 지배적인 형태였고, '서비스 부문'은 성장한 반면에 농업은 쇠퇴하고 있었다.[2]

반면 프랑스의 경제는 19세기 동안 여전히 농업이 지배적이었다(〈그림 4-2〉). 프랑스에서 제조업은 19세기 초에 성장했었지만 그속도는 매우 더뎠다. 19세기 중반경에 1인당 소득이 영국은 1860년에 32.6파운드, 프랑스는 1859년에 21.1파운드였던 것으로 추정된다.[3] 〈표 4-1〉에 제시된 경제성장에 관한 여러 지표들은 영국과 프

[표 4-1] 프랑스와 영국의 경제성장지표(1810~1900)

	국가	1810년	1840년	1860년	1880년	1900년
주민 1인당 원면 소비량	프랑스	0.3	1.5	2.7	2.6	4.5
	영국	2.1	7.3	15.1	17.1	18.1
주민 1인당 주철 생산량 (5년 평균, 단위 : kg)	프랑스	4	12	25	46	65
	영국	20	54	130	220	220
주민 1인당 석탄 소비량 (5년 평균, 단위 : kg)	프랑스	40	130	390	740	1,200
	영국	600	1,110	2,450	3,740	4,070
주민 1,000명당 내연기관 마력 수(운송 제외)	프랑스		1	5	14	46
	영국		13	24	58	220(1907)*

* 1900년 수치는 없음. Bairoch가 1907년 수치만을 제공.
출처 : Paul Bairoch, "Niveaux de development economique de 1810 a 1910," Annals, E. S. C., 20e Année(november-December 1965), pp. 1102, 1104, 1107, 1108에서 추론.

[그림 4-2] 프랑스의 산업별 남녀 노동자 수(1856~1954)

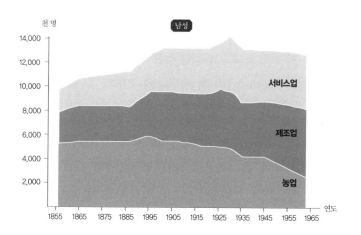

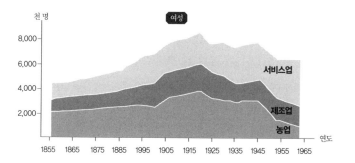

랑스의 경제발전 격차가 매우 크다는 것을 보여 준다.

잉글랜드에서 면섬유 공장은 산업화 초기의 상징이었다. 특히 많은 여성과 아동이 공장에서 고도로 분화된 저숙련의 단순반복적인 일을 했다. 제조업자들은 기계와 여성과 아동을 이용해서 상당한 이득을 보았다. 19세기 중반경에는 철강 생산과 기계 제조, 중장비 생산이 섬유 생산보다 더 중요해졌지만 이 산업들은 거의 남성 노동자만을 고용했다. 선로와 차량을 만드는 데에 필요한 철강 수요 때문에 철도는 면 공장을 대신해서 영국 산업화의 상징이 되었다.[4]

프랑스에는 1850년까지 뮐루즈Mulhouse, 릴Lille, 루베Roubaix, 투르쿠앙Tourcoing 등의 도시와 노르망디Normandie, 피카르디Picardy 지역에 면섬유 공장들이 있었다. 1840년 이후 20년 동안에 철도가 놓이고 철광석과 석탄 채굴이 강화되었다. 그러나 프랑스 제조업의 대부분은 여전히 소농 및 장인의 가구나 4~5명의 노동자로 이루어진 소규모 작업장에서 이루어졌다. 프랑스의 노동인구는 도시뿐만 아니라 농촌 지역 등 나라 전체에 산재해 있어서 "제조업 노동과 농업노동의 구분은 종종 인위적이었다."[5]

1850년부터의 자료를 토대로 전체 수준에서 두 나라의 여성 취업을 비교해 보면, 여성 취업에서는 양국 경제의 현격한 차이가 드러나지 않는다. 19세기 내내 프랑스는 농업과 제조업에서 소규모 생산조직을 유지하고 있었다. 반면에 영국은 이미 산업화가 꽤 진전된 상태로 대규모 생산조직을 갖추고 있었다. 그러나 〈그림 4-3〉에 제시한 것처럼 두 나라의 취업자 중 여성 비율은 큰 차이가 없었다. 실제로 프랑스 여성들은 19세기 동안에 영국의 여성보다 약간 더 높은 비율로 지속적으로 유급노동에 참여한 것으로 기록되어 있다(〈그림 4-4〉). 게다가 영국의 수치들이 상당히 안정적으로 유지되는 반면, 프랑스의 취업 여성 비율은 1920년대까지 증가했다. 그러나 〈그림 4-3〉과 〈그림 4-4〉는 여성의 노동력 참가가 단선적으로 증가일로에

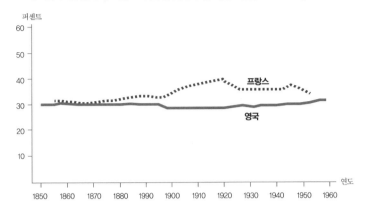

[그림 4-3] 영국과 프랑스의 전체 취업자 중 여성 비율(1851~1961)

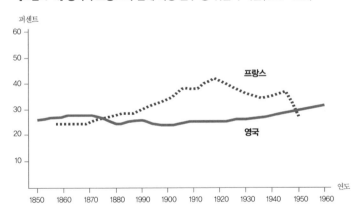

[그림 4-4] 영국과 프랑스의 전체 여성 인구 중 취업자 비율(1851~1961)

있었던 것은 아님을 보여 준다.[6]

　뭉뚱그려진 총량적 수치 말고 여성들이 맡았던 다양한 일을 구체적으로 살펴보면, 영국과 프랑스에서 많은 차이점을 발견할 수 있다. 물론 매우 유사한 점도 발견된다. 두 나라에서 여성들은 섬유산업을 제외하고는 기계화되지 않은 '전통적' 경제 부문에 집중된 경향이 있었다. 두 나라에서 기계화된 섬유산업이 성장했다는 것은 여성들이 공장의 임노동에 진입했음을 나타낸다. 그럼에도 불구하고, 그것은 전체 현실의 일부에 불과하다. 섬유 이외의 경제 부문에서, 조직의 규모가 작으면 작을수록 여성 노동력의 규모는 더 커졌던 것이다.[7]

1851년 영국에서는 전체 여성 노동자의 45퍼센트가 제조업에 종사하고 있었다. 그러나 이중에서 절반만이 섬유공장의 직공이었고, 40퍼센트는 기계화되지 않은 가내 의류업에 고용되었다. 섬유 노동자는 전체 여성 노동력의 22퍼센트를 차지했다. 반면 가내 서비스는 40퍼센트였다. 반면에 1866년 프랑스에서는 농업이 40.2퍼센트로 여성 취업에서 가장 큰 비율을 차지했다. 제조 부문에서는 의류업에 종사하는 여성이 섬유업에 종사하는 여성보다 많았다. 게다가 모든 섬유가 공장에서 생산된 것이 아니었다. 예를 들면 모직물과 아마포는 집에서 실을 잣고 직물을 짰다. 그리고 취업 여성의 약 22.5퍼센트는 가내 하녀였다.

가내 서비스에 종사하는 여성 비율의 차이는 중요하다. 가내 서비스는 산업화 이전에 농업 외 부문에서 가장 전형적인 여성 고용 형태였기 때문이다. 영국에서는 산업화에 따라 가내 서비스가 하나의 직업으로서 눈에 띄게 확대되었다. 농업에서 여성의 고용 기회가 감소했지만, 제조업이 잠재적인 모든 여성 노동자를 흡수하지는 못했기에 그들은 하녀가 되었다. 게다가 농촌 지역에 사는 많은 비율의 여성 노동자는 가정부였다. 그 결과 서비스경제 부문이 커졌지만,

[표 4-2] 잉글랜드와 프랑스의 산업별 여성 취업자 비율 단위: %

경제 부문	잉글랜드, 1851년	프랑스, 1866년
제조업	45	27.3
섬유	22	10
의류	17	11
상업	- *	5.1
가내 서비스	40	22.5
농업	8	40.2
기타	7	4.9

* 델디크의 책에서 여성들은 이 범주에 기록되지 않았다. 영국에서는 여성들이 분명히 상업에 종사했지만, 1851 년에는 이 범주를 이용할 수 있는 수치가 없다.

출처: Deldycke et al., *La Population active et sa structure*, pp. 174, 191.

이는 (일반적으로 주장되는 것처럼) 근대적인 화이트칼라직(유통업 과 전문직)이 증가했기 때문이 아니라 전통적인 영역인 가내 서비스 가 19세기 말까지 서비스 부문에서 지배적이었기 때문이다. 〈그림 4-5〉는 영국에서 가내 서비스가 전체 서비스 활동의 한 부분으로서 19세기 내내 중요했음을 보여 준다. 1880년까지 영국의 전체 서비스 부문 노동자의 50퍼센트가 가내 하인이었다. 반면 프랑스에서는 가내 서비스가 서비스 부문이나 여성 노동력에서 차지하는 비율이 훨씬 더 적었다. 여성들이 계속해서 농업 부문에 고용되었기 때문이 다. 실제로 프랑스의 소농장에 고용된 여성과 영국의 가내 서비스 부문에 고용된 여성은 구조적으로 같은 위치를 차지했던 것으로 보 인다. 영국 노동력 통계의 날카로운 관찰자였던 클라라 콜릿Clara Collet 은 1898년에 "가정에서 할 수 있는 돈벌이나 경제적인 노동 기회가 줄어듦에 따라, 많은 젊은 여성들이 가내 서비스로 옮겨 갔다"[8]고 지

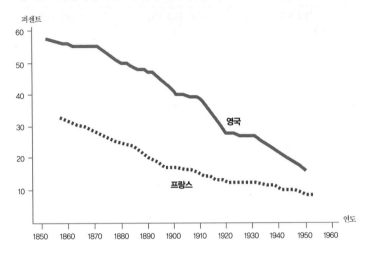

[그림 4-5] 영국과 프랑스의 전체 서비스업 중 가내 서비스 비율(1851~1961)

적했다. 농업 부문의 고용 감소가 아주 서서히 진행된 프랑스에서는 가내 서비스 부문 고용이 증가하지 않았다.

　단순히 농업 부문의 크기만이 아니라 생산조직의 특성도 일하는 여성의 수에 영향을 미쳤다. 〈그림 4-6〉은 영국의 농업노동자 중 여성 노동자의 비율이 프랑스보다 훨씬 낮았음을 보여 준다. 영국에서 농업은 전체 경제에서 차지하는 비율이 낮을 뿐만 아니라 그 비율보다도 더 적은 수의 여성이 고용되었다. 1850년대까지 영국의 농업 조직은 '산업화'되었다. 18세기에 울타리치기enclosure 운동의 결과로, 상대적으로 적은 수의 사람들이 토지를 소유했다. 농장은 규모가 컸고 토지가 없는 노동자들을 고용했다. 이 농장들은 고도로 시장지향적이었다. 아래의 시는 한 세기 동안에 농부들이 부를 축적하는 방

[그림 4-6] 영국과 프랑스의 취업자 중 농업 종사자 비율(1851∼1911)

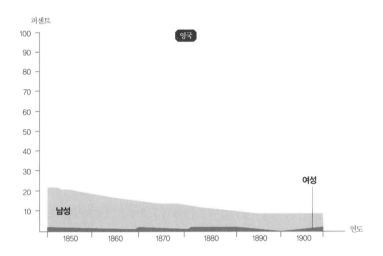

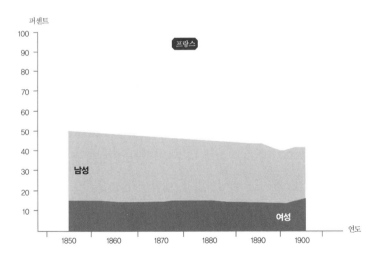

법이 변화했음을 묘사하고 있다.

> 남편은 쟁기를
> 부인은 소를
> 딸은 물레를
> 아들은 외양간을
> 그렇게 열심히 일하면 집세를 갚을 수 있으리니. -1743년
>
> 남편은 마차를
> 딸은 피아노를
> 부인은 실크와 공단을
> 아들은 그리스어와 라틴어를
> 그렇게 열심히 일하면 모두 전도유망해지리니.[9] -1843년

 규모의 경제에서 생겨난 더 높은 생산성은 농민 가족에게 여가를
선사했다. 가구 안에서 농부의 아내는 자신의 노동을 가내 하인들에
게 일임했고, 들에서는 농업노동자들이 땅을 경작했다. 다시 말해서,
영국의 농촌은 소수의 부농과 다수의 임금노동자로 구성되었다. 대
부분의 농업노동자는 남성이었고, 대다수가 농장주의 집에 기거했
다. 여성들은 이리저리 일자리를 찾아 돌아다니는 농촌 날품팔이 부
대의 일원으로 추수기에 일했다. 그러나 그들은 임시 노동자 여성
통계조사에서 임금노동자로 파악되지 않았다. 소녀들 또한 농업노
동통계에서 제외되었다. 1843년 한 증인은 의회 위원회에서 "나는

이전에는 소녀들이 늘 소년들과 함께 쟁기질 같은 것을 하느라 무
릎까지 진흙탕에 박고 일하고, 한겨울에도 온갖 종류의 삯일을 했던
것을 기억한다. 이제 여러분은 들에서 그런 소녀들을 결코 볼 수 없
다"[10]라고 말했다. 1860년대까지 가족 외에 노동력이 더 필요한 농
장주들은 남자들에게 고용해 주는 조건으로 부인과 함께 일하러 오
라고 강요할 수도 있었다. 그러나 영국의 상시적인 농업노동력은 압
도적으로 남성이었다.[11]

영국과 대조적으로, 프랑스에서는 가족이 경영하는 소농장이 지
배적이었다. 물론 지역별로 차이는 있었다. 프랑스 북부에서는 19세
기 동안에 토양과 농촌의 지리적 조건 때문에 대규모 영농이 발전했
다. 소토지 소유가 전형적이었던 남부와 서부 지역에서도 자작농과
토지가 없는 노동자들은 좀 더 큰 농장에 일하러 갔다. 그러나 전체
적으로 1789년 프랑스대혁명 이후에 "자산이 집 한 채와 정원, 한두
필지의 전답에 불과한 소소유자의 수가 증가하는 경향이 분명히 있
었다." 이런 발전이 정점에 달한 1890년대에 프랑스에는 350만 개
의 농장이 있었다.[12]

프랑스 농장들의 규모는 작았지만, 새로운 영농 방법이 19세기 동
안에 생산성을 향상시켰다. 1850년대에서 1870년대까지 농산물 가
격은 올랐고 소농 생산자들은 번창했다. 그럼에도 프랑스의 농촌 조
직은 근본적으로 변화하지는 않았다. 19세기 중반에 카를 마르크스
Karl Marx는 "프랑스의 대다수 국민은 자율적인 단위들의 집합체, …
즉, 소규모 자작 농지를 소유한 농민 및 그의 가족과 나란히 소규
모 자작 농지를 소유한 또 다른 농민 및 가족이 있었다"라고 기술했

다.[13] 1959년에 영국의 한 역사가는 "결국 프랑스는 근본적으로 소농 공화국"[14]이라고 여전히 기술할 수 있었다. 영국의 부유한 농민들과 달리, 프랑스의 소농은 가족노동에 의존해야만 했고, 그래서 소규모 가족농장에 살고 있는 부인과 딸들은 프랑스 농업노동력에서 중요한 부분이었다. 이런 사실은 농장 노동에 참여하는 여성 가족원을 '고용된' 것으로 간주하는 센서스 조사 목록에 반영되었다.

영국과 프랑스의 이런 차이는 사업, 판매, 비서, 사무직을 포함하는 포괄적인 범주인 상업에서도 발견된다. 프랑스에서는 1866년에 여성의 약 5퍼센트가 상업에 종사한 반면, 영국에서는 1851년에 이 분야에 등록된 여성은 없었다. 이것은 의심의 여지없이 취업 상태를 파악하는 데에 차이가 있었음을 의미한다. 왜냐하면 1851년 영국에서도 상업에 종사한 여성들이 분명히 있었기 때문이다. 이는 또한 부부가 경영하는 소가족 경영이 프랑스 기업 조직의 전형적인 특징이었다는 사실을 명백히 반영한 것이다. 영국의 기업은 그 수와 규모가 더 컸기 때문에 남성 사무원을 고용하는 경향이 있었다.

농업 및 가내 서비스와 달리, 의류 제조와 섬유업은 19세기에 영국과 프랑스 두 나라에서 여성을 고용한 중요한 산업이었다. 기성복의 생산 증가로 오래된 숙련 분야인 양복 제조업과 신발 제조업은 이중으로 변화했다. 우선, 여성들에게 특히 많이 적용된 개수임금제(삯일)가 작업장 조직을 대체했다. 많은 여성이 낮은 임금을 받으면서 집에서 재봉일을 하게 되면서, 숙련노동자들이 '싸구려' 업종으로 간주했던 계층이 증가했다. 1850년에 한 신발 제조 숙련공은 "그 업종[신발 제조업]은 하급 장인의 수중으로 떨어지고 있다"고 헨리 메이휴Henry Mayhew에게 말했다. "신발업에 투자된 돈의 전부 혹은 대부분은 저가(싸구려)〔노동〕체계에 기반하고 있다."[15] 그 결과, 이 저숙련의 '전통적인' 노동에서 여성에게 주어지는 일자리 수가 증가했다. 의류산업은 아주 서서히 기계화되었다. 영국에서는 1850년대, 프랑스에서는 1880년대 이후에야 공장들이 출현했다. 그러나 그때조차도 제조업자들은 값싼 여성 노동력의 풍부한 공급이 선대제先貸制〔상인이 수공업자에게 미리 원료 등을 대 주고 물건을 만들게 한 뒤 삯을 치르고 그 물건을 도맡아 팔던 제도)를 지속시키고 있음을 발견했다. 두 나라의 의류 제조는 20세기에 들어서도 저임금으로 노동자를 착취하는 공장 또는 가내 생산으로 조직되었다.[16]

면방적 산업이 발전한 지역에서는 상당수의 여성들이 공장에서 일했다. 실제로 기계화와 대규모 조직이 여성 고용을 창출했던 분야는 섬유업뿐이었다. 1835년에 영국에서는 전체 면섬유업 노동자의 절반 가까이가 성인 여성과 소녀들이었으며, 19세기에 그 수가 증가했다. 프랑스 알자스 지방 뮐루즈에서 여성과 아동노동자는 1820년대 후반에 방적 공장으로 이동하기 시작했다(그러나 프랑스에서 기계화 속도는 훨씬 더 느렸으며, 섬유 생산은 오랫동안 재래식으로 진행되었다). 랭커셔와 알자스에서는 남성 일자리는 부족하고 여성과 아동을 위한 기회는 풍부하다고 보고되었다. 초기 공장들은 미숙련직에 여성과 아동노동을 사용했으며, 이들은 주로 남성 방적공의 보조였다. 의사인 앤드루 우어Andrew Ure는 새로운 시스템을 찬양했던 사람으로, 1835년에 새로운 생산 체계의 이점을 다음과 같이 기술했다.

사실 기계를 계속 개선하는 궁극적인 목적과 의도는 남성 산업을 여성이나 아동 산업으로, 혹은 숙련 장인의 산업을 일반 노동자들의 산업으로 대체함으로써 인간의 노동을 총체적으로 기계로 대체하거나 가격을 낮추는 것이다. 대부분의 면방적 공장에서 방적 일은 거의 16세 이상의 여성이 한다. 일반 뮬 정방기를 자동식 뮬 정방기로 대체해 많은 남성 방적공이 해고되고 청소년이나 아동이 고용되었다. 스톡포트Stockport 주변의 한 공장 소유자는 그런 식으로 40명에 달하는 남성 방적공을 대체한 결과, 노동자 1인당 25실링만 지급하게 되어 임금을 주당 50파운드나 절감할 수 있었다고 말한다.[17]

그러나 우리는 특정 지역에 여성을 위한 일자리가 집중된 것과 전체 여성의 고용 증가를 조심스럽게 구분해야 한다. 핀치벡은 방적이 공장도시에 집중됨으로써 실제로 다른 지역의 많은 여성이 오래된 직업을 빼앗겼음을 지적했다. 그리고 그들의 수를 추정할 수는 없지만, 우리는 방적이 공장 생산으로 이동함에 따라 일부 여성이 "일자리를 빼앗겼"음을 증명하는 자료를 가지고 있다.

그러나 또 다른 지역에서는 19세기 동안에 시장 활동을 한 여성들이 존재했다. 도시의 '이차 노동력', 즉 도시경제에서 미숙련 임시 서비스 부문이라고 일컬었던 부분에서의 고용이었다. 이 부문의 여성 노동자들은 역사가의 눈에 잘 안 띈다. 왜냐하면 센서스 조사나 노동력 참여에 관한 다른 공식 도표에 기록되지 않았기 때문이다. 그러나 서술적 기록들은 산업화가 진행됨에 따라 여성 짐마차꾼이나 소상인, 행상, 노점상, 세탁부, 18세기 도시의 하숙집 주인들이 도시인구 증가에서 여전히 높은 비중을 점하고 있었음을 분명히 알려준다.

전체적으로 살펴보면, 산업화는 여성 노동의 유형을 변화시키지 않았을 뿐만 아니라 여성이 시장 교환을 위해 생산적인 노동에 투자하는 시간의 총량도 크게 증가시키지 않았음을 알 수 있다. 실제로 19세기 동안 여성의 노동력 참여는 아주 조금 변화했다. 초기 산업화는 일부 여성을 공장으로 집중시키기는 했지만, 노동하는 여성 대다수는 프랑스의 경우 가족농장의 노동자, 점원, 하녀로, 영국에서는 하녀로, 그리고 두 나라에서 공통으로 의류 노동자와 임시 노동자로 가구 생산에 그대로 남아 있었다. 실제로 19세기 내내 영국과 프랑스에서 임금노동을 하는 여성 대다수는 여러 세기 동안 여성 노동의 특징이었던 생산성과 숙련도가 낮은 일을 했다.

영국과 프랑스의 노동력은 분절되었다. 여성은 특정 일자리에 집중된 반면, 그 밖의 일자리는 일차적으로 남성들이 차지했다. 이것은 과거에도 그랬지만, 가구생산양식 아래에서는 같은 장소에서 성별 sex에 따라 서로 다른 직무를 수행했다. 산업적인 조직 형태 아래에서 남성의 직무는 점차 그들의 가구에서 분리되었다. 이에 따라 여성이 집에서 일할 경우, 남성과 함께 일하는 경우는 매우 드물었다. 여성이 공장에서 일하는 경우에도 직업은 대부분 성별로 분절되었기 때문에 마찬가지였다.[18] 프랑스에서는 소농장과 소상점이 지속됐기 때문에 그런 분절이 좀 덜 전형적이었다. 반면에 노동 장소가 좀 더 급격하고 결정적으로 변화된 영국에서는 일자리들이 대부분 성별에 따라 분절되었다.

우리가 논의했던 수치들에 반영되지는 않았지만 또 하나의 중요한 변화도 있었다. 여성들이 과거보다도 더 빈번하게 노동의 대가로 임금을 받는 경향이 생긴 것이다. 가구생산양식의 쇠퇴는 여성이 집에서 일한다 하더라도 더는 가족 생산팀의 일부일 수 없음을 의미했다. 이제 여성은 임금을 지급하는 고용주를 위해 일했다. 우리가 프롤레타리아화로 보는 이런 발전은 여성의 가족 활동에 중요한 변화를 가져왔다. 공장노동은 단지 하나의 예에 불과하며, 실제로 19세기의 영국과 프랑스에서 여성 노동의 유형을 변화시킨 것은 바로 이와 같은 프롤레타리아화였다.

도시의 성장

총량적 수치들은 산업화가 여성 노동의 수준이나 일의 종류를 전반적으로 변화시키지는 않았음을 보여 준다. 그러나 어떤 도시들에서는 급격한 변화가 일어났다. 실제로 영국과 프랑스의 관찰자들이 산업화가 여성에게 미친 영향을 일반화하게 한 것은 정확히 맨체스터와 루베의 광경이었다. 그러나 맨체스터가 '한 시대의 상징'이라 하더라도, 그것은 도시경제조직의 전형이라기보다는 19세기 도시의 여러 유형 가운데 하나에 불과했다. 도시의 성장은 영국과 프랑스의 발전 과정에서 하나의 중요한 부분을 차지했으며, 국가별 도시화 유형의 차이는 산업 발전의 차이와 연관되어 있었다. 그러나 한 나라 안에서도 여성에게 다른 직업 기회를 제공하는 다양한 유형의 도시가 존재했다.

영국과 프랑스 모두 19세기 동안에 도시의 수나 크기가 급격히 증가했다. 영국은 좀 더 급격히 도시화된 반면, 프랑스에서는 농업이 지속되면서 도시화가 서서히 이루어졌다. 〈표 4-3〉은 19세기의 세 시점에 프랑스보다 잉글랜드와 웨일스의 도시인구가 상대적으로 더 많았음을 보여 준다. 1891년까지 영국 인구의 72.1퍼센트가 주민 2천 명 이상의 지역에, 약 32퍼센트가 10만 명 이상의 도시에 살았다. 반면 프랑스에서는 그 수치가 각각 37.4퍼센트와 12퍼센트였다. 19세기 동안 프랑스의 도시인구는(1만 명 이상의 도시들) 2.7배 증가했으며, 영국의 도시인구는 2.9배 증가했다. 프랑스의 도시화 속도는 영국보다 약간 느린 정도였지만 출발점이 훨씬 더 낮았기 때

[표 4-3] 도시인구 비율(1801~1891)   단위: %

연도	도시 크기	프랑스	잉글랜드/웨일스
1801	100,000 이상	2.8	9.7
	20,000 이상	6.7	16.9
	10,000 이상	9.5	21.3
1851	100,000 이상	4.6	22.6
	20,000 이상	10.6	35.0
	10,000 이상	14.4	39.5
1891	100,000 이상	12.0	31.8
	20,000~100,000	9.3	21.8
	20,000 이상	21.1	53.6
	10,000 이상	25.9	61.7
	2,000 이상	37.4	72.1

출처 : A. F. Weber, *The Growth of Cities in the Nineteenth Century* (Ithaca, N. Y. : Cornell University Press, 1967), p. 144.

문에 19세기 말의 도시화 역시 더 낮은 수준에서 끝났다. 1891년에 인구 2만 명 이상의 도시 거주자의 비율은 프랑스에서는 21.1퍼센트에 지나지 않았으나 영국은 53.6퍼센트나 되었다.[19]

그러나 두 나라에서 비슷한 경제조직을 가진 도시들은 고용 유형이 비슷했다. 영국과 프랑스의 산업 발전은 새로운 유형의 도시를 만들어 냈다. 각 도시는 다른 지역에서 일어난 변화에 거의 영향을 받지 않았다. 또 다른 도시들은 인구 증가와 예전부터 있었던 경제활동이 팽창함으로써 변화되었다. 두 나라를 방문한 사람들은 그들이 방문한 도시들이 다양하다는 것과 도시마다 주민의 활동과 직업이 서로 다르다는 것을 자주 언급했다. 경제구조가 다른 도시에서는, 여성들에게 주어진 직업 기회도 아주 달랐다. 이런 도시 가운데 일부를 검토하는 것은 여성의 고용 유형을 구체적인 경제 여건 속에서 좀 더 자세히 살펴볼 수 있게 한다. 우리는 또한 19세기의 도시 여성들이 가질 수 있었던 노동 경험이 다양했다는 것도 알 수 있다.

상업도시: 요크와 아미앵

요크와 아미앵은 과거와 마찬가지로 19세기에도 여전히 상업과 행정 활동의 중심지였다. 요크는 영국의 다른 지역에서 일어난 변화에 영향을 받지 않았다. 물론 그 겉모습은 약간 변했다. 1799년 도시조합the city corporation은 도시의 성장을 위해 돌로 쌓은 도시의 낡은 성벽을 허물기로 결정했다. 그러나 모든 시민이 이를 좋게 생각하지는 않았으며, 기득권자들은 이 조치에 제동을 걸었다. 소송에도 불구하고 1807년경에 돌담을 허무는 작업이 시작되었다. 그러나 가톨릭 대주교가 중간에 끼어들어 작업은 중단되었다. 해체 작업은 그가 죽은 뒤에 다시 시작되었고, 성을 복구하기 위해 기금을 내놓은 지역 시민들은 해체 작업을 다시 방해했다. 〔그 결과〕돌로 만들어진 도시의 아름다운 출입구들은 해체되지 않고 아직도 남아 있다. 19세기 말에 요크는 영국에서 도시 분리주의의 물질적 상징인 성벽을 보존한 몇 안 되는 도시 가운데 하나였다.[20]

요크의 경제는 그 겉모습처럼 조금씩 변했다. 19세기 중반에도 요크의 직업 구조는 여전히 '전前산업적'이었다. 19세기 중반부터 도시의 직업들에 관해 우리가 아는 내용은 개개인의 직업을 기록한 인구 센서스 조사를 바탕으로 한다. 1851년에 전체 남성 노동자의 43퍼센트가 수공업과 상업에, 12퍼센트가 건축업에 종사했다. 9퍼센트만이 철물 주조와 아마포 생산, 유리 제조 같은 근대적 제조업에 종사했다. 여성 노동력에서 '근대화'는 훨씬 더뎠다. 1851년 여성 인구의 26.5퍼센트가 고용되어 있었다. 일하는 여성의 60퍼센트는 가내하인(전국적으로는 40퍼센트)이었으며, 30퍼센트는 수공업적 제조 분야나 소상점에 고용된 반면, 1.1퍼센트만이 아마포 섬유업 같은 근대적인 제조 부문에 종사했다. 산업화가 이루어졌다는 유일한 암시는 500명이 좀 넘는 남성 철도 노동자와 소수의 여성 전문직, 특히 교사에서 찾을 수 있다.[21]

영국해협 건너편에 위치한 아미앵에서는 1809년에 도시의 성벽을 제거하는 작업이 시작되었다. 그 작업은 매우 점진적으로 이루어졌고, 몇몇 능보bastion〔요새의 5각형을 이루는 돌출부〕는 20세기에도 그대로 있었다. 시청은 확장되고 보수되었으며, 광장을 만들고 전망을 깨끗하게 했다. 19세기 중반경에 아미앵은 파리와 벨기에 국경을 잇는 철도 정거장이었으며, 불로뉴Boulogne에 있는 해협 선착장으로 가는 또 다른 철도의 연결 지점이었다. 사업가들과 후원자들은 이 도시를 섬유업의 중심지로 유지하는 데에 성공했다. 그들은 협회를 조직해 새로 발명된 자카르 방적기Jacquart looms를 조작할 수 있도록 노동자들을 훈련하고, 노동자들의 주거와 저축은행에 관한 연구를 지원했으며, 도시에 있는 기업을 '장려'했다.[22]

그럼에도 불구하고 아미앵은 1850년대에 혁명〔1848년 혁명〕 이전 시기보다 제조업 도시로서의 중요성이 줄어들었는데, 영국 면 산업과의 경쟁이 그 이유 가운데 하나였다. 게다가 생산조직도 거의 변하지 않았다. 1860년에 프랑스 산업의 현황을 보고하기 위해 프랑스를 여행했던 아르망 오디간Armand Audiganne은 조소를 금치 못했다.

발전이 거의 없는 북부에서 제조 중심지 중 하나는 확실히 (아미앵의) 제조소fabrique였다. 광활한 전망과 넓은 가로숫길, 사방을 둘러싸고 있는 아름다운 산책길을 가진 매력적인 도시와, 과감한 확장과 진취적인 기업정신을 추구하기를 두려워하며 스스로 폐쇄된 것처럼 보이는 '제조소'의 대조적인 모습은 충격적이다. 아미앵의 제조업자들은 새로운 기계를 사용하기로 결정하는 데에 아주 굼뜬 것처럼 보인다.[23]

여기서 **제조소**라는 단어는 선대제 또는 가내 생산 체계를 지칭한다. **제조소**는 "원료나 반半제품을 가져와서 그것을 도시나 농촌에 있는 소규모 작업장이나 자기 집에서 일하는 노동자에게 분배하는 상인 집단"[24]이었다. 몇 년 후에 또 다른 방문자도 오디간의 결론을 되풀이했다. 루이 레보Louis Reybaud 역시 모직물업에서 과거의 관행이 지배적이었음을 지적했다. 가족 작업장family shop들에서는 과거의 조상들이 그랬던 것처럼, 부모와 아이들이 번갈아 가며 방적기를 돌렸다. 레보는 아미앵에서 "일반적으로 낡은 방식으로 일하는 염색과 의류 완성품 작업장 몇 곳과 제조업자 개인이 직접 감독하는 고급 의류 작업장 몇 곳"을 발견했다. "도시 노동자로 부를 수 있는 유일한 노동자들은 바로 이 작업장들의 노동자였다."[25] 아미앵의 상황은 19세기에도 별로 변화하지 않았다. 1859년에 면방적 공장 두 곳에서 97명의 노동자를 고용했고, 1887년경에는 한 공장이 39명을 고용했다. 작은 아마포 공장 하나가 그 당시에 유일하게 번성한 곳이었다.[26]

1851년에 대다수의 성인 남성 노동자는 제조업에 고용되었지만,

[그림 4-7] 직조기, 1830년대 맨체스터

그들은 기계화되지도 않고 공장에 집중되지도 않은 일들을 했다. 센서스 조사 결과는 1851년에 여성 인구 가운데 취업자가 40퍼센트 이상이었음을 보여 준다. 이들 대부분은 섬유산업이나 의류산업에서 일했다. 이 중 많은 여성이 18세기와 마찬가지로 여전히 가내 제조업에서 일했다. 여성을 많이 고용했던 다른 부문은 가내 서비스와 식료품 판매였다. 요크에서처럼 19세기 아미앵에서도 다른 곳에 비해 섬유 공장이 약간 발전한 것을 제외하고는 여성 노동에 중요한 변화는 일어나지 않았다.[27]

섬유도시: 루베, 스톡포트, 프레스턴

산업화 과정에서 새로운 유형의 도시가 발달했다. 산업도시 중 가장 두드러진 예는 섬유도시와 광산도시였다. 프랑스 북부의 루베는 19세기에 형성된 도시로, 이 도시의 한 시인은 루베를 "예술의 역사적 뿌리도 없고 아름다움도, 역사도 없는 도시"[28]라고 평했다. 실제로 루베의 중요한 건물들과 교회, 시청은 19세기에 만들어졌다. 중앙 광장에서 두 구역 떨어진 곳부터 시작해서 길을 따라 석탄을 때는 공장이 죽 늘어서 있었는데, 오늘날의 시청은 그 공장들에서 나온 숯검정으로 검게 그을려 있다. 루베는 이 공장들을 토대로 건설되었고, 이 공장들은 루베의 중심지였다. 1864년에 이 도시의 기록보관인은 루베를 "프랑스의 맨체스터이며 … 이곳보다 더 집약적이고 진보적인 산업 중심지는 없다. 루베 지역의 직물산업은 끊임없이 창조하고 발명해 낸다. 그리고 아직 발명되지 않은 것조차 훌륭히 완성시킬 것"[29]이라고 환영해 마시않았다. 레보노 프랑스의 어떤 지역에서도 "산업화에 따른 변화가 이보다 더 성공적이었던 곳은 없었다"[30]며 만족스러워했다.

이전에도 루베는 의류 생산의 중요한 중심지였지만, 1860년대 들어 공장들이 대규모로 발전했다. 1789년 대혁명 이전에 선대제가 확대되었고, 1815년경에 영국에서 새로운 방적기가 도입되었으며, 1820년대에는 증기 엔진이 방적 공장에 설치되었다. 루베 경제의 유연성은 면직물산업의 불경기 및 영국과 알자스 공장의 경쟁으로 〔루베의〕 기업주들이 모직물 생산으로 전업한 1830년대에 잘 입증되었다. 그러나 당시에도 직조는 여전히 가내공업이었다.[31]

방적뿐만 아니라 모직물 직조도 공장산업이 된 시기는 1860년대였다. 1843년에 루베의 제조소는 대부분 시골 오두막에 살던 사람들을 약 3만 명이나 고용했다. 루베의 전체 인구가 4만 9천 명이던 1861년에 이 도시에 사는 섬유 노동자는 최소한 1만 명에 이르렀다. 공장 취업 기회는 수천 명의 벨기에 이주민들도 끌어들여, 1872년 루베 주민의 56퍼센트가 외국인이었다. 섬유 노동자들은 요새forts, 주택단지cités 또는 안뜰courées로 불린, 좁은 지역에 다닥다닥 늘어선 주거지에서 복작거리며 살았다. 비좁은 지역에서 수천 명의 노동자가 연기로 그을리고 화장실은 집 밖에 있으며, 수도꼭지는 입구에 하나밖에 없는 건물에서 살았다. 1869년의 한 보고서에 따르면, 한 안뜰에는 겨우 2.1미터 정도 넓이의 집이 22채나 늘어서 있었고 그 안에 123명이 거주했다.[32]

루베의 직업 구조는 1872년의 센서스 조사에 잘 기록되어 있는데, 여기에는 여성의 직업도 대부분 명확히 기록되어 있다. 1872년에 도시 노동력의 50퍼센트 이상이 섬유업에 종사했는데, 섬유 노동자의 절반에 조금 못 미치는 수가 여성이었다. 여성 노동자는 전체 노동력의 31퍼센트였다. 취업한 기혼 여성의 54퍼센트가 섬유 직공이었지만, 기혼 여성의 약 17퍼센트만이 일했다. 반대로 15세 이하의 연령층이 노동력에 참여하는 비율은 높았다. 10세에서 14세 소녀 가운데 38.9퍼센트, 소년 가운데 36.5퍼센트가 일했다.[33] 1872년에 15세 이상 여성의 거의 50퍼센트가 일했으며, 그들의 55퍼센트는 섬유업에 종사했다. 이 여성 섬유 노동자들은 대부분 젊었으며, 미혼이었다. 그중 82퍼센트가 30세 이하였다.

루베에서처럼 영국의 산업도시들에서도 하나의 산업이 지배적이었다. 엥겔스는 1840년대에 프레스턴Preston과 스톡포트의 타운들에 대해 다음과 같이 기술했다.

전체 인구에서 노동자가 차지하는 비율이 맨체스터보다 훨씬 더 높다. … 이 도시의 모든 타운들에 3만 명에서 9만 명의 주민들이 살고 있지만, 이 도시들은 실제로 거대한 노동계층 공동체에 지나지 않았다. 이 도시들에서 노동자의 주거지가 아닌 지역은 공장 건물과 상점이 늘어선 몇 개의 중심 거리, 그리고 공장 소유주의 빌라와 정원이 들어선 반半농촌적인 거리 몇 곳뿐이다. 도시 자체가 잘못 계획된 채 지어졌다. 건물과 거리, 뒷골목은 더러웠다. 도시들을 뒤덮은 연기 장막은 붉은 벽돌집들을 검게 물들였다.[34]

머시Mersey강을 지나가는 철교에서 스톡포트를 내려다본 엥겔스는 "스톡포트는 공업 지역 전체에서 가장 어둠침침하고 연기로 자욱한 곳 중 하나로 악명 높으며, … 정말 혐오감을 주는 광경을 보여 준다. 특히 오두막과 단칸방들은 보는 것조차도 아주 불쾌했다"라고 썼다. 공장과 기계들이 그랬던 것처럼, 루베의 안뜰 및 요새 같은 노동자 거주지역은 산업도시 랭커셔에도 있었다.

산업화와 함께 태어난 도시인 스톡포트와 프레스턴에서, 노동력의 대부분은 섬유 제조에 종사했다. 프레스턴에서 마이클 앤더슨 Michael Anderson은 "성인 남성 인구의 … 4분의 1 또는 3분의 1가량이 공장산업에 직접 고용되었다"[35]는 것을 발견했다. 그러나 공장노동을 경험한 아동 인구의 비율은 훨씬 더 높았다. 맨체스터와 샐퍼드 Salford에서 일하는 소년, 소녀들의 비율은 매우 높았다. 예를 들면, 1852년에 14세 소녀의 76퍼센트, 소년의 61퍼센트가 공장에 고용되었다.[36] 어린이와 함께, 젊은 여성이 공장노동자의 대다수를 형성했다. 1851년에 스톡포트에서는 전체 면직 노동자(10~69세)의 거의 절반가량이 여성이었다. 30세 이하 노동자의 40퍼센트, 20대 노동자의 20퍼센트가 여성이었다.[37]

요크의 여성 노동력과 대조적으로, 섬유도시에는 가내 하인이 거의 없었다. 1851년에 프레스턴의 15세 이상 인구 중에서 3퍼센트만이 하인과 도제였다. 공장도시의 젊은 여성은 대부분 여공이었다. 공장노동을 하지 않는 나이 든 여성들은 아미앵이나 요크에서와 같은 직업에서 일했다. 많은 여성들이 영세 상업과 다양한 유형의 미숙련 임시 노동에 종사했다. 그러나 대부분의 섬유도시에서 여성 노동자들은 공장에서 임금을 벌었다. 루베와 스톡포트, 프레스턴에서 기계화와 공장으로의 산업 집중은 여성들에게 '근대적인' 일자리를 제공했다.[38]

광업, 금속가공 도시: 앙쟁

모든 산업도시들이 섬유도시와 비슷하다고 가정하는 것은 오류이다. 주거지와 공장이 거리에 늘어서 있고 공장에서 나온 연기에 건물이 검게 그을리는 것은 비슷했지만, 광업과 금속가공의 중심지들에는 상대적으로 여성이 할 일거리가 적었다. 몽뤼송Montluçon, 리브 드 지에Rive-de-Gier, 카르모Carmaux, 앙쟁Anzin 등에서 필요로 한 노동력은 주로 남성이었다. 왜냐하면 이 지역의 산업이 여성들을 노동시장에서 배제하는 경향이 있었기 때문이다. 오디간은 1861년 리브 드 지에에서는 여성들이 일을 할 수 없었고 아버지나 남편의 벌이에 의존할 수밖에 없었기 때문에 '여성들의 천국'이었다고 기술했다. 만일 여성들이 일한다면, 그것은 중공업 이외의 일이었다.[39]

탄광업과 금속 세공의 중심지였던 프랑스의 앙쟁은 루베나 프레스턴과는 다른 산업도시의 전형을 보여 준다. 루베에서 남쪽으로 약 40마일 떨어진, 노르the Nord 지역에 위치한 앙쟁은 18세기에 석탄 중심지로서 개발되기 시작했다. 그러나 앙쟁이 실제로 확장되기 시작한 것은 프랑스에서 석탄 수요가 증가하기 시작한 1850년대 이후였다. 이주자들이 이 지역에 몰려들었고, 1866년에는 전체 남성의 3분의 1만이 앙쟁 토박이였다. 1860년대까지 앙쟁에서 콩데Condé로 흐르는 레스코Lescaut강 계곡을 통과하는 직선 도로가 석탄 채굴장 주위에 모여 있는 조그만 노동자 주거지역을 따라 들어섰다. 앙쟁의 어떤 시인은 자신이 살고 있는 도시에 대한 시를 쓰면서 루베의 시인을 모방했다.

> 당신의 얼굴이 검은 것처럼, 앙쟁 당신의 이름은 검은색이요.
> 당신에게 영웅은 있지만, 역사는 어디에 있나요?[40]

이 시인은 도시의 외관을 잘 기술했다. 빨간 벽돌 건물들은 검댕을 뒤집어썼으며, 도시의 풍경은 근처의 광산들 때문에 그늘져 있었다. 시커먼 석탄재 무덤이 갱 근처에 높이 쌓여 있었고, 나무로 된 갱 구조물들에는 펌프와 엘리베이터에 사용되는 바퀴와 기어, 사슬이 들어 있었다. 큰 벽돌 건물은 광업용 기계들을 수리하는 작업장으로 이용되었다. 근처에는 회사가 노동자들을 위해 지어 준 작은 마당이 딸린 광부들의 사택corons이 줄지어 늘어서 있었다. 앙쟁에서 회사가 고용했던 광부의 약 37퍼센트가 이런 종류의 주택에서 살았다.

1866년 앙쟁시에는 1,422채의 주택에 1,727가구, 7,283명이 살고 있었다. 남성 노동력의 3분의 1이 광산에서 일했다. 광산에는 526명의 남자와 소년, 그리고 대부분이 소녀인 57명의 여성이 고용되어 있었다.[41] 여성은 대부분 땅 위에서 석탄을 고르고 정리하는 작업을 했다. 갱 안에서는 소년들뿐만 아니라 소녀들도 수레를 밀고 석탄을 운반했다. 그 일은 다음에 인용한, 카트린Catherine이 운반공으로서 자기

[그림 4-8] 19세기 중반 프랑스 탄광의 땅 위에서 일하는 여성들

가 어떤 일을 하는지 에티엔Etienne에게 보여 주는 장면에서 에밀 졸라 Emile Zola가 묘사하고 있듯이 아주 고통스럽고 힘든 일이었다.

그녀는 그에게, 힘을 더 잘 줄 수 있도록 하기 위해 갱도 양편으로 설치된 널빤지에 기댄 채 두 다리를 벌리고 두 발로 버티는 방법을 보여 주어야만 했다. 어깨와 엉덩이의 모든 근육을 사용해 밀려면 몸을 구부리고 팔을 펴야만 했다. 여행 기간에 그는 그녀를 따라다니면서 그녀가 등을 팽팽히 긴장시킨 채 앞으로 걸어가는 것을 보았다. 그녀의 주먹 위치가 너무 낮아서 마치 서커스에 나오는 난쟁이 동물처럼 네 다리로 걸어다니는 듯 보였다. 그녀는 땀으로 뒤범벅이 되어 헐떡이며 뼈마디가 으스러지도록 일하면서도 그렇게 몸이 두 겹이 되도록 구부리고 일하는 것이 마치 모든 사람이 당연히 겪는 비참한 운명이기라도 한 듯, 익숙해진 냉담함으로 아무런 불평도 없이 일했다.[42]

1874년 이후 프랑스에서는 여성과 소녀들은 땅 위에서만 일하도록 법으로 제한했다.

1872년 앙쟁의 센서스 조사를 보면 탄광업에 고용된 노동력이 1866년에 비해 줄었음을 알 수 있다. 1866년에도 광업과 함께 못 공장이 291명의 성인 남성과 소년을 고용했다. 도시 근처의 갱은 고갈되고 있었고, 광부들을 위한 주택을 갖춘 새로운 광산들이 도시 경계선 외부에 생겨났다. 그러나 광업과 금속, 기계 부문이 전체 노동력의 49퍼센트를 고용했다. 전체 노동력에서 여성이 차지하는 비율(23퍼센트)은 루베보다 훨씬 낮았지만, 기혼 여성이 전체 노동력에서 차지하는 비율은 루베보다 약간 더 높았다. 1872년에 앙쟁에서는 전체 여성 노동자의 절반 이상이 소규모 상업과 의류 제조에 종사했다. 직업 목록에 등록된 여성의 14.4퍼센트는 카바레나 카페에 고용되었고, 33.7퍼센트는 의류 제조공이었다. 기혼 여성 노동자 가운데 55퍼센트는 이런 범주의 노동에 종사했다. 앙쟁에서 일하는 기혼 여성은 대부분 가구와 관련된 활동, 즉 가사 책임과 병행할 수 있는 일에 종사했다. 루베에서처럼 앙쟁에서도 어린아이들이 일할 기회가 있었지만 앙쟁에서는 일차적으로 소년들에게 일자리가 주어졌다. 우리의 표본집단에서는 10세에서 14세에 이르는 소년 가운데 50퍼센트 이상이 고용되었다.

〈표 4-4〉는 요크(1851)와 앙쟁(1866)의 성별 취업구조를 비교한 것이다. 남성과 여성의 고용 규모 차이는 두 도시의 경제구조 차이에 기인한다. 요크에서 남성과 여성이 집중된 산업은 수공업과 소매상이었다. 요크에서는 수공업과 소매상에 종사하는 여성보다 두 배나 많은 여성이 가내 하녀였는데, 이는 혼합경제로 말미암아 하녀를 고

[표 4-4] 요크와 앙쟁의 성별 취업구조 단위: %

산업 부문	요크, 1851년		앙쟁, 1866년	
	남성	여성	남성	여성
근대적 제조업 및 채굴업	8.9	1.1	74.0	35.8
(그중 광업)			(35.2)	(23.0)
(그중 섬유업)				(2.1)
농업	9.9	2.1	6.1	2.1
건축	11.9	0.1	4.8	0
운송	7.6	0.5	1.8	0
일반 노동(분류 불가)	6.1	1.6	-*	-*
가내 서비스	3.5	58.9	3.1	26.2
공공 서비스 및 전문직	9.4	5.8	1.8	4.0
기타 제조업(수공업) 및 상업	42.7	29.9	12.3	27.8
취업자 총수(명)	11,225	5,129	1,491	248

* 수치 알 수 없음.
출처 : Anzin cencus of 1866, Summary Table, ADN M 473,27 ; Armstrong, *Stability and Change*, p. 45.

용할 수 있는 가구가 요크에 많았기 때문이다. 앙쟁에서 광부의 가구
는 하녀를 고용할 여유가 거의 없었다. 그런 가구들에는 역시 가사를
수행하기 위해 다른 일을 하지 않는 딸이나 부인이 있었다. 가장 흥
미로운 것은 두 도시에서 노동력의 성비 차이다. 요크에서는 남성 노
동자의 비율이 여성 노동자보다 두 배 많은 219퍼센트였지만, 앙쟁
에서는 그 비율이 655퍼센트였다. 실로 앙쟁은 남성 노동자의 도시
였다.

도시의 여성 노동자들

19세기에 여성이 직업을 가질 기회는 도시 유형에 따라 크게 달랐다. 〈표 4-5〉는 여성의 노동력 참여가 여성적인 일자리들에 고용될 수 있는 가능성에 따라 다양했다는 사실을 분명하게 보여 준다. 루베의 섬유산업은 여성 노동자들을 충원했다. 요크에서는 좀 더 전통적인 부문에 여성이 고용된 반면, 앙쟁에서는 취업 기회가 압도적으로 남성들에게 많았다.

이 표와 여러 정보를 통해서 우리는 도시들의 여성 고용 유형에 유사성이 있음을 알 수 있다. 첫째, 대다수의 여성 노동자는 젊은 미혼이었다. 여공, 가내 하녀와 의류 노동자는 모두 소녀였다. 요크에서 전체 여성 노동자의 58.9퍼센트는 하녀였으며, 이 직업은 대부분 미혼의 어린 여성을 요구했다. 전술한 바와 같이 스톡포트에서는 여성 직공의 대부분이 30세 이하였다. 랭커셔의 섬유도시들에 대한 다양한 연구는 대부분의 여성 노동자가 16세에서 21세 사이였으며, 그중 약 75퍼센트는 미혼이었음을 보여 준다.[43] 루베(1872)에서는 15세 이상 여성 노동자의 69퍼센트가 미혼이었다. 이와 유사하게 앙쟁(1866)에서도 취업 여성의 가장 큰 비율을 차지하는 직업, 즉 가내 서비스와 광업에는 젊은 미혼 여성이 고용되었다(1872년경 앙쟁의 채굴장들은 도시에서 멀리 떨어져 있었다. 전체 인구에서 탄광 광부의 비중이 줄어들었고 도시의 주요 산업이 주로 남성 노동력으로 구성되었지만, 1866년보다 상업 부문이 발전해 여성이 재봉사나 카페 점원으로 많이 고용되었다).

[표 4-5] 요크, 루베, 앙쟁의 여성 취업자 단위: %

	10세 이상 노동자 중 여성 비율	여성 취업자의 산업 분포		
		가내 서비스	수공업 및 상업	제조업
요크(1851)	33.4	58.9	29.9	1.1
루베(1872)	34.5	14.8	15.1	54.5 (섬유)
앙쟁(1866)	7.8	26.2	27.8	35.8 (이 중 광업이 23%)

출처 : Armstrong, *Stability and Change*, p. 45 ; 1872 sample of nominative list for Roubaix ; 1866 occupation summary of Anzin.

둘째, 해당 도시에서 지배적인 고용 분야가 무엇이든지 간에 기혼 여성 노동자들은 대부분 전통적인 고용 분야에 집중되어 있었다. 요크에서 그들은 소매상이나 소상인이었다. 앙쟁에서도 기혼 여성은 작은 상점 점원이나 재봉사, 재봉공이었다. 그러나 루베에서는 기혼 여성 노동자 대부분이 공장노동을 했다. 센서스 조사로 직업이 좀 더 정확히 기록된 1872년에 기혼 여성의 17.5퍼센트가 일했고, 그들의 절반 이상(54퍼센트)이 섬유업에 종사했다. 이와 유사하게, 앤더슨은 프레스턴에서 기혼 여성이 공장에서 일했다는 사실을 발견했다. 여성 노동자에 대한 수요는 매우 컸으며, 남성을 위한 기회나 임금은 아주 낮았기 때문에 루베와 프레스턴, 스톡포트에서는 기혼 여성이 공장에 들어갔다.

프레스턴에서 "아버지와 함께 거주하는 10세 이하 아동의 23퍼센트가 일하는 어머니를 두었다. 이 어머니들 중 거의 절반이 공장에서 일했다." 섬유도시에서 여성 노동의 독특한 특성은, 여성 노동력에 대한 수요가 매우 많았고 기혼 여성이 공장에서 일했다는 사실이다. 그럼에도 불구하고, 앤더슨 역시 프레스턴에서조차 많은 기혼 여성은 집에서 작은 임시 상점을 운영하거나 하숙을 치면서 일했음을 발견했다. 다른 여성들은 파출부charwomen나 일용노동자였다. 1851년의 프레스턴 표본에서, 기혼 여성의 26퍼센트는 임금노동을 했다. 그리고 "전체 기혼 여성 노동자의 3분의 1 이상이 … 공장 이외의 직업에 종사했다." 앤더슨은 훨씬 더 많은 수가 센서스 조사에 기록되지 않은 '부정기적인' 직업에 종사했다고 덧붙이고 있다.[44]

여성을 고용했던 일자리의 종류는 대부분 도시의 특정한 경제구조에 달려 있었다. 그러나 어떤 노동이든지 간에 미혼 여성이 여성 임금노동자의 다수를 차지했다. 기혼 여성 노동자의 비율은 더 적었고, 섬유도시를 제외하고는 대개 부정기적이고 임시 노동을 하는 전통적인 고용 분야에서 일했다.

제5장

인구 변화

장기적인 인구 변화는 영국과 프랑스의 경제구조 변동과 함께 이루어졌으며, 여성의 노동과 가족 활동이 이루어지는 맥락을 규정짓는 데에 일조했다. 산업화가 경제사에 미치는 영향과 마찬가지로, 인구학자들은 이런 변화를 인구의 역사에 중요하고 광범위한 영향을 미치는 한 과정을 의미하는 '인구변천demographic transition'으로 칭한다. 인구변천은 전前산업사회를 특징짓는 높은 사망률과 높은 출생률로부터 낮은 사망률과 낮은 출생률로 변화하는 것을 의미하는데, 변화과정은 두 단계에 걸쳐 일어났다. 먼저 사망률이 감소하고, 출생률은 계속 높거나 심지어 증가해 인구성장이 가속화되었다. 그러고 나서 사망률이 지속적으로 떨어지고, 처음에는 아동 사망률이 나중에는 영아사망률이 급격히 감소함에 따라 출생률도 떨어지기 시작하고, 인구 증가도 둔화되었다.[1]

영국과 프랑스의 인구변천

〈그림 5-1〉이 보여 주듯이, 인구변천의 시기는 영국과 프랑스에서 서로 달랐다. 두 나라에서 인구성장률은 1780년까지 증가했다. 프랑스에서는 1700년에서 1755년까지 매년 약 0.22퍼센트의 성장률을 유지하다가, 1775년과 1801년 사이에 연 0.5퍼센트로 증가했다. 영국에서는 1700년에서 1780년 사이에 매년 약 0.33퍼센트씩 인구가 증가했지만, 1780년과 1801년 사이에는 매년 1퍼센트씩 성장했다. 영국의 인구가 19세기까지 계속 팽창한 반면, 프랑스의 인구 증

[그림 5-1] 프랑스와 영국의 조출생률과 조사망률(1801~1961)

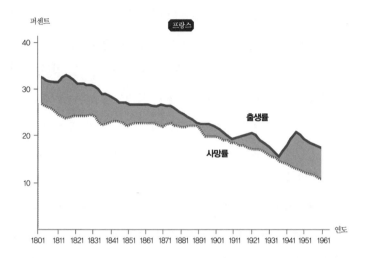

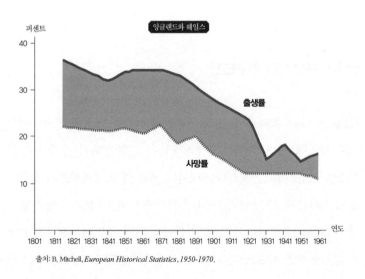

출처: B. Mitchell, *European Historical Statistics, 1950-1970.*

가는 1820년 이후에 둔화되었다.

두 나라 모두 사망률의 감소는 인구성장에 기여했다. 영국과 프랑스에서는 이전에 타운과 마을의 인구를 대폭 감소시켰던 흑사병과 광범위한 기근이 1750년경에 사라졌다. 18세기와 19세기 초에 대한 연구에 사용된 지역 기록들을 보면, 이전 시기에 전형적으로 나타났던 높은 사망률이 사라졌음을 알 수 있다. 프랑스에서는 조사망률(인구 1천 명당 사망자 수)이 1801~1810년에 28.2퍼센트에서 1901~1910년에는 19.4퍼센트로 떨어졌다. 영국에서도 이 비율은 1838년의 22.4퍼센트에서 1900년에는 18.2퍼센트로 낮아졌다. 연령별 사망률을 보면, 양국에서 5세에서 19세 사이의 젊은 사람들의 기대수명이 가장 현격히 증가했음을 알 수 있다. 반면 영아사망률은 20세기까지 계속 높았다.[2] 그럼에도 불구하고 아동과 10대들의 사망이 감소함으로써 출생 시의 기대수명에 영향을 미쳤다. 18세기 초에 영국의 출생 시 기대수명은 약 30년이었던 반면, 1850년경에는 남성은 40.3년, 여성은 42.8년이었다. 프랑스에서는 그 수치가 1801~1805년에 35.6년, 1901~1915년에는 49.1년이었다.[3]

양국 간 출생률의 차이는 인구성장률의 차이를 설명해 준다. 영국에서는 출생률이 계속해서 높았고 1862~1878년에 1천 명당 35명이 출생하여 정점에 달했다. 출생률은 1879년 이후에야 감소하기 시작하여, 1896년부터는 평균 출생률이 1천 명당 30명 이하로 떨어졌다. 반면 프랑스에서는 출생률이 대혁명 전에는 1천 명당 36~37명으로 높다가, 19세기 초반에는 33명으로 떨어졌다. 신중한 피임의 결과로 1850년경에는 출생률이 1천 명당 26명으로 감소했다.[4]

출생률의 변화에서 두 나라 사이의 차이는 양국 인구의 연령 분포 차이로 이어졌다. 프랑스의 낮은 출생률은 19세기에 프랑스 인구가 영국 인구에 비해 더 노령화되었음을 의미했다. 〈표 5-1〉이 보여주듯이, 19세기 중반부터 영국과는 대조적으로 프랑스는 20세 이하 인구의 비율이 낮았고, 40세 이상 인구의 비율이 높았다. 가임기에 속하는 젊은 사람들의 비율이 더 낮다는 사실이 낮은 출생률을 지속시키는 역할을 했다. 그리고 출생률이 낮고 고용 가능한 젊은이의 수가 적었기 때문에 프랑스 여성이 일생 중 더 오랜 기간 일하게 되었던 것 같다. 즉, 영국과 비교해 볼 때, 프랑스 인구의 연령 구조와 낮은 출생률은 프랑스의 여성 고용률을 더 높이는 데에 기여했다.

결혼 유형 또한 인구변천 과정에서 변화되었다. 결혼연령은 낮아졌고, 결혼하는 사람의 수는 증가했다. 20세기경에는, 더 많은 사람이 결혼했고, 18세기보다 좀 더 어린 나이에 결혼했다. 이런 현상은

[표 5-1] 여성인구 1천 명당 연령 분포*

	연령	1851	1871	1891	1911	1921
잉글랜드/웨일스	0~20	444	445	441	428	309
	20~40	313	309	308	328	327
	40~60	168	178	169	193	249
	60~80	70	71	72	79	118
프랑스	0~20	353	348	346	342	290
	20~40	311	302	299	302	307
	40~60	326	228	224	231	251
	60~80	101	110	118	123	128

* 남성의 연령 구조는 전쟁으로 인한 사망에 영향을 받으므로 여성 연령 분포만 인용한다.
출처 : Philippe Ariès, *Histoire des populations françaises* (Paris : Editions du Seuil, 1971), p. 203.

[표 5-2] 여성의 연령집단별 생애미혼자 비율(1901) 단위 : %

	20~24세	25~29세	45~49세
영국	73	42	15
프랑스	58	30	12

출처 : E. A. Wrigley, *Population and History*, p. 223.

영국보다 프랑스에서 좀 더 일찍 시작되었다. 1830년과 1885년 사이에 프랑스의 평균 초혼연령은 25.5세에서 24세 이하로 떨어졌다. 1901년경 영국에서는 20~24세 여성의 단지 27퍼센트가 결혼했던 것에 비해, 프랑스에서는 약 42퍼센트가 결혼을 했다(〈표 5-2〉).[5] 이런 차이는 분명히 프랑스에서 기혼 여성의 노동력 참여 비율을 높이는 데에 기여했다. 왜냐하면 프랑스에는 고용할 수 있는 미혼 여성이 더 적었기 때문이다.

19세기 동안 양국의 인구변천 유형은 단일하지 않다. 프랑스는 영국보다 출생률이 낮고 연령 구조는 더 노화되었으며 초혼연령은 더 낮고 결혼율은 더 높았다. 영국에서는 비슷한 유형이 19세기 말과 20세기가 되어서야 나타났다.[6] 이 같은 인구학적 특징은 프랑스와 영국 여성의 재생산활동에 전체적으로 중요한 차이가 있었음을 의미한다. 프랑스 여성은 영국 여성보다 더 일찍 결혼하고 자녀는 더 적게 낳고 더 이른 나이에 출산을 종료했다. 따라서 재생산활동에 시간을 더 적게 투자하고 취업에 더 많은 시간을 할애했다. 전체적으로 프랑스의 직업 구조와 인구 구조가 결합하여 19세기 동안에는 기·미혼을 막론하고 영국보다 더 많은 여성이 고용되었다.

출생률과 사망률, 결혼율 유형은 두 나라 안에서 사회적 · 경제적 계층에 따라 상당히 달랐다. 만일 각 계층에 속한 사람들의 경험에서 통찰력을 얻으려고 한다면, 총량적인 전국 수치에 내포되어 있는 의미를 엄밀히 탐구하고, 각 도시와 지역, 직업 집단에 관한 연구에 산재되어 있는 증거를 조사해야 한다. 이런 연구들에 기초해서 우리가 내릴 수 있는 일반화는 필연적으로 제한되어 있다. 그럼에도 우리는 18세기 말과 19세기 초 사이에, 농촌과 도시의 노동계급 가족의 인구사를 여러 측면에서 기술하는 연구들을 이용했다. 이 연구들은 우리가 산업화 초기 단계에서 노동계급 여성이 담당했던 가족 역할의 변화와 연속성을 분석하는 맥락을 제공할 것이다.

결혼과 결혼식

역사인구학자들은 산업화가 결혼 유형에 미친 영향을 서로 다르게 평가한다. (경제적 수준이 비슷한 가족끼리 결혼하는 관습을 가진) 부유한 농민과 장인의 수가 줄어들어 결혼에 대한 경제적 제약이 다소 완화되긴 했지만, 그렇다고 해서 무산계층 남녀의 결혼연령이 갑작스럽게 또는 보편적으로 낮아지지는 않았다. 영국과 프랑스의 경험을 비교해 보면, 프롤레타리아화와 조혼 사이에 단순한 상관관계를 상정하는 것은 주의해야 함을 알 수 있다. 왜냐하면 결혼연령이 더 빨리 낮아진 곳은 바로 소농과 소상인들의 나라인 프랑스였기 때문이다. 게다가 지역 연구에서 나온 자료는 각 도시의 성비가 결혼율뿐만 아니라 결혼연령에도 영향을 미쳤음을 보여 준다. 종교적 신념이나 관행의 차이 역시 결혼 결정에 영향을 미쳤다.

그러나 지역 연구들은 확대된 직업 기회, 가구 조직에서의 노동 변화 그리고 도시로의 영구 이주도 결혼 관행에 영향을 미쳤음을 보여 준다. 어떤 경우에는 결혼연령이 낮아졌고 다른 상황에서는 성비 때문에 결혼연령이 높아졌지만, 구혼이나 결혼에 대한 부모의 간섭에는 변화가 있었다. 또 다른 경우에 남녀는 법적 결혼을 하지는 않고 '동거free union'를 했다. 반면에 물려줄 재산이 있는 장인이나 농민의 자녀들 사이에서는 구래舊來의 유형이 지속되었다.[7]

[새로운 가구경제를 출범시킬] 자원을 마련할 때까지 결혼을 미루는 관행은, 부모가 자녀에게 물려줄 재산이 있는 곳에서 가장 강하게 남아 있었다. 민속학자인 아르놀트 방주네프Arnold Van Gennep는 프랑스의 여러 지역에서 수집한 증거들을 인용하면서, 농민들이 결혼을 결정하는 데에 오랜 시간을 들였음을 지적했다. "소녀들은 서두르지 않았고, 소년들은 농장 경영을 도와줄 주부가 필요하지 않은 한 결정하는 데에 많은 시간을 끌었다. 결혼 문제에서 … 농민들은 느릿느릿 행동한다."[8] 1850년대에 프랑스의 리무쟁Limousin 지역에서는 부모들이 여전히 자녀의 결혼 계약에 대해 협상했으며, 신랑·신부가 집을 마련하지 못해서 부모의 가족(대체로 시부모)과 함께 사는 경우에도 결혼연령이 높았다. 코레즈Correze 지역에서 남성의 평균 초혼연령은 31세였으며, 여성은 25세였다.[9] 앤더슨이 랭커셔에서 수집한 자료는 소농에 기반을 둔 농촌 지역에서는 결혼연령이 무토지 농업노동자나 도시의 산업노동자보다 더 높았다는 것을 보여 준다. "농

부의 아들이 결혼할 수 있는 연령은 주로 아들이 가족의 땅에서 자신의 몫을 떼어 주도록 아버지를 설득할 수 있는 연령에 이르렀느냐에 따라 결정되었기 때문에"[10] 독립이 늦어졌다(이 지역에서는 신부의 결혼연령도 도시에 비해 높았다). 20세기 후반에도 프랑스의 일부 농민 가족은 가족 재산을 분할하지 않으려고 아들의 결혼을 늦추거나 방해했다. 피에르 부르디외Pierre Bourdieu가 1960년대에 인터뷰한 늙은 농민들은 본인들도 그런 경험을 했다고 회상했다.[11]

농업과 공업이 혼재된 일부 지역에서도 만혼을 권장했다. 가족들은 가족경제를 뒷받침해 주는 토지를 조금이라도 얻기 위해서 가능한 한 오랫동안 자녀가 집에서 일하도록 붙잡아 두었다. 이런 반농semi-peasnat 가족들 사이에서는 결혼지참금에 대한 요구가 지속되었고, 아들과 딸들은 자립할 기반이 될 만큼 충분한 자원이 축적되고 난 뒤에야 결혼했다. 프랑스 의사 루이-르네 빌레르메Louis-René Villermé는 타르Tarare에서 "가내에서 일하면서 농업과 가내 제조업 모두에 종사하는 노동자들"을 발견했는데, 그가 계산한 바에 따르면, 1835년에 그들의 결혼연령은 남자는 30세, 여자는 27세였다.[12]

그러나 여성과 남성 모두 임금노동을 할 수 있다는 사실은 일부 농촌 지역에서 결혼을 결정하는 과정과 결혼 유형을 변화시켰다. 결혼을 위한 경제적 기반은 계속해서 중요했지만, 상속재산이 임금으로 대체되면서 결혼기 남녀들은 가족의 제약에서 더 자유로워졌다. 18세기 말, 스위스 고지대에서는 가내산업으로 말미암아 농민들 사이에서 결혼에 대한 제약이 줄어들었다. 한 관찰자는 다음과 같이 썼다. "농민도 자신과 자녀의 노동으로 전망을 가질 수 있었기 때문에, 더는 자녀의 결혼을 미리 지나치게 경계하지 않았다. 이전에는 아버지와 아들이 꽤 크고 적당한 보유지마저 나누기를 꺼렸다. 그들은 각자의 토지로 먹고살 수 있을지를 걱정했다. 이런 걱정은 제조업과 가내공업의 확산으로 완전히 사라졌다."[13] 이런 지역을 중심으로 결혼은 점점 더 늘어나고 더 이른 시기에 성사됐으며, "물질적인 조건에 대한 고려 없이" 결혼이 이루어졌다. 당대 사람들은 "침대나 가재도구도 없는" 결혼을 '거지 결혼beggar weddings'이라고 불렀다.[14] 프랑스 도시 브레빌Vraiville에 사는 직공들이 그런 식으로 결혼했다. 그들은 다른 직공들과 결혼했고(1823~1852년에는 직공들의 결혼 가운데 57.5퍼센트가 신랑·신부 모두 직공이었다), 다른 직업 집단보다 약간 더 어린 나이에 결혼하는 경향이 있었다. 19세기(1803~1902)의 모든 기간에 걸쳐, 남성의 평균 결혼연령은 25세였고 여성은 23세였다. 아마도 직기도 소유했을 소녀의 기술技術은 결혼지참금을 대신했던 것 같다. "토지나 동산 형태의 자본보다 … 남녀가 결혼하는 데에 중요한 것은 두 당사자가 소유한 일할 수 있는 능력이었다."[15]

　도시에서도 결혼이 늦어지는 사례가 발견된다. 1844~1856년까지만 해도 보르도Bordeaux의 술통 제조 숙련공들은 자기 직업에 숙달되고 나서야 결혼하는 이전 세대 장인의 관행을 따르고 있었다. 이 경우, 26세가 되어야 결혼할 수 있었다. 직업 내 결혼 또한 아주 많았다. 신랑이 술통 제조공이고 양가 아버지 가운데 한 사람이 술통 제조공인 경우가 전체 결혼의 약 3분의 2였다. 신부는 신랑보다 어렸고, 평균 23세였다. 그러나 보르도에서 태어난 소녀와 그곳으로 이주해 온 소녀 사이에 중요한 차이가 있었다. 이 지역 토박이 여성의 평균 결혼연령은 22세였는데, 아마도 아버지가 결혼지참금을 주었던 것 같다. 반면 이주해 온 여성들의 평균 결혼연령은 26세였다. 틀림없이 스스로 일해서 지참금을 마련해야 했기 때문이었을 것이다.[16] 1851년 아미앵에서도 이주해 온 여성과 지역 토박이 여성 사이에 비슷한 차이가 났다.[17]

결혼을 위해 저축하는 관습은 가내 하인들 사이에서 일반적이었다. 많은 시골 소녀들이 여자는 지참금을 가져가야 한다는 오랜 관습에 따라 행동했다. 르쁠레Le Play는 지참금을 마련하러 도시로 간 젊은 여성들에 대한 사례를 많이 인용했는데, 그녀들 가운데 일부는 고향에 돌아가서 토지를 상속받는 남자와 결혼하는 꿈을 꾸었다. 때때로 젊은 남녀는 함께 도시로 이주해, 남자는 공장에서 일하고 여자는 가내 하인으로 일하며 가정을 꾸릴 돈을 모아서 결혼했다.[18]

젊은 사람들의 직업 유형과 성비에 따라 결혼연령은 도시마다 상당히 달랐다. 요크에서는 1851년에 20세에서 39세 연령층의 성비가 남성 1천 명당 여성 1,191명이었고 결혼연령이 상대적으로 높았다. 요크의 노동자들 사이에서 남성의 평균 초혼연령은 25.4세였고, 여성은 24.4세였다. 이것은 화이트칼라 노동자와 노동계급 '중간층 middling'의 평균 초혼연령보다 더 낮은 것이었다. 이에 대해 암스트롱 Amstrong은 "모든 계급에서 [결혼에] 신중했지만, 특히 최상층에서 신중했다"[19]고 결론지었다. 여성의 수가 남성의 수보다 많았던 섬유도시 프레스턴에서도 결혼연령이 상대적으로 높았다.[20] 빌레르메는 프랑스의 섬유도시 뮐루즈에서 1830~1835년에 평균 초혼연령이 남성은 28세, 여성은 26세였다고 보고했다.[21] 초혼연령을 나타내 주는 또 다른 지표는 25세 이하 기혼 여성의 비율이다. 이 비율이 요크 (1861)에서는 33.8퍼센트, 프레스턴에서는 35.5퍼센트, 루베에서는 34.4퍼센트였다. 25세 이하의 기혼 비율이 이렇게 낮은 것은 초혼연령이 상대적으로 높았음을 확인해 준다. 그럼에도 불구하고 19세기 중반기의 섬유도시에서 생애 미혼율(평생을 독신으로 지내는 사람들의 비율)은 매우 낮았다. 탄광 지역에서는 여성의 조혼이 좀 더 전형적이었으며, 결혼 경험이 있는 여성의 비율 또한 더 높았다.

도시에서 구할 수 있는 직업은 결혼연령뿐만 아니라 여성이 결혼할 기회에도 영향을 미쳤다. 산업도시에서의 결혼율은 아미앵이나 요크 같은 수공업이나 상업 중심지보다 높았다. 1861년 루베에서는 45세에서 54세 사이 여성의 12.4퍼센트가 미혼이었고, 프레스턴에서는 1851년에 그 수치가 10퍼센트였다. 반면 앙쟁(1866)에서는 11.8퍼센트였다. 이와 대조적으로 1886년 아미앵에서는 45세에서 54세 사이의 여성 중 24.3퍼센트가 결혼 경험이 없었다. 1851년에 요크에서는 이 수치가 16퍼센트였다. 아미앵과 요크의 비율이 더 높은 이유는, 부분적으로 일자리가 미혼 여성에게 제공되는 경향이 있었기 때문이다. 보통 그 일자리는 가내 하인이었고, 계속해서 일하려는 여성은 미혼으로 남아 있어야 했다.[22]

동거와 사생아

결혼연령이나 결혼율만을 고려할 경우, 그것이 언제나 결혼 관행의 변화를 나타내 주는 적당한 지표는 아니다. 왜냐하면 결혼연령 등은 해당 지역의 성비에 영향을 받기 때문이다. 그러나 다른 종류의 자료들을 보면, 임금소득이 자녀들에게 일정 정도의 경제적인 독립을 가능하게 해 주었기 때문에 재산이 없는 부모들은 자녀의 결혼을 막을 수 없었다는 것을 알 수 있다. 적어도 도시로 이주한 사람들의 경우에는 마을 공동체에 속했던 사람들보다 배우자를 선택하는 데에 더 큰 자율성이 있었다. 어떤 집단에서는 남녀가 결혼하지 않은 상태에서 같이 살았는데, 당대인들은 이를 '내연관계'라고 불렀다. 이런 동거는 과거에도 있었지만, 19세기에 영국과 프랑스에서 증가했던 것으로 보인다. 빌레르메는 밀루즈에서 많은 수의 동거 또는 '파리 사람들의 결혼'을 지적했다. 특히 같은 직종에 있는 노동자들끼리의 이런 결합들은 "지속적이고, 대개는 아주 행복했으며", 부모들은 자녀들을 버리지 않았다.[23] 1836년에 랭스Reims에서 "다수의 섬유노동자들은 내연관계로 살았고 … 그들 가운데 많은 이들이 일생 동안 한 파트너와 살았다."[24] 인구학자 베르티용Bertillon은 1880년에 파리에서 법률혼 대비 동거 비율이 10퍼센트 정도로 높았던 것으로 추정했다. 그는 그 커플들을 [동거를 통해 결혼이 가진 기능을 얻었다는 의미에서] 기능적으로 결혼한 것으로 묘사했다. 그들의 '지속적인 결합 관계'는 아마도 "법률혼보다는 못했겠지만 미혼으로 남아 있거나 방탕한 생활을 하는 것보다는 훨씬 나았다."[25]

우리에게는 동거에 대한 체계적인 자료가 없다. 노동계급의 생활을 관찰한 사람들은 19세기에 동거가 증가했다고 보지만, 그들의 보고서는 신뢰하기 어렵다. 그 보고서들은 결혼 기록이나 가구 구성에 대한 자세한 조사가 아니라 인상적인 설명에 기초하고 있기 때문이다. 게다가 관찰자들은 상층계급의 노력 기준에 입각해서 이런 상황을 개혁해야 한다고 자주 강조했다. 그들은 도시 생활의 빈곤이 경제적·사회적 불안정뿐만 아니라 부도덕도 낳았다고 주장했다. 따라서 동거가 증가했다는 이야기는 부도덕이 만연하고 있음을 설명하고, 상층계급의 규범과 노동계급의 규범을 구분하는 데에 기여했다. 그들은 노동자들의 동거를 상당히 과장했던 것 같다.

따라서 19세기에 과거보다 더 많은 부부가 결혼하지 않고 함께 살았는지는 불확실하다. 그러나 사생아 비율이 증가했음을 보여 주는 자료들은 존재한다. 지역 연구들은 특히 도시에서 사생아 비율이 증가했으며, 1750년경부터는 몇몇 농촌 지역에서도 증가했음을 보여 준다. 사생아의 증가는 하층계급에서 결혼하지 않고 사는 부부가 증가했음을 나타낸다. 영국이나 프랑스는 평균적으로 독일과 중부 유럽 국가들에서 그랬던 것처럼 사생아 비율이 급증하지는 않았지만, 분명히 증가하기는 했다. 프랑스에서는 농촌 지역보다 도시에서 사생아 출생 비율이 더 높았다. 그러나 영국에서는 반대로 농촌의 사생아 출생 비율이 더 높았다.[26]

두 나라에서 조산원이나 고아원이 도시에 있었다는 사실이 도시의 사생아 비율에 반영되어 있다. 이런 시설들은 농촌 여성이 도시에 와서 아이를 낳거나 아이를 도시에 버리도록 유인했다. 게다가 대다수 미혼 여성들(특히 하녀들)이 구애 과정과 결혼을 감시하는 가족이나 공동체와 떨어져 살고 있다는 사실은 유혹이 많고 버림받을 가능성이 크며(불안정한 동거), 그에 따른 사생아 출산이 많아질 가능성이 더 큼을 의미했다. 안정된 동거 또한 도시에서 더 일반적이었던 것으로 보인다. 노동자들에게는 결혼 조건으로 재산이 결정적인 문제가 되지 않았고, (적어도 프랑스에서는) 법률혼을 하는 데에 돈이 많이 들었기 때문에, 법률혼을 하지 않고 동거하는 경우가 많았다. 비록 법적으로는 결혼 효력이 없었지만 이들의 동거는 장기간 지속되었다. 결혼 허가를 받고 필요한 서류들을 마련하는 데에는 비용이 들었기 때문에, 노동자들은 그 비용을 치를 수 없거나 치르기를 원치 않았다.

　결혼을 원하는 '가난한' 사람들을 재정적·행정적으로 돕고자 마련된 1850년법을 준비하는 과정에서 프랑스 국회에 제출된 한 보고서는 당시 노동자들이 직면했던 어려움을 자세히 기술했다. 우선 결혼을 하려면 네다섯 가지의 서류를 준비해야만 했는데, 1846년까지는 모든 서류를 작성할 때마다 돈을 내야 했다. 더욱이 이주자들은 고향에 있는 지역 사무소까지 가서 서류를 만들어 와야 했다. 많은 경우, 글을 읽을 수조차 없는 사람들이 그런 종류의 서류를 직접 준비하기는 어려웠다. 이런 사람들은 종종 자선단체의 도움을 받아서 그들의 혼인관계를 합법화했다. 1820년대부터 프랑스 생프랑수아레지회the society of Saint-François-Régis와 생뱅상드폴회the Society of St. Vincent de Paul는 노동계급 생활 교화의 일환으로 이 서류들을 제공하거나 필요 경비를 지원하기 시작했다. 이런 단체들의 후원으로 [법적으로] 결혼한 사람들 가운데 상당수가 이미 20년이라는 긴 시간 동안 안정적인 동거 생활을 한 사람들이었다.[27] 그들은 지키거나 물려줄 재산도 없고 숙련조합에 들어갈 아들의 혈연권blood right을 마련할 필요도 없었기 때문에 굳이 일찍 결혼할 필요가 없었다.

프랑스와 비교할 때 영국에서 농촌의 사생아 비율이 너 높았던 이유는, 농촌 노동력 가운데 토지가 없는 임금노동자가 많았기 때문이다. 그런 남성과 여성의 성관계는 토지를 소유할 때까지 결혼을 미뤄야 하고, 구애와 결혼이 개인의 취향이나 기대보다는 가족과 공동체의 감시와 통제를 받아야 했던 소농경제의 규범에 지배받지 않았다. 소농 가족들은 그들의 딸을 임신시킨 남자와 결혼시켜야 한다고 생각한 반면(딸이 적합하지 않은 남자의 애를 갖게 되는 경우는 거의 없었다), 토지가 없는 가족은 딸의 상대자에 대해 아무런 언급도 하지 않았고 강제로 결혼시킬 자원도 가지고 있지 않았다. 그래서 프랑스와 영국에서 모두 사생아가 증가했다 하더라도, 프랑스에서는 소농경제가 계속해서 농촌경제의 중심이었기 때문에 농촌의 사생아 출생 비율이 도시보다 낮았다.

이런 논의의 목적은 당시 동거가 임금소득자들 사이에서 하나의 규범이 되었음을 보여 주기 위해서가 아니다. 그보다는 당시에도 동거가 존재했고, 1750년과 1850년 사이에 동거 건수가 증가했다는 사실은 이주와 프롤레타리아화 과정이 어떻게 결혼 관행에 영향을 미쳤는지에 대한 하나의 사례를 제시한다고 주장하기 위해서다. 임금소득 가족이 계속 증가하는 가운데 이전과 마찬가지로 사람들은 대부분 결혼을 했지만, 약혼이나 결혼 규범은 가족경제 아래에서의 그것과 달랐다.

출생과 출산력

실제로 18세기 말에 출산력fertility이 증가했는가에 대해서는 인구학자들 사이에 일치된 견해가 없다. 그러나 영국과 프랑스에서 출생률birth rate이 높았던 것은 분명한 사실이고, 프랑스에서는 이 비율이 1820년 이후에 감소하기 시작했다. 프랑스에서 출생률이 감소한 것은 계획적인 피임, 특히 프랑스 소농 가족들의 경우 질외사정법을 사용했기 때문일 것이다.[28]

이전 시기와 마찬가지로 18세기 말과 19세기 초에도 부부들은 결혼 직후에 자녀를 갖기 시작했다. 물론 어린 나이에 결혼한 사람은 늦게 결혼한 사람보다 많은 아이를 낳았다. 그러나 19세기의 첫 10년 동안에 조혼이 보편적이지는 않았다. 성인 사망률의 변화가 출생률에 가장 큰 영향을 미친 것으로 보인다. 배우자의 사망으로 결혼 생활이 종료되는 경우가 줄어들수록 더 많은 자녀가 태어났을 것이다.

영아와 아동의 사망률 또한 19세기 초부터 다소 감소했다. 성인이 될 때까지 살아남는 자녀의 수가 많아지면서 출생률이 증가한 것처럼 보이게 되었다. 더 많은 아이가 성인이 될 때까지 살아남는다는 것은 가구가 더 복작거리고 부모가 먹여 살려야 할 식구가 는다는 것을 의미했다. 이 때문에 가족 재산을 원래대로 유지하려 했던 프랑스 소농들은 가족의 크기를 제한하게 되었던 것으로 보인다.

영아사망률이 과거보다는 낮아졌지만, 19세기 동안에 특히 혼잡한 도시의 동네에서는 계속 높은 수준을 유지했다. 높은 영아사망률은 과거와 똑같은 이유로 출생률을 계속 높였다. 젖 먹이던 아이가 죽으면 어머니는 수유를 중단하게 되기 때문에 수유할 때보다 더 배란이 빨라진다. 가족이 계속해서 많은 영아를 잃는 상황은 높은 출산율이라는 전략을 계속 유지하게 했다.[29]

산업도시의 출생률

영국과 프랑스 모두 산업도시의 출생률은 농촌 지역이나 상업도시 및 행정도시보다 높았다. 〈표 5-3〉은 이런 차이를 극명하게 보여 준다. 산업도시의 높은 출생률은 당시 사람들에게 임금소득자들이 '즉흥적'이고, 자신의 행동이 어떤 결과를 낳을지 고려하지 않고 씨를 뿌린 결과 식구가 많아서 더 빈곤해진다는 맬서스Malthus의 우려를

[표 5-3] 국가별 도시별 조출생률(주민 1천 명당 출생자 수)

앙쟁	1851년	38.4	프레스턴	1851년	34.8
	1861년	37.9			
루베	1861년	42.8	스톡포트	1851년	36.5
	1866년	44.8			
아미앵	1851년	33.5	요크	1841년	28.8
	1861년	26.2		1851년	31.4
프랑스	1851년	27.1	잉글랜드와 웨일스	1841년	32.2
	1861년	26.9		1851년	31.4
	1866년	26.4			

출처 : 영국에 관해서는 Census of Great Britain, 1851, vol. II와 E. Elderton, Report on the English Birthrate, p. 56 ; 프랑스에 관해서는, B. Mitchell, European Historical Statistics, 1750~1970, p. 128 ; Anzin, registers of birth and death, 1851, 1961 ; Rapports du Maire, Roubaix, 1861, 1866 ; Bulletin Municiple d'Amiens, 1851, 1961(원 자료에서 저자들이 계산).

환기시켰다.

그러나 도시들의 직업 기회나 인구구조에 관한 다른 조사는 다른 설명을 하고 있다. 광산과 섬유 공장이 제공하는 취업 기회는 젊은 노동자의 이주를 부추겼다. 산업도시인 루베와 앙쟁의 직업 구조는 여성 고용에서 서로 다른 유형을 보여 준다. 두 도시에서 여성 노동자들은 대부분 미혼 여성이었다. 각 도시의 주요한 산업 고용 역시 젊은 남성 노동자에게 유리한 기회를 제공했다. 앙쟁의 남성 광산 노동자의 62퍼센트는 30세 이하였다. 루베에서는 여성 섬유 노동자의 81.6퍼센트와 남성 섬유 노동자의 49.3퍼센트가 30세 이하였다. 일자리가 성별, 연령별로 유형화되어 있어서 광업에서 일하는 남성 노동자와 섬유업에서 일하는 여성 노동자가 일할 수 있는 기간은 상대적으로 짧았다. 두 도시에서 직업의 연령 구조는 결혼해서 어린 자녀를 둔 젊은 이주자들을 끌어들였다. 아이들은 아주 어린 나이에 임금을 벌 수 있었다. 아이들에게 이런 일자리들이 주어지는 한 가족들이 출산을 제한할 이유는 별로 없었다(반면 아미앵에서는 가임연령에 속한 많은 여성이 결혼할 수 없는 하녀였기 때문에 조출생률이 더 낮았다). 따라서 산업도시에서 출생률이 높은 것은 아이를 가진 젊은 부부들이 많다는 인구 구성을 반영하는 것일 뿐, 반드시 부부들이 아이를 많이 낳았다는 것은 아니다. 이 가족들은 아이들이 기어 다니는 좁고 복닥거리는 셋집에 모여 살았기 때문에 관찰자들의 눈에 노동자 집단의 출생률이 높아 보였을 뿐이다. 출생률이 증가했다기보다는 젊은 인구와 그들의 풍부한 취업 기회가 출생률 하락을 저해한 것이다.

산업도시들의 높은 출산력은 조출생률이 아닌 다른 기준들로도 확인된다. 〈표 5-4〉는 검토 대상인 몇몇 도시의 출산율을 보여 준다. 여기에서 출산율은 5세 이하의 아동과 15세에서 54세 연령의 기혼 여성의 수를 비교해 측정한다. 이 기준은 태어난 어린이가 아니라 생존해 있는 어린이만 계산하기 때문에 실제 출산율을 과소평가한다. 이 표는 〈표 5-3〉의 조출생률 비교를 확인시켜 준다. 새로운 산업도시들은 아미앵 같은 오래된 도시보다 이 비율이 훨씬 더 높다. 두 표에서 루베는 출산율이 가장 높다. 둘 다 산업도시임에도 앙쟁보다 루베의 출산율이 더 높은 이유는 무엇일까?

첫째, 두 도시를 비교해 보면 루베에서 가임연령에 해당하는 여성 인구의 비율이 높다는 것을 알 수 있다. 1861년에 앙쟁 여성 인구의 33.6퍼센트가 20세에서 54세였던 것에 비해, 루베에서는 38.9퍼센트였다. 조출생률은 부분적으로 여성 인구의 연령 구조 때문에 앙쟁보다 루베에서 더 높았다.

둘째, 루베의 인구에서 섬유 노동자 가족의 비율이 앙쟁의 인구

[표 5-4] 출산율(5세 이하 아동 수/15~44세 기혼 여성 수*)

앙쟁	1861년	.827	아미앵	1851년	.619
	1872년	.913(표본)		1886년	.279
루베	1861년	1.1169	스톡포트	1851년	.822
	1872년	1.095			

* 이 방법은 생존해 있는 아동만을 계산하기 때문에 실제 출산율을 과소평가할 가능성이 있다.

출처 : Anzin, Roubaix census samples ; Stockport 1851., Amiens 1851, Chudacoff and Litchfield, "Towns of Order and Towns of Movement" ; Amiens 1886, *Bulletin Municipale d'Amiens*.

중 광업 노동자 가족의 비율보다 더 높았다. 섬유업에서 아이들이 일할 기회가 많았던 것이 루베의 가족을 대가족으로 만들었을 것이다. 꼭 그것 때문에 출산한 것은 아니라 하더라도 그런 일자리가 있다는 사실은 적어도 높은 출산율을 억제하지는 않았다. 광업과 섬유업에 종사하는 가족들은 점차 증가하고 있었다. 광공업에 종사하는 가족의 비율이 루베에 더 많았던 것이 아마도 루베의 출산율을 높이는 데에 기여했을 것이다.

세 번째 요인은 두 도시의 사망률이 다르다는 점에 기인한다. 영아사망률은 앙쟁보다 루베에서 더 높았다. 높은 영아사망률은 우리가 앞에서 논했던 이유 때문에 더 높은 출산율로 이어진다. 높은 영아사망률과 출생률은 19세기 산업도시에 살던 부모들이 자녀들 중 많은 수가 죽을 것이라고 예상했던 것이 전적으로 사실이었음을 의미한다. 과거에 비해 더 많은 아이가 살아남았다 하더라도, 임금소득자 가족은 출산을 제한하지 않았다. 죽음에 대한 예상은 지속적으로 가족계획에 영향을 미쳤다. 게다가 앙쟁과 루베의 임금소득자 가족에서 생존한 아이들은 장래의 가족임금소득자를 의미했다.

사망과 사망률

기대수명의 증가에도 불구하고, 사망률 유형은 경제적·사회적 집단에 따라 매우 달랐다. 두 나라에서 상층계급 가족은 농촌이나 도시의 빈민보다 더 건강했고 오래 살았다. 그러나 노동계급 가족들 사이에도 중요한 차이가 있었다. 어떤 직업은 성인의 기대수명을 더 낮추었다. 섬유산업 도시들에서 도심 빈민가의 생활 조건은 기대수명을 크게 낮추고 영아사망률을 크게 높였다. 루베에서 1872~1875년에 영아사망률은 출생아 1천 명당 239명을 기록해서, 프랑스 전체 평균인 1천 명당 201명보다 훨씬 높았다(〈표 5-5〉).[30]

페스트나 전염병이 더는 온 가족이나 도시를 휩쓸지는 않았지만,

[표 5-5] 영아사망률(출생아 1천 명당 1세 이하 영아 사망자 수)　　　(단위: 명)

연도	프랑스	영국	연도	루베	앙쟁
1840	162	154			
1850	146	162	1856~1860	_*	119
			1861~1865	213	161
1860	150**	148	1866~1871	239	137
			1872~1875	239	136
1870	201***	160	1876~1880	234	119
			1881~1885	207	114
1880	179	153			
1890	174	151	1891~1895	212	123
1900	160	154	1896~1890	213	129
			1902~1805	188	109
1910	111	105			
1920	123	80			
1930	84	60			

* 루베의 수치에는 접근할 수 없었음.
** 이 시기 프랑스는 국경선의 변화가 있었다.
*** 프랑스 수치는 1872년의 것.
출처 : B. R. Mitchell, *European Historical Statistics*, 1750~1970 (New York : Colombia University Press, 1975), pp. 127-133 ; R. Felhoen, *Etude statistique sur la mortalité infantile à Roubaix et dans ses cantons* (Paris : Vigot, 1906), p. 12. 앙쟁의 유아사망률은 전체 국민의 출생 및 사망 등록자를 토대로 계산했다.

조기 사망은 여전히, 특히 도시와 농촌 지역의 하층계급 가구에서 빈번히 발생했다. 앞에서 인용한 기대수명에 기초해 추정해 보면, 1850년에 출생한 전체 영아 가운데 부모 중 어느 한쪽을 잃지 않고 15세까지 생존할 비율이 절반밖에 되지 않는다는 것을 알 수 있다. 이 아이들 가운데 부모와 형제가 모두 살면서 15세까지 생존하는 아이의 비율은 채 10퍼센트도 되지 않았다.[31] 20세기에 의학이 발전하고 보급될 때까지 노동계급 가족의 사망자 수는 감소하지 않았다.

이런 것들이 19세기 전반기 여성의 노동 유형을 형성하는 데에 일조한 인구 조건들이었다. 조기 사망의 발생 빈도는 약간 감소했다. 출산율은 대부분의 집단에서 높았고, 사생아 출생률도 증가했다. 이 같은 산업도시에서의 인구 증가와 높은 출산력은 토지를 갖지 못한 임금노동자 인구 비율의 증가에 기인하는 것으로 볼 수 있다.

제6장

가족임금경제와 여성

산업화 초기에는 여성이 하는 일의 유형이 극적으로 변화하지는 않았다. 그러나 경제성장 및 도시성장에 따른 변화들은 일하는 장소를 변화시켰고 임금을 위해 일하는 여성의 수를 증가시켰다. 사실 가장 중요한 것은 산업화에 따른 임금노동의 확산이었다. 가구생산양식의 쇠퇴는 여성이 더욱 자주 집 밖에서 일하게 되었음을 의미한다. 더욱이 특정 지역이나 도시에 일들이 집중되어, 젊은 농촌 여성들은 일자리를 얻으러 자신의 윗 세대보다 집에서 훨씬 더 멀리 떨어진 장소로 가게 되었다. 여성 임금노동자의 수가 증가했을 뿐만 아니라, 노동의 본질이 임금을 버는 쪽으로 바뀌어 갔다. 그들은 가족임금경제의 구성원들이었기 때문에, 그들의 일은 가구에 필요한 노동이 아니라 식료품비나 집세와 같은 다른 비용들을 충족시키기 위해 가구에 필요한 돈에 따라 규정되었다. 가족임금경제 아래에서도 가족 성원들의 상호 의존성과 가족 단위에 대한 의무감은 강하게 남아 있었다. 또한 가족에 대한 소속감과 가족 유대의 중요성도 유지되었다. 과거와 마찬가지로 딸과 아내는 가족을 위해서 일했다. 가족경제의 낡은 규율들이 새로운 맥락에서 작용하고 있었다. 그러나 상황이 변하고 특히 임금노동이 확산됨에 따라, 기혼 여성은 생산활동과 가구활동에 대한 시간 배분을 변화시키게 되었을 뿐만 아니라, 딸과 가족의 관계도 변화하기 시작했다.

그렇다고 우리가 모든 하층계급 가족이 가족임금경제에 속해 있었다고 말하려는 것은 아니다. 가구생산양식은 프랑스의 소농들과 영국 및 프랑스의 장인층 일부에서 여전히 지속되고 있었다. 1860년에 프랑스의 기자 오디간은 루앙Rouen 외곽의 시골에 있는 직공들의 오두막을 이렇게 묘사했다.

여기에서 가족의 삶은 관습에 뿌리를 박고 있다. 아버지, 어머니, 아들 그리고 딸은 각자 자신의 힘에 따라서 함께 생산하면서 베틀 옆에서 온종일을 보낸다. … 그들은 노동의 산물과 일상적인 지출을 모두 함께 나눈다.[1]

아그리콜르 페르디기에Agricole Perdiguier는 프랑스의 농촌에서 자란 자신의 어린 시절을 회상하면서 아버지가 모든 사람, 심지어 딸까지 일을 시켰으며, "특히 가장 나이가 많은 두 딸 마들렌Madeleine과 바베 Babet는 남자처럼 우리와 함께 일했다"[2]라고 쓰고 있다. 프랑스의 사회학자 르쁠레는 1850년대에서 1870년대에 걸쳐 프랑스와 영국의 노동자 가족 사이에서 가족경제가 지속되고 있었음을 보여 주는 수많은 자료들을 수집했다.[3] 그럼에도 불구하고 이런 생산양식과 가족 조직은 두 나라에서 이미 쇠퇴기에 접어들고 있었다.

가족임금경제는 급속히 확산되어 가는 가족 조직 형태였다. 가족 성원들의 임금은 경비를 지출하고 가족을 부양하는 공동 기금이었다. 20세기의 한 관찰자는 1908년에 런던 빈민층의 가족임금경제를 묘사하면서, 이를 "결합가족joint family"이라고 불렀다.

결합가구joint household는 아마도 빈민층의 가족생활에서 가장 특징적인 모습일 것이다. 그 체계의 흔적이 발견되지 않는 가정은 거의 없다. … 결합가구는 모든 식구가 가장의 권위를 지속적으로 인정하고

어머니에게 모든 지출을 감당할 돈을 주고 식사를 공유하는 한에서만 유지될 수 있다.[4]

가구의 구성은 가족경제에서처럼 가구의 노동력 수요가 아니라 현금 수요로 규정되었다. 가구 내 임금소득자와 소비자 사이의 균형이 가족의 부를 결정했다. 서민계층의 노동과 삶을 연구한 프랑스의 레보는 후에 시봄 라운트리Seebohm Rowntree가 '빈곤주기poverty cycle'라고 부른 것을 최초로 묘사했다. 레보는 가족의 부나 빈곤은 가족 구성과 밀접히 연결되어 있다고 기술했다. 부부가 처음 결혼했을 때에는 두 사람 모두 임금을 벌기 때문에 경제 사정이 좋아진다. 그러나 아이가 태어난 뒤,

가구는 아무것도 가져오지 않고 보호와 경비 지출만 요구하는 어린아이들로 가득 찼다. 임신과 수유로 가족경제에 대한 아내의 기여가 줄고, 실질적으로 남편 혼자서 부담을 져야 했다. 그러다가 아이들이 성장함에 따라 상황은 개선되었다. 아이들은 8세에서 15세 정도가 되면 가족에게 짐이 되기보다는 자원이 되기 시작했다. 이제 모든 일손들이 고용되었고, 임금이 아주 적을지라도 그들은 가족 예산에 무시할 수 없는 보탬이 되었다.[5]

자녀들이 성장해 자신의 가구를 만들기 위해 집을 나가면, 부모들은 다시 자력으로 살게 된다. 부모의 임금소득 능력은 점점 쇠퇴하고 질병 등의 위기들이 그들을 덮쳐 온다. 그리고 종종 가난과 궁핍

이 다시 고개를 든다. 가구 안의 임금소득자와 소비자 사이에 균형을 유지해야 할 필요가 가족임금경제 아래에서 여성이 담당하는 노동과 가사 사이의 분배를 대부분 결정했다.

가족임금경제와 딸들

가족임금경제 아래에서도 딸들의 노동은 계속해서 가족의 필요에 따라 규정되었다. 어린 자녀들은 그들이 일할 수 있게 되자마자 일하기 시작했고, 가족을 위해서 자신들이 일해야 한다는 관념에 따라 사회화되었다. 그리고 나이가 들어 감에 따라 딸들의 노동 유형과 노동 장소는 가족의 상황과 취업 기회의 존재 여부에 따라서 결정되었다.

영국과 프랑스에서는 1840년대경에 아동교육에 관한 법 규정들이 있었지만, 대부분의 지역에서 지켜지지 않았다. 1844년 영국에서 〈공장법Factory Act〉이 제정된 이후 법률이 공장주들에게 아동노동자를 하루에 몇 시간씩 교육시키도록 강제했기 때문에, 학교에 다니는 아동노동자 수가 증가하기는 했다. 한 보고에 따르면 1843년과 1846년 사이에 공장 학교에 다니는 12세 이하 어린이 수는 9,316명에서 1만 5,781명으로 증가했다. 그러나 맨체스터 같은 도시에서 공공교육시설은 턱없이 부족했다. 한 연구는 맨체스터에서 대부분의 아동들이 "3세에서 12세 사이에 부정기적으로 약간의 학교교육을 받았다"[6]고 평가했다. 그러나 대부분의 지역에서는 교육을 받지 못했다. 교육시설이 부족했기 때문이기도 했고, 돈을 벌라는 가족의 압력 때문이기도 했다. 노동을 하지 않아도 된다면 학교에 갈 수 있었지만, 취업을 할 수 있거나 돈이 필요해지면 아이들은 일하러 가야 했다. 1880년대 말에 한 시골 학교 교사는 아동에게 가족이 더 우선이었다는 것을 업무 일지에서 이렇게 묘사하고 있다. "월요일에는 꽤 많은 학생이 출석했다. 그러나 벼 이삭을 주워야 한다는 전갈이 퍼진 오후에는 여학생들이 학교에 거의 남지 않았다." 맨체스터에서는 학교에 가지 않는 아동들이 "거리에서 빈둥거릴 수도 있지만", "성냥을 팔거나, 심부름을 하거나, 담배 공장에서 일했다."[7]

프랑스의 통계조사를 보면, 1833년 〈기조법〉*이 통과된 이후에 초등교육을 받는 아동의 수가 증가했음을 알 수 있다. 1841년에는 공장주들이 어린 노동자들을 학교에 보내도록 법률로 규정했다. 소년·소녀들은 점점 늘어나는 공공시설을 이용했고, 그들이 학교교육을 받았다는 사실은 (병적兵籍 기록과 결혼 계약서에 신랑·신부가 서명한 것에서 확인되듯이) 뚜렷이 낮아진 전체 문맹률에서도 확인된다.[8] 그러나 여전히 많은 아동이 학교에 가는 대신 일하러 가야 했기 때문에, 도시와 농촌에서 모두 문맹률이 매우 높았다. 1840년대 이후 학교 감독관들은 그들의 노력이 학교에 대한 부모의 무관심이나 반대 때문에 수포로 돌아가고 있음을 깨달았다. 1867년 랭스Reims

---

* 프랑스의 정치가이자 역사학자인 기조Guizot가 교육부 장관이 되면서 만든 법률로, 모든 국민에게 초등교육을 실시해야 한다는 원칙을 세운 법.

의 모직물 센터에서 한 관리는 아동교육이 "가족의 물질적 이해"를 위해 희생되고 있다고 보고했다. 1861년에 북부 산업지대에서 근무했던 고민에 가득 찬 어떤 교사는 "하루에 몇 푼을 벌기 위해 [부모들이] 10세, 때로는 8세나 9세, 심지어 가장 신체가 허약한 아이들까지도 학교에서 빼내서 공장에 보냄으로써 작업장의 무질서와 먼지 속에서 그들의 몸과 영혼을 망치고 있다"고 보고했다. 1870년대에 노동자를 위한 학교에 다니는 북부의 아동노동자들은 읽고 쓰는 것 대신 단순한 문답식 암기만을 배웠다. 한 평가서에는 루베에 있는 노동자의 절반이 "[글을] 전혀 모르거나 거의 모른다"고 씌어 있다.[9] 1870년에 솜Somme 지방의 도시와 시골 지역에 관한 보고서에서 학교 감독관들은 7세에서 12세에 이르는 약 600명의 아동이 거의 아무런 교육을 받지 않고 있다고 보고했다. 12세에서 16세 사이 아동의 26퍼센트가 완전한 문맹이었다.[10] 감독관들은 끊임없이 아동의 부모를 비난하고 아이를 학교에 보내도록 부모들을 교육할 조치들을 시행해야 한다고 요구했다. "부모들은 그들 자신이 교육을 받지 않았기 때문에 … 자녀들도 자신처럼 교육받지 않아도 만족할 거라고 생각한다. 이들은 몰상식과 무관심이라는 죄를 범하고 있다."[11] 좀 더 동정적인 한 검사관은 "학교를 결석하는 주요 요인 가운데 하나는 교육에 대한 부모의 무관심에서 비롯된다기보다는 가난에서, 무엇보다도 바로 그들 자신의 생존에 영향을 미치는 물질적 이해를 충족시켜야 하는 필요에서 비롯된다"고 보고했다.[12]

가족의 상황에 따라 딸들은 증가하는 교육 기회를 활용할 수도 있었고 그렇지 못할 수도 있었지만, 분명한 것은 가족의 경제적 필요가 최우선이고, 이것이 딸들의 미래를 결정한다는 것이다. 두 딸을 둔 파리의 한 아버지는, "딸들이 곧 돈을 벌어 오게 될 것이고, 그것이 살림살이에 도움이 될 것"을 기대했다. 학교를 그만두고 재봉사가 될 처지에 놓인 한 소녀는 자신의 행동을 다음과 같은 방식으로 설명했다. "나는 공부를 계속해서 선생님이 되고 싶어요. 하지만 우리 집에 애가 나 하나만 있는 것도 아니고, 나는 일을 해야만 해요."[13] 솜 지방의 작은 농촌 마을 농업노동자 집안에서 태어난 쥘리에트 소제Juliette Sauget는 아주 어린 나이에 돈을 벌러 가게 되었다. 그녀는 이웃 농장의 하녀가 되었는데, "가난한 부모의 부담을 덜어 주기 위함"이었다고 회상했다.[14]

영국과 프랑스의 농촌 지역 무산자 가족의 딸들은 소제와 같이 하녀가 되는 것이 전형적이었다. 1851년 영국 전체 하녀의 3분의 2가 농촌 노동자의 딸이었다.[15] 프랑스에는 이와 비교할 수 있는 전국 통계는 없지만 지역 연구는 유사한 유형을 보여 준다. 1825~1853년 베르사유에 있는 하녀의 5분의 3가량이 농촌 출신이었다. 마르세유에서도 "거의 모든 하녀는 이주자였다." 1864~1871년 마르세유에 있는 전체 기혼 하녀 가운데 57퍼센트가 농촌 지역에서 이주한 사람이거나 외국인이었다.[16] 소제의 가족은 또 다른 전형을 보여 준다. 농장에서 하녀로 몇 년을 보내고 나서 소제는 여동생과 아미앵으로 이주했으며, 거기에서 둘 다 하녀로 취업했다. 또 다른 여동생은 파리에서 하녀가 되었다. 소제의 가족은 딸이 넷이었는데 그 가운데 셋이 하녀가 된 셈이었다. 반면 다섯 명의 아들 가운데 네 명은 농촌에 남았다.[17]

하녀 일은 많아서 쉽게 구할 수 있었기 때문에 부모들은 딸을 하녀로 많이 보냈다. 도시의 중간계급 인구가 늘어 감에 따라 하녀 수요는 더 늘어났다. 하녀 일은 어린 소녀들에게 특별한 기술을 요구하지 않았다. 소녀들은 청소와 아이 돌보기에서부터 가족이 운영하는 가게나 사업에서 일반적인 보조 업무를 하는 것에 이르기까지 다양한 가사를 수행했다. 예를 들어 1852년에 파리의 한 세탁업자 집에 살았던 15세의 하녀는 가정의 허드렛일뿐만 아니라 세탁소의 일도 도왔다.[18] 게다가 하녀 일은 소녀들에게 상대적으로 안전한 이주 형태를 제공했다. 거주지와 음식 그리고 의복까지 제공했기 때문에, 농촌의 소녀들이 도시의 삶에 쉽게 적응할 수 있게 해 주었다.[19]

다른 직종에서 고용주들이 농촌 소녀들을 고용하고 싶을 때에도, 종종 하녀 일과 유사한 주거 조건을 제공했다. 의류업에서는 어린 재봉공들이 기숙사에서 거주했다. 런던, 파리, 툴루즈Toulouse 등과 같이 의류산업이 집중되어 있는 대도시에서는 약간의 자본을 가진 야심 있는 여성 기업가들이 그런 소녀들을 고용하고 거주지를 제공했다.[20] 이런 방식은 새로 상경한 소녀들에게 집과 식사 문제를 해결해 주었기 때문에 도시로의 이주를 점점 부채질했다. 물론 이는 또한 고용주가 노동자들을 철저하게 감시할 수 있는 방법이기도 했다. 1872년의 센서스에 따르면 툴루즈의 한 기숙사에 45명의 여성들이 거주하고 있었다. 이들 가운데 20명은 9세에서 15세 사이의 소녀들이었고, 나머지도 대부분 20세 미만이었다. 또 네 명만이 툴루즈 출신이었고, 14명은 오트가론Haute-Garonne(툴루즈가 위치한 지방)에 있는 농촌 지역 출신이었다. 나머지 사람들은 다른 지방의 농촌 출신이었다.[21]

공장주들도 기숙사와 식사 등을 제공함으로써 어린 시골 소녀를 모집하려고 했다. 그들은 부모들에 자신의 시설이 다른 고용주들의 시설보다 더 안전하다는 것을 확신시키려 했고, 자기 공장의 조건이 가장 좋은 조건의 하녀 일자리의 조건과 유사함을 역설했다. 공장 기숙사를 둘러본 어느 관찰자는 "라 소브La Seauve에서 일하는 소녀들은 그곳을 공장이 아니라 집으로 느낀다"라고 쓰고 있다. 그리고 그는 우호적인 태도로 그곳에서의 상황을 소녀들의 시골집과 비교했다.[22] 리옹의 보네M. Bonnet와 같은 몇몇 프랑스 고용주들은 수녀들을 고용하면서까지 노동자들의 도덕적 행실을 감독하기도 했다. 청교도인 에밀 쾨클랭Emile Koechlin 같은 사람은 "노동자들을 감독하기 위해 근면 성실한 가족을" 고용하기도 했다. 보네 씨는 심지어 어린 여성 노동자들의 결혼을 주선하고자 먼 길을 여행하기도 했다. 그는 소녀들의 임금을 모아 두었다가 결혼지참금으로 주었다. 또 다른 프랑스 고용주는 그가 5년 동안 고용한 모든 여성에게 지참금을 100프랑씩 주었다.[23] 이런 종류의 온정주의는 공장 규율을 강화시켰다. 하지만 그것의 분명한 목표는, 하녀로 고용될 때와 유사한 이주 조건을 제공함으로써 시골 소녀를 모집하는 것이었다. 그렇지만 모든 시골 소녀가 보호받는 직업으로 이주했던 것은 아니다. 대부분의 공장주는 온정적이지 않았다. 다만 그런 기회가 존재했다는 것은, 딸에게 안정적인 환경을 찾아 주고자 했던 부모들의 보편적인 관심을 대변해 주는 것이었다.

딸의 직업에 대한 부모의 관심은, 딸의 안전에 대한 관심뿐만 아니라 경제적인 동기에서 파생된 것이기도 했다. 토지가 전혀 없거나 부부가 먹고살기에도 부족한 소규모의 토지만을 겨우 소유하고 있던 빈곤한 농촌 지역에서, 자녀는 점차 중요한 자원이 되었다. 딸이 집을 떠나는 것은 단지 가족에게 그녀를 부양할 부담을 덜어 주는 것일 뿐만 아니라, 가족을 부양하기 위한 것이기도 했다. 하녀, 재봉공 또는 공장의 반숙련노동자로 일하는 딸들은 가족경제의 무기가 되었고, 심지어 집에서 살지 않는 경우에도 일하는 딸은 가족경제에 기여해야 한다고 여겨졌다. 때로는 딸들이 스스로 가족과의 접촉을 유지할 만큼 정서적인 유대가 강한 경우도 있었다. 딸들은 가족을 방문했고, 다른 식구를 도시로 데려가 함께 살기도 했으며, 시골에 남은 가족에게 돈을 보냈다. 사무엘 리처드슨Samuel Richardson의 소설 《파멜라Pamela》의 여주인공은 불가능에 가까운 헌신과 순수성으로 많은 현실의 하인/하녀들을 즐겁게 해 주었다. 그러나 현실의 하인/하녀들은 파멜라가 "이 돈으로 남은 빚을 갚고 나머지 돈으로 두 분이 편안하게 사세요."[24]라고 말하며 부모에게 돈을 보내는 이유를 알 수 없었다. 프랑스 뫼르트Meurthe 지방 대장장이의 딸인 마리Marie는 1836년에 하녀가 되었는데, 처음에는 집 근처의 대도시에서, 나중에는 파리에서 하녀 생활을 했다. 그녀의 목표는 결혼자금을 모으는 것이었다. 르쁠레에 따르면, 마리는 7년 동안 일해서 약간의 저금과 혼수를 마련했지만 항상 "수입의 일부를 어머니에게 송금했다."[25]

물론 마리는 예외적인 경우였다. 소녀들은 대부분 아마도 간헐적으로만 집에 돈을 보냈을 것이다. 낮은 임금으로 지참금을 마련해야 했고, 하녀 일과 의류산업에서의 일은 직업으로서 매우 불안정했기 때문이다. 특히 의류산업은 주기적인 불경기를 맞았기 때문에 소녀들이 여유자금을 마련하기 어려웠다. 또 멀리 떨어져 사는 딸이라 할지라도 가족 재산에서 자신의 몫을 받기를 원하는 경우에는 부모에 대한 유대를 강하게 가지고 있었겠지만, 땅이 없는 부모로서는 딸을 묶어 둘 만한 물질적 기초가 거의 없었다. 그러나 어떤 딸은 집을 떠나 있으면서도 가족의 경제생활에 이바지했고, 또 이바지하려고 노력했다. 비록 가족의 재산 형성에 직접 이바지하지 못하는 경우라도, 그들은 가족임금경제의 적극적인 구성원이었다.

어떤 부모들은 딸의 임금을 자신이 고용주로부터 직접 받도록 조치함으로써 가족임금경제에 대한 돈 버는 딸의 책임을 공식화했다. 따라서 딸을 하녀로 보내는 일반적인 선택은 가족임금소득 활동의 일환으로 그 의미가 변화되어 갔다. 1811~1877년 사이에 프랑스의 플라오Flahaut 농장에서 하녀로 일했던 소녀들은 이런 관행을 보여 주는 대표적인 사례다. 플라오 씨는 소녀에게 직접 임금을 주지 않고 부모에게 임금, 의복 또는 석탄 등을 보냈다. 때때로 부모가 빌린 농장의 지대를 지급하기도 했다. 위브셰Hubscher는, 토지를 빌린 몇몇 농부들은 "딸의 지원이 없다면 농지를 빌려 농사지을 수 없었기 때문에 딸들의 기여가 필수적이었다"고 말한다. 그는 부모에 대한 딸들의 '재정 지원'은 딸과 부모 모두에게 "완전히 당연한normal 것으로 보였다"고 덧붙인다. 그것은 "다 자라서 경제적으로 독립할 수 있게 된 자녀가 자신의 가족 부양에 기여할 것을 요구하는 강한 가족 유대"[26]를 나타내는 것이었다. 부모가 딸의 임금을 받도록 하는 것과 유사한 조치가 공장주들, 특히 주거시설을 제공하는 온정적인 공장주와의 사이에서도 취해졌다. 빌레르메는 그가 '아름다운 관행an excellent practice'으로 여기는 것에 대해 서술하면서, 1840년에 스당Sedan에서 있었던 일을 다음과 같이 묘사했다.

> 20세 이하의 젊은이들은 부모의 동의 없이는 임금을 받을 수 없다. 그들은 15세가 될 때까지, 때로는 20세가 될 때까지 임금을 전부 부모에게 주었다. 그러나 초과수당은 자신들이 받아서 원하는 대로 쓸 수 있도록 허락받았다.[27]

부모는 딸의 도제 교육을 위해 약간의 돈을 지급하기도 했는데, 이 경우 딸이 임금을 받기 시작하면 부모가 그 돈을 가졌다. 물론 그런 통제는 유지되기 어려웠다. 많은 시골 소녀들은 명백히 가족과의 유대를 잃어 가고 있었다. 장거리 이주는 떨어져 사는 딸들이 결국은 가족임금경제에서 유리되는 것을 불가피하게 만들었다. 가족 유대와 부모에 대한 의무감이 노동하는 소녀들 사이에 오랜 기간 지속되었다는 점이 오히려 놀랍다.

노동하는 딸의 임금

노동하는 딸이 집에서 거주할 경우, 임금은 당연히 가족기금의 일부가 되었다. 영국에서 농업이 상업화됨에 따라 일부 지역에서 농업노동자에 대한 수요가 창출되었고 전체 가족이 '통째로' 고용되었다. 또한 18세기 가내공업의 성장, 19세기 직물 공장의 성장은 종종 가족들이 딸을 하녀로 보내지 않고 집에 데리고 있을 수 있게 했다. 모든 가족 성원이 가내산업에 참여했는데, 특히 방적공이 필요했다. 윌리엄 래드클리프William Radcliffe는 1760년대에 가족이 가지고 있던 토지가 줄어들면서 그의 가족이 어떻게 농업에서 직물 생산으로 이동해 갔는지를 다음과 같이 회상하고 있다.

> 토지가 점점 줄어들자, 아버지는 당시에는 많이들 하는 일이었고 또 결코 손해 보는 일이 없는 생계 자원에 의지하게 되었는데, 그것은 남자에게는 방직기, 여자와 아이들에게는 소모기梳毛機와 손물레였다. 아버지는 방적공과 결혼했고 … 어머니는 내가 방직기에 앉을 만큼 나이를 먹고 힘이 세질 때까지, 방직기에 앉아 있는 아버지와 형을 위해 소모[양모의 긴 섬유만 골라 가지런히 하는 일]를 하고 면화에서 실을 뽑고 (천을 짜기에는 너무 어렸음에도 불구하고) 면이나 마를 짜서 밥벌이를 하도록 가르쳤다.[28]

이런 가족에서 딸은 실을 자았는데, 그 일은 매우 중요했다.

루돌프 브라운Rudolf Braun의 탁월한 연구는, 스위스 고원지대에 가내공업이 들어와 발전하게 된 전 과정을 상세하게 분석하고 있다. 이 연구는 지리적으로 이 책에서 다루는 범위를 벗어나기는 하지만 영국과 프랑스에서도 일어났던 과정을 가장 잘 보여 주는 연구다. 브라운은 많은 가족이 가내공업을 농업과 결합시킬 때에만 작은 자산으로나마 먹고 살 수 있었다고 말한다. 더욱이 직조는 토지 없는 가족들이 먹고살게 해 주었고, 약간의 토지를 살 수 있게 해 주었다.

딸들은 방적공으로 유용했고, 가족 생산은 방직공보다 방적공을 더 많이 필요로 했기 때문에 가족들은 특히 딸을 원했다. 한 이웃은 어린 딸을 가진 아버지에게 말했다. "당신의 딸이 성장할 때까지만 기다려라. 그러면 당신은 저축할 수 있을 것이다." 이 소녀의 자매들은 "그들의 모든 수입을 가족의 저금통이었던 항아리에 넣으면서 40세가 될 때까지 집에서 천을 짰다."[29] 그녀들은 그 나이가 되도록 지참금을 모을 수 없었기 때문에 남편을 찾을 수 있으리라는 희망을 품을 수 없었다. 그녀들의 직업 명칭과 결혼 상태는 동의어였다. 17세기 초기에 영국에서 **방적공**spinster이라는 용어는 실을 잣는 여자와 미혼 여성을 동시에 가리켰는데, 이 용어는 많은 젊은 여자들이 방적일을 하게 됨에 따라, 그리고 전술한 스위스의 딸들과 같은 사례가 18세기 후반에 점차 확산됨에 따라 통용되기 시작했다.

또한 방적과 방직은 농장 일을 하는 농부의 자녀에게, 농장에 일이 줄어들 때 밖에 나가서 일하고 추가 수입을 벌 수 있게 해 주었다. 브라운은 아이들이 집에 살면서 자기 수입에서 일부를 떼어 부모에게 주 단위나 월 단위로 생활비를 냈다고 말한다. 사람들은 부모가 자녀에게서 이런 식의 경제적 기여를 받을 자격이 있다고 생각했다. 가족경제에 속하는 모든 구성원의 책임에 관한 관념이, 임금 수입이 있는 자녀들의 실질적인 또는 잠재적인 경제적 독립과 공존했다.

이런 관행은 초기의 노동자 가족 사이에도 존재했다. 직물 생산이 가내 생산에서 공장 생산으로 재조직화되면서 많은 가족이 새로운 공장 도시로 이동하게 되었다. "건강하고 튼튼한 딸들"을 공장주가 선호한다는 사실을 이용하여 딸 혼자 이주하는 대신에 종종 "주로 딸로 구성된 가족" 또는 가족 모두가 이동하는 경우도 있었다.[30] 이 주에 관한 1834년의 한 관찰에는 이렇게 씌어 있다.

> 가족들이 여러 지역에서 와서 방적 일을 배워야만 했다. … 그리고 고용주는 모든 가족을 함께 불러들였다. … 사람들은 높은 임금을 받기 위해 다른 직업을 그만두고 방적 일을 하러 왔다.[31]

남편과 사별한 어머니들이나 남자들은 가족을 데리고 맨체스터로, 프레스턴으로, 루베로 몰려들었고, 때로는 가족 단위로 고용되기도 했다. 가족 단위의 노동은 농장이나 가내공업에서 공장으로 장소만 옮긴 것이나 다름없었다. 어떤 경우에는 아버지가 자신과 자녀의 임금을 모두 자신이 받는 것으로 공장주와 합의하곤 했다. 가족은 실제로 한 팀으로 일하기도 하고, 그렇지 않으면 공장 여기저기에 흩어져서 일했다. 그러나 어느 경우든 그들은 명백히 가족임금을 버는 한 팀의 구성원으로 여겨졌고 스스로도 그렇게 생각했다. 다음의 두 사례는 이런 관행을 잘 보여 준다.[32] 1830년대에 존 하울릿John Howlett은 그렉 앤 선스Greg and Sons라는 공장에서 첫해에는 주당 24수를, 그 다음 해에는 27수를 받기로 합의했다. 그와 네 자녀가 한 노동의 결과물인 24수는 아래와 같이 구성되어 있었다.

이름	나이	수	드니에
존 하울릿John Howlett	38	12	
메리 앤Mary Ann	16	4	6
앤Ann	14	3	6
셀리아Celia	12	2	6
티모시Timothy	10	1	6
합계		22S	24D = 24S (1sou=12denier)

존 스티븐John Steven은 자신과 네 자녀의 임금을 이와 유사하게 합의했다.

이름	나이	수	드니에
존 스티븐John Steven	38	12	
엘리자베스Elizabeth	18	6	
레베카Rebeckah	14	3	6
제임스James	12	3	
메리Mary	10	1	6
합계		25S	12D = 26S

이 시기 공장의 회계장부에는 이런 목록이 계속해서 나타난다. 노동자들은 가족 단위로 그룹화되어 있었다. 비록 임금액이 개별적으로 설정되어 있기는 해도, 임금은 고용된 아동의 부모에게 지급되었다. 이 경우, 딸들은 전 같으면 하녀로 가던 나이에 공장에 나가 일했다. 더욱이 그들은 독립된 노동자가 아니라 부모가 고용주에게 임대한hired out 가족임금 소득자였다.

프랑스에서는 공장에 기초한 직물 생산이 늦게 시작되었지만, 그곳 역시 자녀들이 부모를 통해 고용되어 일하는 관행이 일반화되어 있었다. 딸들은 편직공piecer, 얼레공reeler, 방적공spinner, 방직공weaver이 되었다. 1853년에 투르쿠앵Tourcoing에서 아버지와 아이들은 공장에서 한 팀으로 노동했다. 예를 들어 메티지Metigy 가족은 주당 46프랑을 벌었는데 이 돈은 양모 방적공인 43세의 아버지 조셉과 16세, 14세, 13세인 세 아들 그리고 21세인 딸 엘리자가 번 것이었다(아이들은 모두 편직공이었다).[33] 1840년대 아미앵 기록을 보면 아이들은 6세 또는 7세가 되면 일하기 시작했음을 알 수 있다. 대부분의 아동노동자는 10세에서 14세였다. 과거에 아동이 통상적으로 집에서 일을 돕기 시작하거나 도제로 들어가거나 가내공업에 종사했을 나이에 이르면, 부모는 자녀의 취로就勞 증명서를 얻었다.[34] 과거와의 차이점은 아동이 가구가 아닌 공장에 투입되었으며, 가족에게 직접 전해지는 임금을 벌었다는 것이다. 1863년에 쓰인 한 논자의 글에 따르면, 아이들은 점차 "자원"이 되어 갔다. "아무리 작은 돈일지라도 아동이 번 것은 모두 가족이 생활하는 데 필요한 수입에 보태졌다."[35]

자녀 수입의 필요성과 자녀가 가족을 위해 일할 것이라는 기대는 부모를 모진 감독으로 만들기에 충분했다. 잔 부비에Jeanne Bouvier는 11세 때 어머니가 리옹 외곽에 있는 한 견직물 공장에 자기를 취직시켰다고 기억했다. 그런데 잔이 일하기 시작하고 몇 주가 지나도록 임금이 오르지 않자, 어머니는 잔에게 문제가 있다고 생각하고 매를 들었다. 이렇게 부모는 자녀에게 초기 공장의 노동규율을 가르치는 데에 적지 않은 역할을 했다. 공장 내부의 압력과 부모의 요구가 결합했던 것이다. 1865년에 캉탈Cantal 지사는 공장에서의 가족 규율을 이렇게 묘사했다. 아이들은 12세가 되면 일하기 시작했다. "그들은 부모의 지도 아래 그리고 부모 때문에 일한다. … 결국 그들은 규율과 질서 유지에 관해서는 고용주와 그의 대리인들의 지도를 받는 것이 아니다. 일하는 동안에는 … 아버지와 어머니가 그들의 감독자이다."[36]

공장도시mill town에서 딸들은 특히 중요한 자원이었는데, 공장도시에서는 미혼 여성이 노동력의 대부분을 차지했기 때문이다. 일자리가 있었고 딸의 임금이 가족 예산을 확실히 증대시켰기 때문에, 부모는 딸을 가내 서비스 일자리로 보내기보다는 공장에 보냈다. 공장도시 일대에서는 중간계급 가족들이 하녀를 구하기 어렵다고 불평을 할 정도였다. 예를 들어 스톡포트에서는 1851년에 전체 미혼 여성의 7.8퍼센트만이 하녀였고, 53퍼센트가 공장노동자였다.[37] 루베에서는 15세 이상 미혼 여성의 81퍼센트가 노동을 했는데, 그중 절반 이상이 직물 공장 노동자였고 10퍼센트만이 하녀였다.

노동하는 딸은 (아버지가 책임자인 팀의 한 성원으로서가 아니라) 개별적으로 고용되어 있을 때에도 가족기금에 이바지했다. 랭커셔의 한 논자는 "수시로 공장에 드나드는 자녀는 가족의 돈지갑이나 다름없었다"[38]고 지적했다. 공장도시에서 부모가 그 도시에 거주할 경우, 돈 버는 자녀는 대부분 집에서 살았다. 젊은 하숙인은 보통 이주자거나 고아였다. 딸(과 아들)은 집에서 사는 경우, 임금의 전부나 일부를 부모에게 주었다. 이것은 직물도시뿐만 아니라 자녀가 다른 직업에 취업한 도시와 농촌의 가족들에서도 마찬가지였다.

17세기와 18세기에는 파리, 런던, 요크, 툴루즈 같은 오래된 도시에서 가내 생산을 돕지 않는 딸들은, 수공업 장인의 딸이라도 곧잘 다른 가구의 사업에 취업했다. 그러나 대체로 도제살이는 다른 가구에 거주하는 것을 의미했다. 그런데 19세기 들어서면서 수공업의 몰락으로 가구에 기반을 둔 가족생산에서 딸들이 할 일이 없어지면서 노동시장으로 보내졌다. 어떤 경우에 훈련은 여전히 다른 가구에 거주하는 것이었다. 셰필드에 살고 있던 한 도공刀工의 딸은 10세 때 바느질을 배우러 할머니 집으로 갔다. "그녀는 더 이상 가족에게 부담은 주지 않았지만 그 일로 돈을 벌 수는 없었다."[39] 그러나 의류업과 조화 제조, 제본, 식품 제조, 깡통 제조, 성냥 제조, 금속광택 등과 같은 업종에서 점차 〔가구 외부에〕 소규모 작업장이 생기자, 돈 버는 딸을 집에 거주시킬 필요가 생겼다. 심지어 3년 동안 훈련을 받고 나면 임금이 한 달에 100프랑이나 되는 파리의 의류 제조공 같은 고숙련 노동자조차도 집에서 살았고, 부모에게 하숙비를 냈다.[40] 르 퓌 Le Puy처럼 작은 도시에 사는 레이스 제조공들은 직접 돈을 벌기 시작하는 대로 부모에게 하숙비를 내면서 집에서 살았다.[41] 루베의 젊은이들은 '거의 모든 임금'을 부모에게 주었다.[42] 젊은 재봉공은 가족의 필요와 특별한 관행에 따라 부모에게 임금의 일부 또는 전부를 주었다. 르쁠레는 1826년 14세에 바느질을 시작한 한 영국 여성을 이렇게 묘사했다. "부모는 그녀가 수입의 일부를 가질 수 있게 허락했고, 8년 뒤 결혼하게 되었을 때 그녀는 얼마간의 지참금을 저축한 상태였다." 반면 1822년에 태어난 한 자물쇠 제조공의 딸은 가족을 돕기 위해 양재사a tailor가 되었는데, "가족이 수입을 전부 가져갔기 때문에 결혼할 때 저축해 놓은 돈이 한 푼도 없었다." 딸이 가족에게 주는 돈의 규모는 다양했지만, 어쨌든 딸의 노동은 가족임금에서 큰 역할을 했다. 파리 부두 노동자의 14세짜리 딸은 다림질해서 번 돈을 전부 부모에게 주었다. 1856년에 이 돈은 가족의 연간 소득 총액의 5분의 1에 달했다.[43]

부모들이 딸의 헌신을 기대했을 뿐만 아니라 딸 역시 가족기금에 기여해야 한다고 생각했다. 우리는 이미 가족에 대해 딸들이 가지고 있던 책임감을 보여 주는 증거들을 인용했다. 존 쉐퍼John Schaffer는 1877년에 파리에서 곧 초등학교를 졸업할 예정인 13세 소녀들을 대상으로 조사한 질문지를 분석하면서 이런 결론을 내리고 있다. 응답한 2천 명의 소녀 가운데 71퍼센트가 육체노동자가 될 예정이었고, 이 가운데 62퍼센트는 재봉공이 될 계획이었다. 그들의 직업 계획은 그 도시의 직업 구조를 반영했다. 1872년에 의류산업은 파리에서 여성을 두 번째로 많이 고용한 산업이었다. 많은 소녀가 가족에게 필요한 돈을 벌고자 직업을 선택했다고 말했다. 또한 많은 소녀가 부모, 특히 어머니가 그들을 위해 직업을 선택했다고 응답했다. 쉐퍼는 "가족지향적인 응답은 육체노동을 선택한 노동계급 가족 출신 소녀들에게서 가장 높게 나타났다"고 결론지었다. 한 소녀는 "재봉공은 엄마가 나를 위해 선택한 직업이고, 나는 엄마가 언제나 우리에게 가장 유용한 걸 원한다는 것을 알고 있어요"라고 썼다. 또 다른 소녀는 자신이 노동하는 이유를 이런 식으로 설명했다.

내가 처음으로 돈을 벌어 어머니에게 드리면서, "엄마, 이건 엄마 거예요. 그리 많은 돈은 아니지만 도움이 될 거예요"라고 말할 수 있

으면 얼마나 기쁠까요.[44]

이런 어조의 응답은 예외였을지 모르지만, 그 내용은 예외적이지 않았다. 농촌과 도시의 소녀들은 대부분 가족의 이해를 위해 일하러 보내졌다. 실제로 일부 가족의 경우, 가족 전략은 주로 딸이 재정적 기여를 지속할 수 있는지에 따라 좌우되기도 했다. 과거와 마찬가지로 딸들은 그렇게 해야 한다고 생각되었다. 심지어 자녀와 부모를 묶어 줄 자산이 전혀 없는 경우에도, 가족임금경제에서는 긴밀한 가족 유대와 가족 단위의 일차적 중요성이 지속적으로 강조되었다.

변화하는 가족 유대

그러나 일단 딸이 노동을 시작하면 가족 유대는 변화했다. 딸은 이전보다 가족의 통제에서 벗어날 수 있었다. 직장이 집에서 멀리 떨어져 있었고, 그들이 독립적으로 임금을 벌기 시작했다는 것과 소규모 촌락 공동체가 아니라 도시에서 산다는 것이 노동계급 딸들의 자율성을 증대시켰다. 심지어 돈 버는 딸이 집에서 사는 경우에도 그녀와 가족의 관계는 변화했다. 그녀는 임금 수입자로서 돈에 대해서 그리고 그 돈으로 살 수 있는 것에 대해서 배웠다. 그녀는 임금과 지식으로 가족의 결정에 영향을 미칠 수 있었고, 그녀의 임금이 가족 자산의 일부였기 때문에 가족의 자산을 어떻게 할당할 것인지를 결정하는 데에 영향력을 행사하겠노라 요구할 수도 있었다. 그러나 독립의 또 다른 측면은 취약성이었다. 노동하는 소녀들은 임금이 매우 낮았고 고용 상태가 불안정한 경우가 많았다. 이전에는 가족, 촌락 공동체, 그리고 교회가 제공하던 보호가 없어짐에 따라 소녀들의 경제적·성적 취약성이 증대되었다.

농촌과 도시의 노동계급 사이에서 가족의 가치가 유지되고 있었음에도 불구하고, 생산조직과 여성 직업의 기회 구조가 점차 변화함에 따라 19세기에는 부모와 딸의 관계가 변화했다. 그것은 어린 소녀들에게 기회의 증가인 동시에 위험의 증가이기도 했다.

도시에 여성이 취업할 수 있는 직업이 있다는 것은, 소녀들이 더는 하녀 일에만 얽매이지 않아도 됨을 의미했다. 많은 경우에 하녀 일은 단지 첫 번째 관문으로, 도시로 진입하는 수단일 뿐이었다. 소녀들은 일자리를 잃으면 또 다른 일자리를 찾았다. 도시에서 많은 젊은 여성들은 하녀 일과 수많은 미숙련 직업들 사이를 전전했다. 의류산업은 대부분 계절의 영향을 받았기 때문에, 일거리가 줄어드는 시기가 되면 다른 일자리를 찾아야만 했다. 샤를르 브노와Charles Benoist는 파리 의류산업의 여성 노동에 관해 보고하면서 다음과 같이 말했다.

그렇다. 실제로 그녀의 수입과 지출은 그런대로 균형이 맞았다. 그러나 추운 겨울이 다가오면서 실업과 굶주림, 질병과 죽음이 함께 다가왔다. 당연히 의문이 생긴다. 파리에만 해도 수천에 달하는 이 여자들이 살기 위해 어떻게 해야 하는가! 산다고? 차라리 그들에게 어떻게 죽지 않을 수 있느냐고 물어보라.[45]

파리, 런던 등 많은 도시에서 한 가지의 잔인한 대안은 매춘이었다. 1836년에 파랑 뒤샤틀레Parent-Duchatelet는 파리에 있는 매춘부들이 대부분 최근에 이주해 왔음을 발견했다. 그들 가운데 거의 3분의 1이 이전에 하녀로 일했으며, 많은 경우 처음에는 결혼 약속을 미끼로 유혹당하고 임신을 하거나 아이를 낳은 상태에서 버림받았다. 뒤샤틀레는 새로운 일자리를 발견하지 못하면 매춘으로 밀려날 수밖에 없는 여성 고용의 불안정성에 대해서도 언급했다.[46] 다시 말해서, 매춘은 다른 가능성을 찾을 수 없을 때 선택하게 되는 여성 취업의 한 형태였다. 1850년대 런던의 매춘에 대해, 헨리 메이휴는 실업이 그들을 '치욕'으로 내몰았다고 말했다. 사생아를 가진 한 여성은, 재봉공 일자리를 찾을 수 없을 때 자신과 아들이 굶어 죽지 않기 위해 "가끔 매춘을 하지 않을 수 없었다"고 했다. 또 다른 여성은, 자신의 호객 행위가 가져온 '푸짐한 저녁 식사'를 묘사했다. 어떤 여성은 《나의 비밀생활My Secret Life》을 쓴 익명의 저자에게, 매춘이 가족을 먹여 살릴 수단이라고 설명했다. "글쎄요, 왜 남자가 나를 능욕하게 내버려 두냐고요? 소시지빵 때문이냐고요?" "예, 고기파이와 패스트리 때문이기도 하지요."[47]

물론 매춘은 절망적인 수단이었다. 좋은 시절에 도시는 여성에게 많은 기회를 제공했다. 많은 여성들이 첫 직업인 하녀를 떠나서 다른 종류의 일자리를 찾았다. 실제로 도시에 돈을 벌 기회가 무한정 있었던 것은 아니지만, 시골에서 올라온 어린 소녀들에게는 그 가능성이 실제보다 훨씬 더 커 보였던 것 같다. 그리고 이 일들(매춘)은, 일자리를 구하기 어려울 뿐만 아니라 수입도 좋지 않은 시골 읍내나 마을로 돌아가지 않을 수 있는 대안이기도 했다.

대안이 존재한다는 사실은 소녀들이 예를 들어 체력적으로 더 많은 노동을 요구하는 농장의 일을 거절하고 도시에 남을 수 있음을 의미했고, 19세기에는 그전보다 더 광범위한 취업 가능성이 도시에 있었다. 1856년에 샹파뉴Champagne 변두리에 사는 한 소농의 딸이 경험한 내용을 분석한 르쁠레는 딸의 도시 경험이 한 가족에게 영향을 미치는 과정을 포착했다.

> 지난 2년 동안 맏딸은 제조업자의 집에서 도제로 일하도록 매년 얼마 동안 샬롱Châlons으로 보내졌다. 그녀는 임금을 받지는 못했지만 음식은 공짜로 먹었다. 도제 기간이 끝나면, 도시 근처에 있는 어느 집의 하녀가 될 예정이었다. 그녀는 집에 있을 때 어머니의 바느질을 도왔고 어머니를 대신해 집안을 돌보았다. (어머니는 재봉사였고 어머니의 수입은 '가족의 수요 수입원 중 하나'였다.) … 그러나 도시에 드나들기 시작하면서 농장 일이 지긋지긋해졌다. 그녀는 저항도 해 보았지만 결국은 타작을 하고 길을 따라다니며 거름을 모아야만 했다.[48]

우리는 이 딸이 집을 완전히 떠나는 것은 단지 시간문제였다고 결론지을 수밖에 없다.

물론 여성의 직업이 가진 또 다른 측면은, 직물 공장을 제외하면 임금이 매우 낮고 고용이 불안정했다는 점이다. 많은 소녀가 집에 보낼 수 있을 만큼의 많은 돈을 모으기란 틀림없이 불가능했을 것이다. 그들이 가족을 도울 능력이 없어지면, 의심할 여지 없이 집과의 접촉과 유대가 약해졌다.

접촉을 유지하든 그렇지 않든 간에, 시골 소녀들은 점차 집에 돌아가지 않게 되었다. 이전에는 일시적이었던 가내 하인으로의 이주가 점차 영구적이 되었다. 심지어 소녀들은 부모와의 접촉을 유지하고 있을 때에도 집으로 돌아가려 하지 않았고, 이는 가족 유대를 느슨하게 만들었다. 시골 소녀들은 더는 농부의 아내가 될 자원을 얻으려고 노동하지 않았다. 그들은 도시의 영구 거주자가 되었다.

1865년 이제르^{Isère} 지방에서 태어난 잔 부비에의 삶은 도시 이주에 얽힌 재미있는 사례를 보여 준다. 부비에는 모든 종류의 여성 직업을 전전하다가 결국은 파리에서 재봉사로 정착했다. 잔은 어린 시절 농장에서 살았는데, 그 농장은 할아버지가 아버지에게 물려준 것이었다. 아버지는 농사도 짓고 술통도 만들었다. 잔은 어머니를 도와 들에서 일했다. 그 외에도 특별히 소를 지키는 일이 맡겨졌다. 이일은 손으로 하는 일이 아니었기 때문에, 어머니는 잔에게 뜨개질도 동시에 시켰다. 10세가 되었을 때 잔은 교리문답을 배우기 위해 열 달 동안 수녀원에서 지내면서 글과 바느질을 배웠다. 잔이 11세가 되었을 때 포도나무에 번지는 병인 필록세라^{philloxera}가 프랑스 남부의 포도 수확과 술통 제조업을 망쳐 놓았고, 아버지는 농사만으로 가족을 부양할 수 없게 되었다. 이제 온 식구가 돈을 벌어야만 했다. 어머니는 잔을 견사 방적 공장에 취직시켰는데, 잔은 하루에 13시간씩 리옹의 견직물 산업에 공급될 견사를 뽑았다.

얼마 뒤에는 외할아버지와 함께 살러 시골로 보내졌고, 다음에는 또 다른 실크 공장에 다니게 되었다. 그 일로 잔은 병이 들었고, 빈

Vienne에 있는 사촌의 도움으로 도시 근교의 채소 농장에 취직하게 되었다. 거기에서 잔은 아이들, 소, 채소밭을 돌보는 등 하녀로서 온갖 종류의 일을 했다. 잔은 대모를 방문하여 그곳의 일이 몹시 힘들다고 하소연했고, 대모는 잔에게 농장으로 돌아가지 말라고 했다. 다음 날 대모는 14세의 잔을 실크 공장에 취직시켰다. 새 공장은 노동자들에게 숙소를 제공했기 때문에, 잔은 살 곳도 함께 얻게 되었다. 잔은 임금으로 음식물을 샀다. (잔은 어머니에게 돈을 보냈는지, 그렇게 하도록 요청을 받았는지 여부에 대해서는 말하지 않았다.) 그런데 어느 날 파리에 함께 가야 한다는 어머니의 편지가 왔다. 잔은 저항했지만, 대부는 (비록 어머니가 잔을 복종시킬 수단은 없었지만) 복종해야 할 의무가 있음을 상기시켰다. 대부는 "만일 어머니가 파리에 가자고 하신다면 너는 어머니와 함께 가야만 한다. 만일 네게 부모가 없다면 가지 않아도 좋다"고 말했다.

잔과 어머니는 파리에 있는 솔 제조 공장(이런 종류의 작은 공장은 도시에 아주 많았다)에 취직했다. 잔은 도제가 되었고, 어머니는 온갖 종류의 일을 하는 하녀가 되었다. 그런데 8일 동안 일을 한 뒤, 잔과 어머니는 그동안의 임금을 한 푼도 받지 못한 채 해고되었다. 몇몇 사촌이 처음에는 하녀 자리를 소개해 주었다. 그러고 나서 잔에게 모자 만드는 일을 찾아 주었다. 이런 종류의 가족 후원은 잔이 노동자로 살아가는 초기에 매우 중요했다. 친척과 대모·대부의 관계망이 없었다면 잔은 일자리를 찾는 데에 매우 고생했을 것이다.

잔은 방세와 하숙비로 주당 15프랑씩을 내면서 얼마 동안 사촌과 함께 살았다. 그녀는 그들이 음식에 돈을 너무 많이 쓴다고 느꼈고, 얼마간의 돈을 저축해서 침대를 사고 방을 빌렸다. 이때부터 잔은 혼자서 살게 되었고 가족과의 접촉도 점점 줄어들었으며, 어머니를 만나러 가는 일도 드물어졌다. 그녀는 같은 건물에 세 들어 사는 자기 또래의 소녀들과 친구가 되었고, 우정의 온기 속에서 행복해했다. 모자 산업이 침체되자, 자기 방에서 옷을 바느질하는 삯일piecework을 했는데 임금이 너무 적었다. 그래서 재봉공으로 가게에 들어갔고, 점차 최고 수준을 자랑하는 숙련공이 되었다. 이 무렵에 잔은 파리 시민이 되었다.[49]

이런 종류의 영구 이주는 도시에서 여성이 취업할 기회가 늘었기 때문이기도 했고 가족 자체의 변화 때문이기도 했다. 가족이 생산 단위가 아니라 임금소득 단위가 됨에 따라 가족 성원은 그들의 생계를 보장할 자산에 대해 더는 공동의 이해를 가지지 않게 되었다. 물론 과거에도 종종 딸들은 집을 떠났고, 항상 농장이나 가게에서 일했던 것은 아니다. 그러나 그때는 부모의 자산이 지참금이나 결혼 정착금 형태로 그들의 미래에 중요한 영향력을 행사했다. 자신과 자녀의 노동력 외에 자산이 없는 부모는 자녀의 헌신을 장기간 묶어 둘 물질적 수단이 거의 없었다. 물론 물질적 고려가 부모와 자녀 관계의 유일한 기반이었던 것은 아니다. 가족의 가치는 그것을 발생시키는 조건을 초월할 수 있었고 초월해 왔다(잔은 단지 어머니라는 이유만으로 어머니와 파리에 갔다). 또 가족에 속해 있다는 것은 많은 비물질적 이익을 제공한다. 이 점에서 잔 부비에의 경험은 시사적이다. 가족 유대는 그녀가 일자리를 찾고 이동할 때마다 역경을 헤쳐 나가도록 도와주었다. 그러나 자산이 없다는 것은 대개 집으로 돌아갈 이유가 없음을 의미했고, 자녀들이 정말로 돌아가기를 원한다 하더라도 그런 귀환은 차단당했다.

도시 가족에서 종종 그렇듯이 심지어 딸들이 집에 거주하거나 또는 모든 가족이 직물도시로 이주한 경우조차, 딸이 임금을 번다는 사실은 가족관계에 중요한 영향을 미쳤다. 가족 성원은 더는 가족기업을 둘러싼 불가분의 관계로 묶이지 않았다. 이제 목표는 그 집단의 최소 필요를 충족시킬 돈을 버는 것이었다. 가족임금은 개별 가족 성원이 기여한 것의 총합이었고, 이런 상황에서 기여는 불가피하게 개별화되었다. 다른 가족 성원들과 함께 일할 수도 있었지만, 반드시 그렇지는 않았다. 자녀는 부모와 같이 일하건 일하지 않건 간에 직물 공장에서 임금을 벌었다. 방적공은 다른 집 자녀를 얼레공과 편직공으로 고용했다. 궁극적으로 임금은 (아무리 낮고 불공평하다 해도) 개인 노동에 대한 대가를 나타냈다.

가족은 이제 단순히 가구를 위해 그 또는 그녀의 노동을 요구하는 대신에, 각 가족 성원의 재정적 기여를 요구했다. 당시 자녀가 옛 가족경제의 규범을 따랐다는 증거들이 있지만, 부모가 자녀에게 그렇게 하라고 강제할 수단은 없었다. 물론 사회적·감정적 압력이 존재했고, 1866년 프랑스에서 통 제조공의 어머니가 고용주가 자기 아들에게 월급을 적게 주었다며 조합에 고용주 처벌을 요구해 의무를 저버린 아들을 당황하게 했던 사건에서 알 수 있듯이, 많은 어머니가 자녀의 재정적 기여를 당연시했다. 조사 결과, 아들이 임금을 어머니에게 모두 주지 않았음이 드러났는데, 이웃이나 친척은 물론이고 동료조차 힐난까지는 아니더라도 그를 심하게 조롱했다.[50] 이런 조치뿐만 아니라 부모는 자녀에게 집을 나가라고 명령할 수 있었고, 그렇게 함으로써 임금을 받는 대가로 제공했던 음식과 주거 및 여타 서비스를 박탈할 수 있었다(집에서 사는 것은 많은 이점이 있었다. 특히 어머니들은 낯선 사람에게라면 더 많은 돈을 받았을 중요한 서비스를 가족 성원에게 제공했다). 그러나 부모는 자녀의 임금이 필요했기 때문에, 그런 조치는 매우 위험했다. 부모는 진심으로 임금소득이 있는 자녀를 가능한 한 오래 집에 붙들어 두고 싶어 했고, 때로 이를 위해 (딸이 가져오는 돈이 양육비보다 적지 않는 한) 딸의 사생아를 돌보아 주기도 했다.[51]

특히 직물 공장이 많은 도시에서 10대 자녀가 임금소득 능력이 있고 그들의 임금이 가족에게 중요했다는 사실은, 자녀가 이전처럼 부모에게 의존하지 않아도 된다는 것을 의미했다. 오히려 역할이 바뀌어 점차 부모가 자녀에게 의존하게 되었을 것이다. 예를 들어 앤더슨에 따르면, 직물산업이 융성해 10대 후반과 20대 초반의 젊은 이들을 위한 일자리가 가장 풍부하고 보수도 가장 좋았던 도시에서는 "높은 임금 덕분에 자녀들은 다소간 평등한 관계로 부모와 협상할 수 있었다."[52] 한 당대인은 "공장에 다니는 자녀는 거의 가족의 돈지갑이 되었고, 이로써 가족에게 영향력을 행사할 수 있었다"[53]고 말했다. 그보다 뒤에 프랑스의 한 관찰자는 도제식 훈련이 쇠퇴하고 아이들이 쉽게 임금노동에 접근할 수 있게 된 것을 통탄했다. 그는 자녀의 수입이 증가하고 때로 부모의 수입보다 더 많아지면서, 자녀가 자신이 가족 문제에 대해 발언할 권리가 있다고 생각하게 되었다고 기술했다. "아버지가 자녀보다 많이 벌 때 아버지는 여전히 권위에 대한 권리가 있었다. 그러나 자녀가 아버지가 버는 것만큼 벌게 되는 날부터 자녀는 더는 아버지의 명령권을 인정하지 않았다.[54] 더욱이 자녀는 임금을 벌게 됨으로써 잠재적인 독립 수단을 확보했다. 딸은 다른 곳으로 이동할 수 있고, 자신의 생활비를 벌 수도 있었다. 그러므로 돈 버는 능력은 딸이 가족에게 행하는 노동의 중요성을 증대시키는 동시에, 딸이 어린 나이에 집을 떠날 가능성을 높이기도 했다.

구애와 결혼

어린 소녀들은 가족의 이해관계에 따라 일하러 보내졌다. 구애 관행에도, 결혼에 대한 기대에도 가족의 영향력과 통제력이 중요한 역할을 했다. 그러나 가족의 부나 보유 재산, 그리고 딸들의 직업 유형과 직장 위치가 변함에 따라 가족이 딸의 미래를 보호하고 통제하는 힘은 감소했다.

도시로 이주한 소녀들은 가장 취약한 상황에 놓였는데, 도시에서는 가족과 재산, 지역공동체와 교회의 통제가 미치지 않았기 때문이다. 도시에서 태어나 자란 소녀에게조차 구혼자는 종종 이방인이었고, 남자의 성격이나 가족에 관해 알 방법이 없었다. 작은 타운이나 도시 장인의 관계망 안에서는 청년의 신용도와 성격을 알 수 있었는데, 그럴 수 없는 이방인은 믿을 수 없는 사람이었다. 실제로 많은 공동체에서 소녀가 결혼 전에 임신을 하면 아이의 아버지가 이방인인 경우에만 비난했다. 왜냐하면 그 지방의 청년이라면 그 상황을 합법화할 것이라고 신뢰하거나 그렇게 강요할 수 있었기 때문이다. 따라서 구혼자가 점점 가족에게 낯선 사람이 되어 가고, 구혼이 익명성을 띠게 됨에 따라 어린 소녀들이 위험에 처할 가능성도 커져 갔다.

도시에 사는 많은 소녀들은 가족을 꾸릴 희망으로 남편감을 찾았고, 고향에서 했을 법한 방식으로 남성과 결합했다. 그들은 그런 기대로 사회화되었다. 정말로 많은 소녀가 결혼에 필요한 자산을 모으기 위해 집을 떠났다. 직물도시에서는 계속해서 임금을 벌 수 있다면 시참금 없이도 결혼할 수 있었다. 그러나 의류업에 종사하는 젊은 여성들은 종종 임금으로 생활비도 충당할 수 없는 현실에 직면하곤 했다. 고용주는 여성 임금은 가족임금의 일부분일 뿐이라며, 남성 임금의 절반 정도에 불과한 여성 임금을 정당화했다. 이 소녀들의 출신 가구에서 생계는 여러 가족 성원들의 소득을 모아서 꾸리는 것이었다. 그래서 많은 소녀들이 가족임금경제를 함께 꾸릴 남편감을 찾았다. 한 논자의 말대로 "만일 서민계급에 확산되어 있는 한 가지 지론이 있다면, 그것은 파리에서 여자 혼자서는 생활비를 벌 수 없다는 것이다. 대다수는 아니라 하더라도 젊은 노동자의 과반수는 자신이 궁핍하게 살든가 결혼을 하든가, 양자택일을 해야 하는 상황임을 알게 된다."[55]

일부 젊은 노동자에게 동거는 결혼의 전주곡이었고, 실제로 많은 시골 마을에서 동거는 관습에 부합하는 것이었다. 약혼한 사람들은 종종 공식 결혼식을 올리기 전에 잠자리를 함께 했다. 시골 마을에서는 결혼 약속이 쉽게 파기될 수 없었기 때문에 이 약속이 혼전 성관계를 정당화했다. 심지어 1850년에 런던의 《모닝 크로니클Morning Chronicle》지의 기자는 농촌 지역에서 "결혼 전 동거 관행은 거의 보편적"이라고 지적했다. 소녀가 임신을 하게 되면, 남자는 "그녀를 정식 아내"[56]로 맞아들였다. 도시에서는 여성이 지참금이나 돈을 조금 모을 때까지 함께 살았다. 젊은 남녀는 주거비와 식비를 공유하면 생활비를 절약할 수 있기 때문에 저금을 하려고 동거했다. 그러나 그들이 항상 함께 살았던 것은 아니었다. 왜냐하면 여자가 하녀인 경우에는 고용주의 집에서 살아야 했기 때문이다. 하녀가 독신이어야 한다는 고용주의 요구는 일부 남녀의 법적 결혼을 지연시켰다.[57]

혼자 살든지 도시의 임금소득 가족에 속해 있든지 간에, 소녀는 남편감을 선택하는 데에서 과거보다 더 많은 자율성을 누리게 되었다. 하녀들은 그 지방의 소매점에서 미래의 남편을 만날 수도 있었다. 직물도시에서 그러했듯이 직업내혼occupational endogamy이 높은 비율로 남아 있을 때조차도 결혼에 대한 부모의 후원은 감소했다. 신랑과 신부는 가족의 영향력이 미치지 않는 작업장에서 만날 가능성이 높았다. 그리고 부모보다는 당사자들이 결혼에 필요한 경제 기반과 필수품들을 마련했다. 예를 들어, 하녀는 늦게 결혼했는데 종종 상당한 양의 저금을 가지고 있었다. 반면에 임금수준이 가장 높은 공장노동자들은 일찍 결혼했는데, 아마도 임금을 많이 받을 때 가족을 만들기가 쉬웠기 때문인 것 같다.

가족, 재산, 지역공동체, 지역 교회의 구속이 없는 상태는 자율성을 증대시켰지만, 동시에 결혼에 대한 기대가 깨지는 실망을 맛보게 했다. 취약성은 자율성의 또 다른 측면이었고, 특히 이주한 소녀들에게는 그러했다. 남자는 돈이 없어서, 실직을 해서, 멀리 떨어진 도시에 취직할 기회가 생겨서, 단지 흥미가 없어져서 약속을 지키지 않았다. 그리고 약속 이행을 강제할 여자의 가족은 가까이 있지 않았다. 18세기 후반 프랑스 북부의 도시 릴Lille에서 여성이 출산할 때에 한 임신진술declarations을 보면, 미혼모 대부분이 직물 공장의 노동자나 하녀로 그 도시에 오게 되었음을 알 수 있다. 이 여성들 가운데 거의 70퍼센트가 최소한 부모 중 한 사람의 사망으로 파괴된 가족 출신이었다. 아이의 아버지는 하인, 떠돌이 노동자, 군인 등 불안정한 직업을 가진 사람들이었다. 여성은 상처받기 쉬웠다. "… 유혹자들은 당장 그들에게 불명예의 대가를 치르게 할, 분노한 그리하여 종종 폭력적이기도 한 〔여성의〕 아버지를 두려워할 필요가 없었기 때문에 더 쉽게 그들의 목표를 달성할 수 있었다."[58]

18세기 후반 낭트Nantes 지방의 산모들이 출산 중에 조산원들에게 한 임신진술을 통해 우리는 사생아를 낳은 여성들 대부분이 하녀이거나 노동하는 여성임을 알 수 있다. 이 여성들은 사생아의 아버지와 성관계를 갖기 전에 결혼과 일에 대한 약속을 받았다고 말했다.[59] 1750~1788년 엑스에서 그리고 제2차 혁명기와 제3차 혁명기*의 몇 년 동안 리옹에서 이루어진 임신진술은, 결혼 약속이 사생아 임신에

---

* 제2차 혁명은 자유주의자들이 샤를 10세를 타도한 1830년의 7월 혁명을 말하며, 제3차 혁명은 루이 필립을 타도하고 프랑스에서 왕정을 종결시킨 1848년의 2월 혁명을 말한다. 보통 프랑스혁명이라고 하면 1789년 대혁명만을 지칭하는데, 엄밀히는 제3차 혁명까지를 포함한 전체가 프랑스혁명이다.

선행했음을 보여 준다. 리옹에 사는 모자 제조공인 한 소녀는 만나던 모자 제조공 남자가 "결혼을 약속했는데 나와 직업과 나이가 같아서 그 약속을 쉽게 믿었다"[60]고 말했다. 유사한 나이와 직업이 남자에게 친근감을 느끼게 한 것이다. 1851년에 런던의 바늘 제조공은 그녀의 곤경을 다음과 같이 설명했다. "그는 나에게 함께 살게 된다면 어머니와 나를 돌봐 주겠다고 했어요. 사실 내가 그걸 원하면 안 되었지만, 예전에 우리는 매우 가난했거든요. 그는 나를 합법적인 아내로 만들어 주겠다고 했어요."[61]

물론 모든 소녀가 구혼자에게 버림받은 것은 아니다. 산업화된 도시의 부도덕성과 음란함에 대해서만 말하는 개혁자들이 만들어 낸 인상과는 반대로, 하녀나 재봉사 또는 직물 공장 노동자가 된 소녀들은 대부분 최종적으로는 결혼을 했다. 일부 소녀들은 몇 번의 배신을 당하기도 했지만, 결국 결혼을 했다. 예를 들어, 쥘리에트 소제는 수공업 장인과 결혼하기 전에 사생아가 있었다.[62] 더욱이 하녀에 대한 최근의 연구를 보면, 전체 하녀 가운데 3분의 1이 결혼했을 뿐만 아니라 자신보다 다소 지위가 높은 남편을 만났음을 알 수 있다.[63] 그러나 결혼으로 경제적 지위가 상승했건 유지했건 간에, 대부분의 미혼 여성 노동자는 결혼을 했다. 결혼하고 나서 그들이 전일제full-time 노동자로 남아 있는 경우는 거의 없었다. 전일제 취업은 점차 미혼 여성만의 특징이 되었다. 가족 부양을 돕고자 일을 했건 아니면 단지 자신의 생계비를 벌고자 일을 했건 간에, 미혼 여성은 대부분의 시간을 돈을 버는 데에 썼다. 그러다 결혼을 하면 그들이 누렸던 자율성은 완전히 끝났다. 아내로서, 어머니로서 그들은 새로운 가족을 위해 일했고, 대부분 집에서 시간을 보냈다.

가족임금경제와 기혼 여성

가족임금경제 아래에서 기혼 여성은 가족을 위해 여러 가지 역할을 했다. 종종 임금을 벌어서 가족기금에 이바지했고, 가사를 돌보았으며, 아이들을 낳고 길렀다. 그러나 산업화와 더불어 임금노동에 대한 수요가 증가하면서 점차 가사 활동과 임금노동 간에 갈등이 일어났다. 노동조건과 임금은 고용주의 이해와 관련되어 있는데, 고용주들은 대부분 가구의 필요를 낮게 평가했다. 산업 영역에서의 일은 전문화와 더불어 집에서 멀리 떨어진 특정 장소에서 전일적으로 투신할 것을 요구했다. 가내 생산 양식에서 기혼 여성은 시장지향적인 활동과 가사 노동을 결합할 수 있었던 반면에, 산업화된 생산양식에서는 두 활동을 쉽게 결합할 수 없었다. 기혼 여성들이 갈등을 해소하고자 취할 수 있는 해결책은, 가족의 재정 상태가 괜찮으면 일하러 가지 않고 가사 책임과 갈등이 가장 적은 일을 찾는 것이었다.

영국과 프랑스의 기혼 여성 고용 수치는 이를 분명하게 반영하고 있다. 공장에서 일하는 반숙련 여성 노동자 가운데 기혼 여성이 차지하는 비율은 매우 낮았고, 영국과 프랑스의 전체 기혼 여성 노동자 가운데 공장노동자의 비율도 매우 낮았다. 1870년대에 영국 직물산업에 종사하는 여성 노동자 가운데 유배우 여성 또는 사별 여성 비율은 3분의 1이 다소 넘는 정도였는데, 공장노동자 가운데 기혼 여성 비율은 이 정도가 가장 높은 수준이었다. 그러나 이 경우는 사별 여성이 포함된 수치이기 때문에 과대평가되어 있다. 다음에 서술된 것과 같이 자신과 아이들을 전적으로 혼자 부양해야 하는 사별 여성의 처지는 남편과 함께 사는 유배우 여성에 비할 바가 아니었다. 초기의 공장도시에서 기혼 여성은 면화 따는 일을 하려는 경향이 있었다. 면화를 막대기로 치고 깨끗하게 하는 일은 수작업으로 하는 일이었는데, 면화 따는 사람은 공장 안이 아니라 공장 근처에서 일했다. 그 일은 간헐적으로 있었고, 공장 규율을 따르지 않아도 되었다. "그들이 원하는 대로 오가게 허락하는 것은 관행처럼 보였다. … 이런 정도의 자유는 … 가사일 때문에 하루에 12시간씩 집을 비울 수 없는 여성들에게 매력적인 조건이었다."[64]

일반적으로 기혼 여성은 전체 노동력 중에서도 산업화가 가장 더딘 부문에 가장 많았는데, 그런 영역에서는 일과 작업장의 분리가 최소화될 수 있었고, 여성 스스로 일의 리듬을 통제할 수 있었다. 1843년에 영국에서 자수 일을 했던 한 여성은 "공장에서 일하는 것만큼 벌 수는 없지만 나는 그 일이 공장 일보다 더 좋아요"라고 연구자에게 말했다. "집에 자유롭게 있으면서 변변치 않은 식사이긴 해도 편안히 식사를 준비해요."[65] 가내노동home work은 아이를 돌보고 식사 준비를 해야 하는 여성에게 전형적인 수입원이었다.

1860년대 프랑스에서는 많은 소규모 가족농장과 가족이 운영하는 사업장에서 가정과 작업장이 하나로 결합돼 있었는데, 전체 기혼 여성의 40퍼센트가 거기서 일했다. 이와 대조적으로 1851년 산업화된 영국에서는 기혼 여성의 25퍼센트만이 '가정 밖 직업'[66]을 가지고 있었다. 프랑스는 인구학적 요인과 경제적 요인이 기혼 여성을 노동력과 결합시켰다. 영국에서는 미혼 여성이 대규모로 공급되었고, 대규모 경제조직이 미혼 여성의 고용을 촉진하고 기혼 여성을 배제했다.

양국에서 비슷한 비율로 기혼 여성을 고용하고 있던 부분들은 기계화가 확산되지 않은 의류업과 도시의 성장으로 미숙련노동자 및 임시직 서비스 노동자 수요가 증대된 부문들이었다. 센서스 자료는 도시인구가 확대됨에 따라 접근할 수 있게 된 미숙련 임시직에 취업해 있던 기혼 여성의 수치를 정확히 제공하지 못한다. 이런 일에 종사하던 여성들 중 일부는 자신이 공식적으로 고용되었다고 생각하지 않았다. 일부 사람들은 센서스 조사원에게 자신이 일을 한다고 보고하면 세금을 징수당할까 봐 두려워했다. 그러나 당시 연구자의 평가뿐 아니라 아미앵, 루베, 앙쟁의 통계조사에 대한 우리의 분석과 요크, 프레스턴, 스톡포트에 대한 연구들로 미루어 볼 때, 양국에서 기혼 여성이 마부, 세탁부, 일용 잡역부, 음식 행상, 카페와 여관 점원으로 돈을 벌었다는 것은 분명하다. 1850년대에 르쁠레가 묘사한, 셰필드에 사는 도공의 아내는 "여름철에 '팝pop'이라 부르는 발효 음료수를 병에 넣어 도시 사람들에게 팔았다."[67] 의심할 바 없이 그녀는 센서스 조사원에게 직업이 없다고 말했다.

마찬가지로 하숙을 치는 많은 여성도 임금소득 집단으로 파악되지 않았다. 최근에 이르러서야 지역 연구들이 많은 도시 지역에서 이런 관행이 널리 확산되어 있었음을 밝히기 시작했다. 실제로 한 연구는 19세기 런던의 아일랜드계 가족들에게 있었던 이런 관행의 주목할 만한 사례를 보여 주었다. 이 연구를 보면 아주 어린 아이들이 있는 가구에서 하숙인의 수가 급격히 증가한다. 이것은 어머니가 노동력에서 빠져나오는 것과 동시에 일어났다.[68] 공식 직업이 비공식 직업으로 대치되었고 여성들은 돈을 벌면서 아이를 돌볼 수 있었다. 직업이 뭐든 간에 여성은 돈을 벌었고, 부유하는 임시적이거나 간헐적인 노동력의 일부였다. 이런 노동력이 '이차 노동력', 즉 19세기 도시의 공식 통계에는 잡히지 않는 비공식 노동시장을 형성했다. 전국 규모로 보면 직물 공장보다 이런 직업들에 더 많은 기혼 여성이 종사했으며, 따라서 전국 센서스나 지역 센서스에서 파악할 수 있는 것보다 더 많은 기혼 여성이 임금 또는 현금소득 활동을 했음은 의심할 여지가 없다. 1890년대에 런던에 사는 여성의 일을 조사한 한 연구자는, "비정규 고용이 이루어지는 곳에서는 어디서든지 기혼 여성을 발견할 수 있다"[69]고 지적했는데, 그것은 한 세기의 경험을 집약한 것이었다.

기혼 여성의 취업 유형을 보면 고용주는 일하는 시간 동안 다른 요구를 받지 않는 노동자를 더 선호했음을 알 수 있다. 미혼 여성은 더 오랜 시간 동안 방해받지 않고 꾸준히 일할 수 있었으나, 기혼 여성은 임신하면 일을 쉴 가능성이 있었고 그들의 가족 책임family responsibilities이 그들을 집에 묶어 둘 수 있었다. 그래서 기혼 여성은 임금소득에 대한 헌신이 낮을 수밖에 없는 그들의 조건과 부합하는 임시적이고 간헐적인 일거리들에 몰리게 되었다. 이런 일들은 기혼 여성이 돈을 벌어야 하는 절박한 처지인 데다 기술도 없고 임금인상을 요구할 조직적 지원도 받을 수 없다는 사실을 악용하여 저임금을 주는 일이었다.

기혼 여성의 취업 유형은 또한 가구의 선호도도 반영했다. 더 높고 더 정규적인 임금을 요구할 수 있었던 성인 남성들은 가족의 일차적인 임금소득자였다. 만일 더 많은 돈이 필요하면 먼저 아이들을 일하러 보낼 것이다. 어머니가 가사와 자녀 양육을 담당하는 것이 가구에 이득이 되기 때문에, 기혼 여성은 추가 소득이 절실하거나 남편이 실직했거나 병들었을 때, 일할 수 있는 자녀가 집에 없을 때에만 일하러 갔다. 〈그림 6-1〉은 생애/가족주기의 전 과정에 걸친 여성의 노동력 참여를 보여 주는 개략적인 도표다. 프랑스와 영국

[그림 6-1] 프랑스와 영국 여성의 생애/가족주기별 유급노동 종사자 비율(1850년경)

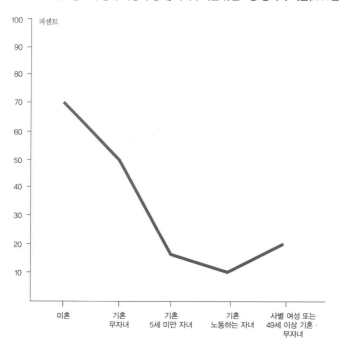

사이에 산업화와 도시화 및 가정과 직장의 분리가 기혼 여성의 고용에 미친 영향의 차이는 별로 보이지 않는다. 전일제 일은 결혼하기전 몇 년 동안, 그리고 결혼 뒤에 계속된다 하더라도 자녀 출산 전인 결혼 후 1,2년까지로 한정되었을 것이다. 자녀를 출산한 후에, 여성의 일은 좀 더 산발적인 과정을 따랐다. 많은 사람이 임금소득 활동을 완전히 중단했고, 일부는 가족의 필요에 따라 임금소득 활동을 하거나 중단하거나 했다. 이것은 대부분 앤더슨이 남편의 질병, 실업, 사망이 가져오는 '치명적인 생애 상황critical life situations'[70]이라고 부른 것의 결과였다. 자녀가 여러 명 태어나는 것은 가족의 자원을 크게 압박할 수 있었고, 이럴 때 여성은 돈을 벌 수 있는 수단을 찾았다. 특히 가장 임금이 높은 일자리를 얻을 가능성이 있었던 직물도시에서, 일부 여성들은 집 밖에서 일자리를 구했다. 다른 사람들은 개수임금제piecework〔생산 개수에 따라 돈을 지불 받는 임금제도〕로 집에서 할 수 있는 일을 했다. 런던에서 의류업에 종사하는 여성 노동자들은 20세기까지 이 유형을 따랐다. "결혼하기 전에 그들은 직장에 나갔고, 결혼 뒤에는 만일 돈을 벌어야만 한다면 일거리를 집에 가지고 갔다."[71] 그러나 어린 자녀가 있는 기혼 여성은 그보다는 전면적인 노동 참여를 대신할 수 있는 현금소득 활동을 임시변통으로 만들어 했다. 과거와 마찬가지로 도시의 노동계급 여성은 음식을 만들어 팔거나, 세탁을 하거나 하숙을 쳤다. "제닝스Jennings 부인은 한 신사의 집에서 요리사로 일했다. 결혼하고 나서 부족한 수입을 보충하기 위하여 빨래를 많이 했는데, 자기 가족들의 빨래뿐만 아니라 하숙생들의 빨래도 했다."[72] 가마니 짜는 일을 하는 영국인 루시 럭Lucy Luck은

"일부 일은 작업장에서 하고 나머지 일거리는 집에 가지고 갔다." 생애주기 가운데 한 단계인 불황기slow season(자녀 출산 이후 자녀 취업 진단계)에는 돈을 벌 수 있는 다른 일을 찾아야만 했다. "그 시기 동안 나는 파출부를 하거나 빨래를 했고 한동안 어느 신사의 집안일을 했고 삯바느질을 했다. 이것은 내 아이들이 아직 아무도 일하러 갈 만큼 성장하지 않았을 때였다."[73]

아이들이 성장해 취업을 하면 어머니에게 가해지는 압박이 완화되었다. 이 시기는 대체로 기혼 여성의 임금소득 활동이 가장 낮은 시기였다. 그러나 나이가 많아지면 그들은 다시 노동시장으로 내몰려야 했다. 남편의 질병과 실직으로 말미암은 위기는 대부분 자녀가 장성하여 집을 떠나고 더는 가족기금에 돈을 보태지 않는 시점에 닥쳐왔다. 그때 아내는 병든 남편을 대신할 수 있는 유일한 사람이었다. 남편이 죽으면 그녀는 자신을 스스로 부양해야 했다. 노동시장을 오래 떠나 있다가 다시 노동시장으로 되돌아온 나이 든 여성들은 무슨 일이건 닥치는 대로 해야 했다. 낮은 숙련 수준과 불연속적인 취업 경험이 그들을 저임금, 미숙련, 임시적 일자리에 한정시켰다. 그들은 직물산업의 중심지에서조차 공장에서 일할 수 없었다.

사회의 가장 밑바닥에 있는 미숙련 여성 노동자는 … 일반적으로 나이가 많았고 늙지 않은 경우에도 몸이 약하고 돈이 없고 그리고 사별 여성이다. 그녀는 생활비를 벌기 위해 일해야만 하리라고 이전에는 결코 상상하지 않았다. 그러나 그렇게 해야만 할 때 그녀가 할 수 있는 거라고는 이전에 배운 일(바느질)뿐이었다. 그녀는 초조해져 있고 겁을

내고 있으며 주어지는 일의 대가가 얼마든지 간에 그 일을 했다.[74]

부양해야 할 자녀가 있는 젊은 사별 여성들도 이와 유사한 절망적인 상황에 처했다.

그들의 일이 비정규적irregular이라는 사실에도 불구하고, 기혼 여성들은 여전히 가족임금소득자로 기대되었다. 경제학자 낫소 시니어 Nassau Senior는 가족 수입을 계산할 때, 항상 "기혼 남성 노동자의 임금과 아내의 임금, 독립하지 않은 자녀의 임금"[75]을 포함시켰다. 프랑스의 개혁론자 쥘르 시몽Jules Simon은 1861년에 여성에게 공장노동을 시키는 것을 비난하면서도, "여성의 노동은 가족에게 필요하다"[76]고 인정했다. 르빨레는 여성의 활동이 "남편 수입의 중요한 보완물"[77]임을 발견했다. 그의 계산과 다른 사람들의 계산은 여성의 소득이 가족 수입의 10~50퍼센트에 달함을 보여 준다. 여성들 역시 스스로 자신을 경제적으로 생산적이라고 생각했음이 분명하다. 한 지역 교구의 보고서는, 경제위기 때문에 일자리를 찾을 수 없었던 영국 농촌 노동자의 아내를 다음과 같이 묘사했다.

전체 가족기금에 아무런 기여도 하지 못하고, 그의 가족을 돌보는 것 외에 남편에게 다른 서비스를 제공하지 못한다는 것을 의식하면서, 그녀는 막연한 낙심에 빠져 앉아 있다.[78]

가족을 위해 경제적으로 기여해야 한다는 의무감은 도시의 노동계급 여성들에게도 마찬가지였다. 공장도시에서 돈 버는 일을 하지 않는 여성들은 "게으른 것으로 간주"[79]되었다. 중간계급의 여성에게는 존재하지 않은 노동윤리가 노동계급 가족에 속한 여성에게는 있었다. 19세기의 "게으른 중간계급 여성"에 대한 신화나 현실에 대해서는 더 깊은 천착이 요구된다. 그러나 일반적인 평가에서처럼 그들이 게을렀건, 아니면 파트리샤 브랑카Partricia Branca가 주장하는 것처럼 열심히 일했건, 그들은 집에 있었을 가능성이 매우 크다.[80] 몇몇 증거들을 보면 중간계급의 남편은 아내가 일하는 것을 허락하기 전에 두 개의 직업을 가졌음을 알 수 있다. 중간계급의 문화는 결혼한 여자가 특히 집을 떠나 일하는 것을 금지했을 것이다. 그런 금지가 노동계급에서는 없었고, 기혼 여성은 가족의 재정 상태가 허용한다면 집에 있는 것을 더 선호했겠지만, 필요하다면 돈을 벌 것이라고 기대되었다.

그러나 기혼 여성의 기여는 점차 노동하는 다른 가족 성원의 임금이 가족 생계비로 불충분할 경우에 한해서만 기대되었다. 다시 말하면, 그들의 생산활동은 일종의 예비비, 마지막 버팀목이 되어 갔다. 기혼 여성들이 (상시적으로가 아니라) 간헐적으로 생산활동에 참여했다는 것은 우리 주장의 핵심과 모순되지 않는다. 그것은 노동계급 가족의 삶이 얼마나 불안정했으며, 남성의 임금이 얼마나 낮고 불안정했는지, 그리고 재정적으로 안정적인 가구조차 질병과 죽음, 따라서 가난에 얼마나 취약했는지를 말해 준다.

물론 임금소득 가족은 내적 위기뿐만 아니라 경기변동에도 종속되어 있었다. 과거와 마찬가지로 빵값 변동은 노동계급 가족을 빈곤선으로 몰아갈 수 있었고, 주기적인 산업 불황도 마찬가지였다. 한 계산에 따르면, 1830년에 루앙에서 빵값으로 지출하는 돈은 아마포 방직공 임금소득의 130퍼센트에 달했다. 2년 뒤에 세르네Cernay에서 이 수치는 면방직공 임금의 200퍼센트에 달했다.[81] 호황기에는 일하지 않았을 아내들이 이런 어려운 시기에는 임금소득을 구했다. 1848년에 출판된 《여성 정책La Politique des femmes》에서 몇몇 여성 노동자와 한 '귀부인'이 나눈 상상의 대화는 기혼 여성 노동의 한시적 특성contingent quality을 잘 포착하고 있다.

여성 노동자 1 : 여자들의 임금은 어디서나 줄었어요. 우리의 불행은 그들의 이익이지요.

귀부인 : 친애하는 친구들이여, 여자의 수입은 중요하지 않아요. 남자가 가장이고, 남자의 임금이 많으면 여자는 행복해요.

여성 노동자 2 : 남편이 아프거나 책임질 수 없는 때는요?

여성 노동자 3 : 남편이 죽으면요?[82]

기혼 여성의 임금노동을 결정한 요인들

가족의 재정적 필요는 경기변동뿐만 아니라 가족주기에 따라서도 변화했다. 재정적 필요는 어김없이 정기적으로 대부분의 노동계급 가족을 찾아오는 위기와 더불어 남편의 취업 가능성과 임금수준, 가구 내 피부양 자녀의 수, 일할 수 있는 가구원 수 등에 따라 달라졌다. 이런 요인들이 그 도시의 직업 구조와 결합해 기혼 여성의 경제활동 참가 유형에 다양한 변화를 낳았다.

앙쟁에서 임금을 상승시킨 석탄 붐이 일어나기 전인 1860년에 광부들은 하루에 평균 3프랑 25상팀Centimes〔100상팀=1프랑〕을 벌었다. 광부는 최소한 그의 아들이 탄광에 갈 때까지는 가구 내 유일한 임금소득자였다. 광부의 가족이 그 임금에만 기대어 생존해야 한다는 사실은 회사로 하여금 노동자에게 많은 기업 복지를 제공하게 했다. 모든 광부에게 공짜로 석탄이 지급되었고, 일부에게는 값싼 거주지가 제공됐다. 앙쟁의 회사들은 매우 온정주의적인 방식으로 노동자들을 관리했고, 석탄 값이 아주 높았던 기간에는 곡물을 대량 구매해서 노동자들에게 시장가격보다 낮은 가격으로 팔기까지 했다. 그러나 아무리 그렇게 해 주어도 첫아이가 태어나면 가족 예산은 부족해졌다. 이 시점에 몇몇 주부는 일하러 가거나 집에서 할 수 있는 임금노동을 했다. 상황은 "맏아이가 일하러 가고 곧 다른 아이들도 일하러 갈 때"[83] 개선되었다. 기혼 여성이 할 수 있었던 종류의 일, 즉 청소나 갱도 밖 땅 위에서 하는 석탄 고르기 등은 보수가 굉장히 낮아서 1882년에 평균 일당이 1프랑 55상팀이었다. 이 임금을 벌러 나간다는 것은, 남편이 그것에 의존하고 남편의 임금소득 능력을 확장시키는 아내의 가사 책임을 완수할 수 없게 했다.[84] 〔광부의 아내들은 남편의〕 교대근무 계획에 따라 음식을 준비했고, 석탄으로 시커메진 광부의 옷을 세탁했다. 영국과 프랑스의 광부 자녀는 자서전에서, "가정생활이 여성들을 얼마나 힘들게 했는가"를 회상했다. "광부의 아내와 아마도 그 맏딸은 … 물을 길어 와 화덕에서 데우고, 남자들이 씻고 나면 빨래를 하고 그 옷들을 말리느라 한도 끝도 없는 고생을 했다." "식탁은 항상 차려 있어야 했고 불은 항상 지펴져 있어야 했다."[85] 아내가 키우는 채소와 가축은 가족의 생계에 중요한 공헌을 했다. 그러므로 광부의 아내는 '생계 부양자를 잃지' 않는 한 보통은 집 밖에 돈 벌러 나가지 않았다. 남편이 금속산업에서 일하고 있거나 수공업자 또는 상점 주인인 앙쟁의 다른 여성들은 일하러 가는 경우가 더 많았다. 이 부인들의 행위는 같은 지역에 사는 석탄 광부의 아내보다 아미앵에 있는 주부들과 좀 더 유사했다.

아미앵 같은 도시에서 임금소득 가족의 상황은 그리 명확하지 않다. 1862년에 수공업에 종사하는 남자의 임금은 하루 2프랑에서 3프랑 5상팀이었지만, 기업 복지가 전혀 제공되지 않았다. 집세는 앙쟁에 비해 매우 높았다. 몇 안 되는 직물 공장에서 남자는 하루에 최대 2프랑 50상팀을 벌었다(견사 방적공만 일 평균 3프랑을 벌었다).[86] 가족에게 돈이 필요할 때, 여성들은 파출부나 세탁 그리고 여러 가지 다른 미숙련 일로 돈을 벌었다. 1850년대와 1860년대에 그들은 대부분 임금과 직업안정성이 가장 낮은 남성 노동자의 아내였다. 19세기 후반부에 수공업이 장기간에 걸쳐 서서히 몰락하면서 아내가 일하러 가야 하는 가족의 수가 증가했다. 파리와 런던에서처럼 아미앵에서도 의류산업은 부분적으로는 싼 여성 노동의 대량 공급이 가져다주는 수익성 때문에 가내 생산으로 남아 있었다.[87]

루베, 스톡포트, 프레스턴 같은 직물도시에서는 여성 노동자에 대한 수요가 매우 컸고, 상대적으로 많은 수의 기혼 여성이 공장에 흡수되었다. 반면에 성인 남성을 위한 일자리는 매우 적었다. 극소수의 성인 남성만이 높은 임금을 받는 방적공이 되었다. 나머지 대부분은 그들이 찾을 수 있는 어떤 미숙련직이라도 취업했고, 아내와 자녀가 가족을 부양했다. 엘렌 발리Ellen Barlee는 1862년 랭커셔에서 다음과 같이 보고했다.

여성 노동 수요가 매우 커서 그 50명의 여성은 남성이 찾을 수 없는 일자리를 찾을 수 있었기 때문에 (아내들에게 일에 대한) 유혹이 매우 컸다. … 그래서 실제로 많은 여성이 남편과 가족을 부양했다. 남성들이 구할 수 있는 일이라곤 날품팔이 정도였다.[88]

노동하는 기혼 여성은 대부분 임시직이거나 저임금을 받는 남성의 아내였다. 엥겔스는 1844년에 맨체스터에 있는 공장에서 노동하는 기혼 여성의 남편 중 절반만이 공장에 다니고 있다고 보고했다. 그리고 방적공보다 임금이 높지 않은 편직공과 방직공의 아내는 노동했지만, 방적공의 아내는 노동하지 않았다.[89] 1890년대에 왕립노동조사위원회의 위원들은 기혼 여성이 노동하는 이유를 다음과 같이 밝혔다.

면직산업에 종사하는 기혼 여성 노동자 중 단지 절반만 … 공장에 고용된 남자의 아내였다. 나머지 여성들의 남편은 예를 들어 올드햄Oldham에서와 같이 임금이 높지 않고 불안정한 직업을 가진 사람들이었다. 올드햄에서 기혼 여성 노동자는 석공, 공사장 인부, 벽돌공 같은 옥외 노동자 그리고 1년에 30주 이상 일할 수 없는 그런 사람들의 아내였다. 그래서 그 여성들은 일하러 가야만 했다.[90]

20세기 초반까지도 기혼 여성이 계속 직물 공장에서 일하게 된 일차 동기는 (여성의 취업 가능성과 더불어) 남편의 임금이 불충분했기 때문이었다. 영국에서와 마찬가지로 프랑스에서도 개혁가들은 만일 공장주가 남성에게 충분한 임금을 지급한다면 그들의 아내가 더는 일하러 갈 필요가 없다고 결론지었다. 사회주의자 하원의원이자 1904년 조사위원회 위원인 장 조레스Jean Jaures는 고용주들에게 여성을 집에 머물게 함으로써 노동계급 가족의 고통을 완화해야 한다고 주장했다. 새로운 기계가 노동자 1인당 산출량을 증가시킬 수 있으므로, "가장인 남성 노동자의 임금은 인상되어야 하며, 그리하여 그들이 가족임금을 벌 수 있어야 한다"[91]고 그는 말했다.

직물도시의 상황은 다른 지역들과 마찬가지여서, 여성의 고용 수준이 높았고 남성에게는 저임금 일자리밖에 없었다. 예를 들어, 스태퍼드셔Staffordshire의 도자기 공장에서 한 조사관은 "사례의 18퍼센트만이 아내가 일하러 가야만 할 재정적 필요가 없음"을 발견했다. 실제로 "여성이 가족의 수입에 기여해야 하는 자신의 몫을 하지 못하면 게으른 것으로 간주되었다."

남성들과 소년들은 집에서 가사 노동을 할 태세가 되어 있는 것처럼 보였다. 아내가 가족의 빨래를 하고 있을 때, 남자가 집 안을 쓸고 닦고 아이를 돌보고 심지어 저녁에 아이를 재우기까지 하는 것은 결코 희귀한 광경이 아니었다.[92]

그러나 다른 가족 성원의 협력에도 불구하고, 매일 어머니가 오래 집을 비우는 것은 특히 어린아이에게 희생을 요구했다. 노동하는 어머니가 있는 가구는 함께 살면서 어린 자녀를 돌봐 주는 친척이 있었다. 그런 가구는 아미앵이나 앙쟁에서보다 스톡포트, 루베, 프레스턴에 더 많았다.[93] 특히 연로한 친척은 아동 양육에 책임이 있는 것으로 간주되었다. 친척에게 아동 양육을 맡길 수 없는 가족은 큰아이에게 동생을 맡겼다. 몇몇 어린아이는 돈을 받고 많은 아이를 돌봐 주는 연로한 여성의 가정에 보내졌다. 프랑스에서 1840년대 이후에 특히 탁아소creches가 시의 주도나 종교적인 요구로 설립되었지만, 그런 시설은 보살핌이 필요한 어린아이 가운데 일부만을 돌볼 수 있었다.[94] 어쨌든 그런 환경에 있는 아기들은 동물의 젖이나 수프를 넣은 젖병을 빨아야만 했다. 아직 살균 방법이 알려지지 않았기 때문에 소화기 계통 질병이 발생하거나 죽을 가능성이 매우 컸다. 영아사망률은 어머니가 장시간 집 밖에서 일하는 지역에서 훨씬 더 높았다. 프레스턴이 위치한 랭커셔 지방의 영아사망률은 미국의 남북전쟁으로 면화 생산이 급감했을 때에야 감소했다. 실업이 어머니들을 집에 있게 만들었기 때문에 더 많은 아기들이 더 오랜 기간 보살핌을 받았고, 이에 따라 영아 사망이 감소했다.[95]

프랑스에서 대규모로 실행된 젖병 수유의 대안은 아기를 유모에게 보내는 것이었다(영국과 프랑스에서 이 관행의 규모에 차이가 나는 이유에 대해서는 좀 더 상세한 설명이 필요하다. 그 이유는 분명히 일차적으로는 일하는 기혼 여성 비율이 프랑스에서 더 높았고, 유모가 될 수 있는 농촌 인구가 더 많았던 것과 관련이 있다. 그러나 프랑스에서조차 유모에게 아이를 돌보게 하는 관습은 주로 오래된 도시 지역에 한정되었고 북부의 신흥 제조업 도시들에는 확산되지 않았다. 이것은 오래된 도시에서 장기간에 걸쳐 확립된 방식이 전수된 것이다. 신흥도시에는 아이를 보내기 위해서는 필수적인, 불완전 고용 상태에 있는 농촌 여성과의 관계망이 없었다). 유모에게 아이를 맡기는 것은 기혼 여성이 고용되어 있는 도시에서 확산되었다. 대부분이 재봉공이나 양재사였던 파리에서 노동하는 여성들은 아이를 돌볼 유모를 고용했다. 빌레르메는 1830년대와 1840년대에 리옹과 스당도 비슷한 상황이었다고 묘사했다.[96] 아기가 유모에게 가는 험하고 긴 여행에서 살아남을 수 있다면, 더 나아가 유모에게 그 아기와 자신의 아이에게 먹일 충분한 젖이 나오고, 종종 무관심하기도 했던 대리 부모의 보살핌 아래에서도 영유아기의 온갖 위험을 딛고 살아남을 수 있다면, 그 아이는 스스로를 돌볼 수 있는 나이가 되었을 때 부모에게로 돌려보내졌다. 물론 여기서 중요한 사실은, 많은 아기가 돌아오지 못했다는 것이다. 아기들은 대개 죽었다. 일하는 어머니를 대신할 유모를 얻는 대가는 두 가지 점에서 컸다. 첫째는 어렵게 번 돈의 일부를 유모나 보모에게 지급해야 한다는 것이고, 둘째는 아기가 살아남을 가능성이 매우 낮다는 것이었다. 그러나 가족 단위의 생존이 유아의 생명보다 중요했다. 그리고 취업할 필요가 커지고, 취업할 수 있다면 기혼 여성은 가족이 그들의 손길을 가장 필요로 하는 가족주기에조차 노동했다. 한 공장노동자는 아기를 낳은 직후 공장으로 돌아온 것에 대해, "글쎄요, 우리는 살아야만 해요!"[97]라고 설명했다.

그러나 남편의 낮은 임금이 기혼 여성의 노동 이유를 전적으로 설명해 주는 것은 아니다. 남편의 임금이 가족을 부양하기에 불충분했다는 사실은 추가 수입의 필요성을 의미했다. 그러나 자녀 등 다른 가족 성원이 임금을 벌 수 있다면, 부인은 일하러 가려 하지 않았다. 자신의 취업 기회뿐만 아니라 자녀의 취업 가능성 또한 기혼 여성의 노동력 참여에 영향을 미쳤다.

앙쟁, 루베, 스톡포트에서는 실제로 아동이 10세를 넘으면 할 수 있는 일들이 많았다. 정말로 자녀는 가족의 자원으로 묘사되었다. 광산도시에서는 아들과 딸의 임금이 가족의 재정 상황을 개선시키는 보완물이었다. 스톡포트와 루베에서 아동은 여자건 남자건 취업할 수 있었고, 그들이 일하러 가게 되면 어머니는 공장을 나와서 집에 머물렀다. 우리가 앞으로 살펴볼 것과 마찬가지로, 직물도시에서 아동들은 어머니를 대신하는 임금소득자였다. 영국의 관리들은 이런 현실을 인식하고 있었다. 1833년에 아동노동법을 반대한 한 의원은 "아동의 노동시간을 제한하게 되면 어머니가 공장에 일하러 가야 하기 때문에 극단적인 불행을 낳고 결국 정반대의 결과를 낳을 수 있다"[98]고 주장했다. 프랑스에서 아동노동법 시행을 추구하던 감독관들은 거듭해서 가족에게 자녀의 임금이 필요하다고 보고했다. 그들 가운데 냉담한 사람들은 부모의 탐욕과 무지를 더 많이 이야기했지만, 동정적인 사람들은 "가족생활의 절박한 필요성"[99]을 좀 더 강조했다. 몇몇 관리들은 불황기에 이 법률이 시행되어서는 안 된다고 촉구하기까지 했다. 노동자들 또한 자녀의 노동시간과 일할 수 있는 나이를 제한하게 되면 가족에게 더 나쁜 결과가 생길 것이라고 불평했다. 프랑스에서 식료품 값이 많이 오르고 식량 부족이 몰아닥친 1853년, 한 교사가 엔Aisne의 지사에게 일군의 방직공들을 위한 탄원서를 제출했는데, 탄원서에 있는 서명을 보면 그들이 거의 문맹에 가까웠음을 알 수 있었다. 그들은 자녀가 8세가 되면 "요즈음 같이 힘든 시기에는 임시로"[100] 아버지와 같이 일하러 가는 것을 허락해 달라고 요구했다. 힘든 시기에는 어머니와 자녀가 같이 일을 찾았다. 그러나 가능할 때마다 그리고 경제적으로 좀 더 안정적인 시기에는 자녀가 어머니보다 가족임금소득자로 더 선호되었다. 그러므로 루베와 스톡포트와 같은 도시에서 어머니와 자녀의 노동력 참여는 양자택일의 유형을 나타냈다.

〈그림 6-2〉는 기혼 여성의 노동생활 유형에 일어난 두 가지 변동을 보여 준다. 이 유형은 도시의 경제구조와 아동노동의 가능성에 따라 변화한다. 이 그래프들은 1872년에 앙쟁과 루베에서 주부가 일하는 가족의 비율(실선)이 막내 자녀의 나이에 따라 결정된다는 것을 보여 준다. 점선은 가구 안에 거주하는 (나이가 몇 살이건) 노동하는 자녀가 있는 가족의 비율을 나타낸다. 루베와 앙쟁 모두 자녀가 집에 없는 가족에서는 주부들이 대체로 취업을 했다. 직물업에 여성 일자리가 많았던 루베에서는 아이 없는 주부가 앙쟁에서보다 더 많이 고용되었다. 루베와 앙쟁 모두에서 가구에 5세 이하의 자녀가 있을 때조차 여성은 취업 상태였다. 이때는 자녀가 식량 소비자이기만 할 뿐 임금을 가져오는 경우가 거의 없었다. 그래프는 자녀가 있지만 너무 어려서 아직 임금을 벌지 못할 때, 두 도시에서 주부들이 절박한 상황에서 계속 노동을 해야 했음을 보여 준다. 그런 산업도시에서는 가족임금경제의 유지가 최우선이었기 때문에, 많은 주부에게 자녀 양육보다 생산활동이 더 중요했다.

[그림 6-2] 앙쟁과 루베의 가족주기 단계별 주부와 자녀의 취업(1872)

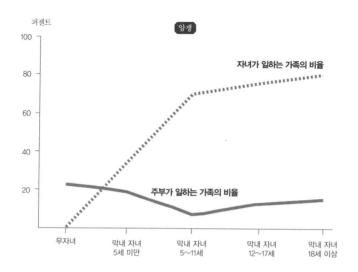

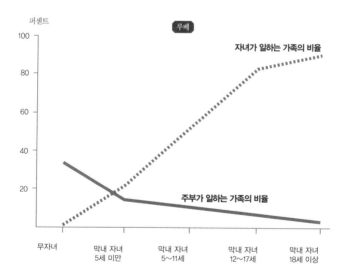

자녀의 나이와 더불어 노동하는 자녀를 가진 가족 비율을 나타내는 곡선이 상승함에 따라, 두 도시에서 기혼 여성의 행위는 다소 다르게 나타났다. 루베에서는 어머니의 노동력 참여가 급속히 하락하여 자녀와 어머니의 임금노동 역할이 교대되었음이 분명히 나타난다. 자녀가 가족에게 임금을 제공하기 시작하면서 어머니는 시장 노동에서 물러났다. 앙쟁에서는 주부의 노동 참여 감소가 그리 급격하지도 결정적이지도 않다. 여기에서 중요한 것은, 주부의 고용 형태가 다르다는 점이다. 앙쟁에서 일하는 주부는 대개 가구 상황 안에서 노동했다. 예를 들어, 여성은 상점 점원과 재봉사였다. 이런 일은 직물산업에서처럼 젊은 사람으로만 한정되지 않았다. 또, 여성이 일하러 가기 위해 집을 떠나지 않아도 되었다. 앙쟁에서는 여성이 가정에 기초한 노동을 계속할 수 있었기 때문에 자녀가 가족기금에 기여할 임금을 버는 경우에도 일할 가능성이 컸다.

재정적인 필요와 가족 상황은 여러 도시에서 기혼 여성의 다양한 노동 유형을 만들었다. 특히 집 밖에서만 일을 구할 수 있는 경우, 기혼 여성의 생산 역할은 더 이상 일생 동안 계속해서 수행하는 가사 책임의 보완물이 아니었다. 생산활동은 부수적인 기능이 되었고 가족의 필요가 있는 때에 산발적으로 이루어졌으며, 필요한 정도에 따라 다소간 집중적으로 수행되었다. 과거와 마찬가지로 기혼 여성의 노동력은 가족의 자원이었다. 그러나 도시의 임금소득 가족 사이에서 점차 그것은 재정적으로 필요한 경우에만 수행되는 예비 자원으로 인식되었다. 하지만 기혼 여성의 노동력이 예비 상태에 있다는 것이 기혼 여성의 임금소득 능력의 중요성을 감소시킨 것은 아니다.

그것은 종종 가족 성원에게 생존과 극빈 상태를 넘나들게 하는 중요한 차이를 가져왔기 때문이다. 집 밖에서의 임금소득 활동은 기혼 여성에게 가사 활동과의 양립을 점점 더 어렵게 했다. 대부분의 여성은 상시 고용에서 철수함으로써 가정과 노동 간의 갈등을 해소했다. 그리고 기혼 여성들이 집에 있을 때 얻는 이익보다 밖에 나가 임금을 버는 것이 가족에게 더 이득이 될 때에만 임시직 노동자로 일하며, 경제적으로 중요하지만 보수가 지급되지 않는 가사 책임을 완수했다.

기혼 여성의 가사 활동

가족이 생산 단위라기보다 임금소득 단위라는 사실이 주부의 가사 책임을 줄인 것은 결코 아니었다. 가족의 노동 분업에서 주부는 계속해서 다양한 집안일을 해결하는 과제를 맡았다. 장보기, 요리, 여러 가지 물건 만들기, 청소, 의복 수선, 자녀 돌보기 등 모든 일들이 많은 시간을 요구했다. 이런 일들을 능숙하게 처리하는 주부의 능력이 가족의 돈을 절약하게 해 주었다. 광업 같은 특수한 직업을 가진 남성에게는 가족들의 식사 시간대와는 다른 시간에 음식을 제공해야 했고, 끊임없이 의복을 세탁하고 건조해야 했다. 광부의 아내는 식사를 준비하고 가정에서 소비되는 여러 서비스를 제공했으며, 많은 아이를 낳았다. 그들의 삶에서 가사 부담은 특히 많은 시간을 요구했다. 아버지와 자녀가 광산에서 일할 경우, 대체로 그들의 근무

시간대는 매우 달랐다. 광부들은 오전 4시에 집을 나가야 했고, 오후 2시에 저녁을 먹으러 집에 돌아왔다. '낮' 교대조로 일하는 아동과 청년들은 8시에 일하기 시작해서 6시에 일을 마쳤다. 그런 가족의 아내와 어머니는 두 개의 다른 일정에 맞추어 요리를 해야 했다. 또한 다양한 노동자의 빨래를 했는데, 그들은 모두 상상할 수 있는 한 가장 지저분한 일을 하는 사람들이었다. 그런 여성의 아들인 한 광부 시인은 1880년대에 자신이 갱 안의 소년 석탄 운반부였을 때, 온몸이 면도날에 베인 것과 같은 날카로운 상처로 가득했다고 썼다.

> 검은 비누로 내 등을 씻어 주면서
> 불쌍한 어머니는 막달라 마리아처럼 흐느꼈다.[101]

임금소득 가족 내에서 기혼 여성은 옷을 만들고 빨래를 하고 환자를 돌보는 등 다양한 서비스를 제공했지만, 가장 중요한 임무는 여전히 가족에게 음식을 공급하는 것이었다. 개혁가들이 노동계급 가족의 생활의 질 향상에 관해 토론할 때 항상 주부에 대해 이야기했다. 예를 들어, 1879년 아미앵에서 식량구매협동조합 결성을 촉구했던 사람들은 "주부가 모든 식구를 위해 식량을 구매하고 요리하는 책임을 떠맡고 있으므로"[102]조합이 노동계급 주부들에게 경제적으로 소비하는 법을 가르칠 수 있을 것이라고 주장했다.

노동계급 가족의 예산에서 음식은 여전히 주요한 항목이었다. 19세기 초에 노동계급의 식단이 향상되었는지 아니면 악화되었는지에 대해 많은 논쟁이 있다. 그것은 초기 산업화가 노동계급의 생활수준에 미친 영향에 대한 수많은 논쟁 가운데 일부에 불과하다. 그러나 낙관주의자와 비관주의자 모두 가족의 임금 대부분이 식량 구매에 소비되었다는 점에는 동의한다. 1823년에서 1835년 사이 프랑스의 다섯 개 유형 노동계급 가족에 대해서 미셸 모리노Michel Morineau가 계산한 바에 따르면, 지출 범위가 매우 다양했음을 알 수 있다. 그는 가장의 수입 가운데 곡물(곡식이나 빵)에 대한 지출이 차지하는 비율만을 계산했다. 이 계산에는 (종종 상당한 비율을 차지했던) 가족 예산에 대한 여성과 자녀의 기여가 배제되어 있기 때문에, 그 수치는 매우 과장되어 있다. 그럼에도 불구하고 이 수치는 가족의 돈이 어디에 사용되는지, 가격변동이 가족의 재정 상황에 어떤 영향을 미쳤는지를 잘 보여 준다.[103]

다섯 개 유형의 가족 모두 20년 동안 남성 가장의 임금에서 곡물 구매에 소비하는 비율은 하락했다. 농업노동자 가족은 1823년에 남성 가장의 임금 가운데 67퍼센트를 곡물 구매에 소비했으나, 1835년에는 55퍼센트를 소비했다. 리옹의 견직물 방직공 가족은 1823년에는 48퍼센트를 소비했으나, 1835년에는 39퍼센트를 소비했다. 그러나 해에 따라 그 비율의 변동이 심해서, 1829년에 루앙의 방적공 가족에서는 그 비율이 90퍼센트에 달하기도 했다. 모든 가족 유형 가운데 가장 낮은 수치는 1835년에 기록된 34퍼센트였다. 20년 동안의 평균 비율은 55퍼센트 정도였다. 이 수치는 단지 곡물 소비만을 고려한 것이다. 여기에 채소, 고기, 음료가 더해지면 남성 가장 임금의 약 4분의 3이 가족들의 음식에 소비되었을 것이다. 집세, 연료, 피복비는 나머지 대부분을 차지했다. 영국의 노동계급 예산도 이와 유사하다. 탄광에서 일하는 아들을 셋 둔 노섬벌랜드Northumberland의 한 광부는 2주간의 가족 수입이 5파운드였다. 이 가족은 식량에만 3파운드를 썼는데, 그 대부분이 밀가루를 사는 데에 소비되었다. 1843년에 서퍽Suffolk에 사는 또 다른 가족은 가족소득의 약 69퍼센트를 음식과 집세로 소비했다. 1840년대 가족 예산을 보면 임금이 높은 숙련노동자조차 소득의 대부분을 음식 구매에 썼으며, 그런 가족들이 빵값이 오를 때 빚을 많이 졌음을 알 수 있다.[104] 그래서 소비자로서 주부의 역할은 가족의 경제적 안정에 매우 중요했다. 돈을 대부분 식량 구매에 소비했고, 주부는 식량 구매를 책임졌기 때문에 가족의 재정 자원을 통제했다.

장인 가구와 농민 가구 같은 가족들에서 모든 성원은 어머니의 경영자 역할을 인정했던 것으로 보인다. 어머니는 가족에게 음식을 제공하기 위해 항상 일했으며, 당시에는 쉽고 빨리 할 수 있는 일은 없었다(어머니가 집 밖에서 일하는 가족은 제대로 된 음식을 준비할 시간이 있는 일요일까지도 수프와 빵만으로 생활하거나 거리의 행상이 만들어 파는 음식을 사 먹거나 했다).[105] 기혼 여성이 집에 남아 있기를 선호했던 한 가지 분명한 이유는, 가족에게 음식을 제대로 만들어 먹일 시간을 갖기 위해서였다.

위기가 닥쳐오면 주부의 역할은 더욱 중요해졌고, 주부의 결정과 요구는 결정적이었다. 19세기 중반 잉글랜드의 실업 문제에 대해 서술하면서 당대의 한 논자는 다음과 같이 지적했다.

그런 곤경에 처한 가족을 보면 식량 부족 때문에 하루하루 빠듯하게 제한된 식량을 공급받는 바다의 선원 같다는 생각이 종종 든다. 여기에서 주부는 선장이고 음식 공급자이자 분배자다. 그런 상황에서 남편은 일반적으로 모든 것을 그녀에게 넘기고, 그녀는 자신의 역할을 성실하고 정확하게 수행한다.[106]

종종 "선장"은 남편과 아이들을 먹이느라 음식을 먹지 못했다.

의사들의 관찰에 따르면, 일반적으로 부모는 자녀보다 훨씬 더 건강이 악화되었고, 특히 가족 성원 중에서 주로 굶는 사람인 어머니는 창백하고 여위었다.[107]

이 점은 과거와의 연속성을 명백히 보여 준다. 가족 예산에서 음식이 중심 위치를 차지하고, 어머니가 음식을 제공하는 책임을 맡았다는 사실은 노동계급 가족의 삶에서 여전히 중요한 특징이었다. 기혼 여성의 가족 자원 통제와 가족을 위한 자기희생은 가정 내 역할이 가진 동전의 양면이었다.

심지어 평상시에도 주부가 가구의 지출을 관리해야 한다는 것에는 의문의 여지가 거의 없었던 것으로 보인다. 여성은 음식과 의복을 사고, 집세를 지급하고, 전당포 주인을 상대했다. 가구를 관리하는 사람은 아내라고 인식했기 때문에 남편은 아내가 솜씨가 없고 절약할 줄 모른다고 불평할 수 있었다. 개혁가들은 기혼 여성이 집 밖에서 일할 때 생기는 불리한 결과 중 하나는, 그들의 가사 능력(그리고 가구의 자원에 대한 관리)이 감소하는 것이고, 더 나쁜 것은 딸에게 주부로서 필

요한 '교육'을 제대로 시킬 수 없는 것이라고 지적했다.[108]

가구의 재정 관리는 다양한 형태를 취할 수 있어서 단지 돈을 쓰는 것 이상으로 확대될 수 있었다. 남편이 집에서 일하며 원재료를 공급하고 완성된 상품을 파는 상인이나 제조업자와 거래하는 가구에서는, 남편의 일에 얼마만큼의 대가가 지급되어야 하는지를 아내가 협상했다. 리옹과 생테티엔Saint Etienne의 견직물업에서는 주부들이 직접 원재료를 받아 오고 완성된 상품을 실어다 주었다. 종종 무거운 짐을 장거리 운반하기도 했지만, 그들이 단순히 짐 나르는 가축 역할을 한 것은 아니었다. 그들은 '남편과 제조업자 사이의 중개자'[109] 역할을 했다. 일한 대가에 관한 분쟁이 생기면 "남편보다 제조업자와 합의한 사항을 더 잘 알기 때문에, 종종 주부가 나서서 노동 쟁의 심판관 앞에서 증언하기도 했다."[110] 영국에서는 도공刀工의 아내도 유사한 역할을 했다. 실제로 이런 관행은 일부 직업에서는 아주 일반적이어서, 장인이 일하는 장소가 집에서 공장으로 바뀌었을 때에도 고용주는 계속해서 '남편이 번 임금을 아내에게'[111] 직접 지급했다. 주부는 노동하는 남편과 자녀의 임금을 모두 받고, 남편에게 집 밖에서 포도주나 맥주나 담배 등의 간식을 사 먹을 용돈을 주곤 했다. 르쁠레는 파리에 사는 한 목수의 아내에 대해 묘사하면서, "프랑스 노동자 사이에서 확산된 관습을 따라 … 가정 내의 가계 운영과 가족 자원에 대한 전적인 배치 권한이 그녀에게만 한정되어 있었다"[112]고 지적했다.

또 다른 경우에는 남편이 아내에게 생활비를 주고 자신이 얼마나 가질 것인지를 결정했다(노동하는 자녀도 합의된 금액을 어머니에게 주고 나머지는 자신이 가졌다). 이런 관행은 많은 가족에서 특히 소득이 생활비를 지출하고도 조금 남는 정도일 때는 남편과 아내가 벌이는 언쟁의 근원이 되었다. 작가인 드니 풀로Denis Poulot는 1872년에 쓴 책《숭고Le Sublime》에서, 임금 받는 날에 일어나는 긴장을 묘사했다. 노동하는 남편은 "냉엄한 경찰관"인 아내를 존경하고 두려워한다. "토요일 날 임금이 탁자 위에 올라가고 그녀는 2분 동안 계산해 보고는, 그것이 전부가 아니라는 것을 알게 된다. '조제프, 10프랑이 없어요. 당신은 근무에 빠진 적이 한 번도 없어요. 나는 그 돈이 필요해요.'" 중요한 것은 아내가 가족임금을 쓸 권리가 있다는 것이 아니라, 얼마만큼의 돈이 필요한가, 즉 실제로 남편이 대개 음주를 의미하는 '쾌락'을 위해 얼마만큼의 돈을 소비할 수 있는가에 대한 결정권을 가지고 있다는 사실이었다.[113]

역사가들은 노동계급의 삶에서 '음주'가 차지하는 중요성을 알려주는 자료를 많이 가지고 있다. 그것이 에밀 졸라가 그리는 것처럼 노동계급 몰락의 징표인지, 아니면 다른 사람들이 제시하는 것처럼 생활수준 향상의 징표인지에 대해서는 역사가들 사이에도 의견이 분분했다.[114] 우리의 논의에서 중요한 것은, 소비에 관한 언쟁이 노동계급 가구 내 가족관계와 가치에 대해 무엇을 의미하는가다. 이에 대한 해석 또한 서로 상충하고, 결정적인 연구도 없다. 한편으로 풀로가 묘사한 것처럼, 월급날의 드라마는 가족의 필요를 대표하는 아내와 가장 많은 임금을 버는 개인으로서 남편이 가진 권리 간의 갈등을 나타낼 수 있다. 대부분의 경우에 남편의 임금이 가족 수입의 절반 이상을 차지하고, 그 임금이 눈에 보이는 공헌이라는 점이 남편들이 원하는 것을 소비할 권리가 있다고 주장하는 기초가 되었을 수 있다. 더욱이 노동하는 남자들에게 술집이나 카페에서 술을 마시는 것은 사교의 한 형태였다. 장인들은 오랫동안 일과 여가를 함께 해 왔다. 그들은 대체로 직업별로 모이는 술집이 달랐는데, 술집은 고용 장소, 기술 정보, 정치조직, 사회 교류의 중심지로서 기능했다. 몰락하는 직업에 종사했던 장인들에게, 이 중심지들은 조합을 조직하여 그들의 일에 일어나는 변화에 저항하는 장소로서 여전히 중요한 의미가 있었다. 그러므로 이런 남자들에게 술 마실 돈은 직업과 관련된 필수품이었고, 직업 정체성의 이런 측면은 가족의 필요와 갈등을 일으켰을 것이다.[115]

공장노동자와 도시의 비숙련노동자에게 카페는 직업 결사적 기관 trade-associated institution이라기보다는 이웃이었다. 그럼에도 불구하고 카페는 지역에서 사회적 · 정치적 접촉의 중심지로 기능했다. 여기에서 남편과 아내의 갈등은 개인주의적 가치와 가족적 가치 간의 갈등이라기보다는, 다른 종류의 사회적 정체성 사이의 갈등을 나타냈을 것이다. 정확한 해석이 무엇이었든지 간에, 월급날에 언쟁이 생기면 그 언쟁은 가족 안에서는 해소되지 않는, 남편이 아내를 지배하는 문제가 아닌 다른 문제들을 포함하고 있었다는 것은 명백하다. 더욱이 풀로의 묘사에서처럼 남편은 아내의 요구와 아내의 관리 역할의 타당성을 인정하고 있었다. 그래서 돈을 몰래 빼돌리는 것은 반항 혹은 약간의 수정을 위한 시도였지, 돈지갑에 대한 아내의 권력을 부정하는 것은 아니었다.

가족의 노동 분업에서 주부는 여전히 가사를 책임졌다. 산업화 시기에 생산조직이 변화하고, 교환이 점점 화폐를 매개로 이루어졌기 때문에, 가족의 돈을 관리하는 데에 주부가 사용하는 시간과 책임이 늘어났다. 아마도 가장 중요한 것은 자녀가 과거보다 더 오랜 기간 집에 머무는 도시 가족의 수가 증가하는 경향이 있었다는 점이다. 자녀는 결혼할 때까지 집에 있다가 결혼하면서 분가했다. 물론 그 유형의 구체적인 형태는 다양하지만, 일반적으로 더 많은 가족 성원이 집에 거주함으로써 어머니가 해야 할 가사 노동 시간이 증가했다.

과거에 자녀는 여자건 남자건 간에 대개 7세에서 10세가 되면 하녀가 되거나 도제가 되러 집을 떠났다. 반면에 자산을 가진 농민 가족의 상속자는 집에 머물렀고, 숙련된 장인도 아들 한 명은 남겨 가업 계승을 준비시켰다. 그러나 임금소득 가족이 일반화되면서 한 자녀만 선호할 이유가 없어졌다. 모든 자녀가 가족의 추가 수입원으로서, 그리고 잠재적인 노동자로서 동등한 가치를 지녔다. 물론 아동이 일할 수 있는 기회에는 차이가 있었다. 많은 지역에서 하녀는 여전히 딸들이 할 수 있는 유일한 선택이었다. 그래서 과거와 마찬가지로 딸들은 일정한 나이가 되면 하녀로 일하기 위해 집을 떠났다. 그러나 숙련직과 도제 훈련이 쇠퇴하면서, 아들의 경우 일자리 제공처에서 주거를 제공하지 않게 되었다. 혼자서 도시로 이주한 농촌 소년들은 친척 집이나 하숙집에서 하숙을 해야 했다. 그러나 모든 가족이 이주하거나 도시에 완전히 정착한 가족의 경우에는 아들이나 딸이 노동시장에 진입해도 더는 집을 떠나지 않아도 되었다. 직물도시에서 꾸준히 이어진 아동노동에 대한 수요는 성별 상관없이 자녀가 어린 나이에 가족임금 소득자가 되도록 했고, 소년과 소녀가

성인 초기까지도 부모와 함께 거주할 수 있게 했다.[116]

과거에 가구는 자녀가 아주 어릴 때 집을 떠나고 난 뒤 가구의 노동력 수요 균형을 맞추기 위하여 별도로 성원을 보충했다. 그러나 임금소득 가족이 되자 상황은 달라졌다. 가내 생산 양식 아래에서 가구의 노동력 수요는 한정되어 있었지만, 임금소득 가족이 이용할 수 있는 임금노동자 수에는 아무런 제한이 없었으므로 집에서 살 수 있는 자녀의 수에도 아무런 제한이 없었다(부분적으로, 노동계급 가구에서 현대의 연구자를 소름 끼치게 할 정도로 가족원이 많았던 경우는, 출생률이 급격히 증가했기 때문이 아니라 노동하는 자녀가 집을 떠나지 않게 계속 같이 사는 경향이 있었기 때문이다).[117]

물론 자녀는 일할 수 있을 만큼 성장할 때까지는 가족의 자원이 되지 못했다. 아이들을 임금소득자로 만들기 위해 당시 가족들이 아이를 더 많이 낳았다는 증거는 거의 없다. 과거와 마찬가지로 높은 영아사망률로 말미암아 높은 출생률이 유지되었고, 과밀하고 비위생적인 도시의 노동계급 거주지역의 주거 환경 때문에 영아사망률은 더 악화되었다. 다소 이른 나이에 결혼한 집단에서는 결혼 내 출생률도 증가했다. 그러나 이 시기에 자녀를 낳고 키우는 모습에 두드러진 변화는 보이지 않았다. 유아기는 여전히 "생물학적으로 필수적인 … 성인기의 전 단계" 또는 노동할 수 있는 나이에 이르는 전단계로 간주되었던 것 같다. 어머니는 여전히 자녀가 어린 나이부터 가사에 보탬이 되기를 기대했다. 많은 회고록들은, 어머니가 자녀를 '놀게' 내버려 두지 않았음을 강조한다. 아동에게 투여되는 시간과 보살핌의 본질은 변화하지 않았다. 어머니는 자녀를 가능한 한 많이 그리고 자주 가구의 일상적인 일에 투입했다. 높은 (영유아)사망률은 여전히 운명론을 불러일으켰다. "어머니들은 때로 무감각한 태도로 자신의 폭넓은 모성 경험을 자랑하면서 자신이 묻은 자녀의 수를 이야기하곤 했다."[118]

그러나 자녀가 임금소득자가 되면 상황은 과거와 달라졌다. 자녀가 집에 남아 있는 가족에서 자녀의 존재는 가족 재정에 보탬이 되었고, 더 나아가 어머니가 일하러 가지 않아도 되게 했다. 물론 그러면서 어머니의 가사노동은 늘어났다. 더 많은 음식을 준비해야 했고, 더 많은 세탁물을 처리해야 했다. 결과적으로 어머니는 자녀가 일하러 갈 정도로 성장할 때까지 계속 가족의 노동력the family labor force을 부양했다.

자녀가 집에 남아 있는 시간이 더 길어짐에 따라, 가족의 생활수준도 향상되었다. 이것은 다시 자녀가 더 오래 집에 머물 수 있게 했고, 이에 따라 가족, 특히 어머니와 자녀의 유대가 강화되었다. 사실 가족 안에서 자녀와 어머니의 관계는 노동계급 가족의 삶을 특징짓는 가족 단위에 대한 충성과 의무감을 자아내는 데에 도움이 되었던 것 같다. 물려줄 자산도, 기술도 없는 가족은 노동하는 자녀에 대해 어떤 물질적 구속력도 갖지 못했다. 하지만 어머니는 자녀들에게 강한 정서적 요구를 했던 것처럼 보인다. 이런 요구는 사회적으로 인정된 일련의 가치들에 따라 더 강화되었는데, 그 가치에 따르면 자녀는 부모, 특히 어머니에게 헌신과 충성을 다할 의무가 있었다. 이 장의 앞부분에서 우리는 단지 '어머니'라는 이유만으로 어머니를 따라 파리로 가는 잔 부비에의 의무감에 관해 언급했다. 잔에게 첫 직업을 구해 준 것도, 노동의 세계로 인도한 것도 어머니였다. 이런 경험은 많은 노동계급 자녀에게 전형적이었다. 과거에 적어도 장인들 사이에서는 (그리고 여전히 자신들의 직업에 대한 접근을 통제할 수 있는 숙련노동자들 사이에서) 아버지가 아들을 직업 세계로 인도했던 반면, 임금소득 가족에서는 아들이든 딸이든 자녀가 어린 나이부터 힘든 노동을 하도록 사회화시키고 자녀가 일하러 갈 준비가 되었을 때 일자리를 찾아 준 사람은 대부분 어머니였다. 1877년에 질문지 조사에 응답한 파리 여학생들은 거듭해서 어머니가 그들이 어떤 일자리에 취업할지를 결정한다고 응답했다. 뿐만 아니라 많은 여학생들은 어머니와 같은 직업을 가지려고 했다.[119]

앤더슨은, 프레스턴에서 "애정의 유대는 어머니와 자녀 사이에 특히 강했는데 그것은 자녀를 위해 희생하는 사람은 그 누구보다 어머니였으며, 아버지로부터 자녀를 보호하는 것도 어머니였다는 사실과 자녀의 삶에서 어머니의 역할이 매우 컸음을 반영하는 것으로 보인다. 그래서 역으로 어머니는 자녀들로부터 애정과 감사를 받았던 것으로 보인다"[120]며 상당한 증거들을 제시하고 있다. 노동자들이 쓴 회고록은 이 사실을 입증한다. 한 영국 여성은 그녀의 일생에 걸친 행위를 어머니의 이미지가 미친 영향으로 돌린다. "나는 평생 동안 많은 유혹을 받았어요. 하지만 어머니의 얼굴("어머니의 피곤하고 가난에 찌든 얼굴")은 항상 나와 유혹 사이에 있는 것 같았어요."[121] 한 관찰자는 "어머니가 돌아가신다면 유일한 친구가 사라진 것이기 때문에 어린 자녀들은 진심으로 흐느껴 울 것"[122]이라고 했다.

이런 애정이나 의무감의 유대는 가구에서 어머니가 하는 역할에서 나왔다. 어머니는 가족의 삶을 조직하고 식구들을 먹이고 예산을 관리했다. 엠마뉴엘 러브킨Emanual Lovekin은 "나의 어머니는 크고 강한 여성이었지요. 어머니는 어떤 사소한 것도 소홀히 하지 않고 일곱 아들과 두 딸이 있는 가족, 그리고 가정사에는 거의 관심이 없어 보이는 남편과 더불어 평생 고군분투했어요"라고 썼다. "우리는 모두 신의 솜씨a Masterly hand를 가진 어머니의 통제 아래 있었지요."[123] 어머니와 자녀 사이에 형성된 유대는 때로 노동하는 자녀가 가족을 떠난 뒤에까지 가족기금에 공헌하게 만들었다. 그런 유대는 종종 자녀가 결혼한 뒤에도 유지되어, 자녀들은 어머니에게 다소간의 재정 보조를 하고 어머니가 홀로 되거나 노년기에 접어들었을 때 거주지를 제공하기도 했다.

가사에 대한 관리와 더불어 어머니는 가족을 위해 다른 서비스도 제공했다. 그중 가장 중요한 것은, 도시의 노동계급 가족들에게 점점 더 중요해졌던 친족관계망에 가족을 연결하는 역할이었다. 앤더슨은 실업, 질병, 사망 등과 같은 위기 시에 그리고 출산이나 이주 같은 좀 더 일상적인 사건이 발생할 때, 산업화된 프레스턴에서 친족관계의 중요성이 증가했음을 상세하게 설명했다. 한편으로는 과거와 같은 작은 공동체가 부재했고, 다른 한편으로는 아직 국가가 제공하는 사회서비스가 발달하지 않았기 때문에, 가족 성원은 도움이 필요할 때 서로 의지할 수밖에 없었다. 친목 및 장례 모임friendly and burial societies의 성원이 되는 것은 어떤 가족에게는 일종의 보험이 되었지만, 대개는 불충분했다. 또 이웃이 도움이 되긴 했지만 친척이 더 의지가 되었고, 도움이 필요하면 다소 멀리 떨어진 거리에 살거나 몇 년 동안 만나지 않았더라도 친척에게 도움을 요청할 수 있었다.

앤더슨이 묘사한 바와 같이, 친족 체계 안에서 일종의 호혜 관계가 발전했다. 사람들은 친척을 위해 무언가를 하고 나면 반드시 도움을 준 개인이 아니더라도 친족 체계 안에 있는 다른 사람에게서 보답이 있을 것이라고 기대했다. 기혼 여성들이 이 체계를 조직하고 유지시키는 사람이었던 것 같다. 그들은 환자를 간호하고 서로 방문하며 친척의 어린 자녀를 돌봐 주었다. 또한 죽은 사람을 위해 장례식을 준비하고, 축제 음식을 마련했으며, 가족을 방문하고 일요일 저녁 식사나 차 마실 때 친척들을 초대했다. 기혼 여성들은 가족의 음식을 다른 친척들과 나누었으며, 도시에 온 사촌이나 조카, 시누이나 올케를 데리고 사는 데에 동의했다. 이런 행동은, 필요할 때 여성 자신과 그녀의 가족이 유사한 도움을 받을 것임을 보장했다.[124] 주부들은 결과적으로 자녀와의 관계, 친족과의 관계를 통해 돈뿐만 아니라 몇 가지 중요한 가족의 자원을 통제했다. 그녀의 '능숙한 솜씨' 덕분에 가족임금경제와 임금소득 가족의 친족 체계에 토대가 되는 유대가 확보되었다.

노동계급의 주부와 어머니는 가족경제를 운영하고 가족 노동력을 감독했다. 그녀는 가족 성원을 묶어 주는 애정의 공동체를 창출했다. 새로운 종류의 가족 유대가 가족 성원 사이에서 발전함에 따라, 임금소득 가족에서 가사에 대한 기혼 여성의 책임은 더욱 증대했다. 기혼 여성은 임금소득 가족 안에서 계속해서 여러 가지 일을 했지만, 노동조건과 생산조직이 변화함에 따라 이 활동들을 쉽게 조화시키는 그들의 능력도 변화되었다. 아내, 어머니, 식량 공급자, 가정의 대소사와 자녀의 임금소득 활동 조직자로서의 과제들을 수행하는 데에 기혼 여성들은 대부분의 시간을 소비했다. 필요할 때는 그녀 자신도 임금노동자가 되긴 했지만, 생산활동에 직접 투자하는 시간은 과거에 가내소비를 위한 생산활동이나 시장에 내다 팔기 위해 했던 생산활동보다 훨씬 적었다.

전반적으로 가정과 일터의 분리는 기혼 여성의 활동에 몇 가지 중요한 영향을 미쳤다. 고용주나 가구 모두 전일제 노동자로는 미혼 여성을 선호했기 때문에, 기혼 여성은 더 생산적이고 더 높은 임금을 받는 일에서 배제되었다. 그럼에도 기혼 여성은 가족의 이해관계에 따라 필요하면 임금소득자가 되어야 했다. 많은 주부들은 가사 책임과 양립할 수 있는 임시방편적인 일을 선택했다. 다른 주부들은 저임금의 임시 미숙련직을 선택했다. 일반적으로 기혼 여성의 노동력 참여 유형은 불규칙하고 산발적이었다. 특히 도시 가족에서는 기혼 여성의 시간이 가정 내에서 중요했다. 그들은 규모가 더 커진 가구를 돌보고 가족을 위해 식료품을 구입하고 음식을 준비했으며, 자녀의 임금소득 활동을 조직했다. 그런 가족에서 어머니의 가사 활동 domestic activity은 점차 가족에게 더 중요하고 가치 있는 것이 되었다.

여성은 가구생산양식 아래에서 했던 것처럼 생산에 대한 책임과 가사에 대한 책임 사이에서 시간을 배분했지만, 더는 평생 쉼 없이 〔생산〕 노동을 하지는 않았다. 대신에 그들은 삶의 전 과정에 걸쳐 다양한 활동을 번갈아 했다. 여성들은 미혼기와 결혼 초기에는 대부분의 시간을 임금을 버는 데에 썼지만, 아이가 태어나면 가정과 가족에 더 많은 시간을 쏟느라 임금소득 활동에 사용하는 시간이 줄어들었다. 임금소득 활동과 자녀 양육은 병행하기 어렵기 때문에, 자녀의 출생은 종종 어머니의 취업을 오랫동안 중단시켰다. 산업생산양식 아래에서 여성들은 생산활동과 재생산활동을 결합시키기가 점점 더 어려워졌다.

제3부

가족소비경제를 향하여

대부분의 여성들은 더 높은 생활수준을 원하며
그것을 얻기 위해 일할 준비가 되어 있다고 솔직히 말한다.
예를 들면 이런 여성의 목적은 자가용을 사고,
요크에서 떨어진 곳에서 휴일을 보내고,
전축과 전기세탁기와 식기세척기를 사는 것이다.

_ B. S. Rowntree and G. R. Lavers, *Poverty and the Welfare State*, p. 56.

제7장

직업과 인구의 변화

20세기 초 영국과 프랑스에 일어난 경제 변화로 인해 여성의 직업 기회에도 변화가 일어났다. 두 나라에서 섬유산업은 쇠퇴한 반면, 다른 제조업은 성장했다. 탄광, 금속, 기계를 포함한 중공업은 전기, 화학산업과 마찬가지로 중요해졌다. 그동안 지배적인 산업 형태였던 낡고 조그만 섬유 공장들은 대중 시장을 겨냥하여 상품을 생산하는 큰 공장들로 대체되었다. 기계를 제조하여 새로운 공장에 공급하는 산업이 점점 더 주력산업이 되었다. 기업가는 섬유보다는 기계와 기계 부품, 고무와 화학, 자전거와 자동차 생산에 점차 더 많은 자본을 투자했다. 산업이 섬유에서 중공업으로 이전됨에 따라, 제조업 부문에서 여성의 일자리는 줄어들었다. 섬유 생산은 여성과 아이를 고용했던 반면, 중공업은 일차적으로 남성에게 상대적 고임금의 고용 기회를 제공했기 때문이다. 초기의 생산 규모 증가는 여성을 공장으로 끌어들였다. 그 뒤 규모가 증가하면서 새로운 상품의 제조는 여성을 제조 부문에서 내몰았다. 물론 이전에도 섬유 공장이 여성 노동자를 위한 일자리였다고 볼 수는 없다. 여성은 가내 서비스나 의류 제조 같은 '전통적인' 고용 형태에, 또 프랑스에서는 농업에 더 많이 고용되었기 때문이다. 이런 영역들 역시 프랑스와 영국의 경제에서 그 중요성이 감소했다.

그러나 이러한 변화는 동시에 여성을 위한 새로운 유형의 직업을 만들어 냈다. 경제조직 규모가 성장하면서 관료적이고 행정적인 조직이 확대되었다. 회사 사무실에 직원을 두고, 정부 조직의 자리를 채우기 위해 많은 수의 사무원과 타자수, 그리고 비서들이 필요해졌다. 대량생산은 대량 유통을 수반했다. 큰 상점들이 작은 가족기업을 대체했고, 많은 수의 판매 점원을 고용했다. 의무교육으로 더 많은 교사들이 필요해졌다. 의료와 사회서비스에 대한 정부의 개입 또한 이 새 영역을 위한 노동자를 필요로 했다. 이런 서비스와 행정적·전문적 직업은 경제학자들이 '3차 부문tertiary sector'이라고 일컬은 부문이었다. 그들에게는 싸고 풍부한 노동 공급이 필요했다. 산업 고용에서의 높은 임금은 남성 노동자를 유인했는데, 그 일자리가 감독자나 경영자 같은 자리였기 때문이다. 남성 노동력의 공급 부족과 화이트칼라 수요 증가에 직면해, 고용주는 여성을 충원하기 시작했다. 그 결과, 20세기에 여성은 산업적·가내적인 생산에서 '현대적인' 화이트칼라 고용으로 '이동'하게 되었다.

20세기 초의 여성 노동력

19세기 말과 20세기 초 화이트칼라직에 여성이 출현한 것을 두고 동시대인들은 취업 여성의 수가 새롭게 증가할 것이라고 예측했다. 여성의 권리를 주장하는 사람은 남성의 분야였던 곳에 여성이 진입했다는 것이 새로운 시기의 도래를 의미한다고 보았다. 조지 기싱 George R. Gissing의 소설《짝 없는 여자들The Odd Women》에 나오는 주인공 중 한 명은 이런 관점을 반영하여, 타자기가 여성해방의 가능성을 대표한다고 얘기하고 있다.

왜냐하면 나 자신은 사무원 교육을 받았고 그런 고용에 적합한 우수한 능력을 갖추었기 때문에, 나는 같은 생각을 가진 소녀들을 찾고 있으며 사무실에서 일할 수 있도록 그들을 준비시키는 데에 최선을 다하고 있다. 그리고 … 나는 이런 과정에 들어오게 된 것이 기쁘다. 나는 나의 반대자들이 여자답지 않다고 하는 직업career의 길을 소녀들에게 소개해 줄 수 있어 기쁘다. … 나는 여성스럽다와 여자답다는 단어를 그렇게 일상적으로 혼동하는 것을 없애기 위해서는 무장운동, 즉 남성이 항상 우리를 못 들어오게 막았던 영역에 여성이 침입함으로써만 성취될 수 있음을 분명히 알고 있다.[1]

화이트칼라직에 진입한 일부 여성들은 중간계급에 속했다. 중간계급의 딸과 부인에게 임금노동은 강요된 여가에서 탈피하는 새로운 변화였다. 연구자들은 중간계급 여성의 경험을 모든 여성의 경험과 동일시하는 경향이 있다. 그러므로 그들은 여성을 위한 직업이 이 시기에 급속히 증가했다고 결론 내리며, 심지어 이 직업으로 여성의 지위와 능력에 대한 태도가 새롭게 변화했다고 주장한다. 일부 역사학자는 이 시기에 여성에게 직업 기회가 확대된 것이 여성에 대한 태도를 변화시켰고, 결국 영국에서 여성이 참정권을 얻을 수 있었다고 결론지었다. 이런 결론을 검토하거나 평가하기 위해서 우리는 다른 여성 직업의 변화뿐만 아니라 화이트칼라직에 대해 몇 가지 질문을 해 보아야 한다. 우선, 20세기 초 무렵 영국과 프랑스의 노동력에서 여성이 전보다 더 많아졌는가?

두 나라의 수치를 조사해 보면 여성의 노동력 참여에 약간의 변화가 있음을 알 수 있다. 프랑스에서는 여성의 취업률과 노동력에서 여성의 비율이 작지만 꾸준히 증가했다. 이런 증가 중 일부는 통계 조사 담당자가 노동력 참여의 의미를 재정의했기 때문에 생겨났다. 여성들은 항상 일해 왔지만 1906년에야 처음으로 있는 그대로 집계되었다. 영국에서 취업 여성의 비율은 거의 변하지 않았다(〈그림 4-3〉과 〈그림 4-4〉를 보라). 두 나라의 여성 노동력에서 중요한 발전은 여성 노동자들이 산업 부문에서 3차산업 부문으로 재배치된 것이었다. 하지만 화이트칼라 고용의 증가가 여성 노동자의 증가를 의미하지는 않았다. 그것은 여성 노동자가 단순히 한 유형의 직업에서 다른 유형의 직업으로 이동한 것에 불과했다. 비록 중간계급의 미혼여성이 처음으로 이런 직업에 들어간 것이기는 하지만, 그들은 여성 노동력 중 소수에 불과했다. 제조업 직무처럼 화이트칼라 직무에서도 대다수의 취업 여성은 노동계급 출신이었다.

섬유업과 '전통적' 취업의 감소

20세기 초까지 프랑스는 산업화 수준에서 영국보다 뒤떨어져 있었다. 제조업이 영국 경제를 지배했던 반면, 프랑스에서는 소규모 농업이 여전히 중요한 부문으로 남아 있었다. 1906년에 프랑스 노동력의 46퍼센트는 농업에 고용되었고, 29퍼센트만이 제조업에 고용되었다. 이와 대조적으로 1911년에 영국의 노동력은 9퍼센트만이 농업에 고용되었고, 51퍼센트가 제조업에 고용되었다. 그러나 여성이 가장 많이 고용되어 있던 농업 외 부문은 두 나라에서 모두 감소하기 시작했다.[2] 영국에서 섬유업에 고용되었던 노동력 비율이 1851년의 13.8퍼센트에서 1911년에는 8.2퍼센트로 감소했고, 프랑스에서도 이 수치가 1856년의 6.9퍼센트에서 1906년의 4.8퍼센트로 줄어들었다(〈그림 7-1〉). 영국의 전체 취업 여성 노동자 중 섬유업에 종사하는 사람의 비율은 1851년 22퍼센트에서 1911년 16퍼센트로 떨어졌다. 이와 마찬가지로 프랑스에서도 1861년 전체 취업 여성의 10퍼센트가 섬유 노동자였는데, 1906년에는 7퍼센트로 하락했다.

[그림 7-1] **영국과 프랑스의 섬유 노동력**(1851~1961)

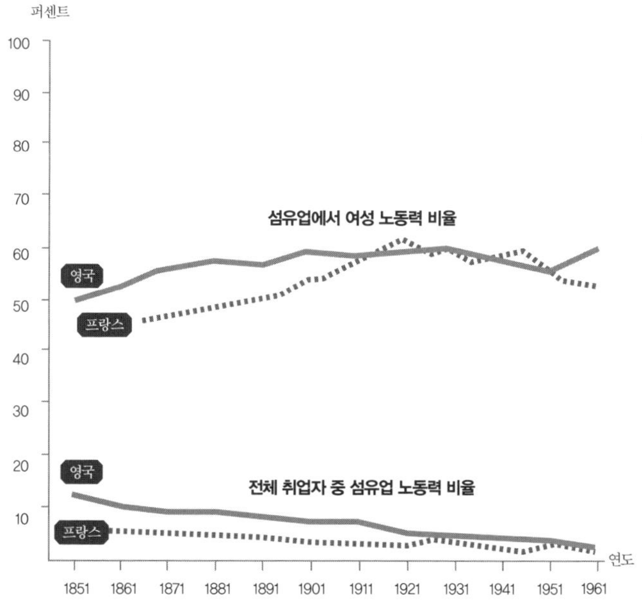

섬유업보다는 시차를 두고 점진적으로 진행되었지만, 의류산업에 고용된 노동자의 수도 줄어들었다. 영국에서는 1901년 이후에 감소하기 시작했다. 프랑스의 의류업 고용은 1906년에 정점에 달했다가 그 뒤로 감소하기 시작했다. 그러나 일부 도시에서는 바느질 업종의 아성인 가내 생산 부문이 많은 기혼 여성들을 계속 고용했다. 실제로 재봉틀은 20세기까지 가내 제조업을 지속할 수 있게 해 주었다. 특히 프랑스에서는 노동력 부족에 직면한 제조업자들이 공장에서 일할 수 없는 잠재적인 노동자들의 노동을 유급 노동시장으로 이끌어내려 했고, 작고 상대적으로 값싼 재봉틀 덕분에 집에서 일할 수 있는 기혼 여성들을 고용했다. 그럼에도 불구하고, 가내노동은 20세기 초반 20년 동안 사양길에 접어들었다. 한 동시대인은 이를 주변 산업이라고 기술했다.

결국 사람을 쥐어짜는 가내노동 체계는 중심부의 주변에서 수행되는 일종의 게릴라전과 같았다. 특히 임대 비용이 매우 비싼 런던 같은 특정 지역에서 가장 발달했다. 고용주들의 입장에서는 자신들 대신에 노동자들이 임대비를 지불하게 하는 것이 더 경제적이었다. 게다가 런던 같은 큰 중심지에는 사람이 매우 많았으므로, 노동력 구매자는 손해를 보지 않으면서도 기계와 경쟁할 수 있었다. 이것이 바로 인구의 압력이 미치는 위력이었다.[3]

가내 서비스 역시 여성을 고용하는 산업으로서 그 중요성이 감소하기 시작했다. 19세기 동안에 여성 하인의 비율은 양국 간 차이는 유지하면서도 영국과 프랑스 모두에서 감소했다. 프랑스 비농업 부문에서 하인으로 일하는 취업 여성의 비율은 1896년 19퍼센트에서 1936년 16.4퍼센트로 떨어졌다. 영국에서는 이 감소가 더 급격해서 1901년에 200만 명의 여성이 하인으로 고용되어 전체 취업 여성의 42퍼센트를 차지했던 것이 1931년에는 여전히 높은 수치이긴 하지만 30퍼센트로 줄어들었다.

하녀의 감소는 몇 가지 요인들이 빚어낸 결과였다. 첫째, 하녀는 관습적으로 시골 소녀의 자원, 즉 도시로 이주하기 위한 수단이었다. 20세기경 두 나라 모두 취업 기회가 도시에 더 많았다. 20세기에도 가난한 이농 소녀들은 계속해서 대량의 하녀 공급원이었다. 19세기에 브르타뉴Brittany에서 온 소녀들과, 이보다 조금 늦게 이태리와 스페인 또는 (가장 최근에) 포르투갈 시골에서 온 소녀들은 프랑스의 전형적인 하인이었다. 영국의 하인은 아일랜드나 스코틀랜드 또는 빈곤한 북부 지역에서 왔다. 많은 시골 소녀들은 곧바로 공장이나 상점에 일자리를 얻어 들어갔다. 둘째, 학교와 노동입법labor legislation으로 14세 이하 소녀의 공급이 제한되었다. 게다가 학교교육 덕분에 14세의 여성은 집 안의 고된 일자리보다 더 나은 곳에 취업할 수 있었다. 그래서 하인 중에서 나이 많은 여자의 비율이 과거보다 더 높아졌다. 예를 들면 영국에서는 1881년과 1901년 사이에 하녀 중 15세 이하의 소녀 비율이 34퍼센트로 떨어진 반면, 25세에서 44세 사이의 하녀 비율은 33퍼센트로 증가했고 44세 이상도 20퍼센트로 증가했다.[4]

하녀 인구의 연령 구조 변화는 미혼 여성이 독점했던 일을 기혼 여성이 하게 된 결과였다. 이것은 가내 서비스에 대한 소녀의 공급이 줄어들었기 때문일 뿐만 아니라, 하인에 대한 수요가 변화했기 때문이었다. 1914년 무렵 중간계급 가구의 경제적인 압박으로 함께 기거하는 하인에 대한 수요가 감소했다. 예를 들어 파리에서는 인플레이션과 심한 주택 부족으로 집세가 1905년 이후로 급격히 올랐다. 가족들은 아래층에 살고 하인이 기거했던 6층 다락방을 이제는 노동계급 가족에게 임대해 주었다.[5] 영국 가구에서도 하인이 감소했다. 중간계급 가족은 하인에게 제공하던 방과 식사비를 절약하고자 매일 집으로 출퇴근하는 여성을 선호했다. 물론 이와 함께 진공청소기 같은 노동절약형 기술과 동네 세탁소를 이용함으로써, 중간계급의 주부는 소수의 하인을 두거나 혼자서도 집안일을 할 수 있게 되었다.[6]

생계비 증가로 많은 가족은 대체로 하인 수를 줄이거나 하인의 도움 없이 살아야 했으며, 같은 집에 살던 소녀들 대신에 더 싼 파출부로 대체해야만 했다. 실제로 프랑스에서는 가내 하인의 수가 1921년과 1951년 사이에 감소했으며, 파출부femmes de ménage의 수가 증가했다. 1921년에는 11가구당 한 명의 파출부가 있었으나, 1951년경에는 그 비율이 4가구당 한 명으로 늘었다. 파출부의 증가는 결혼을 했건 안 했건 간에 더 나이 든 여성이 파출부로 적합했음을 의미했다. 이런 새로운 고용 환경의 변화 역시 19세기 말경에 시작되었다. 호텔과 레스토랑, 그리고 큰 사무실 빌딩들이 증가함에 따라 먼지 닦기, 청소와 침대 정리, 접시 닦기, 테이블 정리 등을 해 줄 미숙련노동자들이 필요해졌다. 이런 장소들 역시 노동자들이 입주할 필요가 없었고, 별다른 기술이나 경험도 필요하지 않았다. 당연히 젊

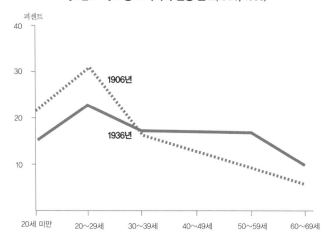

[그림 7-2] 프랑스 하녀의 연령 분포(1906, 1936)

출처 : Jean Daric, L'activité professionnelle des femmes en France.

은이나 미혼자만 할 수 있는 일도 아니었다. 프랑스에서 입주 하녀 수는 1906년에 68만 8천 명에서 1936년에 42만 2천 명으로 감소한 반면, 파출부 수는 9만 6천 명에서 15만 3천 명으로 증가했다. 〈그림 7-2〉는 또 다른 관점을 제공해 준다. 그래프는 1906년과 1936년 사이 가내 하인의 연령 분포를 보여 준다. 1936년에는 1906년보다 30세 이상의 모든 여성에서, 특히 30세와 59세 사이의 여성에서 뚜렷한 증가를 보이고 있다. 가내 하인 수가 감소함에 따라 직업의 연령 구조 역시 변화한 것이다.[7]

여성을 고용했던 낡은 부문이 축소되고, 새로운 생산 부문이 열렸다. 20세기 초까지 두 나라 모두 중공업, 즉 금속과 광산, 기계 부문에 더 많은 사람들이 고용되었다. 프랑스에서 금속업에 취업한 여성

[표 7-1] 프랑스 제조업의 업종별 여성 비율(1866~1954)　　　　　　단위: %

산업	1866년	1906년	1954년
의류	78	89	81
섬유	45	56	56
금속	8	4	15
음식 및 기타 농산물	11	18	31
화학 및 고무	14	29	32
피혁	19	15	37
인쇄	18	21	32

출처 : Henri Nolleau, "Les femmes dans la population active de 1856 à 1954," *Economie et politique* (1960), p.14

의 수가 1906년 이후에 급격히 증가했지만, 새로운 일자리의 대부분은 중공업 이외의 산업에서 생겨났다. 여성은 화학 산업, 음식 가공과 통조림, 그리고 종이와 마분지 상자 제조업의 성장으로 생긴 일자리로 이동했다.

여성들은 또한 인쇄 같은 오래된 산업에서 기술 향상으로 새로 생겨난 일자리에 들어갈 수 있었다. 실제로 프랑스에서는 20세기 초에 여성이 공장에 취업할 수 있는 일자리가 매우 다양해졌다. 많은 산업에서 여성 비율은 증가했다(〈표 7-1〉 참조). 당시 경제학자들은 여성이 과거 남성 직업에 고용됨으로써 남성의 일자리와 임금에 영향을 미칠까 봐 염려했다.[8] 1880년 이후부터 프랑스 노동조합들은 점점 더 거리낌이 없어졌다. 당시 여러 전국 단위 연맹들에서 제기된 논쟁과 해결책들을 보면 여성과의 경쟁에서 야기되는 문제를 어떻게 해결할지를 두고 노동조합주의자들과 사회주의자들이 혼란을 보였고, 새로운 분야에서 여성의 취업이 증가했음을 알 수 있다.[9]

금속과 화학, 인쇄업에서 여성의 비율이 약간 증가하긴 했지만, 여전히 의류와 섬유산업의 여성 취업 비율이 월등하게 높았다. 하지만 제조업에 고용된 취업 여성의 비율은 점점 떨어졌다. 영국에서는 제조업의 여성 노동력 비율이 1911년과 1931년 사이에 45퍼센트에서 37퍼센트로 떨어졌다. 프랑스에서는 제조업에 고용된 취업 여성(비농업 중)의 비율이 1906년과 1936년 사이에 47퍼센트에서 39퍼센트로 하락했다.[10]

여성 화이트칼라 취업의 증가

제조업 부문에서 여성 취업의 감소는 두 나라에서 '현대적인' 서비스, 즉 판매, 사무, 경영, 전문직 직종에서의 취업 여성 증가로 상쇄되었다. 제조 상품과 식품업 생산의 확대로 유통 체계가 확대되었다. 이와 더불어 도시인구의 성장은 도매상과 소매상의 수와 규모를 증가시켰다. 예를 들면, 영국에서는 1875년과 1907년 사이에 상점의 수가 56퍼센트나 증가했다.[11] 1882년 초 파리에 처음 세워진 백화점은 19세기 말경에는 여러 대도시로 번창해 나갔다. 1882년까지 프랑스에는 20개의 큰 시장grands bazars이 있었다.[12] 게다가 전문 상점의 증가와 소비자협동조합의 형성으로 판매 인력에 대한 수요가 대규모로 창출되었고, 여성이 이런 부분에 취업했다. 프랑스에서 상업에 고용된 비농업 부문 여성 노동자의 비율은 1906년 약 18퍼센트에서 1946년 27퍼센트로 꾸준히 증가했다. 1890년대에 파리의 루브르백화점에는 여성 판매원 한 사람 모집에 100명의 지원자가 몰렸다. 영국의 경우, 1911년의 통계조사를 보면 상점 점원의 수가 약 50만 명이나 되었다.[13] 이런 형태의 고용이 여성 화이트칼라 노동자 중에서 가장 많은 수를 점했으며, 이는 두 번째로 여성 취업자가 많은 교직의 거의 세 배에 달하는 규모였다.

은행, 보험회사, 우체국 같은 상업적이고 행정적인 관료 조직의 성장으로 저숙련의 화이트칼라 직무가 확대되고 사무노동이 변화함에 따라, 젊은 여성들은 다양한 취업 기회를 얻게 되었다. 실제로 20세기 동안에 사무원이라는 전문직은 여성의 직업이 되었다. 찰스 디킨스의 밥 크래치트Bob Cratchit나 스탕달Stendhal의 줄리앙 소렐Julien Sorel 같은 인물은, 이제는 사라진 유형이지만 부유한 사업가 옆에서 하인보다 높은 위치에서 오른팔 역할을 하는 교육 받은 야심찬 젊은이를 그린 것이다. 20세기에 이르면 사무직에서는 과거에 누렸던 승진의 기회가 거의 사라졌다. 이제 사무노동은 협소한 전문성을 가진 일이 되었다. 어떤 노동자들은 서류를 정리했고, 다른 노동자들은 타자를 쳤으며, 또 다른 노동자들은 편지를 접거나 심부름을 했다. 과거에는 혼자 외롭게 하던 일을 많은 사무원들이 했다. 여성들은 저숙련 일자리에 충원되었다. 혹자는 1882년 이후에 사용된 타자기가 특히 여성 능력에 적합하다고 주장했는데, 그 이유는 타자 치는 일이 피아노 치는 것과 비슷하다는 것이었다. 영국의 제1세대 타자수들은 "여자 타자기female typewriters"라고 불렸다. 그러나 20세기에 사무실에서 남성이 여성으로 급속히 대체된 것은 타자기 때문이 아니라 직업 기회의 구조 때문이었다. 영국의 경우에 1851년 전체 사무원의 1퍼센트도 안 되던 여성 비율은, 1914년에 이르면 상업 부문 사무원 총수의 25퍼센트를 점하게 되었다. 남성 사무원의 수가 1861년과 1911년 사이에 다섯 배로 증가하는 사이에, 여성 사무원의 수는 400배나 증가했다(1951년에는 여성이 전체 사무직 노동자의 약 60퍼센트를 차지했으며, 사무노동은 여러 직업 중에서 가장 많은 수인 125만 명 이상의 여성을 고용했다). 프랑스에서는 가족기업이 점차 대기업으로 변화하면서 개인기업에 취업할 기회는 더욱 감소했는데, 개인기업에서도 사무노동은 여성의 일이 되었다. 사무노동은 평균적으로 공장노동이나 가내노동보다 보수가 더 좋았다. 프랑스은행은 1890년대 말에 직원 25명을 뽑는 데에 1천 명이나 되는 지원자가 몰렸다고 보고했다. 파리에서는 은행과 보험회사에서 여성 종사자의 수가 1911년보다 일곱 배나 늘어났다. 1956년에는 전체 사무직 종사자의 54퍼센트가 여성이었다.[14]

중앙정부와 지방정부의 대국민 서비스가 증가함에 따라 행정기관의 규모도 커졌다. 파리시에서는 1911년 행정 서비스에 2만 명의 여성이 고용되었고, 10년 뒤에는 3만 명이 고용되었다.[15] 19세기 말까지 영국과 프랑스에서 여성 취업에 특히 중요한 영향을 미친 요인은 우체국의 확대와 전신전화 서비스의 성장이었다. 10년도 채 안 되는 1888년과 1895년 사이에 프랑스 우체국이 배달한 편지의 양은 두 배나 늘어, 우체국 직원을 모두 남성으로만 충원하기 어려워졌다.[16] 과거에도 여성이 우체국 일을 했지만 대개 지방 우체국에서 일했고, 그것도 사망한 남편이나 아버지에게서 그 자리를 물려받은 경우였다. 그러나 1892년 (특히 파리에서) 우체국은 우표를 팔고 편지의 중량을 재고 우편물을 분류할 사람을 찾으려고 필사적으로 노력한 끝에 여성을 대규모로 고용했다. (우편물을 어깨에 메고 걸어서 배달하는 우체부는 좀 더 오랫동안 남성의 직무로 남아 있었다.) 자격 조건을 갖춘 노동자(직무 서열에 따라 초등학교를 졸업한 여성이나 자격 시험을 통과한 조금 더 나이 든 사람)의 공급은 우체국의 수요를 훨씬 초과했다. 1892년에는 1,151명을 뽑는 데에 남성은 205명만이 지원했다. 이와 대조적으로 1892년 이후로 약 200명을 뽑는 데에 5천 명의 여성 지원자가 몰렸다고 우편 행정부는 보고했다.[17] 영국의 상황도 비슷했다. 우체국 노동력은 1891년과 1914년 사이에 두 배가 되었고, 1914년까지 우체국은 여성 화이트칼라 노동자 분야에서 단일 직종으로는 가장 큰 직종이 되었다.[18]

우체국과 달리 (1914년까지 두 나라에서 우편행정부 소관 아래에 있던) 전신전화 서비스는 가능한 한 여성들을 고용했다. 경쟁 시험을 통해 선발된 교환원은 몇 달 동안 훈련을 거쳐 기계 사용법을 익혔다. 이런 여성 노동자의 사회적 출신에 대한 연구는 아직 없다. 다만, 최소 연령 제한과 시험 과목들이 있었기 때문에 극빈층 출신의 딸은 배제되었을 것이다. 지원자 수와 낮은 수준의 임금으로 볼 때, 우체국 직원이나 그 보조원과 마찬가지로 전화 교환원 역시 노동계급 출신이었음을 짐작할 수 있다.[19]

여성 화이트칼라 취업에서 중요한 다른 두 분야는 교직과 간호직이었다. 19세기 말에 마련된 영국과 프랑스의 교육법 덕분에 젊은 여성은 초등학교 교육을 받을 수 있었고, 잠재적 고용 기회를 얻었다. 영국에서는 1914년경 초등학교 교직에서 여성의 수가 남성의

[그림 7-3] 1880년대의 전화 교환원

수를 훨씬 앞질렀다. 1875년 초등학교 교사 총수의 약 55퍼센트였던 여성 비율은 1914년에는 75퍼센트에 달했다. 초등학교 교직에서 여성의 증가 속도는 남성의 네 배에 달했다(반면 중등교육에서는 남성 대 여성의 비율이 1860년대에서 1914년까지 변화가 없었다).[20] 프랑스에는 남녀 분리 교육의 전통이 있었기 때문에 남녀 교사의 비율이 똑같았다. 1882년 〈페리법Ferry Law〉* 제정 이후 수녀는 일반 교사로 대체되었고, 소녀를 위한 학교가 더 많이 생겨남으로써 젊은 여성들

---

* 1879~1885년 교육부 장관과 수상을 지낸 쥘 페리Jule Ferry의 이름을 딴 법으로, 교회의 영향력 아래 있던 교육을 교회로부터 독립시켜 초등교육의무제도를 창설한 법이다.

[그림 7-4] 1870년대 런던의 브리앙 앤 메이 성냥 공장의 노동자들

에게 새로운 기회가 창출되었다. 거의 여성 직원으로 이루어진 유치원이나 초등학교의 증가 역시 이 직업에서 여성의 대표성을 높여주었다.[21] 세기가 바뀌면서 양국 모두에서 초등학교 교직에서 여성이 차지하는 비율이 높아지면서, 남성 교사들이 여성 교사에게 적대감과 반감을 품게 되었다. 그러나 점점 더 많은 여성이 초등학교 교사가 됨에 따라 적어도 교직은 여성화되었으며, 이 직종에서 남성은 취직하기가 점점 더 어려워졌다.

프랑스의 〈페리법〉은 각 과목별로 교사들을 훈련하기 위해서 3년 과정의 교원양성학교를 인가했다. 공식 자격이 없어도 교사가 될 수는 있었지만, 장학금을 제공하는 교원양성학교가 생겨나면서 전문직이나 화이트칼라 노동자 가족 출신뿐만 아니라 농민이나 노동계급 가족 출신도 이 학교에 들어가게 되었다. 현존하는 몇몇 연구는

20세기 동안에 노동계급 가족 출신의 초등학교 교사 수가 꾸준히 증가했다는 것을 보여 준다.[22] 영국에서는 1907년까지 교사를 양성하는 대학이 몇 군데 있었지만, 대다수의 교직 지원자들은 초등교육을 마친 뒤 5년 동안 단지 유급 교생으로서 봉사했다. 1907년 이후에는 유망한 교사에게 중등교육 장학금을 주었다. 그러나 많은 사람이 여전히 자격시험만 통과한 후 교직에 진입했다. 교사에 대한 수요가 계속 늘어났기 때문에 교육법이 통과된 후에도 훈련도 받지 않고 자격증도 없는 교사가 대량으로 고용되었다. 1875년에 여자 교사의 57퍼센트가 교사 자격증이 있었던 반면에, 1914년에는 단지 32퍼센트만이 공식 훈련을 받은 사람들이었다. 많은 사람이 일종의 자격시험을 통과한 후 교사가 되었지만, 일부는 "단지 학교 검사관에게 승인을 받았을 뿐이었다."[23] 1914년까지 초등학교 교사는 대부분 "노동계급의 소녀로 충원되었던 것 같다."[24] 교직이 좀 더 존경받는 직업이 됨에 따라 중간계급 여성들이 들어왔다. 그러나 1914년 이후까지도 교직은 농민, 장인, 그리고 공장노동자의 딸이 사회적으로 상승할 수 있는 통로가 되었다. 교직이 늘어나기는 했지만, 교사는 전체 여성 노동력의 아주 작은 부분에 불과했다. 영국에서는 1911년에 전체 취업 여성의 3퍼센트인 약 18만 명의 여성이 교사로 고용되어 있었다. 프랑스에서도 교사는 여성 노동력의 약 3퍼센트에 불과했다.[25]

취업 여성 중 간호사의 비율은 더 낮았다. 그러나 이 분야 역시 특히 영국에서 정부가 보건 서비스를 향상시키는 데에 관심을 가지고 역할을 하면서 충원이 크게 증가했다. 영국에서 플로렌스 나이팅게

일 이야기가 간호직에 영향을 미쳤다는 것은 여러 번 언급되었다. 그녀는 오랫동안 교단教團이나 일용 잡역부의 영역으로 여겨지던 분야를 전문화하려고 노력했다. 나이팅게일은 간호사 양성 학교와 행동 규칙, 자격 기준과 윤리 규약을 만들었다. 그녀는 간호직을 자신이 속한 계급의 소녀가 선망하는 직종으로 만드는 데에 성공했다. 구빈법poor laws의 실시로 환자에 대한 병원 치료와 군대 내 정부 의료 서비스가 확대됨에 따라 도시 지역에서 간호직에 대한 수요가 많이 창출되었다. 나이팅게일의 개혁과 정부의 보건 조치로 간호직은 모든 계급의 여성이 취업할 수 있는 분야로 개방되었다. 한 병원의 임원은 다음과 같이 기술했다. "간호사들은 모든 계급에서 충원되었다. … 병원에서 하녀가 남작의 딸과 나란히 앉아 있는 것을 발견할지도 모른다. 그리고 이 둘 사이의 서열 등급은 똑같다는 것을 알게 될 것이다."[26] 실제로 행정 역할만 극소수의 상층계급 여성이 맡았고, 대부분의 간호직(1911년에 약 7만 7천 명)은 야망을 가진 하층계급 소녀가 담당했다.[27] 명목상 가톨릭 국가인 프랑스에서는 교단이 간호 분야를 계속 지배했다. 따라서 평범한 여성은 이런 계통의 일을 대안적인 취업 형태로 중요하게 생각하지 않았다.

20세기 들어 여성 직업이 변화하면서 서비스 부문에서 여성 비율이 크게 증가했다. 이런 변화는 1906년과 1936년 사이의 프랑스 비농업 부문 여성 고용 통계를 보면 알 수 있다. 이 시기에 서비스 직업에서 여성이 차지하는 비율은 44퍼센트에서 56퍼센트로 증가했고, 제조업에 취업한 여성은 57.1퍼센트에서 42.3퍼센트로 감소했다. 영국에서는 이보다 몇 십 년 앞서서 여성 취업에서 이와 비슷한 변화가 있었다. 1881년과 1911년 사이에 서비스 부문의 취업 여성 비율은 거의 두 배가 된 반면, 제조업에 고용된 비율은 감소했다.[28]

여성 취업에서 일어난 이런 변화들은 이 시기에 몇 가지 중요한 발전이 있었음을 보여 준다. 첫째, 여성은 점차 집에서 거리가 먼 곳이나 가족 환경과 떨어진 곳에 고용되었다(가장 중요한 예외는 프랑스의 가족농장이었다). 한 세기 이전에 시작된 가정과 일터의 분리는 1900년경에야 완료되었다. 이제 여성들은 공장과 사무실에서 다른 동료들과 함께 임금을 벌었다. 둘째, 많은 여성들이 적어도 기초교육을 요구하는 직무들에 고용되었다. 판매, 사무, 전문 직업은 과거의 여성 노동과 달리 읽고 쓰는 능력을 요구했다. 그러나 이런 발전에도 불구하고, 여성의 화이트칼라 노동은 남성보다 임금이 낮았을 뿐만 아니라 특별한 기술을 필요로 하지 않았다. 예를 들면, '상업'에서 여성의 임금은 남성 임금의 3분의 1이나 절반에 불과했다. 여성은 감독직이나 행정직에는 거의 고용되지 않았다. 대부분의 여성은 고용되어 있는 동안 저임금직에 계속 머물렀다. 즉, 승진의 기회가 거의 없었다.

셋째, 남성 노동자들이 두려워하긴 했지만 여성이 남성 노동력과 통합되는 일은 결코 일어나지 않았다. 여성이 과거에 고용되었던 부문이 쇠퇴함에 따라 새로운 '여성' 직무가 출현했다. 그리고 여성이 사무직이나 판매직, 초등교육 같은 직업에 진입하면서 이 분야의 남성 노동자를 대체했다. 새로운 유형의 '여성화된' 고용이 특히 서비스 부문에서 빠른 속도로 출현했다.

1850년대와 비교해 볼 때, 영국과 프랑스에서의 여성 노동은 새로운 형태를 띠었다. 이런 변화는 기술이나 산업의 성장과 직접 관련이 있다기보다는 오히려 상업과 행정조직이 확대된 결과였다. 여성이 새로운 직업에 고용되었다 할지라도, 이런 직무들은 분리되는 경향이 있었다. 19세기에서처럼 어떤 직업에는 여성이 있었고, 다른 직업에는 남성이 있었다. 전문직인 소수의 화이트칼라 직업이 노동계급 여성에게 지위 상승과 평생 노동의 가능성을 제공하기도 했다. 그러나 20세기에 여성에게 허용된 대부분의 (새롭고 오래된) 직업들은 거의 숙련을 요구하지 않았고 상대적으로 낮은 임금을 제공했다.

도시의 여성 노동

19세기에는 도시마다 여성의 취업 유형이 달랐다. 이런 경향은 20세기에도 계속되었다. 왜냐하면 우리가 논의했던 대규모의 변화가 서로 다른 경제구조를 가진 도시들에게 서로 다른 방식으로 영향을 미쳤기 때문이다.

요크와 아미앵에서는 가내 서비스가 쇠퇴하고, 경공업과 상업 부문에서 일자리가 증가했다. 1899년 요크에서 라운트리는 "요크 특유의 조건에 맞는 지배적인 산업은 없다"[29]는 것을 발견했다. 남자는 북동부 철도 회사에 다니며 철로에서 일하거나 벽돌 직공, 페인트공, 석공, 막노동자로 일했다. 가장 큰 공장인 코코아와 과자 공장은 2천 명에서 3천 명 정도를 고용했는데, 대부분은 젊었고 많은 수가 여성이었다(1936년까지 과자 공장은 요크에서 단일 고용 직종으로서는 제일 규모가 컸다. 약 1만 명의 종업원을 고용했으며, 그중 3분의 2가 여성이나 어린 소녀였다.)[30] 라운트리는 처음 방문을 했을 때 젊은 사람에 대한 수요가 컸다고 말했다. 그 결과 "실제로 모든 소년, 소녀들은 공장에서 일자리를 얻을 수 있었다."[31] 요크에서 여성의 취업은 세기 말경에 변화했다. 극소수의 여성만이 가내 하녀로 일했고, 많은 사람이 공장 종업원이나 가게 점원, 사무원이었다. 1911년에 여성 인구의 32.3퍼센트가 취업해 있었는데, 그 분포는 다음과 같다. 36.1퍼센트는 제조업에, 19.5퍼센트는 전문 판매직과 사무직에, 37.2퍼센트는 가내 서비스에 고용되었다. (일반 노동처럼 모호하게 정의된 직업이나 호텔, 레스토랑 일자리에 고용된 사람은 7.1퍼센트였다.) 여성 노동력의 10퍼센트 미만이 기혼 여성이었고, 기혼 여성의 7.3퍼센트가 일했다.[32]

아미앵의 섬유산업은 20세기 초에 이르러 기계화되었다. 약 2천 대의 섬유 공장 기계에서 아마포와 모, 면이 생산되었다. 그러나 이 산업은 1900년에 관세법과 과잉 생산 그리고 북부와 동부의 대규모 섬유 중심지와의 경쟁에서 밀려나 타격을 받고 심각한 어려움에 처했다. 몇몇 새로운 산업이 아미앵에서 발전했다. 남성 거주자는 1865년에 문을 연 신발, 장화 공장뿐만 아니라 설탕 정제 공장이나 구리 주물 공장에서 일자리를 찾을 수 있었다. 신발 가죽을 재단하고 준비하는 일 자체는 큰 작업장에서 이루어졌지만, 신발은 가내노동자가 만들었다. 1900년에 약 3천 명의 남녀가 이 산업의 다양한 부문에 취업했다.[33]

신발업은 19세기 말에 아미앵에서 가내노동이 확대되던 현실의 한 단면을 보여 주었다. 1880년과 1900년 사이에 제조업체(가내노동 계약을 맺었던 기업들)의 수는 13개에서 27개로 증가했다.[34] 1903년에 실시된 한 조사에 따르면, 가내노동자의 72퍼센트가 기혼 여성, 즉 화이트칼라 노동자의 부인이거나 숙련·미숙련노동자의 부인이었다. 이 여성들은 가구 연간 소득의 10~30퍼센트를 벌었다.[35]

  1906년 아미앵의 노동력은 1851년보다도 남성이 훨씬 많았다(1851년에 141이었던 성비가 151로 증가했다). 가내 서비스는 여전히 여성 노동력의 중요한 구성 부분이었다. 1906년에 의류업의 여성 노동자 비율은 1851년과 거의 같은 수준이었다. 그러나 섬유 노동의 경우는 1906년에 여성들의 취업 기회가 크게 줄어들었다. 미혼여성은 상점, 회사, 그리고 전문직(거의 교직)에서 새로운 취업 기회를 얻었다. 여성 노동력의 32퍼센트는 기혼이었다. 1906년에 많은 기혼 여성 노동자(35.8퍼센트)가 의류산업에 고용되었다. 기혼 여성 노동자의 총 54퍼센트가 의류, 신발, 섬유산업에 취업했다. 근대적인 회사와 상업, 전문직 부문에서 노동력이 증가하고 있었다. 미혼여성은 성장하고 있는 고용 부문에서 기회를 얻었지만, 기혼 여성은 의류와 섬유산업에서 계속 일했다. 즉, 기혼 여성들은 서비스 부문의 성장에 거의 참여하지 못했다.[36]

  스톡포트와 루베는 섬유도시로 남아 있었다. 사람들은 기본적으로 여전히 공장노동에 종사하고 있었다. 그럼에도 불구하고 19세기 말경에는 공장 생산조직의 변화와 섬유산업의 불경기로 섬유업에 종사하는 총 노동력의 비율이 줄어들었다. 영국과 프랑스의 전체 섬유 노동력 규모가 줄어듦에 따라, 섬유 노동자 중 여성 비율은 오히려 커졌다(〈그림 7-1〉). 영국에서 섬유산업에 종사하는 여성 비율은 1851년 종업원 총수의 49퍼센트였다가, 1911년에는 57퍼센트가 되었다. 프랑스에서는 여성이 1866년 섬유 노동력의 45퍼센트였다가, 1911년에는 61퍼센트가 되었다. 지방 통계도 비슷한 변화를 보였다. 랭커셔에서 1851년에 여성은 면직업 노동자 총수의 50퍼센트를 차지했다가, 1901년에 63퍼센트가 되었다. 요크셔에서도 모직업의 여성 종업원 비율은 같은 기간 동안 40퍼센트에서 50퍼센트로 증가했다.[37] 스톡포트에서 여성은 1911년에 면직업 전체 노동자의 61.9퍼센트를 차지했다(1851년의 52.6퍼센트였다). 루베에서는 1872년에 32.6퍼센트였던 섬유 직공 중 여성 비율이 1906년에는 35.6퍼센트로 증가했다(루베에서 모직업은 면직업보다 여성을 더 적게 고용했다).[38]

여성 고용 전문가였던 당시의 한 통계학자는 19세기 말에 영국 섬유산업이 쇠퇴함에 따라 섬유 노동력의 특성이 변화했음을 지적했다. 더 많은 기혼 여성이 점차 공장에 고용되었다.

취업하려고 생각하던 산업 부분이 눈에 띄게 쇠퇴하기 시작하면, 곧 소녀와 젊은 여성의 유입이 중단될 것이다. 기존의 공장은 문을 닫고 새로운 공장들도 생겨나지 않을 것이다. 아직까지 문을 열고 있는 공장에 일자리를 구하려는 여성은 나이가 많고 가난한 여성일 것이다. 젊은 여성이 포기한 산업의 공장에서 기혼 여성의 취업이 증가했다.[39]

이 여성 통계학자는 여성이 점령하는 업종이 출현했다는 것 역시 오해라고 지적했다. 실제로 여성 고용에서 순증가는 없었다. "더 좋

[그림 7-5] 파리 센강에서 빨래하는 여성들(1871)

은 보수를 주는 업종들이 남녀가 경쟁하던 업종에서 남성을 끌어냈고, 여성은 그대로 남겨졌다. 여성과 다른 업종에서 더 높은 임금을 받는 남성은 집에 있는 부인을 먹여 살리고 자녀를 더 오래 교육시킬 수 있었다."[40]

섬유산업이 집중되어 있는 루베와 스톡포트에서도 불경기를 맞으면서 이런 변화가 분명히 나타났다. 노동력의 53퍼센트에서 43퍼센트를 고용했던 섬유산업이 침체되면서 제조업 부문 여성 노동력 비율이 감소되었다. 반면 섬유노동에서 남성 대비 여성의 비율은 약간 증가했다. 비록 1906년에 많은 취업 여성(42.3퍼센트)이 여전히 공장에 있었지만, 다른 경공업이나 소매업 및 기업에 고용된 비율이 증가했다.

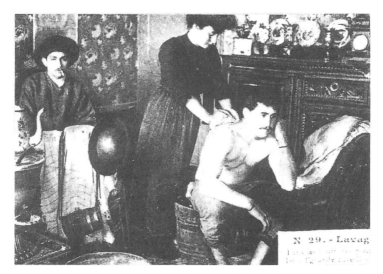

[그림 7-6] 20세기 초 프랑스 광부의 목욕

루베의 산업구조가 변화함에 따라 여성 노동력의 참여 유형 역시 달라졌다. 1906년에는 도시에 사는 유배우 여성이나 사별 여성 중 많은 수가 일을 했다. 노동력의 약 3분의 1은 기혼 여성이었다. 섬유 노동자 중 기혼 여성 비율은 1872년의 21퍼센트에서 37퍼센트로 상승했다. 여성 섬유 노동자의 나이도 35세였던 이전보다 높아졌다. 이제 여성 섬유 노동자 중 30세 이하는 65퍼센트였고, 15세 이하는 4퍼센트에 불과했다.

1906년 앙쟁의 경제는 1872년보다 훨씬 더 다양해졌다. 노동력의 26퍼센트만이 제조업과 채취 산업에, 그리고 7퍼센트가 광업에 고용되었다. 파드칼레Pas-de-Calais와 인접한 지역에서 새로운 광산이 발견되고 개발된 것은 그 이후였다. 이 개발은 북부 지방에 있는 오래된 광산 지역에 큰 영향을 미쳤다. 앙쟁은 몇 가지 차원에서 실제로 탈산업화되었다. 앙쟁은 이제 더 이상 광부들이나 금속 노동자가 있는 산업도시가 아니었다. 광산 회사와 다른 기업들의 행정 직원 수와 비율이 증가함에 따라 소매업이 늘어났다. 노동력에서 여성이 차지하는 비율도 현격히 감소했다. 일하는 기혼 여성은 소수였고, 기혼 여성 중 노동력으로 남은 비율은 매우 낮았다. 많은 수의 카페 점원과 의류 봉제공이 사라졌다. (센서스 조사 수치는 조사가 단편적이거나 불규칙하기 때문에 기혼 여성의 노동을 과소평가할 가능성이 크다. 그러나 경향을 파악하기에 충분할 만큼 변화가 뚜렷했다.) 미혼 여성은 여성 노동력이 위축되었던 과거보다 더 많은 비율을 차지했다.

요크의 여성 취업 현황은 영국 전체의 상황과 비슷했다. 스톡포트 같은 영국의 사례는 많지만, 프랑스의 루베는 섬유도시 중에서도 특이한 사례로 꼽힌다. 아미앵은 전체 프랑스의 실태를 대표하는 전형적인 도시였다. 앙쟁은 프랑스 전체보다 여성 취업률이 훨씬 더 낮았다.

20세기에 여성은 모든 도시에서 협소한 범주의 직업에 집중되는 경향을 보였다. 19세기 때처럼 젊은 미혼 여성은 여성 노동자 중에서도 상대적으로 노동조건이 좋은 직업에 취업해 있었다. 그들은 가내 서비스보다 제조업과 '상업'에 더 많이 고용되었다. 기혼 여성 대다수가 여성 노동이 여전히 필요한 섬유도시에서 일했다. 루베를 제외한 모든 도시에서 산업은 계속해서 강하게 성별로 분절되었고, 기혼 여성이 도시 노동력에서 차지하는 중요성은 50년 전보다 더 줄어들었다.

출산력 저하

20세기에 노동계급에 나타난 가장 뚜렷한 인구 변화는 출산 및 영아 사망의 감소와 관련되어 있었다. 생후 1년 안에 사망하는 영아가 줄었기 때문에 출생 시 기대수명은 증가했다. 그리고 부부가 임신을 계획적으로 조절하기 시작하여 가족의 크기도 줄어들었다.

19세기 말까지 프랑스와 영국의 출생률은 감소했다. 프랑스 전체로 볼 때, 출산력 저하는 19세기 초부터 시작되었다. 그러나 세기말에 이르러서야 이전에 출산율이 높았던 집단과 지역, 도시에서도 출산이 감소하기 시작했다. 영국에서는 1870년대에 출생률이 전반적으로 떨어지기 시작했다. 프랑스에서는 조출생률(인구 1천 명당 출생아 수)이 1851~1855년에 25.0명에서 1901~1905년에는 21.8명으로 떨어졌다. 영국에서는 조출생률이 1851~1860년에 34.1명에서 1911~1920년에는 21.8명으로 줄어들었다. 15세에서 44세 사이의 기혼 여성 1천 명당 법률혼 내 출산은 1851~1860년에 281명이었던 것이 1911~1920년에는 174명으로 떨어졌다. 총 출생률은 계급별로 차이를 드러내지는 않는다. 그러나 세기말의 영국에 대한 연구를 보면, 출생률이 노동계급보다도 상류계급에서 훨씬 더 급격하게 떨어졌음을 알 수 있다. 노동자계급에서는 결혼 내 출산의 감소가 섬유 노동자들에게 가장 뚜렷하게 나타났으며, 광부와 농업노동자층에서 가장 적게 나타났다. 그럼에도 불구하고, 이전의 수치와 비교할 때 노동계급의 출산은 분명하게 감소했다. 영국에서 육체노동을 하는 임금소득자에게서 태어난 아이는 1890~1899년 10년 사이

[표 7-2] 루베와 앙쟁의 조출생률(1861~1906)　(인구 1천 명당 출생자 수*)

년도	앙쟁	루베
1861	37.2	42.8
1866	32.8	44.8
1872	33.0	42.4
1876	33.0	42.4
1881	28.7	39.0
1891	26.9	36.4
1896	22.9	32.5
1901	27.5	29.0
1906	26.5	27.0

* 센서스 실시 연도를 중심으로 3년 동안의 평균 출생자 수.

출처: Rapport du Marie for Roubaix yearly from 1863 ; for Anzin, birth counted from yearly registers of the Etat Civil.

에 결혼한 부부당 평균 4.9명이었고, 1915년에는 2.9명이었다. 미숙
련노동자 사이에서도 그렇게 급격하지는 않지만 그 감소가 분명해
서 1890~1899년 결혼 코호트cohort*의 경우 5.1명이었으나, 1915
년 결혼 코호트에서는 3.5명으로 떨어졌다.[41]

　　루베, 릴, 앙쟁 같은 산업 중심지에서도 출산은 감소했다. 〈표
7-2〉는 각 도시의 조출생률 변화를 나타내는데, 1861년과 1906년
사이에 루베와 앙쟁의 출산이 급격하게 떨어진 것을 알 수 있다. 〈그
림 7-7〉은 이 감소를 그래프로 보여 준다. 이 그래프는 5세 간격으

---

* 특정한 기간에 태어나거나 결혼한 사람들의 집단과 같이 통계상의 인자因子를 공유
　하는 집단.

로 구분한 기혼 여성의 연령집단별로 기혼 여성 1천 명당 5세 이하 자녀 수를 제시한 것이다. 1906년에 〔앙쟁의 40~44세 연령층을 제외한 루베와 앙쟁의〕모든 연령층의 기혼 여성 집단에서 5세 이하의 자녀를 둔 비율이 감소했다. 분명히 1906년에는 이전보다 모든 가족이 의도적으로 출산을 억제하고 있었다.

루베의 인구는 프랑스 전체 인구와 마찬가지로 출산이 줄어들면서 고령화되었다. 1872년에는 루베 인구 중 66퍼센트가 15세 이상이었으나, 1906년에는 이 수치가 74퍼센트로 치솟았다. 5세 이하 인구의 비율은 1872년에 13퍼센트였던 것이 1906년에는 7퍼센트로 떨어졌다. 1895년 초 루베의 통계학자는 출산 저하가 계속 진행 중이라는 점에 주목했다. 그는 다음과 같이 썼다. "프랑스의 인구가 줄어들고 있다! 불행히도 이것은 모두 사실이며, 최근의 출생과 사망을 비교해 보면 이를 명백하게 알 수 있다"고 통계학자는 울부짖는다.[42] 비슷한 유형 변화가 앙쟁에서도 일어났다. 1901년과 1906년 사이에 인구가 증가하지 않은 것이다. 앙쟁의 인구 역시 출산이 감소함에 따라 고령화되었다. 1872년에 67퍼센트였던 15세 이상 인구 비율이 1901년에는 73퍼센트로 증가했다.

출산이 저하된 원인은 성비 같은 인구 구성 변화 때문이 아니라, 결혼율과 결혼연령 변화 때문이었다. 게다가 1904년에 프랑스 섬유 노동자전국연맹의 비서가 말한 것처럼, "노동자가 금욕을 실천하고 자녀 수를 제한하려고 하기" 때문에 출산이 떨어졌다. 그는 산아제한이 "대규모로" 실행되고 있다고 지적했다.[43]

이 시기의 가족계획 방법은 조야하고 단순한 것이었다. 낙태가 피

[그림 7-7] 루베와 양쟁의 출산율(1872, 1906)

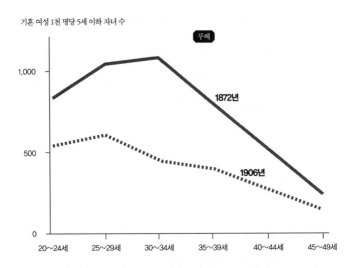

기혼 여성 1천 명당 5세 이하 자녀 수

루베

1,000

500

0

1872년

1906년

20~24세   25~29세   30~34세   35~39세   40~44세   45~49세

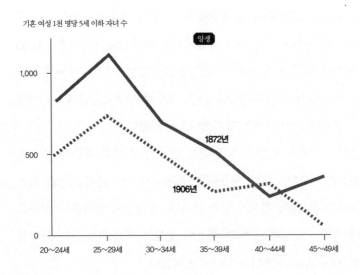

기혼 여성 1천 명당 5세 이하 자녀 수

양쟁

1,000

500

0

1872년

1906년

20~24세   25~29세   30~34세   35~39세   40~44세   45~49세

임 방법으로 가장 일반적이었던 것 같다. 20세기 초에 영국의 산업 시역에서, 에넬 엘더튼Ethel Elderton의 통신원들은 지방신문들이 "맬서스주의의 적용"*을 위해 아주 빈번히 낙태 약 광고를 실었다고 보고했다.[44] 노동계급 여성들은 태아가 생명을 부여받기 전에 낙태를 하면 죄나 범죄가 아닌 것으로 생각했다고 한 역사학자는 기술했다. 그는 또한 낙태가 남편의 협조가 필요 없는 출생률 억제 방법이었음을 지적하고 있다.[45] 그러나 산아제한을 옹호하는 사람들이 낙태를 인정한 것은 아니다. 영국과 프랑스의 신맬서스주의자들은 낙태보다 여성들이 사용할 수 있는 다른 방법이 더 바람직하다고 주장했다. 그런데 그들이 제안했던 방법들은 새로운 기술을 전혀 반영하지 않은 것들이었다. 그 방법들은 자궁 경부를 막기 위해 고안된 스펀지와 정자를 죽이는 용액 같은 것들이었다. 노만 하임즈Norman Himes의 증언을 보면, 식초나 브랜디 같은 산성 용액에 적신 스펀지가 여성의 피임 기구로 오랫동안 사용되었음을 알 수 있다. 그러나 1882년에 네덜란드 물리학자가 발명한 격막diaphragm**은 출산을 감소시키지 못한 것으로 보인다. 실제로 '산아제한 주창자들'의 조직조차도 격막

---

* 19세기의 경제학자인 맬서스는 노동자계급이 빈곤한 원인은 그들이 지나치게 많은 아이를 낳기 때문이라 보았다. 그는 식량은 산술급수적으로 증가하는데 인구는 기하급수적으로 증가하기 때문에 노동계급의 다산으로 인한 지나친 인구 증가가 인류를 파멸시킬 것이라고 주장하며 노동계급의 금욕과 출산 제한을 주장했다.
** 돔 모양의 얇은 원반 모양으로서, 질 내에 삽입하여 자궁 경부를 덮을 수 있도록 유연한 고무막으로 만들어져 있다. 이 격막은 정자가 자궁에 도달하지 못하게 차단하는 역할을 하는 피임법으로 고안되었다.

사용을 지지했다는 증거가 거의 없다.[46]

　신맬서스주의자가 확산시킨 피임 정보는 분명히 가족계획이라는 쟁점에 대한 공적인 토론과 지식을 활성화시켰다. 영국 맬서스주의자들의 활동과 더불어 당시 산아제한 정보를 출판하고 유포시켰던 찰스 브래드로프Charles Bradlaugh와 애니 배선트Annie Besant의 재판 기사는 아마도 일부 가족들에게 산아제한의 필요성과 가능성을 환기시켰을 것이다.[47] 비록 더 소규모이기는 하지만 프랑스에서도 이와 유사한 운동이 일어나 노동계급의 가족 규모 제한을 촉구했다. 몇몇 사회주의자는 신맬서스주의자와 합류하여, 프랑스 노동자들이 자본주의 전쟁의 총알받이가 될 아이를 낳지 말아야 한다고 주장했다. 프랑스재건연맹French Regeneration League은 루베 같은 산업도시를 순회하면서 노동자들에게 가족의 크기를 제한하라고 촉구했다(1920년 이후에 국가가 인구성장 촉진 정책을 실시했기 때문에 이런 활동은 불법이었다. 인구가 많아야 제1차 세계대전으로 입은 손실을 만회할 것이며, 독일에 대한 프랑스의 군사적 우위를 확보할 수 있다고 믿었다).[48]

　신맬서스주의자들의 활동이 활발했지만 정말 출산율이 감소한 것은 이들의 활동 때문은 아니었다. 노동계급 가족은 19세기의 마지막 10년 동안에 일어난 수많은 경제·사회·정치 변화 속에서 먼저 출산율을 제한할 필요를 느꼈고, 신맬서스주의자들은 이들에게 정보를 제공했을 뿐이다. 무엇보다도 당대인이 자주 거론했던 것은 노동자계급 가족의 생활수준 변화였다. 특정 노동자 집단에서 실질임금이 상승함에 따라, "자녀들이 있다면 방해받을 수 있는 편안함과 쾌락, 그리고 사치품에 대한 선호가 증가"했다.[49] "노동계급의 상층은 가족을 줄이지 않으면 생활수준이 낮아질 수밖에 없다는 것을 재빨리 인식했다.[50] 안락과 사치는 노동자계급 가족의 상황과 대부분 거리가 멀었다. 노동계급 가족이 산아제한을 한 것은 더 나은 생활수준에 대한 열망과 산아제한 실천으로 더 나은 생활수준에 다다를 수 있다는 믿음 때문이었다고 말하는 편이 아마도 더 정확할 것이다.[51]

두 번째 영향은 경제학자가 말하는 '자녀의 경제적 가치'의 변화에서 기인했다.[52] 영국의 출생률 감소를 연구하는 학자들은 이 요인이 중요하다고 거듭 지적했다. 노동조직과 기술이 변화함에 따라 아동노동은 점점 더 불필요해졌다. 부모가 어린 자녀에게 적합한 일을 찾아 주는 것이 점점 더 힘들어졌다. 게다가 아동노동법(영국에서는 1878년, 프랑스에서는 1874년에 제정)과 의무교육법(영국에서는 1876년, 프랑스에서는 1882년에 제정)으로 자녀가 부모에게 경제적으로 의존하는 기간이 늘어났고, 아이가 학교를 마치고 더 나은 곳에 취직할 수 있는 새로운 기회가 생겼다. "공장법과 교육법의 실시로 인해 자녀는 점점 더 지출 부담을 가중시키는 요인이 되었다. 국민의 윤리적 지도자들은 부모가 아이를 지원할 능력이 없으면 자녀에 대한 권리도 가질 수 없다고 가르쳤다. 이 이론은 '자녀를 보내 주는 것은 신이며 이후에 신이 그들을 위해 양식을 제공할 것'"이라는 낡은 복음주의자의 설교를 대체했다.[53]

출산율 감소의 세번째 요인은 불황과 아동노동법의 도입에 따른 아동노동에 대한 제한을 들 수 있다. 루베와 앙쟁에서는 경제적이고 법적인 요인이 함께 작용하여 아동 취업을 제한했다. 두 도시 모두 1860년대와 1870년대의 경제적인 풍요는 지나갔다. 북부 지방의 섬유산업은 1897년에서 1903년까지 불황을 겪었다. 루베의 방적 공장 수는 1890년에는 31개였는데 1900년에는 24개로 줄어들었다. 공장 설비의 10퍼센트를 차지하던 두 개의 소모[양모를 가지런하게 빗는 일] 공장은 없어졌다. 인근 지역 47개의 방적 공장 중에서 10개나 문을 닫았다.[54] 1903년 이후에 서서히 회복되었지만, 루베의 인구는 계속해서 줄어들었다. 이 도시에서는 아동노동과 의무교육에 관한 법률이 실시되었다. 15세 이하 아동 중 78퍼센트는 학교에 다녔다. 1906년에는 1872년보다 훨씬 적은 수의 아동이 일했다. 10세에서 14세 사이의 소년 중 15퍼센트가, 소녀의 10퍼센트가 일했다. 앙쟁에서도 마찬가지로 아동이 할 수 있는 일거리가 줄어들었다. 1872년에 10~14세 소년의 50퍼센트가 일했던 것과 대조적으로, 1906년에는 16.6퍼센트만이 일했다. 루베의 섬유산업이 사양화되고 앙쟁에서 석탄 광업이 폐쇄됨에 따라, 루베의 가족들은 더 이상 자녀를 많이 낳을 필요가 없어졌다.

물론 어린아이가 일자리를 잃었다는 현실의 이면에는 '자녀에게 들어가는 비용'이 증가했다는 사실이 존재한다. 자녀가 부모에게 경제적으로 의존하는 기간이 더 길어졌다. 게다가 자녀를 학교에 보내고 성인으로서 직업을 가질 수 있게 준비시키는 데에는 새로운 비용이 추가되었다. 때문에 한 가족 안에 자녀가 많으면 자녀 각자에게 경제적으로 충분히 지원하기가 훨씬 어려워졌다.

인구학자가 제시하는 네 번째 요인은, 아동과 영아의 사망률이 낮아졌다는 점이다. (두 나라에서 1861년 이후에 가시화된) 1~15세 사이의 아동 사망률 감소 역시 가족의 출산 전략에 영향을 미쳤다. 여분의 자녀가 어른이 될 때까지 생존하는 것은 노동자 가족에게 재정 부담을 주었다. 좀 더 많은 아이들이 살아남게 되자, 가족은 산아제 한을 하기 시작했다(출생률 저하가 먼저 진행되고 이어서 급격한 영아 사망 저하가 일어났기 때문에, 영아 사망의 영향은 분명하게 드러나지 않 는다. 출산력 저하는 프랑스에서 19세기 전반부에, 영국에서는 19세기의 마지막 4반세기에 분명했던 반면, 영아사망률은 20세기 초반 10년 동안 에 떨어졌다. 출산력 저하는 영아 사망의 감소 때문이라기보다는 오히려 그것에 앞서 일어난 것으로 보인다).[55]

이런 모든 요인은 19세기 말 노동자계급의 출산 전략에 어느 정 도 영향을 미쳤다. 많은 가족은 출산과 자녀의 미래뿐만 아니라 자 신들의 미래에 대해 좀 더 계산적인 태도를 취했던 것으로 생각된 다. 그 결과, 부모들 역시 아이 하나하나에 더 많이 투자하게 되었다. 부모 스스로 아이의 수를 제한했기 때문에, 태어난 아이에게 더 많 은 시간과 돈을 지출했다.

영아 사망의 감소

출산 감소에도 불구하고 20세기까지 프랑스와 영국의 노동자 가족 내 영아 사망은 여전히 높았다. 1899년에 요크를 방문한 라운트리 는 요크의 영아사망률이 출생아 1천 명당 176명으로 160명인 전체 잉글랜드와 웨일스의 영아사망률보다 더 높다는 것을 발견했다. 프 랑스 북부 지방에서는 영아 사망이 1893~1900년에 가장 높았다.

극빈층 가족의 영아사망률이 가장 높았고, 기혼 여성이 집에서 떨어진 곳에서 일하는 지역에서 영아사망률이 치솟았다. 가장 빈번한 사망 원인은 젖병 수유와 관련한 비위생적인 환경 때문에 발생하는 위장염이었다.[56]

19세기의 영유아사망률을 고려할 때 아이가 생후 1년까지 살아남을 가능성은 기껏해야 10명중 9명이고, 20세까지 살아남을 가능성은 많아야 10명 중 6명 정도라고 부모들은 생각했을 것이다. 1~4세까지의 아동 사망률은 1895년 이후에야 떨어지기 시작했다. 5~14세까지의 아동 사망률은 현저히 감소했다. 그러나 영아 사망은 상대적으로 1900년이 되기 조금 전에 향상되었다. 〈표 5-5〉와 〈표 7-3〉, 〈표 7-4〉는 1860년에서 1901년까지 영아사망률이 지속적으로 매우 높았다는 것을 보여 준다.

영아의 생명을 구하려는 계획적인 시도는 영국과 프랑스에서 1870년대부터 시작되었다. 프랑스에서는 정부가 광범위한 조사를 한 후 유모에 관한 관행을 규제하는 〈루셀법Roussel Law〉*을 1874년에 제정했다. 유모는 정부 당국에 반드시 등록하도록 했고, 부모는 정부기관에 아이를 유모에게 보내고 있다는 것을 보고해야만 했다. 같은 기간에 영국은 모든 출생과 사망에 대한 의무적인 등록과 조산소

---

* 이 시기 프랑스에서는 여성의 모성 본능을 신성화하고 의무화하는 풍조가 강했다. 일부 개혁가들은 대리수유(유모)가 영아살해를 위한 것이라고까지 주장했다. 그들은 대리수유가 형사처벌이 불가능한 영아살해이며, 유모를 킬러로 고용하는 행위이므로 영아를 보호할 법이 필요하다고 주장했다. 루셀법은 이런 사회적 분위기에서 나온 것이다.

규제, 보모와 간호사 등록 제도를 실시했다. 두 나라 정부는 이런 규제가 영아 사망의 주된 원인으로 간주되는 간호사나 보모의 부주의한 영유아 관리를 줄여 줄 것으로 기대했다. 특별법은 산모가 적어도 출산 직후에는 집에 머무르고, 또 취업 시간을 줄이도록 했다. 프랑스에서는 1892년의 법 규정에 따라 여성의 노동시간을 하루 11시간으로 제한했으며, 여성의 야간 노동을 금지했다. 영국의 1895년 〈공장 및 작업장법Factory and Workshop Act〉은 여성이 출산 뒤에 빨리 복귀하는 것을 제한했다. 이런 법률의 통과에는 여러 가지 이유가 있었지만, 적어도 그것들 중 하나는 여성 취업이 '아이의 생명'에 미치는 영향과 관련되어 있었다.[57] 만일 어머니가 아이를 몇 달 또는 좀 더 오래 돌볼 수 있게 된다면 영아 사망은 줄어들 것이라고 의사들이 증언했다. 1908년 영국의 한 보고서는 이 법의 이면에 감추어진 견해를 드러낸다. 보고서는 아이의 생존에 어머니의 보호가 중요하다는 것과 어린이를 위해 정부가 모성 보호를 제공해야 할 책임이 있다는 것을 강조했다(〈표 7-3〉).

그 법은 현재 상태로는 출산 뒤 처음 한 달 동안 어머니가 공장과 작업장에서 일하는 것을 금지하고 있다. 이 법은 너무 장황해서 시행하기 어렵다. 아이를 위한 법은 아니지만 잘하면 어머니를 위한 법은 될 수 있다. 만일 아이를 구제하려면 이런 고용 체계가 점차 없어질 때까지 현재의 금지 기간을 연장해야 한다. 그러면 차츰 적절한 균형이 회복될 것이다. 어머니가 공장이 아니라 집에 머물면서 아이와 남편을 위해 봉사하면, 그것은 국가를 위해 최선을 다해 봉사하는 것이

[표 7-3] 프랑스: 연령별 생존 아동 수(출생아 1천 명당)　　　　　　단위: 명

연도	성별	1세	5세	10세	15세	20세
1861	남자	818	699	670	654	632
	여자	846	725	693	673	642
1881	남자	816	727	702	698	668
	여자	845	753	727	710	687
1901	남자	841	784	766	754	736
	여자	868	811	792	778	758

출처 : W.A. Wrigley, *Industrial Growth and Population Change*. (Cambridge : At the University Press, 1961), p. 107.

[표 7-4] 영국: 1세까지 생존한 영아 수(출생아 1천 명당)

연도	생존 유아 수
1856~1860	849
1881~1885	862
1901	849

출처 : G.F. Mcleary, *Infantile Mortality and Infants' Milk Depots* (London : P. S. King and Son, 1905).

된다. 어머니가 공장에서 가정으로 자리를 옮겨 있는 동안, 국가는 직접 또는 간접적으로 어머니를 보호해야 하고 어머니가 손해 보지 않도록 지켜 줘야 한다. 어머니가 가정을 위해 봉사하는 대신 자신의 사업을 위해 노동하도록 끌어내는 고용주는 생계가 달린 임금이 손실되지 않도록 보장해 줘야 한다. 그리고 국가도 책임져야 한다. 어린이는 국가의 사업이다. 만일 국가가 이 사업을 무시한다면 그 무엇으로도 보상받을 수 없다.[58]

이런 관점에 따라서 프랑스 정부는 부모가 아이에게 의무적으로 예방접종을 해야 하는 법을 1902년에 제정했다.[59]

이런 법과 함께 일하는 어머니에게 믿을 수 있고 위생적으로 유아를 보호하는 제도를 제공하고자 몇 가지 자발적인 조치들이 실시되었다. 프랑스에서 탁아소는 적어도 1840년대 이래로 존재해 왔다. 프랑스 도시지역에서는 탁아소가 1850년대, 1860년대, 1870년대를 경과하면서 세워졌다는 증거가 있다. 하지만 필요 아동 중 극소수만 이런 탁아소를 이용할 수 있었고, 그나마 대개는 자금 부족으로 문을 닫았다.[60] 〈루셀법〉을 지원했던 의사들은 1876년에 어머니가 어린아이에게 모유를 먹이도록 권장하기 위하여 '젖 먹이는 어머니 모임'을 설립했다. 1890년대에는 프랑스의 많은 도시에 우량아 클리닉이 설치되었다. 이와 더불어 아마도 가장 중요한 것은, 위생적인 우유 보급 센터가 만들어졌다는 것이다. 1880년에 낭시Nancy에 제일 처음으로 세워졌다.[61] 루베에서는 1894년에 어린이 보호를 위한 사설 자선단체가 문을 열어 부모에게 우유병과 우유 소독 방법을 가르쳤고, 가난한 여성이 필요한 물품을 살 수 있도록 도왔다. 1903년에는 한 개인이 유산을 우유 보급소에 기부했다. (진료실도 입주해 있는) 이 센터의 대기실에는 어머니들이 잊어버리지 않도록 "어머니의 첫 번째 의무는 아이를 스스로 돌보는 것이다"라고 쓴 큰 간판을 붙여 놓았다.[62] 앙쟁에서는 위생적인 우유 센터가 1905년에 설립되었다. 영국에서도 프랑스의 모델과 유사한 조직이 1900년 이후에 생겨났다.[63] 두 나라에서 방문 간호사와 자원 봉사자들은 노동계급 거주지역을 순회하면서 어머니에게 영유아 보호의 기초를 가르쳤다.

이런 노력의 결과로, 특히 어린아이를 위한 의료 보호와 위생적인 우유 사용 덕분에 1901년 이후에 노동계급에서 영아 사망이 급격하게 줄었다. 프랑스의 북부 지역에서는 영아사망률이 1900년 1천 명당 194명에서 1914년에는 128명으로, 1921년에는 116명으로 떨어졌다.[64] 라운트리가 1936년에 요크로 되돌아왔을 때, 영아 사망은 출생아 1천 명당 56.6명으로 떨어져 있었다.[65] 영아사망률의 감소, 그보다 먼저 시작된 출산력 저하, 그리고 경제 변화가 여성의 임금 소득과 가족 활동을 규정하는 새로운 환경을 만들어 냈다.

제8장

가족소비경제와 여성

20세기 초에 노동계급 가족은 가족임금경제로 남아 있었다. 가족 성원들이 일을 계속 해야 했던 것은 가구 생계를 위해 임금이 필요했기 때문이다. 한 가구의 구성원이 된다는 것은 여전히 '한솥밥을 먹는' 것뿐만 아니라 가족 단위의 경제적 지원economic support을 공유한다는 것을 의미했다. 가족은 경제단위였으며, 소비를 목적으로 하는 단위였다. 그러나 가족의 수가 증가하면서 소비수준도 높아졌다. 19세기 노동자 가족의 목표는 생계를 꾸릴 수 있을 만큼의 돈을 버는 것이었다. 이에 따라 많은 가족 성원이 최소한의 생계 수준을 유지하기 위한 '목표소득target income'을 벌어야 했다. 20세기 초에 이르러 특히 남성의 임금이 상승하고 저렴한 소비 상품을 이용할 수 있게 되자, 노동계급 가족의 목표소득은 높아졌다. 이제 필수품에는 식품이나 의복뿐만 아니라 예전에는 사치품으로 여겨졌던 다른 품목들까지도 포함되었다. 우리가 '가족소비경제'라고 명명한 것은 점차 가족소비 욕구가 중요해지는 임금소득 단위다.

가족소비경제조직은 가족임금경제조직과 아주 다른 것은 아니었다. 그러나 점차 복잡해진 도시 환경에서 돈과 집안일을 관리하는 일은 더 많은 시간과 약간의 숙련이 요구되었다. 그 결과 가구 내 분업에서 남편과 아내, 딸들과 아내들의 역할이 과거보다 훨씬 뚜렷하게 구분되어 갔다. 남편과 미혼의 자녀는 가족임금소득자인 반면, 부인은 대부분의 시간을 자녀 양육과 가정관리에 소비했다. 그러면서도 부인은 가족의 소비수준을 높이기 위해 간헐적으로 임금노동을 지속했다.

미혼 여성의 노동

1902년에 프랑스에서 노동계급 출신 소녀의 기술 훈련과 경제적 지위 향상을 위해 설립된 기관에 관한 글에서, 한 저자는 부모가 딸들을 훈련시키는 것에 반대해서 어려움을 겪었으며, 법정 연령을 초과해서 딸을 교육시키는 것을 가족들이 아주 싫어했다고 기술했다.

　부모들은 딸의 임금이 가족 예산에 도움을 줄 것이라 계산하면서 딸이 학교를 떠나면 일자리를 '찾아 주려고' 기다리고 있었기 때문에, 딸을 더 교육시켜야 하는 희생을 감수해야 할 경우에 자주 망설이게 된다.[1]

여성 노동에 관심이 있는 역사가에게 이런 서술은 아주 친숙한 것이다. 딸의 일자리는 20세기에도 여전히 가족의 필요에 따라 규정되었다는 사실을 보여 준다. 프랑스와 영국 두 나라에서 노동계급 소녀를 위한 교육과 직업의 기회구조도 변화했지만, 가족에 대한 고려가 여전히 그들의 노동과 생활에 영향을 미쳤다. 그렇다고 해서 이런 사실이 가족이 변화하지 않았다는 의미는 아니다. 노동계급 가구에서 부모와 자녀의 관계는 경제적 변화뿐 아니라 사망과 출산 감소에도 영향을 받았다. 가족은 여전히 모든 구성원에게 중요한 제도였지만, 가족도 점차 가족소비경제로 바뀌어 갔다. 예전과 마찬가지로 가족 안에서 그리고 가족 성원 사이의 새로운 변화는 갑자기 시작된 것이 아니라 구래의 관습이 새로운 혹은 변화된 환경에 적응해 가는 것을 의미했다.

노동계급의 부모는 자녀가 딸이건 아들이건 일단 학교를 마치면 일을 해서 가족경제에 기여하기를 기대했다. 19세기의 마지막 10년 동안에 프랑스와 영국에서 시행된 의무교육법은 모든 어린이가 일정 기간의 초등교육을 받도록 했으며, 아동노동법은 아이가 일을 시작할 수 있는 연령을 규제했다. 영국에서 1876년에 제정된 〈교육법〉에 의하면, 5세에서 14세까지의 어린이들은 의무적으로 학교에 출석해야 했지만, 10세가 넘으면 학교를 떠나 일자리를 얻을 수 있었다. 영국에서 고용 가능한 최소 연령은 1899년에 12세로 상승했고, 1918년에는 14세가 되었다.[2] 1882년 제정된 프랑스의 〈페리법Ferry Law〉은 6세에서 13세까지의 모든 어린이에게 무상으로 초등교육을 제공한다고 규정하였다. 그리고 1892년에 제정된 법에서는 어린이가 일할 수 있는 최소 연령을 13세로 규정했다.[3]

교육시설의 확대와 학교교육을 하층계급 자녀에게까지 확대하려는 시도는 아동노동, 특히 산업 부문에서의 아동노동 수요 감소와 맞아떨어졌다. 영국은 1860년대, 프랑스는 1880년대에 이르면 섬유 공장의 기술 발전으로 점차 아동 고용이 경제적이지 않게 되었다.[4] 개혁가들의 부르짖음과 어린아이를 고용하는 업체를 단속하려는 정부의 노력으로 아동 고용은 점차 줄어들었다. 1865년에 맨체스터의 한 연구자는 3세에서 12세 사이의 어린이가 학교나 작업장보다 길거리에 더 많았다고 보고했다.[5] 찰스 부스Charles Booth는 1881년 이후 잉글랜드와 웨일스의 노동력에서 15세 이하의 어린이 수가 급격히 줄었다는 것을 발견했다.[6] 프랑스에서도 〈페리법〉은 이미 진행 중이던 경향을 가속화시켰다. 1876~1877년 무렵, 전체 어린이의 약 57퍼센트가 부모의 경제적 형편에 따라 수업료를 면제받는 무상교육을 받았다.[7]

하지만 관료들은 이 법을 강제하는 것이 얼마나 어려운지에 대해 심하게 불평했다. "의무교육 원칙은 비현실적"이라고 1903년 프랑스의 한 검사관은 썼다. "거의 모든 곳에서 어린 소녀는 11세나 12세 심지어 그보다 더 일찍 학교를 떠났다. 부르도네Bourdonnais, 알리에Allier, 로렌Lorraine에서는 그 비율이 30퍼센트, 심지어 50퍼센트, 68퍼센트에 이른다. 서부에서는 50퍼센트 이상이다."[8] 영국의 무단결석자 감독관들 역시 해당 법을 집행하는 데에 따르는 어려움을 보고했다. 그러나 학교 출석률은 점차 증가했다. 런던에서는 학교 출석률이 1872년 76.7퍼센트에서 1906년에 88.2퍼센트로 증가했다.[9] 프랑스에서도 1890년 무렵이 되면 대부분의 취학 연령 아이들이 그해의 최소 기간이라도 학교에 출석했다.[10] 아동노동 감소의 영향뿐 아니라 의무교육법의 총체적인 영향으로, 학교 출석은 수많은 노동계급 어린이가 거치는 하나의 단계로 제도화되었고, 따라서 어린이가 부모에게 의존하는 기간이 늘어났다. 비록 가족의 필요 때문에 학교 출석이 불규칙적일지라도, 이제 아이들은 13~14세까지는 학교에서 보내게 되었다. 이 기간 동안에 자녀는 집에서 살았고, 비록 방과 후에 일해서 약간의 돈을 벌기는 했지만 기본적으로 부모의 부양을 받았다. 합법적인 노동연령 이하의 아동노동은 학교에서 보내는 시간에 따라 조정되었다. 예를 들면, 런던에서 성냥갑 제조는 "어린 소녀가 학교에 가지 않는 시간에 틈틈이 일할 수 있을 것으로 기대되는

첫 번째 직업"이었다.[11]

물론 학령 아동을 지원하는 부모의 능력은 가족의 경제 상황에 달려 있었다. 극빈층에서는 집에 있는 아이들에게 들일을 시키거나 어머니가 돈을 벌러 나간 사이에 어린 동생을 돌보게 하거나 가내 노동을 하는 어머니를 돕도록 했다. 법이 통과된 바로 다음 몇 해 동안에는 부모들은 때때로 저항했다. 부모들은 출생증명서나 학교 졸업장을 위조하거나, 무단결석 감독관이 방문하면 아이를 감추는 식으로 교육법을 자주 위반했다. 1881년까지 영국의 부모는 아이를 이 법에서 면제시키는 특령을 교구로부터 받을 수 있었고, 많은 사람이 그렇게 했다. 영국에서는 1901년까지 10~14세의 일하는 아이에게 반나절의 학교 출석을 허용했다. 극빈층 가족의 아이들은 대부분 '반일제 노동자'였다.[12] 1899년에 라운트리는 "가난한 가족에게는 아이의 벌이가 매우 중요했기 때문에, 아이가 돈을 벌기 위해서 가능한 한 빨리 학교를 떠나려는 유혹이 매우 컸다"라고 썼다.[13] 그는 요크에서 빈곤선poverty line 이하에서 생활하는 사람 중에서 5~15세 사이의 아이가 가장 높은 비율을 차지한다는 사실을 발견했다. 라운트리는 빈곤선 개념을 다양한 형태의 노동자와 그 가족을 구분하는 데에 사용했다. 라운트리에 따르면 두 가지 유형의 빈곤이 있었다. 첫 번째 유형은 "전체 소득이 단지 육체적 능력을 유지할 최소한의 필수품을 얻기에도 불충분한 가족"으로 규정된다. 라운트리는 이것을 '일차 빈곤'이라고 불렀다. 두 번째 유형의 빈곤은 '이차 빈곤'으로 "만일 소득의 일부분이 쓸모 있건 없건간에 다른 지출로 허비되지 않는다면, 전체 소득이 단순히 육체적 능력을 유지하기에는 충분한 가족"으로 기술했다. 라운트리는 많은 수의 가족이 생애 과정에서 가족의 크기와 위기 상황에 따라 빈곤을 넘나든다는 것을 발견했다. 그의 연구 결과에 따르면, 전체 노동자의 40퍼센트가 일생의 어느 지점에서는 빈곤선에서 생활했다.[14]

점차 극빈층 가족들도 가능한 한 의무교육법을 따르게 되었다. 이로써 가장 많은 혜택을 받게 된 사람은 대개 나이가 어린 자녀였다. 가족 내 출산이 감소하면서 부양해야 할 식구가 줄어들고, 일단 나이가 많은 자녀가 일을 하면 그 아래 자녀들은 오랜 기간 일하지 않고 지낼 수 있었다. 파리 근처에 사는 노동계급 부부의 경우, 막내딸만이 형제 중에서 유일하게 공부를 계속할 수 있었다. 물론 두 아들이 일을 한다고 하더라도 막내딸이 대학교육까지 재정적인 지원을 받기는 어려웠다. 막내딸은 경리 자격증을 땄고, 아버지는 "그 덕분에 딸아이가 제 앞가림을 할 만한 기술을 가질 수 있었다"라고 회상했다.[15] 비슷한 사례가 동부 런던에도 있었다. 한 어머니는 형제의 서열이 아이의 교육에 미치는 영향에 대해 다음과 같이 얘기했다. "대가족 아래에서 첫째 아이에게는 항상 일하러 가기를 기대하는 마음이 있었다. 형제들 중에서 밑으로 갈수록 형편은 나아졌다. 어린 동생들은 가장 좋은 교육을 받았고, 따라서 더 나은 일자리를 얻는 혜택을 누렸다."[16]

20세기경에는 학교 출석이 의무화되었고, 점차 문자 해독이 취업에서 중요한 요건이 되었다. 부모들은 이 흐름을 받아들이고 교육법을 따랐을 뿐만 아니라, 이제는 자녀가 글 읽는 법을 배우러 가도록 종용했다. 문맹이거나 반문맹인 부모와 조부모는 자녀의 학업에 대해 자부심을 가졌고, "학교에 가기를 꺼리고 노는 일에만 열중하는 손자에게 제일 먼저 화를 내는 것"도 대개 그늘이었다.[17] 부모는 자녀가 똑똑하다는 것을 보여 주려고 자녀에게 친척이나 친구를 위해 계산 또는 암송을 하거나 책을 읽어 달라는 부탁을 했다. 부모는 또한 교육을 통해서 자녀가 "아버지 세대의 블루 셔츠를 부르주아지의 화이트칼라로 바꿀 수 있을 것"이라는 희망을 자주 표현했다.[18] 일부 노동계급 부모들 중에는 자녀의 미래에 장기적인 투자가 필요하다는 생각을 하기 시작했다.

그러나 이런 새로운 흐름은 초등학교 수준을 넘어서까지 확대되지는 않았고, 자녀들도 가족임금소득자가 될 것이라는 부모의 기대를 저버리지 않았다. 자녀가 도제나 특수한 기술 훈련을 받을 수 있도록 경제적으로 투자할 수 있는 사람은 소수에 불과했다. 어떤 가족, 이를테면 좀 잘사는 장인과 상점 주인은 딸을 비서나 높은 수준의 화이트칼라로 만들기 위해 상업학교에 보냈다. 다른 사람들은 딸을 교원양성학교나 간호사 양성학교에 보냈다. 프랑스의 노동자계급 가족 중 소수의 엘리트는 자녀를 십장foremen이나 관리자supervisors 또는 엔지니어로 만들기 위해 기술학교에 보냈다. 그러나 1914년 전에는 이런 사람은 아주 극소수, 즉 "취업이라는 바다에서 한 방울의 물"에 불과했다.[19] 라운트리는 앞에서 인용한 프랑스 저자의 지적을 여러 번 강조했다.

자녀에게 당장 주당 5 내지 8실링을 벌 수 있는 힘든 육체노동을 시키고자 하는 유혹이 너무 커서, 부모들은 자녀를 도제 기간 동안 낮

은 임금을 받게 될 직종에는 도제로 보내려 하지 않았다.[20]

자녀를 가능한 한 빨리 취업시키려는 욕구가 있었다는 사실은 자녀가 버는 돈이 노동계급 가족의 재정에 매우 중요한 역할을 했다는 것을 말해 준다. 실제로 요크에서는 경제 규모상 상층 가족과 하층 가족 사이의 차이는 주로 자녀의 임금이 기여하는 비율에 따라 좌우되었다. 상층 가족은 자녀에게서 가족 수입의 25퍼센트를 받았고, 하층은 7~10퍼센트만을 받았다. 가족의 재정 상황이 가장 좋을 때는 대개 자녀들이 가족경제에 기여하기 시작할 때였다.[21]

따라서 교육은 자녀가 일하러 가야 한다는 압력을 지연시킬 수는 있어도 단념시키지는 못했다. 오히려 많은 경우에 10대 노동에 대한 압력은 강화된 것 같다. 요크에 대한 라운트리의 얘기가 의심스럽긴 하지만, 자녀가 일자리를 얻는 것에 대해 가족이 느꼈던 급박한 심정을 잘 묘사하고 있다. 한 소년이 선생님에게 시간을 물었다. "10시 반인데, 무슨 일이지?", "선생님, 저 가도 되나요? 어머니가 오늘 아침 10시 30분이면 제가 열네 살이 되고 열네 살이면 학교를 떠날 수 있다고 말씀하셨어요."[22] 또 다른 저자는 19세기 말에 샐퍼드에서 "그 법이 허용했던 바로 그 첫 시간에 아이들이 한꺼번에 학교를 그만두고 공장과 상점에서 일자리를 구했다"라고 기록하고 있다.[23] 1936년 라운트리가 돌아왔을 때 요크의 상황은 변하지 않았다. 영국 어디서든 마찬가지였다. "노동계급의 자녀들은 주로 14세에 학교를 떠나서 대부분 공장에서 일한다."[24]

노동계급의 딸은 학교를 마치면 공장 직공이나 가내 하인 또는 화이트칼라 노동자로서 저숙련, 저임금직에 들어갈 준비를 했다. 20세기 초반 몇 십 년 동안 소녀들에게 주어지는 직업 기회에 몇 가지 변화가 일어났다. 점차 줄어들기는 했지만, 공장에서의 취업이 다양화되었다. 쇠퇴 중이던 섬유 부문에서 남아도는 여유 노동력을 새로운 산업들에서 흡수했다. 어느 한 산업에만 지나치게 집중되지 않은 도시와 마을들에서 새로운 일자리가 생겨나면서 여성들에게도 그에 따른 취업 기회가 생겼다. 동시에 판매직이나 사무원 같은 미숙련직이 점차 개방되어, 이전 같으면 가내 하인이나 공장에 취업했을 소녀들에게도 기회를 제공했다. 이런 종류의 일자리는 공장에 다니는 것과 마찬가지로 여겨졌으며, 대개 노동계급 소녀가 선택할 수 있는 범주의 직업으로 간주되었다. 추가 훈련을 받는 동안 경제 지원을 해 줄 수 있거나 딸의 임금 없이도 살아갈 수 있는 가족의 딸들은 비록 적은 수였지만 당시로서는 영향력 있는 소수 집단이던 교사나 간호사가 될 수 있었다. 부모, 특히 어머니는 대체로 딸이 일자리를 얻기를 희망했다. 딸 역시 자신의 일자리 찾는 데에 상당한 주도권을 발휘했던 것으로 보인다.

가내 서비스 구조의 변화로 인해 가내 서비스는 더 이상 어린 소녀만을 대상으로 하는 특수한 고용이 아니었다. 가정 형편상 또는 다른 대안이 없어서 어릴 때 하녀가 될 수밖에 없었던 여성은 평생 동안 그 직업에 남아 있었다. 릴리안 웨스톨Lilian Westall(1893년 출생)은 14세에 세탁부가 되었지만(가족이 가난했지만 학교를 마칠 수 있었다), 그 일을 열심히 하지 않아 그만두게 되었다. 웨스톨은 곧 아이를 돌보고 청소하는 가정부로 취업했으나, 많은 고용주들이 부실한 식사를 주는 등 그녀가 세상 물정에 어둡다는 점을 악용했다. 제1차 세계 대전 동안 그녀는 군수품 공장에서 일했지만, 전쟁 뒤에는 그런 일자리가 거의 없었다. 그녀는 집에 있는 것이 불가능하다는 것을 깨닫고 다시 하녀로 돌아갔다. 결혼 뒤에는 가구 상인 집에서 일했지만 첫아이를 낳은 뒤에 그만두었고, 그 뒤 호텔과 상점을 청소하는 가내노동으로 되돌아갔다. 52세까지 웨스톨은 미혼일 때는 대개 입주 가정부로 취업했고, 결혼 뒤에는 출퇴근하는 가정부로 일했다.[25]

1914년에 출생한 위니프레드 폴리Winifred Foley는 광부의 딸로서 14세에 하녀로 들어갔다. 이것은 "우리 광산촌에 사는 모든 소녀의 공통된 운명"이었다. 그녀에게 다른 대안은 없었다. 1938년 결혼한 뒤에는 필요한 돈의 액수와 가능한 시간에 따라 시간제나 전일제로 바꿔 가며 가내노동을 계속했다. 웨스톨과 폴리는 과거에 많은 소녀가 그랬던 것처럼 가내 서비스로 들어갔다. 가족의 상황이나 광산촌에서 얻을 기회가 제한되어 있었기 때문에(폴리의 경우), 가내 서비스 일을 선택하는 것은 합리적이었다. 그러나 앞 세대와 달리 가내 서비스의 성격이 변화해 점차 기혼 여성이 취업할 수 있는 직업이 되었다. 가내 서비스는 더 이상 아동기와 결혼의 중간 단계에만 할 수 있는 일이 아니었으며, 평생에 걸쳐 취업이 가능한 일이었다.[26]

스코틀랜드 리벳공의 딸인 잔 레니Jean Rennie는 1906년생으로 하녀 일을 할 계획이 아니었다. 그러나 그녀의 아버지가 1924년에 일자리를 잃고 가족이 절박한 처지가 되면서 옥스퍼드에서의 학업을 포기하고 하녀가 되었다. 웨스톨이나 폴리보다 더 나이가 들어서 일을 시작했던 레니는 "영리하고 조신하며 재주 많은 큰딸이 아무런 교육도 받지 않은 자신이 12세에 일했던 '하녀'가 된다는" 사실에 어머니가 매우 상심하고 슬퍼했다고 회상했다. 당시 레니는 나중에 더 좋은 직업을 가질 수 있을 것이라고 생각했으나, 결국 그렇게 되지 못했다. 중등교육을 받았고 총명했음에도 불구하고, 결국은 하녀로 남았다. 결혼 뒤에는 요리사로 일했다.[27]

가내 서비스는 여전히 여성 취업에서 중요한 부분을 차지했다. 이주한 소녀, 다른 대안이 없는 지역의 광부의 딸, 그리고 돈이 급박하게 필요해서 당장 일자리가 필요한 여성들은 여전히 하녀로 들어갔지만, 그 숫자는 줄어들었다. 7장에서 본 것과 대조적으로, 하녀 중에서 나이 든 기혼 여성의 수가 늘어났다. 1930년경에 이르면 가내 서비스는 더 이상 노동계급 소녀에게 적합한 취업 형태가 아니었다. 그들은 가장 좋은 대우를 해 주는 가내 서비스보다 "공장이나 제작소, 심지어 가장 낮은 임금을 주는 소매점 같은 곳에서 제공하는 일과 자유를 더 선호했다."[28] 이런 선택의 의미, 즉 가내 서비스를 거부할 수 있는 능력 역시 자율성의 한 형태였다.

어린 소녀들은 자유(작업장 안팎에서의 더 큰 자율성)뿐만 아니라 더 나은 임금, 덜 강압적인 노동조건, 더 짧고 규칙적인 노동시간에 끌려서 공장과 제작소, 상점의 일자리로 들어갔다. 이 시기의 노동에 대한 많은 서술을 보면, 이런 선택의 의미는 분명하다. 예를 들면, 소녀들은 상점 일이 지위가 더 높고, 일은 더 깨끗하고, 고객이 더 상냥했기 때문에 상점 일을 했다. 많은 소녀들은 그 일을 어머니의 직업이었던 '재봉 일의 단조로움'에 대한 대안으로 묘사했다. 한 비평가는 다음과 같이 썼다.

모든 '깨끗한' 일자리들처럼, 판매직 일은 어린 소녀가 찾는 일자리로 매년 더 많은 인기를 끄는 것 같다. 이렇게 잘못된 '자부심'으로 그들은 대개 더 나은 보수를 받을 수 있는 일자리를 구하지 못하게 되며, 결국 노동자가 아니라 상점 여점원 일자리를 선택하게 된다.[29]

여러 매력에도 불구하고 판매직 일은 가내 서비스와 유사한 점들이 있었다. 실제로 노동조건을 조사해 보면 당시 일하는 소녀들의 선택이 얼마나 제한되었는지를 보여 준다. 상점에서 일하는 소녀에게는 아무런 기술도 요구되지 않았고 초등교육이면 충분했다. 과거에는 남자든 여자든 상점 보조원은 사업을 배우고 자신의 상점을 차리기 위해 공식적으로 소매상인에게 견습을 받도록 되어 있었다. 그러나 19세기 말경에는 소매상에서 견습 관행이 줄어들었고, 상점 보조원은 미숙련노동자가 되었다. 그녀는 언젠가 상점을 소유할 꿈을 꾸었지만, 그것이 이루어지리라는 보장은 전혀 없었다. 그녀의 일과 미래는 아무런 필연적인 관계도 없었다.

그 일에는 상점을 깨끗하게 청소하고 물건을 정리하고 선반에 진열하는 일뿐만 아니라, 상점 주인이나 더 큰 상점의 다른 점원을 돕거나 심부름을 가는 일 등이 포함되었다. 상점 보조원은 때때로 고객에게 상품을 팔았지만, 더 큰 상점에서는 경험을 쌓고 '승진'을 한 뒤에야 이런 일을 할 수 있었다. 여자 점원은 간단한 제복이나 작업복을 입고 하루 종일 서 있었다(1899년의 초기 개혁입법에는 판매원이 가끔씩 앉을 수 있게 상점 주인이 의자를 제공해야 하는 내용이 포함되었다). 영국에서 1911년까지 상점 노동자의 노동시간은 산업노동자와 같은 규제를 받지는 않았다.[30] 프랑스의 판매원은 1906년이 되어서야 주 1회 휴일을 보장받았다. 공장노동자들과는 다르지만 하녀들과 마찬가지로, 특히 작은 상점의 판매 소녀들은 고용주에 대한 일종의 개인 서비스까지 해야 했다. 보수는 지독히 낮았다. 파리의 상점 보조원은 연평균 900프랑의 임금을 받았다. 1901년 파리의 한 통계에 따르면, 최소한의 지출을 하는 미혼 여성조차도 여전히 215 프랑의 적자 생활을 했음을 보여 준다.[31] 한 영국 여성은 "그들의 임금은 주급으로 받을 수도 없을 정도로 작아서 연봉으로 지불된다"고 산업노동자들이 상점 여성을 비웃으면서 말했다고 보고했다.[32] 런던이나 파리 같은 대도시에 있는 백화점에서 미혼의 여성 노동자들은 고용주가 제공하는 기숙사에서 살았다. 초기의 산업 조직과 마찬가지로 이 기숙사들도 노동력을 길들이고 이주자가 취업할 수 있게 했으며, 고용주가 노동의 대가를 불충분하게 지급할 수 있도록 했다 (점원에게 판매 수수료를 인정하는 체계는 적극적인 판매 기술을 촉진시켰고, 상점 주인이 매우 낮은 임금을 줄 수 있게 했다).[33]

크고 작은 상점의 일자리는 미혼 여성으로만 제한되었으며, 실제로 그런 관행이 매우 광범하게 퍼져 있었다. 그래서 일부 비평가는 부도덕과 방탕이 생겨난 이유를 판매직 소녀들이 결혼해서 일자리를 잃는 것보다 부정한 간통을 더 좋아하기 때문이라고 비난했다. 게다가 이런 일자리들은 젊은 여성들을 선호했다. 상점 주인들은 나이 든 상점 보조원을 몇 년 동안 실컷 부려먹은 뒤에 나이가 너무 많다는 이유로 내쫓았다. 영국의 상점 보조원 사이에서는 여자가 "21살이면 너무 늙었다"라는 말이 나오곤 했다.[34] 이런 고용정책 때문에 판매직에서 이직이 계속 일어났다. 어린 소녀는 학교를 졸업하고 나서 직장을 잡았고, 더 좋은 보수를 주는 기회를 발견하거나 고용주가 불만족스러울 때면 자주 일자리를 바꾸었으며, 결혼을 하면 그 직장을 영원히 그만두었다. 상점 보조원이 결혼에 대해 갖고 있는 태도에 대한 한 연구자의 논평을 보면, 이전에 가내 하인이 표현했던 것과 같은 정서들이 나타난다.

대다수의 공장 여성에게는 결혼 뒤에 공장을 그만두는 것이 일반화되지 않은 반면, 대다수의 상점 점원은 결혼을 해방의 가능성으로 보았고, 어떤 여성의 표현처럼 "지긋지긋한 일에서 벗어나기 위해 누군가와 결혼"한다는 사실은 매우 중요하다.[35]

(기싱George Gissing의 소설 《짝 없는 여자들》의 주인공 중 한 명인 모니카Monica의 불행한 결혼은 부분적으로 '지긋지긋한 일'에서 벗어나려는 강렬한 열망에서 비롯되었다.)[36]

상점 보조원처럼 어린 소녀(공장에 고용되어 있는 경우조차도)들은 대부분 노동을 일시적인 것으로 여겼던 것 같다. 임금노동은 결혼 전까지만 지속되었다. 유급 노동은 여성의 생애주기에서 특수한 단계였으며, 더 이상 평생 필요한 일이 아니었다. 물론 이것은 부분적으로 고용주가 미혼 여성을 선호한 결과였다. 상점 주인과 마찬가지로 국가와 행정기관은 여성의 취업 연령을 제한했다. 프랑스의 전화교환원은 18세와 25세 사이의 미혼이어야 했다.[37] 이와 유사하게 당국에서는 학교 교사의 결혼을 반대했다. 1900년까지 프랑스에서 여교사의 결혼은 법으로 금지되었다. 영국에서는 프랑스처럼 법적으로 금지되지는 않았지만, 관행적으로 지방 관료들이 결혼한 교사가 계속 가르치는 것을 금지했다. 이런 관행은 1944년까지 불법이 아니었다.[38]

물론 교직이나 간호직은 전형적인 형태의 화이트칼라 고용보다는 많은 여성에게 좀 더 장기적인 직업이었다. 특별 훈련의 이수와 연공 서열에 따른 봉급 체계, 연금 계획 발전 등의 조건은 이 직업의 여성들에게 평생 전문직으로 일할 수 있게 해 주었다. 영국보다는 프랑스에서 기혼 여성이 더 지속적으로 교단에 설 수 있었다. 교사에 대한 수요를 미혼 여성으로 채우기 어려웠기 때문이다. 실제로 프랑스에서는 1922년까지 전체 여교사의 56퍼센트가 기혼이었다.[39] 그러나 두 나라에서 많은 전문직 여성은 미혼이었다. 자신의 아이를 갖기보다는 사회의 아이들의 '어머니가 되는' 길을 선택한 '나이 든 독신 여성' 교사는 매우 친숙한 사례였다. 교직과 간호직의 연령 구조는 판매나 사무직보다 더 복합적이었다. 이직률은 더 낮았으며, 임금과 지위는 더 높았다. 교직에서도 여성 임금이 남성보다 낮기는 했지만(초등교육에서 프랑스는 1911년, 영국은 1952년까지), 이 분야는 대부분의 다른 여성 화이트칼라보다 훨씬 더 높은 사회적·경제적 지위를 누렸다.[40]

대다수의 여성이 결혼하면 전일제 노동을 떠난다는 이유 때문에 고용주들은 여성을 선호했다. 가족의 기대와 압력 역시 여성의 취업 유형에 영향을 미쳤다. 가족은 점차 어머니가 노동하는 것을 원치 않은 반면, 딸에게는 과거와 마찬가지로 가족을 위해서 노동하기를 기대했다. 여성의 직업 기회가 변화되었다고 해서 가족에 대한 의무가 갑작스럽게 바뀌는 것은 아니었다. 의무교육 실시로 딸의 노동시장 진입이 지연되었지만, 딸들은 일단 직장을 잡게 되면 가족을 위해서 일했다. 노동계급 인구가 도시에 정착함에 따라, 점점 더 많은 자녀들이 결혼 전까지 집에서 함께 살게 되었다. 도시와 마을에서 다양한 일자리를 얻을 수 있게 되면서 장거리 이주 선호도 줄어들었다. 가내 하인직이 감소했다는 사실은 '입주한' 취업 소녀들이 적었다는 것을 의미한다. 게다가 많은 가족에서 출생률이 떨어짐에 따라, 자녀와 함께 거주할 주거 공간이 넓어졌다. 물론 일부 판매직 소녀는 기숙사 생활을 했고, 교사들은 발령지에 부임하기 위해 집에서 멀리 떨어진 곳으로 자주 이사해야 했다. 그러나 좀 더 전형적인 일자리는 집 가까이에 있었다. 1959년까지 이 관행은 보편적이었다. 영국 아동의 90퍼센트는 학교를 졸업한 뒤 2년 동안 집에서 살았다. 같은 시기에 윌모트Peter Wilmott와 영Michael Young은 연구 대상인 베스널 그린Bethnal Green의 표본집단에서 미혼자의 절반 이상이 부모와 함께 살았다는 것을 발견했다.[41]

노동계급 가족에서 자녀의 경제적 기여는 여전히 중요했다. "둘 또는 세 명의 자녀들이 밖에 나가 일함으로써 드디어 결혼 초기의 꿈이 이루어졌다."[42] 프랑스 가족에 대한 한 연구는 자녀의 임금이 1907년에는 가구 수입의 약 10퍼센트였지만 1914년에는 18.5퍼센트로 그 중요성이 커졌음을 보여 주었다.[43] 라운트리는 1899년 요크에서 집을 떠난 자녀들이 때로는 간헐적으로 가족에게 송금하기도 했지만, 대부분은 가족의 생계에 정규적으로 기여했다고 보고했다. 요크에서 "나이 든 자녀는 집에 살지 않았으면 들었을 기숙사비나 하숙비를 내듯이 부모에게 임금의 일부를 주는 것"이 관례였다. 남은 돈은 얼마든지 자신이 원하는 대로 지출하거나 저축했다.[44] 비슷한 관례가 프랑스의 광부, 섬유 노동자, 그리고 사무원들에게서 발견되었다. 부모에게 돈을 얼마나 줄지에 대한 조정은 상당히 다양한 방식으로 이루어졌던 것 같다. 어떤 자녀들은 주 단위로 생활비를 냈고, 다른 자녀들은 임금을 모두 어머니에게 드리고 용돈을 타서 썼다. 실제로 노동계급에서는 어머니가 주는 용돈 중 일부만 받는 자녀가 기특한 사례로 여겨졌다. 용돈 조정은 명백히 가족의 필요에 따라 좌우되었다. 극빈층 가족의 부모는 자녀가 벌어 온 돈을 전부는 아니지만 가능한 한 많이 받았다. 1920년대와 1930년대에는 실업보험, 건강과 재해 보상, 가족수당 등 사회복지 제도들이 실시되어 노동자 가족의 욕구와 자녀 수입에 대한 의존을 부분적으로나마 완화시켰다. 그러나 이런 완충 조치가 있어도, 집에서 사는 자녀의 수입은 가족경제에 도움이 되었다. 1950년대의 영국과 프랑스 가족에 관한 연구에서도 그런 관행이 지속되었음을 인용하고 있다. 노동계급의 생활수준이 더 높아졌음에도 불구하고, 경제적인 상호부조의 윤리는 지속되었다.

우리가 가진 돈은 아이를 위한 것이며, 아이가 벌 수 있는 것은 무엇이든 우리를 위한 것이다. … 우리는 서로를 위해서, 그리고 서로의 도움으로 살아간다.[45]

그러나 이런 프랑스 노동자의 진술에 담겨 있는 자기희생에 대한 의미는 오해의 소지가 있다. 왜냐하면 경제적으로 상호 의존적이고 부모와 자녀 간의 의무를 인식하고 있었음에도 불구하고, 부모는 또한 자녀의 개인적인 필요, 즉 가족의 이해관계와 상관없는 개인적 필요를 인정했기 때문이다.

자녀는 버는 돈의 일부에 대해 권리를 인정받았고, 돈을 사용하는 데에서 자율성을 가졌다. 예를 들면, 노동계급의 딸은 옷이나 여가를 즐기는 데에 자주 돈을 지출했다. 영국의 한 연구는 1910년에 소녀의 소득 중 약 55퍼센트는 부모에게 방세와 식사비로 준 것으로 추정했다. 또 다른 14퍼센트는 의복에, 10퍼센트는 오락과 휴일과 소풍 비용으로 지출했다. 저축 습관은 매우 다양했다.[46] 일부 여성들은 여전히 결혼 지참금 마련에 필요한 돈을 모았지만, 신부 지참금 때문에 소득을 전부 저축하는 오래된 관습은 사라졌다. 클라라 콜릿 Clara Collet은 런던의 성냥 공장에 다니는 여성들에 대해서 "소녀들은 전혀 저축을 하지 않는다"라고 썼다. "그들은 클럽을 만들어서 옷과 깃털장식(특히 후자)을 산다. 클럽 회원 7~8명은 모여서 각각 주당 1실링씩을 내고 매주 제비뽑기를 해서 누가 그 돈을 쓸지를 결정한다."[47] 1904년의 한 의회 보고서는 노동계급의 취업 소녀들과 기혼 취업 여성들을 비교했다.

어린 소녀와 젊은 여성은 확실히 옷을 사는 데에 많은 돈을 자주 지출하는 반면, 기혼 여성이 자기 자신을 위해 돈을 쓰려고 일하는 경우는 무시해도 좋을 정도로 드물다.[48]

의복 클럽은 도시의 취업 소녀 사이에서 상당히 보편화되었다. 이는 여성의 소비 욕구가 증가했음을 보여 주는데, 소녀들은 계를 해서 옷을 샀다. 기혼 여성이 식료품구입협동조합에서 활동한 반면, 미혼 여성은 의복 클럽에 합류했다. 그러나 두 조직은 모두 소비자 협동조합으로, 노동계급 가족 사이에 점차 '소비주의'가 중요해졌음을 시사한다.

비록 일부 어머니는 딸이 '아양'을 떠는 것에 대해 불평하고, '멋내는 것'을 못마땅해했지만, 딸의 행동을 받아들였던 것으로 보인다. 무엇보다도 딸들은 이미 어머니의 통제에서 벗어나 있었다. 소녀들은 개별 임금소득자로서 스스로 결정한 대로 돈의 일부를 쓸 권리가 있었다. 게다가 화이트칼라 여성은 옷을 잘 입어야 했다. 또한 딸들은 돈을 운영하는 방법, 즉 주부에게 필요한 기술을 터득해야 했다. 실제로 몇몇 사례를 보면 어머니들이 딸에게는 예산 세우는 법을 가르치려고 자기 돈을 모두 관리하도록 맡긴 반면, 아들의 임금은 모두 압수했다.[49] 어떤 어머니는 여가와 방종의 기간이 아주 짧다는 것을 잘 알았기 때문에 딸의 지출을 허락했다. 이제는 어머니들도 예전에는 지출하지 않았던 것에 돈을 써야 한다는 사실을 인정했다. 예전에는 휴일에 입을 드레스를 직접 만들어 입었지만, 이제는 사 입었다. 기성복 값이 비교적 저렴했기 때문에 이제 바느질을 배울 필요가 없었고, 배울 시간도 없었다. 여가 활동에도 돈이 들었다. 예전에는 젊은 성인들의 사교가 대부분 공적인 후원 아래에서 이루어졌다. 마을 광장에서 열린 휴일 축제나 곡식 창고에서의 야회, 들판과 교회에서 열린 추수와 종교 기념일, 그리고 동업조합이 후원하는 축제에서 젊은 사람들이 만나고 구애하던 방식은 모두 옛날의 놀이 형태가 되어 버렸다. 이제 청년들이 자주 가는 선술집이나 카페, 댄스홀은 개인 소유였기 때문에 여기에 가려면 돈을 내야 했다. 그러므로 딸들이 청년들의 활동에 참여하려면 돈이 있어야 했다.

그러면서 젊은 남녀의 활동은 점차 가족과 공동체 활동에서 분리되었다. 청년들은 자신을 위해 돈을 지출할 뿐만 아니라, 일생 중 더 긴 기간을 집에서 살았음에도 불구하고 많은 시간을 동료(또래집단)와 함께 보냈다. 학교는 또래집단의 사교를 위한 중요한 공간 중 하나였다. 노동 또한 중요했다. 교육과 노동이 동시에 이루어지는 가족 단위의 농장, 장인 상점에서는 연령대가 서로 섞여 있었지만, 공장이나 백화점 그리고 사무실은 성별과 연령에 따라 노동자 집단이 동질적인 경향을 보였다. 물론 작은 기업의 상점 보조원은 가내 하인처럼 고립된 피고용자였다. 농촌 지역의 교사도 매우 외롭게 살았다. 그러나 젊은 여성들은 점차 서로 긴밀한 관계를 형성할 수 있는 대규모 기업에서 일했다. 각종 저축 클럽과 사회조직, 심지어 노동조합조차 연대를 형성하는 틀이 되었다.

여성 사이에서 노동조합 활동은 남성만큼 성공적이거나 확대되지는 않았다. 조합 구성에서 남녀 간의 유대가 취약했던 프랑스의 경우에는 1906년에 전체 여성의 2퍼센트만이 조합에 가입했다(1911년에 전체 노동력의 약 7퍼센트가 조합에 가입했다).[50] 또한 여성은 남성보다 파업에 덜 참여했다. 물론 그 이유는 여성의 노동은 남성의 노동과 다른 경향을 갖고 있었고, 노동조건에도 차이가 있었기 때문이다.

첫째, 여성은 장기간 직업에 남아 있지 않았다. 대부분 스스로를 평생 노동자로 생각하지 않았다. 둘째, 여성은 직업 이동이 너무 잦아서 조합원 의식이나 불만 사항을 표출하기 어려웠다. 셋째, 미혼 여성도 기혼 여성도 가족의 압력 때문에 조합에 헌신할 수 있는 시간과 돈을 할애하기 어려웠다. 예를 들면, 1877년의 노동조합 대표자회의에서 올드햄 출신의 한 남성 대표는 얼마나 "부모가 딸의 소득을 전부 집에 가져오기를 원했으며, 노조에 내는 적은 돈조차도 아까워했는지"에 관해 연설했다.[51] 물론 이와 함께 몇몇 노조는 여성 조직화에 양면적인 태도를 보였다. 19세기 말과 20세기 초 프랑스와 영국의 조합들은 여성 조합원 문제를 냉소적으로 논의했다. 예를 들면, 인쇄공노조는 조합원이 인쇄공 여성과 결혼하는 것을 금지했다. 1913년에 일어난 그 유명한 코리오 사건Coriau Affairs의 경우, 이 규정을 위반한 남성을 인쇄공노조에서 축출하기로 결정했다. 다른 노조들 역시 취업 여성을 조직하거나 여성에게 동등한 임금을 보장하는 것에 반대하고, 심지어 여성을 자기 업종에서 배제하려 했다.

취업 여성의 조직을 방해한 또 다른 요인은, 바로 중간계급의 페미니스트나 사회주의자들이 노동계급 여성들을 조직하려 한 것과 관련되어 있다. 지도자의 목표가 항상 지지자들의 정치적 견해와 일치하는 것은 아니었다. 여성들을 조직하여 취업 여성의 노동조건을 향상시키기 위해 한 중산층 페미니스트 집단이 1873년에 영국여성노동조합연맹The Women's Trade Union League in England을 만들었다. 이 조직은 특히 섬유 노동자 사이에서 하부조직을 성공적으로 건설했다. 그러나 일터에서 여성을 보호하는 법에 대해 연맹이 갖고 있는 의견에 취업 여성들이 항상 전적으로 동의하지는 않았다.

그럼에도 불구하고, 특정 직업에 종사하는 여성들 가운데 1880년대 이후 파업과 조합 활동에 대한 참여가 증가했다는 기록이 있다. 1899년까지 여성노동조합연맹은 11만 8천 명의 여성을 조직했으며, 조합원 대부분은 섬유산업에 고용되어 있었다. 섬유 노동자는 대부분 1906년에 창설된 전국여성노동자연맹The National Federation Of Women Workers에 소속되었다. 프랑스에서도 조직화된 여성의 대다수는 섬유 노동자였다. 의류, 담배 및 신발조합들 역시 여성으로만 이루어진 조합 또는 '혼성mixed' 조합 형태로 다수의 여성을 조직했다. 조직화된 여성은 섬유나 의류 제조 같은 여성 직종 출신이 압도적이었다. 그러나 조직에서 가장 높은 비율을 점했던 사람은 고숙련의 담배 노동자였다. 1888년 7월에 런던 성냥 제조공들이 일으킨 파업은 유명하다. "런던 성냥 제조 소녀들은 항상 상당한 결속력을 보였다"고 한 관찰자는 기술했다.

이스트엔드에 사는 사람은 거의 모두 한 경영자의 지배를 받고 있었고, 그래서 서로 가깝게 지냈다. … 그들은 강한 집단정신을 가지고 있었고, 한 여성의 불평은 같은 방 여성 전체의 불평이 되었다. 그들은 클럽을 만들어서 옷과 깃털 장식 … 을 산다. … 그들은 모두 같은 조건에서 일한다. 따라서 이곳에서는 다른 산업에서 발견되는 노동조합 활동의 어려움이 훨씬 덜하다.[52]

1888년에는 임금 삭감에 저항하는 파업이 있었다. 이 파업은 중간계급 조직가인 애니 배선트와 클레멘티나 블랙Clementina Black의 지원으로 800명 이상의 여성으로 구성된 조합을 만들어 냈다.[53] 프랑스에서는 담배 노동사가 특히 파업에 적극적으로 참여했다. 성냥 제조 노동자와 마찬가지로 그들은 숙련과 노동조직을 기반으로 특유의 정신을 공유했다. 이와 같이 산업 간 노동조건의 편차는 여성의 조직화와 파업 참여 정도에 영향을 미쳤다.[54]

구애와 결혼

노동조합은 일터에서 또래집단을 통해 여성들을 조직했다. 젊은 여성들은 여가 시간 중 많은 부분을 친구와 함께 보냈다. 실제로 학교와 일터에서 사귄 친구들은 놀 때도 함께 했다. 함께 일하는 여성들은 일요일과 공휴일을 함께 보내거나 지역 댄스홀에 함께 갔다. 노동자 집단이 아주 다양한 업종 출신으로 이루어진 도시와 마을이 성장함에 따라, 새로운 형태의 오락과 사회적 교제가 생겨났다. 농촌 지역이나 도시의 동업조합 특유의 대규모 공동체적인 행사들은 개별적으로 조직되거나 작은 그룹 활동으로 대체되었다. 다양한 직업의 사람이 섞여 있는 이웃의 선술집이나 카페가 이전에 직업적 기능과 사회적 기능을 결합시켰던 동업자 중심의 센터들을 대체했다. "이전에 요크의 선술집은 주로 풋볼 클럽, 노동조합, 사교 모임 등의 회의 장소로 사용되었다. 그러나 선술집이 이런 목적을 위해서 사용되는 일은 과거보다 훨씬 줄었다."[55] 대신에 선술집은 오락과 유희의 중심지가 되었다. 젊은 남녀가 만나고 서로 교제하는 환경이 변화되었다. 청년들은 항상 집단을 형성했고 지역사회 안에서 특별한 역할과 활동을 했다. 이제 이 활동들은 일반적인 공공 오락의 일부가 아니라 특별히 지정된 장소에서 이루어지는 활동이 되었다. 그 장소들은 대부분 또는 전적으로 젊은 사람들만이 자주 가는 동떨어진 곳이었다. 어떤 술집은 청년들을 위한 모임 장소가 되었다.

떠벌리고 다투고 놀리면서 청년들은 자기 부모와 똑같은 취향을 갖는다. 그러나 오락의 내용과 방식은 나이에 따라 다르다. 젊은 사람들은 좀 더 규칙적으로 포도주 가게와 댄스홀, 카페에서 열리는 음악회를 자주 찾아간다.[56]

라운트리는 요크의 선술집에 대해 비슷하게 설명했다. "그 패거리는 전부 젊은 남녀로 이루어졌고, 청년과 소녀들은 작은 탁자들에 빙 둘러 앉아 있었다."[57] 젊은 남자는 여자 친구를 카페로 데려가고, 집단을 이룬 남녀는 일요일 소풍이나 숲속 산책 뒤 함께 카페에 들렀다. 소풍과 산책 역시 젊은이들의 전형적인 활동이 되었다.

젊은 남녀는 짝을 짓고 집단과 무리를 이루어 '산책'을 나갔다. 일요일 아침에 시장거리인 맨체스터는 다른 도시 거리의 전형이 되었다. 사람들은 런던역과 더비셔Derbyshire 언덕을 향해 줄을 지어 행진하는 것처럼 보이는 일군의 젊은이들을 목격할 수 있었다.[58]

에밀 졸라는《여인들의 행복 백화점Au Bonheur de dames》*에서 이런 장면을 생생하게 묘사하고 있다. 유희와 여가는 연애 장난 및 성적인 관계와도 결합되었다. 젊은이들은 한 주일의 노동을 마치고 쉬면서 배우자를 고르기 위해 현장에 나가 상대를 물색했다. 유희와 여가는 연애와 성적인 관계로 발전했다.

댄스홀은 이런 젊은이들의 오락에서 핵심 장소가 되었다.

16세에서 25세 사이의 젊은이들이 수없이 떼를 지어 댄스홀에 들어갔다. 어떤 젊은이들은 일주일에 여섯 번씩이나 '춤추러' 갔다. … 도제 신분부터 '빈민가의 인간쓰레기'까지 육체노동계급의 모든 젊은이가 한 사람당 6페니(토요일에는 1실링)를 내고 서로 껴안고 새로운 환희에 젖어 폭스트롯foxtrot을 추었다.[59]

남자는 홀의 한편에, 여성은 맞은편에 줄지어 서 있었다. "한 남자가 어떤 여성을 선택하고 그녀에게로 다가가서 간단한 의식을 치르고 리듬에 맞춰 춤을 추었다."[60]

이 경우 소녀에게는 '멋있게' 보이는 것이 중요했다. 개인의 외모가 선택의 한 요소였기 때문이다. 많은 소녀가 과거에는 신부 지참금이었던 돈을 남성의 눈길을 끌기 위해 값싼 기성복을 사 입는 데

---

* 19세기 중엽 프랑스에서 큰 규모의 상점(백화점, 마트)들이 전통적인 방식으로 운영되어 온 소규모 부티크들을 압도해 가는 시대상을 그린 에밀 졸라의 1883년 작품으로, "Au bohneur des dames"은 큰 백화점의 상호이다.

에 기꺼이 투자했다. 결혼이 임금소득 능력이 있는 두 사람 사이의 결합이라는 가정, 즉 어쨌든 임금을 버는 부부가 결혼할 때 지참금을 가져오지 않는다는 것은, 결혼 생활에서 개인의 매력이 중요해진 반면에 물질적 자원을 가져오는 것은 덜 중요해졌음을 의미했다. 그러나 이것은 에드워드 쇼터Edward Shorter가 제시한 것처럼 성과 결혼에 대한 '도구적인' 태도보다 개인의 감정을 더 중요하게 고려했다는 의미는 아니다.[61] 여자 가족의 재산이나 아버지의 직업 대신에 개인의 행동과 외모가 미래의 배우자에 대한 성격, 궁합, 신뢰성을 평가하는 기준으로 점차 더 중요해졌다. 그럼에도 불구하고 그런 기준의 목적은 '도구적'이었다. 각 배우자는 가족을 부양하고 유지하는 데에 도움이 되는 짝을 구했다.

배우자를 선택하는 환경은 많은 면에서 변화했다. 젊은 남녀가 집과 떨어진 곳에서 만나고 그 장소가 거의 청년들만이 무리지어 있는 곳이었기 때문에, 배우자 선택에서 부모가 직접적으로 감시하거나 간섭하기가 힘들어졌다. 젊은 여성들이 부모의 소개보다는 학교나 직장에서 만난 친구를 통해서 남자를 만났기 때문이다. 만일 가족의 후원이 지속된다면, 그것은 부모보다는 형제를 통해서 이루어졌다. 남자 형제의 직장이나 이웃 친구가 여자 형제의 잠재적인 구혼자였다. 여자 형제의 친구는 올케가 되는 경우가 잦았다. 게다가 부모는 지참금이나 재산을 주지 못했기 때문에 그 과정을 거의 통제할 수 없었다. 공동체 안에서 직업이나 지역적인 긴밀한 유대감은 사라졌고, 그와 함께 이전의 결혼 형태를 특징지었던 직업 내 결혼과 지역 내 결혼도 사라졌다. 프랑스 서남부의 까르모Carmaux 같은 작은 마을에서조차 1880년대의 기술혁신으로 유리 노동자의 숙련과 사회활동이 지녔던 독점적 지위는 해체되었다. 유리 $^{\text{?}}$ 일이 광부와 농부의 아들에게까지 개방되면서 결혼 형태도 변화했다. 예전에는 아버지의 동업조합에 있는 남자와 결혼했던 유리 노동자의 딸은 이제 그 도시에서 다양한 직업에 종사하는 노동계급의 남자 중에서 남편감을 찾았다.[62] 그러나 비록 결혼이 직업 계보를 넘나들며 이루어지기도 했지만, 계급의 선까지 교란시키지는 않았다. 동업내혼은 감소했지만 계급내혼은 지속되었다.

젊은 남녀가 교제하는 사회적 연결망은 직업과 이웃을 토대로 하여, 노동계급의 보편적 문화의 일부가 되었다. 적어도 프랑스에서는 직업내혼의 경향이 있던 교사들을 제외하고는, 노동계급의 딸이 취업할 수 있는 새로운 직업은 신분상승의 기회를 거의 제공하지 않았다.[63] 이 모든 것은 적어도 배우자 선택에서 딸에게 과거보다는 자율성이 더 많아졌다는 것을 의미했다.

20세기경에는 부모가 자녀의 결혼 결정에 관여하더라도, 부모의 역할은 크게 줄어들었다. 결혼한 젊은 부부는 대개 필요한 준비를 스스로 했다. 어떤 설명에 따르면 "약혼을 결혼으로 발전시키는 주도권은 보통 여자가 쥐고 있었다."[64] 게다가 도시 노동계급 가족의 경우, 친족 집단과 지역사회가 젊은 남녀의 결혼을 대대적으로 축하하는 분위기도 축소되고 있었다. 1911년 런던의 한 관찰자는 다음과 같이 기록했다. "장례식에는 특별한 의복이 필요한 반면, 결혼은 비교적 거의 알리지 않고 … 하루의 노동을 허비할 가치가 없는 것으로 여겨 대부분 토요일이나 일요일에 행한다. … 신부 친구 외에는 거의 참석하지 않는다."[65]

그러나 일하는 자녀의 자율성이 커졌다고 해서 가족의 영향이 완전히 사라진 것은 아니며, 가족의 가치와 대립되는 개인주의적인 가치를 낳은 것도 아니다. 부모는 자녀의 욕구를 인정했고, 댄스홀에 가거나 옷 입는 것에 대해 불안해하기도 했지만 수용했던 것처럼 보인다. 젊은이의 변화된 활동은 가족의 생활주기에 쉽게 통합되었다. 비록 사교와 구애가 집에서 멀리 떨어진 곳에서 이루어졌지만, 부모는 자녀의 활동에 영향을 미쳤다. "이제 막 새로 돈을 벌기 시작한 딸이나 아들의 도움을 받는 부모는 자녀가 성性에 너무 빨리 관심을 갖는 것을 제재했다."[66] 실제로 자녀가 언제 결혼할지를 둘러싼 투쟁은, 그들이 누구와 결혼해야 하는가에 대한 논쟁으로 바뀌었다. 부모는 자녀를 집에서 쫓아낼 수 있는 강력한 무기를 가졌다. 일하는 딸은 임금이 워낙 낮았기 때문에 거의 독립할 수 없었다. 그래서 그러한 위협은 심각한 것이었다. 로버트 로버츠Robert Roberts는 다음과 같이 회상했다. "에드워드 시대(1901~1910년)의 빈민촌 아이들은 이전 세대와 마찬가지로 가족생활에 애착을 느꼈다. 이는 이후 세대는 이해하기 어려운 일이었다."[67]

자녀는 장래의 배우자를 선택하는 데에 여전히 부모의 승락을 구했고, 승락을 받기 전에 결혼하는 경우는 거의 없었다. 예를 들면, 어머니는 아들이 여자를 임신시키면 그 여자와 결혼하라고 주장하고 강요했다. 프랑스의 한 노동자는(당시 19세) 그런 상황에서 가해진 어머니와 장모가 될 사람의 압력에 관해 적었다. 딸이 임신했다는 것을 알게 된 장모는 딸을 결혼시키기로 정했다. 결혼을 정하던 날, 아메데Amedée

의 어머니는 그에게 "자네는 결혼하게 될 거야!"라고 말했고, 그는 "나는 결혼하지 않을 거예요"라고 대답했다. 장모는 "만일 자네가 결혼하지 않겠다고 하면 난 자네의 뺨을 때릴 거네"라고 위협했다. 결국 그는 "결혼하겠다고 말했죠"라고 회상했다. 그러나 사람들이 예상했던 대로 그 결혼은 그리 오래가지 못했다.[68] 그럼에도 불구하고 이 사례는 당시 가족의 압력이 미친 사회적·감정적 위력을 잘 보여 준다.

직장을 다니는 자녀가 부모 집에서 함께 사는 기간이 길어지고 노동자계급 인구가 '정착됨'에 따라, 가족의 유대가 깨졌다기보다는 변화되어 갔다. 또래집단의 새로운 활동들이 가족의 생활주기에 포함되었다. 부모는 젊은 남녀의 자유에 관해 불평하고 비판하면서도 자녀가 가족의 경제적인 책임을 완수하는 동안에는 자녀의 독립적인 생활을 인정하고 허용했다. 젊은 미혼 남녀가 자신의 욕구를 채우는 것과 프랑스 노동자가 자기 자녀와의 관계를 "우리는 서로를 위해서, 그리고 서로의 도움으로 살고 있다"고 표현한 것이 반드시 서로 상충되지는 않았다.

학교와 직장에 다니는 동안에 어느 정도의 독립을 누렸다 하더라도, 결혼을 하게 되면 딸은 다시 가족, 즉 친정 가족뿐만 아니라 자기자신이 형성한 새로운 가족으로 돌아갔다. 젊은 부부는 곧잘 부인의 친정 근처에서 살았으며, 가족의 연결망에 적극적으로 참여했다. 이런 현상은 20세기 후반의 노동계급 가족 연구에서 가장 잘 드러나지만, 20세기 초에도 여러 증거를 통해 이런 특징을 확인할 수 있다. 많은 자서전과 회고록을 보면, 부모와 기혼 자녀가 지속적으로 관계를 유지했음을 알 수 있다. 그들이 가까이 살건 그렇지 않건 간에, 젊은 부부는 관계를 유지하고 방문할 수 있도록 대개 부모와 같은 도시에 살았다.

이런 유대는 특히 노동계급 가족의 어머니와 딸 사이에서 각별했던 것으로 보인다. 일단 결혼한 딸은(특히 아이가 있을 때) "여자의 세계로, 그리고 자신의 어머니에게로 돌아온다." 전일제 노동과 연애 기간이 지남에 따라, 젊은 시절의 자율성은 사라졌다. 젊은 여성은 성별은 같지만 연령층은 다양한 여자들의 세계로 들어갔다. 그 세계는 그들이 밖에 나가 일을 하건 하지 않던 간에 어머니와 다른 기혼 여성과 같은 경험, 즉 "가정을 돌보고 아이를 양육하는 동일한 기능"을 공유하는 "여자들의 세계"였다.[69]

기혼 여성의 임금노동

노동계급 가족에서 기혼 여성은 과거에 했던 활동을 계속 수행했다. 필요하면 임금을 벌었고 집안일과 지출을 관리했으며, 아이를 낳고 돌보았다. 그러나 도시 가족의 수가 성장하고 있었던 20세기 초반의 첫 10년 동안에 이루어진 경제, 인구, 정치의 발전에 따라 이런 활동의 상대적 중요성이 변화하기 시작했다. 기혼 여성의 출산과 가사 책임은 점점 더 중요해졌고 더 많은 시간을 요구했다. 반면 임금소득 활동에 투여하는 시간은 줄어들었다.

분명히 이것은 단일하거나 보편적인 유형은 아니었다. 소규모 농장에서는 과거와 같은 형태의 가족경제가 지속되었다. 여성은 가족기업의 동반자로서 가사와 농장 일을 함께 수행했다. 물론 영국에서는 1911년경에 이르면 이런 농장이 거의 존재하지 않았다. 프랑스에서는 소규모 농장이 영국보다는 많았지만 서서히 줄어들고 있었다. 그럼에도 불구하고 1950년대 말의 농장 생활에 대한 사회학적 연구를 보면, 가족농장에서 생활하는 부인은 오랜 시간 동안 '생산노동'을 했음을 알 수 있다.[70] 가족농장 부인의 허드렛일과 생활 리듬은 18세기의 농부 아내들에게는 친숙한 것이었다. 두 나라의 도시 가구들 역시 가족노동경제의 형태를 띠었다. 프랑스의 가족기업과 많은 상점에서는 여전히 가정과 일이 하나로 결합되어 있었다. 따라서 기혼 여성의 가내 책임도 시장 역할과 혼재되어 있었다. 영국의 도시에는 소규모로 조직된 기업의 수가 더 적긴 했지만 여전히 많은 수가 존재했다. 로버트 로버츠가 성장했던 샐퍼드에서 그의 부모는 가게를 함께 운영했다. 가족은 어머니가 상점도 보면서 일곱 아이를 낳고 돌보던 가게 위에 있는 방에서 살았다.[71]

　직업 구조의 측면에서 안정적이고 보수가 좋은 남성 일자리는 부족한 반면에 여성이 일할 기회는 많았던 스톡포트 같은 도시에서, 기혼 여성은 집에 어린아이가 있을 때조차 공장에 나가 일했다. 실제로 이런 도시에서는 1870년대 이후에 통과된 아동노동법과 교육법의 영향으로 기혼 여성 취업자 수가 전반적으로 증가했다. 미혼 여성이 화이트칼라를 선호한 것 역시 기혼 여성이 공장에 들어갈 수 있는 문을 넓히는 데에 일조했다. 1899년 릴에서는 1세 이하의 아이가 있는 여성 중 31퍼센트가 공장에서 일했다.[72] (루베의 기혼 여성 취업률이 1872년에 비해 1906년에 증가한 것에 대해서는 249쪽의 〈그림 6-2〉

와 300쪽의 〈그림 7-7〉의 루베 부분을 참조. 영국 섬유산업에서 기혼 여성의 취업이 증가한 것에 대해서는 293쪽의 논의 참조.) 이 여성들은 가족에게 자신들의 임금이 필요했기 때문에 일했다. 사실 많은 경우에 그들은 가족의 일차적인 임금소득자였다. 1904년에 영국의 공장 감독관은 기혼 여성이 공장에서 일하는 중요한 이유는 남편의 사망, 실업, 낮은 임금 때문이라고 보고했다. "면직물도시에서 가족 소득은 주로 남편과 아내의 소득으로 구성된다. … 부인은 남편의 임금이 낮을 경우 대부분 취업한다"[73]고 1911년 조사에서 지적했다. 1904년에 섬유도시의 한 공장 직공은 부인의 취업이 '가족임금'에 꼭 필요한 부분이었기 때문에 높은 유아사망률에도 불구하고 아이를 보모에게 보낼 수밖에 없었다고 프랑스 정부 위원회에 보고했다. 릴에 대한 한 연구는 1931년에도 여전히 대다수의 기혼 여성이 같은 이유로 섬유 공장에서 일자리를 찾았다고 밝히고 있다.[74]

이 도시들에서도 기혼 여성은 자녀와 대체 관계에 있는 가족 노동자로서 자녀가 임금을 벌 수 있게 되면 가능한 한 빨리 전일제 공장 취업을 그만두었다. 예를 들면, 1906년 프랑스의 아르망티에르 Armentières에서는 집안에 취업한 자녀가 있을 경우 기혼 여성의 취업률이 급격히 감소했다. 푸제르Fougères의 신발 제조 센터에서도 기혼 여성의 노동력 참여는 자녀가 임금소득자가 되면서 줄어들었다. 남편들이 전쟁에 나갔던 1차 세계대전 기간에 공장의 노동력을 충원하기 위해 공장에 취업했던 여성들도 자녀가 가족임금소득자가 되어 어머니를 대신하게 되면 일을 그만두었다. 예전에 금속 노동자였던 한 여성은 1921년에 다음과 같이 회고했다. "전쟁 동안에 나는 아이들을 데리고 혼자 살았다. 그래서 공장에서 일했다. 거기서 건강을 다 망쳤고, 아이들이 생계를 위해 돈을 벌기 시작한 이후에야 집에 있게 되었다."[75]

다양한 직업 구조를 가진 도시들에서, 극빈층의 아내나 사별 여성은 (대개 임시직 노동자로서) 가내공업이나 집에서 떨어진 곳에서 대부분 전일제 노동자로 일했다. 가족의 생계가 자신의 임금에 달린 경우, 여성들은 어떤 일자리든지 구해서 일했다. 이런 부류의 가족임금경제는 극빈층 가족에게서 가장 일반적이었다. 버밍엄의 가내노동자는 대부분 "남편의 임금이 가정을 유지하기엔 너무 적고 부정기적이기" 때문에 장시간 일한다고 말했다. 대다수는 "남편이 장애로 일할 수 없게 되었을 때 일을 시작한" 사별 여성이었다.[76] 런던에서도 "남편과 사별했거나 남편이 아프거나 일을 할 수 없게 된 사람들만이 매일 일하러 간다."[77] 런던에서도 가장 장시간 노동하고 가장 심하게 착취당한 가내노동자는 '다른 사람을 부양해야 할' 절박한 처지에 놓인 여성이었다. 이런 현실에 대해 한 기자는 다음과 같이 논평했다. "그들에게 생활은 … 죽음의 연장에 지나지 않았다. 그들의 가난과 비참은 남편의 노동시장 지위나 남편이나 부인의 정신적·도덕적 결함 … 또는 질병이나 사고에 따른 것이다."[78]

이런 여성들은 대부분 자신의 집에서 의류를 봉제하거나 모자를 장식하는 가내노동을 했다. 그러나 집에서 일한다는 점에서는 같았지만 그들의 일과 삶은 전(前)산업사회 여성의 가정 내 생활과는 달랐다. 무엇보다, 이 여성들은 자신의 노동을 거의 통제할 수 없었다. 그들의 지위는 매우 경쟁적이어서 열악했고, 더 나은 임금을 받기 위해 협상할 능력도 없었다. 그나마 집 근처에 공장이 있을 경우에나 일자리를 얻을 수 있었기 때문에, 이 여성들은 일을 주겠다는 사람들과 기꺼이 하도급 계약을 맺었다. 다른 선택의 여지가 없었기 때문에 이들의 상황은 매우 비참했다. 가족의 생계와 생존을 위해서 일해야 하는 절박한 상황이어서 일자리를 고를 여지가 없었고, 임금이나 고상한 노동조건을 협상할 수 있는 여지는 더더욱 없었다. 여성에게 임금을 벌어 오라는 압력이 있다는 것은 그들 가구가 궁핍하다는 표시였다. 그러므로 노동계급의 문화에서 기혼 여성이 집에 있을 수 있다면, 그것은 한 가정의 건강과 안정, 번영의 표시로 받아들여졌다. 이런 이상의 표현은 노동계급이 중산계급화한 결과라기보다는 노동계급이 경험하는 현실을 나타내는 것이었다.

20세기 초 10년 동안에 취업한 기혼 여성의 사례가 많긴 하지만, 집에 있는 여성의 수도 전반적으로 증가했다. 여성은 결혼을 하거나 첫아이를 출산한 후에는 임노동을 그만두었기 때문이다. 영국과 프랑스 두 나라의 노동력에서 기혼 여성은 미혼 여성보다 적었다. 1911년 영국에서는 미혼 여성의 68.3퍼센트와 기혼 여성의 9.6퍼센트만이 유급 노동을 했다. 1906년 프랑스에서는 기혼 여성의 56퍼센트, 14세 이상 미혼 여성의 68퍼센트가 고용되어 있어서 두 집단의 차이가 그리 크지 않았다. 프랑스 비농업 부문의 여성 노동력을 비교해 보면, 좀 더 차이가 두드러진다. 1906년에 기혼 여성의 20.2퍼센트가, (14세 이상) 미혼 여성의 40.8퍼센트가 취업해 있었다. 농업 외 부문에 고용된 기혼 여성의 비율이 영국보다 프랑스에서 더 높은 것은 부분적으로는 프랑스에서 결혼율이 더 높았기 때문이다.

다른 요인으로는 여성에게 가사와 쉽게 양립할 수 있는 일자리를 제공하는 가내 생산과 소규모 가족기업이 계속 중요한 비중을 차지했다는 점을 들 수 있다. 그럼에도 불구하고 1914년에 이르면, 두 나라에서 취업한 기혼 여성의 수가 50년 전보다 더 줄어들었다.[79]

이와 같은 기혼 여성의 고용 감소를 어떻게 설명할 수 있을까? 그것은 구조적·경제적·인구학적인 요인들이 빚어낸 복합적인 결과였다. 첫째, 대다수의 기혼 여성을 고용했던 경제 부문이 쇠퇴하고 있었다. 영국의 의류와 신발업은 1851년에 전체 취업 여성의 19퍼센트를 고용했으나, 1911년에는 15퍼센트를 고용했다. 프랑스에서는 의류와 신발업에서의 감소가 1906년 이후에야 시작되었다(이 부문은 1906년에 농업 외 부문 전체 취업 여성의 27퍼센트를 차지하던 것에서 1921년에는 20퍼센트, 그리고 1936년에는 15퍼센트로 줄어들었다).[80] 섬유업에서의 취업 여성 비율 역시 줄어들었다. 섬유업의 위축으로 말미암아 기혼 여성의 취업 기회가 전체적으로 감소했다. 이는 기혼 여성이 섬유산업에서 계속 일해 왔고, 앞에서 언급했던 것처럼 실제로 이들의 대다수가 섬유업의 여성 직공들이었기 때문이다. 게다가 3차 산업 부문의 성장으로 기혼 여성은 소매 업종에서 밀려났고, 이 부문에서 새로운 일자리를 얻지 못했다. 자유 전문직뿐만 아니라 사무직과 행정직은 대부분 젊은 미혼 여성으로 한정되었다. 미혼 여성의 공급이 많았기 때문에, 기혼 여성은 대개 이런 직종에 고용되지 않았다.

기혼 여성을 위한 취업 기회가 전반적으로 감소함으로써, 일을 해야 했던 많은 여성은 임시 노동자로서 일자리를 찾거나 단기적인 현금 소득 활동을 해야 했다. 이러한 활동에서는 이전부터 이어져 온 관행들이 지속되었다는 증거들이 많이 발견된다. 버밍엄에서는 '개조된 부엌'을 활용해서 경영하는 식품점을 흔히 볼 수 있었다. "진열대에 놓을 물건을 살 수 없었기 때문에 가게를 비워 두고 영업을 중지하는 여성을 자주 볼 수 있었다."[81] 비슷한 현상이 샐퍼드에도 있다.

> 한 이웃집 여자는 "커렌 케익curran cake! 세 개에 2페니!"이라는 선전 문구를 집 창문에 쌓아 놓은 회색 덩어리 더미 위에 적어 놓았다. 그러나 아무도 사지 않았다. 우리 아이들은 부엌 커튼이 장막처럼 다시 드리워질 때까지 매일 썩어 가는 물건들을 지켜보았다.[82]

그러나 이런 유형의 활동은 거의 기록에 남아 있지 않아서 이 지역에서의 변화를 가늠할 수는 없지만, 어쨌든 임시변통의 임금소득에 대한 필요가 줄어들었다고 결론내리는 것이 합당한 것 같다. 도시의 시장 조직과 규모가 변함으로써 행상은 낯선 모습이 되었다. 값싼 상품과 채소를 파는 동네 상점이 주부의 부업과 경쟁하기 시작했다. 성인이 된 자녀가 오랫동안 집에서 같이 살게 되고 농촌에서 도시로 이주하는 사람의 수가 줄면서 하숙에 대한 수요도 줄었다. 게다가 취업한 기혼 여성 수와 자녀의 수가 감소하면서, 노동계급 동네에서 보모와 유모에 대한 수요 역시 줄어들었다. 시간제 잡일이나 세탁을 하는 기혼 여성의 수는 증가했다. 그러나 그 일들은 다른 부문에서의 손실분을 상쇄하지 못했다. 1899년에 요크에 사는 극빈층 가구 여성의 직업 목록을 보면, 우리가 기술했던 임시 노동의 기회구조를 엿볼 수 있다. 367명의 여성 중 165명은 파출부였고, 78명은 세탁부였다. 28명만이 하숙을 쳤고, 두 명은 행상이었다. 나머지는 의복 제조공과 농업노동자, 간호사, 소상인 또는 미숙련 일용노동자였다.[83]

기혼 여성의 노동력 참여를 감소시킨 두 번째 요인은 두 나라에서 1880년과 1914년 사이에 일어난 남성 실질임금의 전반적인 증가였다. 실질임금은 영국과 프랑스에서 19세기 후반부터 1910년경까지 향상되었다. 전체 지표와 노동계급의 생활 조건을 측정하기 위해 특별히 고안된 지표에 따르면, 이 시기에는 물가가 현저히 내려갔다. 이것은 임금수준이 상대적으로 안정되어 있다면, 노동자가 더 높은 생활수준을 누릴 수 있었다는 의미다. 그러나 19세기 말에 평균보다 더 높은 소득을 버는 노동계급 가구에는 모두 한 명 이상의 노동자가 있었다는 사실을 간과해서는 안 된다.[84]

1904년에 몇 개의 큰 도시를 대상으로 실시한 노동자 가구 지출에 관한 영국상무성The British Board of Trade 조사는, 식료품 구매에서 상당한 선택의 가능성이 있었음을 보여 준다. 프랑스의 생활비 지표도 역시 1880년부터 1900년까지는 영국과 유사하게 하락했고, 1910년까지는 상승을, 그 뒤에는 더 급격한 상승을 보였다.[85] 이런 변화들과 함께 프랑스와 영국에서 노동계급의 주부는 집 안팎에서 돈 벌수 있는 취업 기회를 더 많이 갖게 되었다. 그러나 기혼 여성의 잠재적인 임금은 절박한 생계의 문제가 아니라 자질구레한 '사치품'을 사는 데에 추가로 필요한 수단이었던 것 같다. 여성의 임금은 계속 낮았고, 기본적으로 여성과 남성의 임금 차이는 지속되었다.

1910년에 프랑스의 한 경제학자는 여성의 임금이 낮은 이유를 그들이 주로 생계를 제공받는 가족 구성원이기 때문이라고 설명했다. 그래서 여성들은 생활임금을 자기 소득의 기준으로 요구하지 않았다는 것이다. 그는 이것이 여성을 값싼 노동력으로 고용한 고용주의 목적에도 들어맞다고 지적했다.[86] 영국의 관찰자들은 또한 성에 따라 임금을 계산하는 방법에 두 가지가 있다고 주장했다. 남성의 임금은 가족의 생활비를 기준으로 설정하고, 여성의 임금은 '보조적인 성격'이었다는 것이다. "여성이 그 가족의 일주일 소득에 얼마라도 더 보탤 수 있다는 사실 자체가 중요하다 . … 여성은 자신의 취업을 그 자체로 가치 있는 것으로 간주하기보다는 가족 수입에 보탬이 되는 것을 더 가치 있게 여긴다."[87] 물론 이런 주장들은 모두 기혼 여성을 가족 환경과 관계없는 독립적인 소득자로 간주하지 않은 것이다. 또한 이런 논의들은 제1차 세계대전 이전에는 여성이 처해 있던 일반적인 상황을 나타낸 것이다. 실질임금이 상승하긴 했지만, 남성과 여성의 임금 차이는 그대로였다. 남편이 살아 있고 일을 하는 경우, 기혼 여성이 선택할 수 있는 범위는 가정이냐 좋은 보수를 주는 일자리냐가 아니라, 저임금의 시장노동이냐 고용주가 선호하고 좋은 보수를 받는 노동자인 남편에게 서비스하며 집 안에서 활동할 것인가 정도였다. 많은 주부들이 가정 내 역할을 선택한 것은 너무나 당연했다.

숙련노동자의 가족이 실질임금 상승의 혜택을 가장 먼저 받았다.[88] 특히 이 가족들 중에서 기혼 여성의 취업이 가장 광범위하게 감소했다. 라운트리는 1899년에 요크에서 노동계급의 3분의 1이 소위 '일차적인 빈곤'에 처해 있음을 발견했다. 그러나 가장 많은 비율을 차지한 집단은 좀 더 잘사는 가족들이었다(1936년에 돌아왔을 때, 그는 생활수준이 1899년보다 30퍼센트나 더 높아졌다는 것을 알게 되었다). 훨씬 많은 가족이 경제적으로 가장 윤택한 집단(주당 30실링 이상을 버는 'D군')에 속했고, 더 적은 수가 최하층(주당 18실링 이하를 버는 'A군')에 속했다. ('C군' 가족은 주당 21실링에서 30실링을 벌었다). D군 가족의 부인은 더 개인적인 영역에 머물러 있었던 것으로 묘사된다. "남편이 일터에 가 있는 동안 하루 종일 집에 있는 여자들은 주로 재산이 있는 사람들이었다."[89] 프랑스의 사회학자인 모리스 알박스Maurice Halbwachs는 1914년에 노동계급 가족에서 주부가 가족경제에 기여하는 경우가 7년 전보다도 더 줄었다고 보고했다(1907년에는 31퍼센트였고, 1914년에는 26퍼센트였다). 게다가 가족경제를 보조하는 수준으로 돈을 벌었던 사람들의 임금이 가족경제에서 차지하는 비중이 1914년에는 1907년보다 더 줄었다는 점을 주목했다(1907년 11.7퍼센트, 1914년에는 5.4퍼센트).[90]

기혼 여성의 취업률에 영향을 미친 세 번째 요인은 실질임금의 상승과 관련되어 있었다. 생활수준의 향상은 노동계급 성인의 식사와 건강을 향상시켰고 결과적으로 수명을 연장시켰다. 이에 따라 남편의 질병 발병률과 사망이 감소하여, 기혼 여성은 과거보다 더 적은 수가 일하러 나갔다. 주부의 일생에서 생계 책임을 져야 하는 긴급 상황에 처하는 경우도 줄어들었다. 기혼 여성의 노동력 진입이 가장 급격히 하락한 시기는 젊은 시절의 몇 년과 특히 어린아이가 집에 있을 때였다. 생활의 위기는 거의 대부분 노년기에 집중되는 경향이 있었다. 영국과 프랑스의 많은 마을과 도시에는 여전히 "말처럼 등이 굽은 노파를 고용해야 하는 할당량이 있었다. … 노파는 3페니를 받고 100파운드의 코크스를 실은 마차를 1마일 이상 *끄는* 일에 고용될 수 있었다."[91] 그러나 전체적으로 보면 젊은 사별 여성이 서너 명의 아이들을 부양해야 하는 경우는 전보다 줄어들었다.

기혼 여성이 임금을 벌어야 할 필요가 줄어들게 된 네 번째 요인은 가족 규모의 축소다. 1880년대 초에 영국과 프랑스 두 나라에서 노동계급의 부부는 이전 세대들보다 아이들을 더 적게 낳았다. (물론 다른 직업 집단에서도 가족계획을 다소 광범위하게 실천하였다. 그러나 여러 가지 이유로 역사학자와 인구학자는 이제야 이런 사실을 이해하기 시작했다.) 가족 안에 어린아이의 수가 적어지면서, 경제 자원에 대한 수요와 어머니가 임금소득 활동에 참여해야 할 필요도 줄어들었다. 따라서 기혼 여성이 자주 일하러 가지 않아도 되는 상황이 되었다. 다른 한편, 그들을 직업시장으로 끌어들일 만한 기회도 줄어들었다.

기혼 여성의 노동 유형에 영향을 미친 다섯 번째 요인은 직업을 가진 자녀가 집에 머무는 기간이 길어졌다는 점이다. 자녀는 한편으로는 가족경제에 기여를 했고, 가족의 생활수준을 향상시켰다. 그러나 자녀가 집에 거주함으로써 어머니의 가사 노동은 증가했다. 라운트리에 따르면, 1899년 요크에서 D군의 가족은 직장을 가진 자녀 덕분에 상당한 재정적 안정을 누렸다. 그가 기술한 48개의 D군 가족 중에서 21개 가족은 직업을 가진 자녀가 집에 거주했다(C군 가족에서는 4분의 1만이 직장을 가진 자녀들이 집에 거주했다). 그들의 연령은 14세에서 35세까지로 다양했고 평균연령은 20세였다. 예를 들면, 한 기계 수리공 가족의 경우 네 명의 성인 자녀가 일했다. 28세의 아들은 조립공, 19세의 아들은 기계공, 15세의 아들은 약제사, 그리고 17세의 딸은 재단사였다. 마찬가지로 어떤 보일러 제조공의 가족에는 직업을 가진 자녀가 셋 있었다. 27세의 아들은 조립공, 22세의 아들은 소방관, 19세의 셋째 아들은 세탁업자였다. 25세의 딸 역시 같은 집에 살았는데, 집안일을 도운 것으로 기록되어 있다.[92]

기혼 여성의 취업이 전체적으로 감소했다는 사실과, 도시들마다 다른 고용 형태를 가지고 있었다는 사실은 구분해서 살펴보아야 한다. 〈그림 8-1〉은 1906년 앙쟁과 루베의 자녀와 주부의 취업 현황을 가족주기 단계별로 비교한 것이다. 1906년 앙쟁에서는 1872년보다 훨씬 적은 수의 기혼 여성이 일했다. 1906년에 남성 노동자는 보수가 좋은 행정직이나 상업직에 고용되는 비율이 증가했다. 게다가 앙쟁에서 1870년대에 기혼 여성의 전형적인 일자리였던 가내산업은 20세기 초반에 감소했다. 반면 루베에서는 여전히 기혼 여성이 공장에서 일할 기회가 있었다. 1872년과 비교해 볼 때, 그들 중 많은 수가 일생 중 더 오랜 기간 동안 일했다. 이는 어린 자녀의 취업 기회가 감소하고, 13세까지 의무교육이 실시되었기 때문이다. 1872년에 그랬던 것처럼, 1906년에도 루베에서는 자녀가 13세가 되면 어머니를 대신하여 취업하는 경향이 분명히 나타났다. 앙쟁과 루베의 대조적인 현실을 보면, 기혼 여성의 구체적인 취업 형태는 각 도시 경제조직의 특성에 따라 다를 수 있음을 보여 준다.

비록 상황이 변화하여 기혼 여성이 취업하는 경우가 줄어들기는

[그림 8-1] 앙쟁과 루베의 가족주기 단계별 주부와 자녀의 취업(1906)

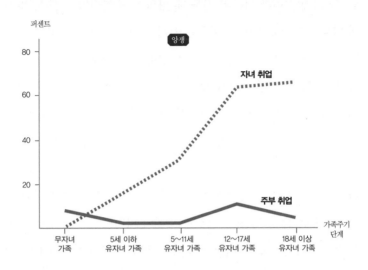

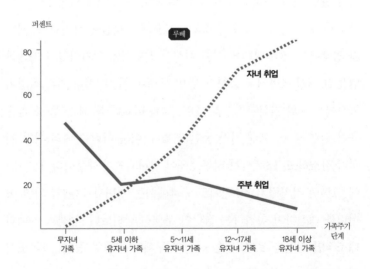

했지만, 그들이 임금소득 활동을 완전히 포기한 것은 아니다. 전업 주부의 이상에 맞게 살 수 있었던 기혼 여성의 경우에도 취업은 언제나 하나의 가능성으로 남아 있었다. 노동계급의 가족은 그 누구도 여성다움과 취업이 양립 불가능하다고 생각하지 않았다. 여성의 임금소득 활동은 여전히 일종의 보험 역할을 했기 때문이다. 기혼 여성은 아직까지도 가족의 산업 예비군이었다. 1904년에 버밍엄에 사는 한 노파는 "만일 남편이 일자리가 없거나 가족을 먹여 살릴 만큼 벌어 오지 못할 경우, 노동을 해서 돕는 것이 모든 여성의 입장이었다고 생각한다"고 연구자에게 얘기했다. 또 다른 사람은 "질병이나 실직했을 경우에만 여성이 도와야 한다고 생각한다"고 말했다.[93] 경우에 따라 임금을 벌어야 하는 부득이한 상황도 있었다. 삶이란 불안정한 것이어서 그럴 필요는 언제라도 생길 수 있었다.

그러나 안정적이고 잘사는 가족 사이에서조차 기혼 여성은 생계를 해결하기 위해서가 아니라 가족의 수입을 보충하기 위해서, 즉 필요 때문이 아니라 때로 선택에 따라 노동시장에 들어갔다. 선택의 여지가 있다는 사실은 전혀 다른 상황이다. 왜냐하면 그들의 취업은 가족이 힘든 시기에 있다는 표시가 아니었기 때문이다.

숙련 장인이나 상점 주인의 부인은 대부분 일을 한다거나 돈을 벌기 위해 일하는 것을 부끄럽게 여기지는 않는다. 그러나 자신이 일하는 것이 강제가 아니라 자신의 자유로운 선택이며, 단지 용돈을 벌고 있다는 사실을 분명히 하고 싶어 한다.[94]

가족의 건강과 안정이 증대됨에 따라 이 여성들은 시간이 있으면 일을 할 수 있었고 돈을 버는 데에 투자하는 시간을 조절할 수 있었다. 어떤 사람은 런던의 의류업을 살펴보고 다음과 같이 보고했다. "수고한 만큼 보수를 받지 못했기 때문에 일을 그만두거나, 설거지나 수선할 옷가지 등 해야 할 집안일이 있고 돈보다 시간이 중요해서 일주일에 반만 일한다고 말하는 편안한 상황에 있는 여성을 나는 수도 없이 만났다."[95]

집에서 삯일을 했던 여성의 가족이 처한 경제적 지위 분포를 보여 주는 양적인 자료는 없다. 그러나 조사를 보면 여성의 사회적 배경이 아주 다양했음을 알 수 있다. 런던에서 콜레트Collett는 가내노동자가 '사회의 모든 계층'에서 충원되었다는 것을 발견했다. 옥외 노동자의 4분의 3이 기혼 여성이었던 아미앵에서, 그녀들의 남편의 직업을 보면 화이트칼라에서 미숙련 농업노동자까지 다양했다. 많은 여성은 단지 '가계보조소득'을 벌고 있었다고 조사자들은 보고했다.[96]

가내 고용이 대규모로 이루어지지 않은 곳에서조차 기혼 여성은 가구경제에 조금이라도 보탬이 되고자, 혹은 자신이 원하는 특별한 상품을 사고자 파출부나 세탁 일을 비롯해, 성수기에는 과일 따기나 공장에서 통조림 만들기 같은 단기적인 일을 했다. 요크에 사는 노동자의 부인 L씨는 "이따금 홀숫날에 파출부일을 한다." D부인은 "파출부 일을 즐겁게 한다. 그렇지 않으면 집에서 간단한 바느질이나 하고 있을 것이다." 라운트리의 서술은 기혼 여성들이 하는 일에 부정기적인 특성이 있었음을 잘 보여 준다.[97] 1950년대 후반에도 이런 관행은 런던에 사는 아일랜드계 가족 사이에서 지속되었다.

결혼 뒤에 여성은 돈이 필요할 때만 일한다. 만일 남편이 실직하거나 그들이 특별히 무엇인가를 원한다면, 일시적으로 일을 할 것이다. … 돈에 대한 긴급한 필요가 없어지면 곧바로 일을 그만둔다.[98]

부정기적이고 일시적인 형태의 고용은 대부분 이런 여성의 필요와 맞아떨어져서, 기혼 여성을 위한 가장 전형적인 취업 형태로 계속 이어졌다. 비록 미숙련의 임시적 일의 특성상 임금과 노동조건이 결코 개선되지 않았다 할지라도, 여성이 취업을 선택했다는 사실은 착취가 심하고 낮은 임금의 일자리를 거부할 수 있었다는 뜻이기도 하다. 그런 일은 궁핍하고 선택의 여지가 없는 사람들의 몫이었다.

취업을 선택한 기혼 여성은 대개 개인적인 동기나 경제적 독립을 열망해서 그런 것이 아니다. 그들은 가족의 생활수준 유지를 위해서가 아니라, 가족의 지위와 편의 향상을 위해 일했다. 그들은 가족의 경제적 지위를 위해서 일했다. 이제는 우리가 '가족소비경제'라고 명명한 가족의 형태를 띠게 된 것이다. 1900년대 초부터 노동계급 가족의 생활수준과 생활양식은 더 많은 지출을 요구하기 시작했다. 라운트리는 1899년에 요크에 사는 고임금 노동자 가족 사이에서 짧은 여름휴가를 가는 경향이 늘어났다고 지적했다. 논평자들은 노동계급 가족이 절제하지 않는다고 자주 지적하면서, 단기적인 저축 클럽(예를 들면, 가족의 크리스마스 만찬을 가능하게 하는 거위 클럽goose clubs)의 존재를 언급했다. 대규모로 실시된 장기 저축 형태, 즉 장례보험도 있었다. 장례보험은 생존자들에게는 아무것도 보장해 주지 않지만(아마도 생존자들은 자신의 노동력밖에 의지할 것이 없었을 것이다), 사망자에게는 고상한 장례를 제공했다.[99]

남성의 임금과 일하는 자녀의 임금은 대부분 가족 생계에 소요된 반면, 기혼 여성이 벌어들인 임금은 자녀의 옷과 다양한 사치품 또는 휴가나 자녀 교육을 위한 저축 등 가족의 소비수준을 향상시키는 데에 도움이 되었다.

많은 (여성) 숙련노동자는 단지 생계를 위해 일하지 않는다. 그들의 생활수준은 상대적으로 높아서, 특히 자녀의 옷과 관련된 생활수준을 유지하기 위해 일하는 경우가 많다.[100]

사무원의 젊은 부인은 … 자녀가 교육을 받거나 살림을 시작하게 될 미래에 유용하게 쓸 저축에 얼마라도 보태는 것이 기쁘다. … 주당 18실링을 버는 운전사의 부인은 주당 32실링을 버는 기계공과 결혼한 자기 여동생만큼 자녀의 방과 옷을 잘 꾸며주기 위해서 버터 스카치 상자를 만든다.[101]

파리 근교에 사는 어느 어머니는 모든 자녀가 직장을 얻은 후 일을 그만두고 집에 있으라고 권해도 일주일에 며칠씩 파출부 일을 계속했다. 이 어머니는 말했다. "좋아, 그만둘게. 그러나 앞으로 1년 동안은 그만두지 않을 거야. 왜냐하면 8월에 너희를 르아브르Le Havre 항구에 데려갈 테니까." 이 어머니는 실제로 가족이 8일 동안 가족 최초의 휴가를 다녀온 뒤에 일을 그만두었다.[102]

이 모든 경우에 어머니의 일은 가사 활동의 보완으로 수행되었는데, 대체로 자녀가 학교나 직장에 가고 난 후였다. 그 목적은 가능한 한 많은 것을 소비함으로써 가족의 생활수준을 높이는 것이었다. 다른 가족 성원은 흔히 임금의 일부를 가졌지만, 기혼 여성은 거의 그러지 않았다. 노동자들의 회상을 보면, 어머니가 아이에게 새 옷을 사 입히기 위해 자신을 위한 물건이나 새 옷을 거의 사지 않고 얼마나 절약하고 저축했는지를 알 수 있다.[103] 이런 의미에서 기혼 여성의 일은 상당한 자기희생을 의미했다. 다른 한편으로 기혼 여성은 자신을 위해서라기보다는 가족을 위해 대부분의 돈을 지출했지만, 가족의 소비 능력을 증대시킴으로써 자신의 위치를 향상시키고, 관리할 수 있는 돈의 액수를 늘렸다. 가족경제가 가족소비경제로 변화하면서 가구의 재정 관리자로서의 여성의 역할이 확대되었기 때문이다. 가족(그리고 공동체) 안에서 여성의 지위는 일차적으로 다른 가족이 가져다준 돈을 잘 운영해서 가족의 필요에 맞게 쓰는 능력에 달려 있었다. 여성은 부정기적인 임금소득을 통해서 가족생활의 질을 높이는 '여유분extras'을 제공함으로써 자신의 가사 역할을 더 잘 완수할 수 있었다.

  65세까지 일한 프랑스의 한 노파는 "나는 더 빨리 일을 그만둘 수 있었지만, 계속 일을 해 돈을 벌기를 원했다. 나는 언제나 돈을 원했다. … 그리고 그 돈은 우리가 가질 수 없었던 많은 것을 할 수 있게 해 주었다."라고 회상했다.[104]

전체적으로 1914년경에는 취업하는 기혼 여성이 더 적었으며, 여성은 일생 동안 임금노동에 더 적은 시간을 투여했다. 가족 안에서 재정적인 압박이 줄어들면서 그들은 자기 시간을 사용하는 데서 더 많은 통제권을 가질 수 있었다. 그러나 그 선택은 임금소득이냐 여가냐, 생산성이냐 비생산성이냐에 있는 것은 아니었다. 그것은 경제 활동의 형태와 가구 활동 사이의 선택이었고 가족지향적 노동이라는 점에는 변함이 없었다.

기혼 여성의 가사 활동

노동계급 가족의 가구 내 분업은 과거와 마찬가지로 계속되었지만, 남성과 여성의 일은 더욱 뚜렷이 구분되었다. 남성은 비록 유일하지는 않더라도 일차적인 임금소득자가 되었고, 부족한 수입은 자녀가 집에 있는 기간 동안에 벌어오는 돈으로 보충되었다. 반면 아내는 혼자서 가정과 자녀에 대해 더 많은 관심을 쏟았다.

대부분의 기혼 여성은 남편과 비슷한 정도의 직업적 숙련도는 없어도, 남편이 전혀 분담하지 않은 경험을 축적함으로써 자녀 양육과 가구 운영의 전문가가 되었다. 여성의 주요한 가사 책임은 가구 재정의 운영, 즉 가족의 주 소비자로서의 역할이었다. 노동계급의 여성은 일하는 가족원의 벌이 중 일부나 전부를 모아서 재정을 관리했다.

그녀의 지갑이나 주머니는 공동 자금이었다. 여기에서 그녀는 가족 소득을 분배한다. 가족은 소득을 벌어들이는 사람이지만, 그녀는 지출하는 사람이다.[105]

1912년 프랑스의 한 노동조합 출판물에는 주부는 "우리 집안의 재무장관"이라고 씌어 있었다. 주부들은 돈을 할당할 뿐만 아니라 돈을 어떻게 쓸지를 결정했다.

남편과 사전에 상의 없이 내린 결정에 대해 남편은 대부분 허락한다. 그러나 그 반대의 경우는 결코 없다.[106]

대부분의 경우에, 남편은 교통비와 술과 담배를 살 용돈을 갖거나 받았다. 어떤 가족의 경우에는 남편이 부인에게 합의된 '임금'을 지불했다. "나는 대장장이로 적지 않게 번다. 금요일 밤에 아내에게 주고 나면 내 지갑에는 30실링에서 35실링 정도가 남는데, 그 돈은 언제나 술집으로 들어간다."[107] 1936년에 어느 대장장이가 라운트리에게 한 말이다. 1950년대 후반까지 이런 관행은 리버풀에 사는 아일랜드계 가족 사이에서 지속되었다. 한 연구는 "'훌륭한' 아버지는 임금을 모두 넘겨주고 조금씩 받아쓴다"고 썼다.

어머니는 남편의 월급 봉투를 보고 그가 정확히 주당 얼마를 벌었는지 알게 된다. 그걸 보고 그녀는 자신이 적당한 '임금'을 받았는지 아닌지를 스스로 판단하는 위치에 서게 된다.[108]

월급날 남편이 얼마나 가져오는지 부인이 요구하는 금액이 합당한지를 둘러싸고 격렬한 말다툼과 눈물, 구타가 일어나기도 했다.

포도주 상인인 앙리 레레Henry Leyret 파리 근교 노동계급의 월급날을 다음과 같이 묘사했다.

> 이날은 주위가 기쁨과 슬픔이 뒤섞인 아주 이상한 분위기가 된다. … 부인은 창문에서 기다리거나 현관에 서 있고, 때로는 기다리지 못해서 … 남편을 만나러 공장으로 가는 경우도 눈에 띈다. … 거리에서 언성을 높이고 집 안에서는 욕설이 난무하고 … 손이 올라가고 눈물이 흐른다.[109]

비록 지출할 여분의 돈이 많은 고임금노동자 가정이 더 화목했는지 모르겠지만 어떤 유형이 노동계급 가족 안에서 더 지배적이었다고 말하기는 어렵다. 어느 경우든 갈등이 있는 것만큼 협조하는 사례도 많았다. 흔한 일은 아니었던 것 같지만, 영국여성협동조합길드 The English Women's Cooperative Guild의 한 여성 활동가는 "남편이 나에게 홍차와 사교를 위한 티켓 두 장을 가져와서 쓰겠냐고 물어보았을 때, 나는 시간이 별로 없었지만 티켓을 버리고 싶지 않았다. 왜냐하면 그 티켓은 남편이 아주 적은 용돈을 털어서 산 것임을 알았기 때문이다"라고 말했다.[110]

이 시기에 여성이 받는 생활비의 대부분은 음식을 사는 데에 지출했다. 많은 연구들의 통계수치를 보면, 1880~1914년에 프랑스 노동계급 가족의 예산 중에서 식료품비가 차지하는 비중은 약 60퍼센트에 달했다(중산층 가족에서는 이 수치가 기껏해야 20퍼센트였다).[111] 영국에서는 이 수치가 약간 더 낮았지만 큰 차이는 아니다. 이런 평균치가 노동계급 가족의 다양한 경제 사정을 포착하지는 못해도, 전체 유형을 파악할 정보는 제공한다. 빵이 여전히 가족 예산의 중요한 품목이었지만, 많은 식료품의 가격이 낮아져서 좀 더 다양한 식사를 할 수 있게 되었다. 극빈층 가족은 거의 고기를 먹지 못했지만, 좀 더 잘사는 가족은 종종 고기를 먹었다. 프랑스에서 설탕과 홍차, 커피, 초콜릿 소비는 계속 증가했다. 영국에서는 1880년대에 값싼 밀과 고기가 수입되고, 수입품에 대한 세금이 낮아져 식료품 가격이 떨어지면서 노동계급의 식단이 향상되었다.[112] 그러나 우유와 신선한 과일과 채소는 두 나라 노동계급 가족의 식단에서 가장 빠지기 쉬운 품목이었다. 1904년의 한 연구에 따르면, 영국 아동의 33퍼센트가 영양부족인 것으로 나타났다. 그들은 우유를 거의 마시지 못했고, 주로 빵과 마가린, 잼, 홍차를 먹고 살았다.[113] 1902년의 한 연구를 보면, 중산층 가족이 일주일에 한 사람당 평균 6파인트pint(1파인트는 0.57리터)의 우유를 소비했고, 장인 가족은 1.8파인트를, 노동자 가족은 0.8파인트만을 마셨음을 알 수 있다.[114] 전쟁 전까지는 식단이 뚜렷이 향상되지 않았다. 제1차 세계대전 이후까지 영양실조는 특히 여성과 아동에게 흔히 일어나는 문제였다. 노동계급 가족의 영양 문제는 빠르고 간단히 해결되지 않았다. 그럼에도 불구하고 점점 더 다양한 음식 품목이 가족 예산에서 발견되었다. 그에 따른 결과의 하나로 주부들이 식사 준비는 물론이고 장보기에 더 많은 시간을 할애했다. 일하는 여성이 손수레나 상점에서 조리된 음식을 사는 경우도 있었지만, "훌륭한 장인 가족이라면 결코 조리된 음식을 사 오지 않았다. '만약 그랬다면 어머니가 비난을 받았을 것이다.'"[115] 상층 가정에서는 노동을 절감시키는 기구라도 사용했지만, 노동계급 가정에서는 비싸서 엄두도 내지 못했다.

여성들은 식료품 구매와 관련된 활동에 별도의 시간을 할애해야 했다. 영국에서는 협동조합운동과 특히 여성협동조합길드(1883년에 창설)가 성장해서 주부들을 소비자협동조합으로 조직했다. 1930년까지 이 길드에는 약 6만 7천 명의 회원이 가입하여 집회와 지역 회합 운영에 적극적으로 참여했다.[116] 개별 주부들은 (공동 구매를 위한) 돈과 약간의 시간을 투자하여 회원 자격으로 실질적인 이익을 얻어 갔다. 약간 먼 거리에 있는 협동조합 상점까지 걸어가서 거기서 몇 시간 정도 일할 시간을 낼 수 없는 여성은 경제적 손실을 감수해야 했다.

기혼 여성이 노동시장과 맺는 관계는 일시적인 데에 비해서, 협동조합 운동은 지속적인 관심사에 호소함으로써 여성을 정치적으로 동원했다. 영국의 협동조합운동은 노동당을 지지했다. 이에 따라 길드의 여성은 교육, 건강, 모성보호 등의 쟁점을 지지하게 되었다. 한 협동조합원이 말했듯이, 길드가 성공한 것은 기혼 여성의 주요 관심사인 '장바구니' 문제를 직접적으로 대변했기 때문이다.[117]

여성이 책임을 지고 있는 가계 운영에서 식료품이 중요했기 때문에 가격이 오르거나 중요 품목이 부족해지면 여성들이 폭동을 일으킬 소지가 있었다. 1911년에 노르파드칼레 지역에 사는 주부들은 높은 식료품 가격에 분개해 사지 않기로 했다. (이들 대부분은 광부와 금속 노동자의 아내였는데, 이 해 생활비가 상승했는데도 일자리를 찾을 수가 없었다. 광산과 금속산업 지역에서는 여성이 일할 기회가 더 적었기 때문이다.) 그들은 일부 도심 지역에서 달걀과 우유, 버터를 집어던졌다. 다른 지역에서는 마차를 멈추게 하고 농부에게 생산물을 '공정한 가격'으로 팔라고 요구했다. 초기의 자연발생적인 폭발, 즉 '주부 폭동'이 마을에서 마을로 확산되자, 노조 활동가들은 불매운동을 조직하고 주부노동조합을 만드는 것을 도와주었다. 과거의 식료품 폭동과 마찬가지로, 1911년 시위에도 여성들은 가족 소비자로서 참여했다. 그러나 정치활동 규모가 커진 20세기 초반에 노동계급을 위한 정치제도를 조직하는 가운데 일어난 이런 시위들은 새로운 형태와 이념성, 그리고 좀 더 광범위한 정치적 중요성을 띠게 되었다 (시위자들은 적기를 흔들고 인터내셔널가를 불렀다). 이 폭발은 곧 노동조합 활동과 결합되었고, 높은 생활비에 대한 노동자의 저항으로 해석되었다. 그럼에도 불구하고, 이 시위들이 시장지향적 성격을 띠었던 것은 여성이 직접 주도했기 때문이다.[118]

주부의 재정 책임에는 식료품 구매와 더불어 집세를 지불하고 가족의 옷과 가재도구를 마련하는 것이 포함된다. 가레스 스테드먼 존스Gareth Stedman Jones는 19세기 말에 영국의 노동계급 가족 사이에서 가정생활의 중요성이 증가했다고 기술했다. 그에 따르면, 노동시간을 축소시킨 입법으로 노동일이 짧아짐으로써 여가 시간과 교외로의 이주가 증가했으며, 이전 시기의 노동 중심 문화가 가족과 가정 중심 문화로 대체되었다. 20세기 초에 이르면 노동자들은 더 많은 시간을 가정에서 보냈다. 일요일은 (프랑스와 영국에서) 가족이 외출하는 날이 되었고, 사람들은 휴식을 위해 카페나 선술집에 들렀다. 임금이 더 높아지고 구매력이 증대됨으로써, 가족들은 더 높은 수준의 물질적인 안락을 열망하게 되었다. 일요일에 입을 근사한 옷처럼 벽에 거는 작은 장식품이나 그림, 창문에 놓을 꽃은 집을 더 쾌적하게 만들 뿐만 아니라 품위를 유지하는 데에도 도움이 되었다. 가정에 몇 가지 사치품을 추가해 마련할 수 있는 능력은 여성의 가정 관리 기술을 나타내는 중요한 지표가 되었다.[119] 질병 클럽이나 장례 모임에도 정기적으로 회비를 납부해야 했다. 많은 극빈층 가정에서 "어머니는 가족장례보험을 위해 어떡해서든 일주일에 1실링을 지불해야 했다." 조합 회비 역시 가족 재정에서 나왔다. 어느 노동자의 부인은 "26년 동안 나는 (남편의 노동조합을 위해서) 모든 회비를 납부했고, 정치적인 목적을 위해서도 1년에 1파운드를 기꺼이 납부했다"고 기술했다.[120]

주부의 재정 활동에 항상 "용케도 잘 꾸려 나갔다"는 표현을 사용했던 것에서 알 수 있듯이, 필요한 지출을 메우려면 가족 자금을 가지고 요모조모 재간을 발휘해야 했다. "아버지는 어머니에게 가진 돈을 주었고 어머니는 그 돈으로 꾸려 나갔다"고 프랑스의 한 노동자는 회상했다. 한 노파는 라운트리에게 주당 17실링을 벌어다 주는 남편의 월급으로 어떻게 용케 살림을 꾸려 나갔는지를 얘기했다. "매주 … 그녀는 17실링을 받자마자 집세로 나가는 돈을 챙겨 두고 나서 나머지를 가지고 어떻게 하면 가장 유익하게 지출할 것인가를 정확히 계획했다."[121]

세금을 내는 일에는 기록을 보관하고 상인이나 보험 모집인, 정부 기관의 대표와 만나서 처리하는 일들이 포함되었다. 기혼 여성은 가족원 중에서 거의 혼자 이런 사람들을 상대했다. 다시 말해서, 주부가

하는 가사 기능이 확대되어 가족의 공적인 대표자가 되었다. 런던의 한 방문 간호사는 중산층의 관행과 노동자 가구에서 보였던 것을 비교하면서, 이런 문제에서 주부가 발휘하는 기술에 대해 언급했다.

> 사람들은 남편이 세상 물정에 밝다고 생각할지 몰라도, 세금 영수증을 받는 등의 일에 가장 꼼꼼히 주의를 기울이는 사람은 언제나 주부다.[122]

주부는 가정관리 전문가였고, 이에 따라 집에 찾아오는 모든 외부인을 상대했다. "만일 어떤 방문객이 오면, (남편은) 가족의 이해를 대변하는 부인에게 그 일을 떠넘길 것이다."[123] 이렇게 해서 성직자, 박애주의자, 도덕 개혁주의자는 모두 문 앞에서 그 집의 어머니를 만났다. 어머니는 또한 학교 직원, 무단결석 감독관을 만났고, 만일 자녀에게 문제가 있으면 경찰과 치안판사도 만났다. 이 모든 일에는 경험뿐만 아니라 시간이 필요했다.

분명히 가족의 경제 상황과 순탄한 기능은 여성의 '살림살이' 능력에 달려 있었다. 많은 설명들은 끊임없이 주부를 훌륭한 관리자나 나쁜 관리자로 언급하고 있다. 노동계급 여성의 특성으로 보이는 절제는 분명히 부족한 생활물품들, 특히 음식 부족에 대한 책임이 여성에게 있다는 의식에서 나온 것이다. 요크의 가난한 주부에게 라운트리가 "가족의 이사나 다른 특별한 목적을 위한 지출을 어떻게 메워 나가는지" 반복적으로 질문했지만, 대답은 항상 하나였다. 즉, "우리는 식료품비에서 그 돈을 마련해야 하고 부족함을 참아야 한다."

'부족함을 참는' 것은 거의 언제나 여성이었다. 어느 선로공의 아내는 자녀를 위해서 "나는 저녁을 먹지 않았어요. 이제 막 차 한 잔을 마셨어요"라고 대답했다. 요크의 한 주부는 "만일 또 사야 할 것이 있으면, 나와 아이들이 저녁을 거르지만 … 짐Jim은 저녁을 먹고 일하러 가죠. 나는 그에게 아무 이야기도 하지 않아요"라고 말했다.[124] 1930년대의 연구들은 영양실조를 감내해야 했던 어머니를 잘 보여주고 있다. 임금소득자로서 남편은 음식을 가장 많이, 그리고 잘 먹어야 했고, 만일 가족들에게 음식을 충분히 제공할 정도로 가계를 꾸릴 형편이 안 된다면 관리자인 자신이 굶어야 했다. 레레는 파리에 사는 노동자의 부인에 대해 기술하면서, 그들은 대체로 나막신을 신었고 그래서 아이들은 구두를 신을 수 있었다고 했다. 그는 그녀의 능력, 즉 '자신감'은 자기 직무를 잘 수행하는 능력에서 나왔다고 덧붙였다. 가족이 깨끗하고 영양이 충실하고 품위 있게 옷을 입었다는 것은 여성의 관리 기술을 입증하는 것이었다.[125]

이웃이나 친척 같은 비공식적인 연결망은 주부들에게 자주 도움이 되었다. 잡담이나 수다를 떨면서 시간을 보낼 경우에도 여성들은 유익한 정보, 예를 들면 어디가 가격이 가장 싸고 질이 좋은지 얘기했다. 로버츠는 "대화를 하면서 부인들은 자신과 이웃에게 경제적으로 중요한 정보를 수집해서 공유했다"고 말했다.[126] 이런 연결망은 경제적으로 유익할 뿐만 아니라, 꼭 친척들 사이가 아니더라도 서로 다른 가족끼리 도움을 주는 데에도 자주 이용되었다. 어머니가 다른 가족의 환자들을 간호하고 출산과 사망자의 시신을 처리하는 일을 도와줌으로써, 그녀의 가족도 유사한 도움을 받을 수 있었다. 또한 이런 연결망을 통해서 점차 늘어 가는 자녀 양육과 관련된 정보를 교환했다.

자녀 양육

20세기의 첫 10년 동안 자녀는 노동계급 가족 안에서 점차 중요한 위치를 차지했다. 이에 따라 어머니가 양육으로 보내는 시간이 증가했다. 이런 변화에는 몇 가지 이유가 있었다. 19세기 후반에 들어서면서 노동계급 가족의 출산이 감소되기 시작했다. 또한 1900년 이후에 군인의 감소와 국가의 인구성장 둔화를 걱정하던 중산층 자선사업가들이나 의사들이 영아 사망 퇴치 캠페인을 적극적으로 펼친 결과 영아 사망이 감소했다. 어머니는 방문 간호사나 자원봉사자 '숙녀들ladies'에게서 우유병을 위생적으로 처리하는 방법을 배웠다. 의사들은 모유 먹이기 캠페인을 벌였다. 우유는 가난한 가족에게 무료로 배포되었다. 새로운 의료 조치는 어머니가 어린아이와 더 많은 시간을 보낼 것을 요구했다. 양육의 기준이 높아짐에 따라 여성이 양육 활동에 보내는 시간도 늘어났다.

영아 사망의 감소는 가족 규모를 줄이는 데에 한층 더 기여했다. 더 많은 영아가 생존함에 따라 가족은 더 적은 수의 아이를 낳게 되었다. 그리고 더 적은 수의 아이가 태어남으로써 아이의 개별 가치가 높아졌다. 피부양자이면서 과거보다 더 오랜 기간 집에 거주하는 자녀의 생존을 보장하기 위해서는 더 많은 보호가 필요했다. 다소

모순되기는 하지만 노동계급 가족의 크기가 줄어듦에 따라, 아이에 대한 어머니의 책임은 증가하게 되었다.

보건 캠페인과 유모와 보모를 두었던 가족의 경험은 사람들이, 아이의 건강에 어머니가 중요하다는 것을 확신하게 만들었다. 어머니는 아이가 다른 곳에서는 집에서만큼 잘 먹지 않는다고 주장했다.

일반적으로 취업 여성은 맡긴 아이가 건강하게 잘 자라지 못한다고 생각했고, 잠시 아이를 맡겨 본 뒤에 많은 여성이 자신의 아이를 잘 돌보기 위해서 공장을 그만두고 가내노동자로서 일하기 시작했다.[127]

어머니는 육체적으로뿐만 아니라 도덕적·사회적으로 아이의 보호자로 규정되었다. 아이에게 옷을 입히는 일뿐만 아니라 학교에 가고 나중에 일하러 가는 데에도 신경을 썼다. 버밍엄에서는 일하는 어머니를 둔 아이보다 어머니가 집에 있는 아이의 출석률이 좋았다.[128] 어머니는 자녀의 도제 생활과 고용에 관한 계약을 했고, 그 뒤에는 일하는 자녀의 출퇴근을 감독했다. 흔히 엄격한 훈련자로서 빈틈없고 주의 깊은 어머니가 결국 자녀를 성공시킨다고 생각했다.

19세기 말 노동계급 가족의 관점에서 보면, 성공이란 상대적인 성취였다. 그것은 계급적인 상승 이동이라기보다는 대개 약간의 훈련과 교육이 필요한 안정된 직장을 갖게 된다는 것을 의미했다. 물론 어떤 가족은 계급 상승을 하기는 했지만 그것은 예외적인 경우였다. 그럼에도 불구하고 아이의 장래는 가족을 위한 일종의 투자였다. 영국의 어느 노동자 부인은 "아이들에 대한 우리 생각은, 우리가 아이들에게 최고의 교육을 시키고 기술과 음악을 가르치고, 깨끗하고 정직하고 성실하게 성장할 수 있도록 뒷바라지함으로써, 사회에서 바르게 사는 훌륭한 시민으로 키우는 것이다"[129]라고 말했다. 그녀의 아이들은 각자 자신의 직업을 선택했고, 때로는 가족 재정을 크게 희생시키면서 음악 레슨을 받기도 했다. 그러나 그 당시에는 "아이들의 더 나은 미래를 위해서"라는 목표를 모두 공유하고 있었다.

자녀에 대한 투자는 노년의 부모에게 물질적인 안정을 보장하기도 했지만, 상징적이고 정서적인 것이기도 했다. 다음 세대의 성공과 성취는 부모의 성공으로 평가되었다. 인생에서 최고의 성취는 물질적인 보상이나 개인적인 재산이나 부의 축적이 아니라, 일생 동안 자녀를 잘 키우는 데에서 느끼는 만족감이었다. 잘 자라난 자녀는 시간과 돈을 제대로 투자했다는 증거가 되었다. 자녀는 보이지 않는 자원을 전수받았다. 부모가 '인생의 출발점에서' 자녀에게 준 것은 재산이나 기술 또는 돈이 아니라 좋은 훈련과 교육, 그리고 기회였다. 그리고 어머니가 주로 이 자원을 제공하는 책임을 졌다. 왜냐하면 아이를 낳고 먹이고 사회화시키고, 일을 시작하게 하는 사람이 바로 어머니였기 때문이다. 점차 복잡해지는 사회에서 여성은 자녀와 고용주가 될 사람을 중개하는 '직업 중개인'의 역할을 자주 했다. 어떤 딸은 "우리의 인생에서 모든 것을 시작하게 해 준 사람은 바로 어머니였다"고 술회했다.[130] 한 늙은 프랑스 여성은 "나에게 가장 행복한 미래는 내 아이들이 행복해지는 것"이라고 말했다.[131]

자녀를 돌보는 데에 어머니가 중요하다는 것은 이전 시기에도 분명했지만, 20세기 초에 이르면 좀 더 공식적으로 표명되었다. 이에 따라 아이에 대한 사랑의 중심에는 어머니가 있었다. 어머니는 "가족생활에서 가장 변함없고 중요한 인물"이 되었다.[132] "당연히 나는 아버지보다는 어머니와 더 가까웠다. 우리는 어머니와 더 많이 같이 있었고 … 아버지는 거의 볼 수 없었다"고 프랑스 노동자는 자서전에서 회상했다.[133] 이와 같은 설명을 통해 어머니가 얼마나 중요했는지 분명해진다. 노동계급의 자서전을 보면, 아버지는 형식적으로만 다루고 많은 경우 어머니에게 초점을 맞춘다. 어린 시절뿐만 아니라 대부분은 결혼한 뒤까지도, 어머니는 도움을 주거나 충고를 하는 등 자녀의 삶에 개입하면서 중요한 역할을 했다. 이러한 활동으로 인해 어머니는 가족 안에서만이 아니라, 더 나아가 이웃들에게도 존경 받는 위치에 있었다. 아이들 또한 어머니의 활동에 대하여 한없이 고마워했다. 1950년대에 영국의 사회학자였던 윌모트와 영은 '어머니'에 대한 노동계급 가족들의 기억을 기록했다. 이 기록은 또한 이전 시기 어머니의 위치를 묘사하고 있다.

"엄마가 돌아가시자 모든 것은 엉망이 되었다"고 한 여성이 말했다. "집안에 가장이 없어졌다. 조직도 없어졌다." … 또 다른 사람은 "우리는 엄마가 돌아가실 때까지는 크리스마스를 함께 지내곤 했는데, 이제는 모두 뿔뿔이 흩어져 버렸다"고 말했다. 쓰레기 청소부였던 한 남자는 "엄마가 죽은 이후 우리는 많은 친척들과 만날 수 없게 되었어요. 엄마는 가족의 중요한 정거장 역할을 했던 거지요"라고 자기 부인의 친척에게 얘기했다.[134]

이런 기록들이 집에 있는 기혼 여성의 일생을 미화하는 것은 아니었다. 많은 관찰자는 기혼 여성의 삶의 고립성, 고단함, 그리고 지루함에 대해 염려했다. 예를 들면, 라운트리는 잘사는 노동자 부인의 경우 "극도로 단조로운 생활"이 미치는 영향과 "희망 없이 고되고 반복적인 일만 하는 사람"이 될 수 있다는 사실을 문제시했다.[135] 이 부인들은 여가 생활도 없이 가족의 일에 장기간 헌신하면서 살았다. 남자들과 마찬가지로 노동계급의 여성은 집에 있든지 직장에 있든지 간에 만족하지 못하는 경우가 많았다. 그러나 그들은 배우자를 위해서 힘든 일을 해야 할 필요성을 인정했던 것 같았고, 가족 내 남편과 아내의 분업을 받아들였다. 여기에서 우리는 교육과 여가에 대한 중산층의 기준을 노동계급 여성의 활동에 적용해서는 안 될 것이다. 노동계급에게 중산층의 기준은 열망하는 가치였을 것이다. 그것을 이해함으로써 우리는 상층과 하층 사이에 부와 교육과 여가에서 단절이 있었음을 잘 알 수 있다. 그런데 중산층의 기준을 비교 잣대로 사용하는 것은 노동계급의 어머니와 부인이 겪은 경험의 본질을 애매하게 만든다. 집에 있는 노동계급 기혼 여성의 생활이 힘들고 시간을 소모하는 것이었다 하더라도, 그 일은 가족에게는 경제적 · 사회적 · 정서적으로 매우 중요했다. 가족을 돌보는 역할을 통해 어머니는 가족들에게서 존경과 지위를 인정 받았고, 어머니 스스로도 자신감을 느낄 수 있었다.

20세기 초반 10년까지 노동계급 가족의 기혼 여성은 돈을 버는 것보다는 집에 더 많은 시간을 투자했다. 가구와 양육에 대한 책임으로 새로운 기술이 요구되었고, 이 일들은 과거보다 더 많은 시간을 필요로 했다. 가족 성원은 가구 관리인과 자녀 건강, 교육, 미래의 후견인으로서의 확대된 역할을 중요한 것으로 인식했다. 생애 전체에 걸쳐 여성의 시간은 점차 파편화되었다. 미혼의 젊은 성인 여성은 돈 버는 일에 시간을 사용했다. 그러나 결혼해서 아이를 갖게 되면 전일제 임금노동을 그만두었다. 생산적인 활동에는 시간을 덜 소비한 반면, 아이들과 가구 관리에 더 많은 시간을 보내게 되었다. 일반적으로 임금소득 활동은 어머니와 주부라는 일차적인 직업을 일시적으로 중단하는 것이었다.

제9장

제2차 세계대전 이후
여성 취업의 변화

여성 취업의 역사는 단순한 진화 모델을 따르지 않는다. 1920년대와 1930년대를 경과하면서 약간 변화하기는 했지만 1900년경의 유형이 분명히 지속되었다. 그러나 제2차 세계대전 이후부터 영국과 프랑스에서 여성의 노동력 참여는 20세기 초와 확연히 달라졌다. 그 차이는 이전의 유형과 연속성을 갖는 것이 아니라 단절된 모습을 보였다.

전후 기간에 영국의 여성 취업율은 한 세기 동안에 이루어진 것보다 더 많이 증가했다. 실제로 1950년대와 1960년대에는 모든 미혼 여성이 일했다. 전쟁 직후에는 기혼의 취업 여성 비율이 감소했지만, 그 수치는 1950년대에 다시 올라갔다. 영국 전체 기혼 여성의 취업률은 1931년에는 약 10퍼센트 정도였지만 1951년에는 20퍼센트 이상으로 증가했다.[1] 반면 프랑스에서는 여성 노동력의 비율이 초기에 비해 감소했다. 미혼과 기혼 여성의 취업이 모두 감소했다. 1950년대까지 프랑스에서 여성 취업은 국제적인 관점에서 보면 여전히 높았지만, 과거와 비교해 볼 때는 그렇지 않았다. 1950년대와 1960년대에 프랑스의 여성 취업 수준과 유형은 19세기의 다른 어느 때보다도 영국과 흡사한 양상을 보였다.

여성 취업에서 이런 변화가 일어난 시기에 대해 일부 논평자는 전쟁 자체가 여성의 일에 중요한 영향을 미쳤다고 결론지었다. 영국의 경우, 기혼 여성이 임금노동에 참여함에 따라 가족의 우선순위를 재규정하게 되었다고 주장했다. 게다가 어떤 사람은 여성의 노동 능력에 대한 일반인의 태도가 영국판 '리벳공 로지Rosie the Riveter'* 사례의 영향으로 변화되었다고 주장했다.[2] (비슷한 주장들이 프랑스의 여성 취업 또한 증가했다는 잘못된 관점을 지지하게 만들었다.)[3] 물론 전쟁 동안에 여성의 취업 수준은 두 나라에서 매우 높았다. 이는 전쟁에 동원된 남성 노동자를 대신해서 여성이 충원되었기 때문이다. 그러나 영국과 프랑스 상황을 자세히 살펴보면, 제2차 세계대전이 분기점은 아니었다는 것을 알 수 있다. 여성의 취업 유형이 전후에 변화한 것은 주로 1939년경에 이미 시작된 경제·인구·가족의 변화 때문이었다. 전쟁은 이런 변화의 영향을 가속화시키긴 했지만, 그 원인은 아니었다.

이 장에서는 20세기 동안 영국과 프랑스에서 일어난 경제·인구·가족의 변화에 대해 간략히 살펴볼 것이다. 그러나 이전 장들에서처럼 자세히 또는 장황하게 분석하지는 않을 것이다. 왜냐하면 이장의 목적은 자세한 논의라기보다는 개관이기 때문이다. 이렇게 하는 데에는 몇 가지 이유가 있다. 첫째, 우리는 여성 취업의 역사가 1914년 이후에 변화없이 지속된 것은 아님을 보여 주고자 한다. 이장에서는 그러한 변화의 성격과 방향에 대해 논의할 것이다. 둘째,

---

* 미국에서 제2차 세계대전 당시 전쟁에 동원된 남성들을 대신하여 군수 공장에서 일할 여성들을 모집하는 대대적인 캠페인 광고에 등장하는 가상의 여성이다. '우리는 할 수 있다We Can Do It!'는 표어와 함께 스카프로 머리를 동여매고 팔뚝의 알통을 드러내 보이며, 공장에서 남성들이 담당했던 힘든 일을 여성들도 거뜬히 해 낼 수 있음을 보여 주는 포스터에 등장한다. 그러나 이렇게 여성을 동원했던 정부 당국과 기업들은 전쟁이 끝나고 남성들이 돌아오자 곧바로 여성들을 해고했다.

우리는 이 책 전체를 통해서 사용한 분석의 중요성을 강조하고자 한다. 노동력 참여 사례를 통해 여성의 지위를 이해하려면, 그들의 생활을 규정지었던 경제적·인구학적·가족적 맥락에 대한 이해가 선행되어야 한다. 여성 취업의 역사는 각 변수들의 변화와 변수 사이의 관계가 변화해 온 역사를 통해서 이해되어야 한다.

경제적 변화

영국과 프랑스 양국 모두 여성 노동자에 대한 새로운 수요는 대부분 확대되고 있던 서비스 부문에서 생겼다. 19세기에 시작된 이 부문의 성장은 이후에도 계속되었다. 그때까지 여성을 위한 새로운 직종 중 가장 큰 부문은 화이트칼라 부문이었다. 이 부문은 정부 서비스의 관료제화와 기업 조직의 분화, 그리고 유통 및 소비업종 규모의 성장과 함께 증대되었다. 장 다릭Jean Daric에 따르면, 프랑스에서는 상업에 종사하는 취업 여성(농업을 제외한)의 비율이 1906년과 1936년 사이에 18퍼센트에서 27퍼센트로 증가했다. 자유 전문직에 종사하는 여성은 같은 기간에 7퍼센트에서 14퍼센트로 증가했다. "1906년 이래로 상업 활동과 자유 전문직에 종사하는 여성의 비율이 계속 증가해, 제조업의 (여성 취업의) 감소를 상쇄시켰다"라고 그는 적고 있다.[4] 두 나라에서 여성을 주로 고용했던 제조업의 중요성은 이미 20세기 초부터 분명히 감소하고 있었고, 1945년 이후에도 이러한 경향은 지속되었다. 프랑스에서 비농업 부문의 제조업에 종사하는 여성 노동력은 1936년 44퍼센트에서 1947년에는 40.2퍼센트로, 1962년에는 32.5퍼센트로 떨어졌다. 영국에서는 1951년에 전체 여성 노동자의 38.9퍼센트가 제조업에 종사했고, 1961년에는 34.8퍼센트가 종사했다.[5]

전쟁은 제조업 부문에 영향을 미쳤다. 영국과 프랑스 두 나라는 공장, 주택, 공공건물에 막대한 손실을 입었다. 전쟁 뒤 몇 년 동안 두 나라는 자원과 노동력의 재건에 몰두했다. 이런 노력은 일차적으로 중공업과 건축업에, 따라서 남성 노동에 집중되었다. 성별 노동분업과 성별 직업 분리라는 특징은 변화되지 않았다. 금속과 기계 부문에 종사하는 여성의 비율은 약간 증가했다. 전자업과 같은 새로운 경공업에 종사하는 수도 증가했다. 그러나 이런 증가는 전체 제조업에 고용된 여성의 비율에 영향을 미치지 못했다. 더 중요한 것은, 전통적으로 여성을 가장 많이 고용했던 섬유와 의류산업이 지속적으로 축소되었다는 사실이다. 감소하는 이 업종의 일자리에는 점차 유럽의 비산업 국가에서 이주해 온 사람들이 들어갔다. 영국과 프랑스의 여성은 화이트칼라로 이동했다.

제조업과 서비스 부문에서의 발전은 비슷했지만, 영국과 프랑스의 여성 취업 수준의 변화는 〈그림 4-1〉에서 〈그림 4-4〉에 걸쳐 제시했던 것처럼 서로 달랐다. 영국에서 여성 취업의 증가는 기본적으로 서비스 부문의 규모가 증대함에 따라 이루어진 것이었다. 프랑스에서도 서비스 부문에서 여성 취업이 증가했지만, 전체적으로 노동력에 참여하는 여성은 감소했다. 이 차이에 대한 설명은 잘 알려진 바와 같이 프랑스의 농업 조직에서 찾을 수 있다. 1945년 이후에 생산성이 매우 낮았던 소규모 가족농장이 사라졌다. 집중화와 산업화로 소규모 농업은 서서히 변화되었다. 그 결과, 여성과 남성 모두의 고용주였던 농업 부문이 감소했다. 여성 취업의 감소는 좀 더 급격했다.[6] 여성이 화이트칼라로 이동함으로써 감소분의 일부는 상쇄되었지만, 모두 상쇄된 것은 아니다. 프랑스에서 여성의 노동력 참여 감소는 가족생산양식의 마지막 흔적이었던 소규모 농장 수의 감소가 가져온 결과였다.

인구 변화

전후 영국과 프랑스의 여성 노동력에서 가장 두드러진 변화 중 하나는 기혼 여성의 취업률이 증가했다는 사실이다. 그 수치는 각 나라마다 다르며, 각국의 서로 다른 경제구조를 반영하고 있다.

프랑스의 통계조사에 '고용된' 것으로 기록된 기혼 여성의 비율은 실제로 감소했다. 이것은 직접적으로 가족농장과 농업 외 부문에서 가족 경영 상점의 감소를 반영하는 것이었다. 그럼에도 불구하고, 집에서 멀리 떨어진 곳에서 임금소득 활동을 하는 기혼 여성의 비율은 증가했다. 1906년에는 기혼 취업 여성의 37퍼센트만이 임금을 받는 노동자였다. 63퍼센트는 기업의 사장이나 공동 대표, 또는 자신의 집에서 일하는 사람들이었다. 그러나 1936년이 되자 기혼 여성 중에서 임금소득 노동자의 비율이 60퍼센트로까지 증가했다.[7] 이런 경향은 1950년대와 1960년대까지 계속되었다. 프랑스에서 전체

기혼 취업 여성(비농 부문)의 비율 역시 1921년 이후 증가했다.[8]

영국에서는 여성 노동자 중 기혼 여성의 비율이 점점 늘어났다. 이전과 비교해 볼 때 1911년까지는 기혼 여성의 노동력 참여가 감소했다. 그러나 20세기 들어서서 그 유형은 변화했고, 여성 노동자 중 기혼 여성의 비율이 점차 증가했다. 1911년에 영국의 전체 취업 여성 중에서 14.1퍼센트가 기혼이었고, 1951년에는 43퍼센트, 1970년에는 59퍼센트에 달했다.[9]

여성 임금소득자 중에서 기혼 여성의 비율이 증가한 데에는 몇 가지 이유가 있었다. 첫째, 여성 노동자에 대한 수요는 부분적으로 인구성장의 결과로 제2차 세계대전 이후에 증가했다. 전쟁 직후에 두 나라는 한동안 '베이비붐'을 경험했다. 이는 부부가 전쟁 기간에 상실했던 재생산 시기를 보충하거나 장기적으로 자녀에 대한 생각을 바꿨기 때문이다. 프랑스나 영국의 베이비붐은 미국에서 일어난 베이비붐과는 그 종류가 달랐다. 그러나 두 나라 모두에서 출생률이 일시적으로 증가했다. 출산의 변화는 영국에서보다도 프랑스에서 더 컸는데, 프랑스의 출산이 특히 전쟁 전까지 정체되어 있었기 때문이다. 프랑스의 출산 증가는 소규모 농장의 감소와 농촌에서 도시로의 인구 이동과 함께 이루어졌다. 게다가 프랑스 정부는 인구성장을 장려했다. 정부는 자녀 수에 기초해서 가족수당을 지불했고, 셋 이상의 자녀를 가진 가족에게는 특혜를 제공했다. 두 나라에서 인구성장은 서비스 부문의 확대에 기여했고, 따라서 여성 노동력 수요에도 기여했다. 예를 들어, 두 나라의 인구에서 점차 많은 부분을 차지하는 어린아이를 돌보기 위해서는 더 많은 간호사와 교사가 필요했다. 상업과 소비산업이 인구성장과 함께 확대되었고, 여성 노동자에 대한 수요 역시 증가했다.

기혼 여성 비율이 증가한 두 번째 이유는, 여성 노동자에 대한 수요가 증가한 반면에 전통적으로 임금소득자로 고용되던 미혼 여성의 노동력은 줄어들었다는 점이다. 1930년대의 낮은 출생률로 인해 1950년대에 성인이 된 여성의 수가 감소했다. 게다가 고용될 수 있는 젊은 성인층이 두 나라 모두 학교 졸업 연령의 연장으로 오히려 줄어들었다. 미혼 여성의 공급은 결혼율이 증가함에 따라 더욱더 줄어들었다. 점점 더 많은 여성이 결혼했고, 과거보다 더 젊은 나이에 결혼했다.

결혼율은 19세기 말에는 프랑스가 영국보다 더 높았다. 프랑스의 결혼율은 1921년 이후에 약간 증가했고, 이는 기혼 여성 임금소득자가 증가한 이유를 설명해 준다.[10] 영국에서는 결혼율이 급격히 증가했다. 1911년에 20세에서 24세 여성 중 24퍼센트만이 기혼이었던 것과 비교해 볼 때, 1968년에는 같은 연령 집단의 57퍼센트가 기혼이었다. 1911년에 10세 이상의 여성 인구 중 46.2퍼센트가 미혼이었는데, 1970년에는 15세 이상 여성 인구에서 미혼 여성은 19퍼센트에 불과했다. 기혼 여성은 1911년에 전체 여성의 44.6퍼센트였고, 1970년에는 67퍼센트였다.[11] 또한 초혼연령도 상당히 낮아졌다(〈표 9-1〉).

이런 모든 요인이 미혼 여성 노동자의 공급을 줄이고 노동력에 참여하는 기혼 여성의 수를 증가시켰다.[12] 자녀 양육을 끝낸 나이 든 기혼 여성이 먼저 일자리를 채우는 경향이 있었다. 전후 시기 자료들을 보면, 어린아이를 가진 주부가 집에 있는 것을 대체로 선호했

[표 9–1] 잉글랜드와 웨일스 여성의 평균 초혼연령

1936~1940년	25.38
1951~1955년	24.18
1960년	23.26
1964년	22.78

출처 : E. A. Wrigley, *Population and History*, p. 228

음을 알 수 있다.[13] 그러나 여성 노동자에 대한 필요가 컸기 때문에, 고용주는 아이가 있는 기혼 여성의 편의를 봐주었다. 예를 들어, 런던에 있는 피크 프린The Peak Freen 비스킷 공장은 젊은 주부를 충원하기 위해 1950년대에 시간제 교대근무part-time shifts와 유연근로시간제 flexible hours를 도입했다.[14]

다른 인구학적인 요인들 역시 기혼 여성을 피고용자로 활용하는 데에 영향을 미쳤다. 전쟁 이후에 출생률이 약간 증가하긴 했지만 결코 이전만큼 높지는 않았다. 가족은 모두 합해서 둘이나 셋 정도의 아이를 가지려 했다. 영양과 의료보호가 지속적으로 개선되어 영아 사망이 더욱 줄어들었다. 영아 생존률이 꾸준히 향상되자, 여성들은 원하는 자녀의 수를 유지하기 위해 여러 번 임신할 필요가 없어졌다. 다시 말하면, 자녀를 출산하는 데에 소요되는 시간이 감소한 것이다. 또한 자녀의 건강이 향상됨에 따라, 어머니가 자녀의 영양과 보호를 위해 해야 할 일들도 줄어들었다. 부모는 아이가 성인이 될 때까지 생존할 것이라고 가정할 수 있게 되었고, 점차 아이의 장래를 준비하는 데에 관심을 두었다. 1950년대까지 노동계급 여성이 자녀 출산이나 양육에 쓰는 시간은 계속 줄어들었다.

가족의 변화

제2차 세계대전 이후 영국과 프랑스에서 기혼 여성의 취업에 영향을 미친 일차적인 가족 요인은 자녀의 필요에 대한 생각이 변한 것이었다. 그러한 변화 과정은 19세기 말에 이미 진행되고 있었고, 전후 시기에는 아동노동이 실제로 없어졌다. 사회적인 압력과 가족의 열망 때문에 자녀에게 최소한의 교육을 시켜야 한다는 중요성이 인식되고 있었다. 이제 가족은 아이가 임금소득자이기를 기대하지 않았다. 초기 산업화 시기의 특징적인 유형은 변화되었다. 과거에는 어머니가 가사와 재생산 책임을 완수하기 위해 집에서 있는 동안에 아이들은 일을 해야만 했다. 그러나 이제는 가족에게 부수입이 필요할 경우, 어머니가 아이 대신에 일했다.

가족의 필요에는 이제 일상적으로 자녀의 교육이 포함되었다. 기혼 여성들은 아들이나 딸을 직업학교나 심지어 대학에 보내기 위해 일한다고 말하곤 했다. 가정에서는 아이를 키우는 데에 더 많은 비용을 들였고, 아이는 가족의 생계를 유지하는 데에 과거만큼 기여하지 않았다. 이런 변화의 결과로 가족은 자녀를 더 적게 갖기로 결정했다. 어머니가 아이를 돌본다는 것은 점차 어머니가 자녀를 뒷바라지하기 위해 돈을 버는 것을 의미하게 되었다. 또한 여성이 평균적으로 아이를 더 적게 낳았기 때문에 그런 임금을 버는 것이 가능해졌다.

이렇게 해서 제2차 세계대전 이후에는 여성이 노동력에 참여하는 시기가 이전과 달라졌다. 영국과 프랑스에서 가족주기에 따라 여성 취업 유형이 이전과 어떻게 달라졌는지 비교해 보는 것이 유용할 것이다. 1850년경에 영국에서는 많은 미혼 여성이 일했다(〈그림 9-1〉). 기혼 여성은 아이가 아주 어릴 때, 또는 그 이후라도 가족에게 필요하거나 생활의 위기가 심각해진 경우에 임노동에 참여했다. 그러나 1910년경부터는 달라졌다. 젊은 미혼 여성은 여전히 임노동을 했다. 기혼 여성은 전보다 일을 적게 했다. 그들의 노동은 부정기적이었고 가족의 필요에 따른 일시적인 것이 되었다. 생활의 위기는 가족생활 내내 늘 존재하는 것이었지만, 많은 위기가 주로 노년기에

[그림 9-1] 영국 여성의 생애주기/가족주기 단계별 취업률 추이

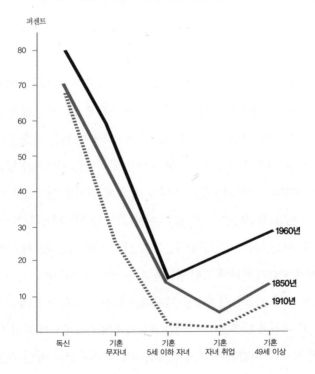

집중되었다. 그때가 되면 아이들은 집을 떠나서 새로운 가정을 꾸렸고 가족의 일차적 임금소득자는 병들거나 죽었다. 1960년경에는 다시 새로운 유형이 생겨났다. 자녀의 임금소득은 이제 가족의 노동주기와 무관해졌다. 기혼 여성은 임금노동을 더 많이 하게 되었지만, 자녀가 아주 어릴 때는 노동할 가능성이 가장 낮았다. 1850년과 1960년에 주부의 노동과 자녀의 노동 사이의 관계는 현저하게 달라졌다.

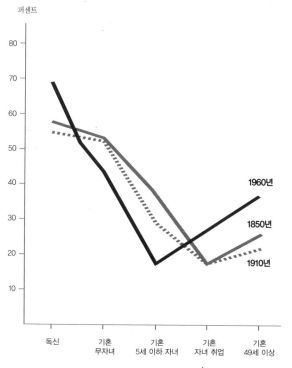

[그림 9-2] 프랑스 여성의 생애주기/가족주기 단계별 취업률 추이

프랑스의 여성 노동력 참여는 영국과 달랐다(〈그림 9-2〉). 소규모 생산 단위와 장기간 지속된 가구 생산, 낮은 출생률, 그리고 여성 노동자에 대한 더 큰 수요 때문에 프랑스에서는 일찍부터 기혼 여성이 노동에 많이 참여하게 되었다. 이런 요인들로 인해 전체 곡선이 상승하게 된다. 영국보다 더 많은 기혼 여성이 노동자가 되었지만 영국보다는 소규모 가구 단위에서 일하는 여성이 더 많았다. 이런 유형은 1910년까지 지속되었다. 1960년에는 소규모 농장과 가게들이 감소하면서 기혼 여성의 노동도 전체적으로 감소했다. 그러나 영국의 상황과 중요한 유사성이 있다. 자녀가 더 이상 가족임금소득자로서 어머니를 대신하지 않게 된 것이다. 그 대신 어머니가 자녀를 부양하고 교육시키며 장래를 담보하고자 일했다.

기혼 여성이 임금소득 활동에 더 많은 시간을 소비하게 된 것은 가사가 '산업화'되었기 때문은 아니었다. 최근까지도 영국과 프랑스의 노동계급 가구는 노동을 절감시키는 기구를 살 여력이 거의 없었다. 게다가 취업 주부와 전업 주부의 가사 시간표를 비교한 연구를 보면, 취업 주부는 계속해서 집안일을 처리하는 데에 많은 시간을 소비했음을 알 수 있다. 그들은 밀린 집안일을 '처리하기' 위해 주말이나 저녁 시간에 빨래와 설거지를 했다. 진공청소기나 세탁기 같은 것을 가진 사람은 거의 없었다. 취업 주부들은 밖에 나가서 일을 할지라도 가정 내 성 역할 분업에 따라 가사의 일차적인 책임자로 규정되었기 때문에 이중노동을 수행했다.[15] (노동력을 절감시키는 기구를 살 수 있다는 가능성은 기혼 여성의 임금소득 활동을 자극하는 동기가 되었다. 그들은 유급노동을 했고, 그 결과 가사 부담을 완화시키는 기구를 살 수 있었다.)

전후 기간에는 자녀의 필요를 채우기 위해서 특별한 비용 지출이 필요했으며, 어머니의 가사 시간은 덜 요구되었다. 게다가 기혼 여성이 벌 수 있는 잠재적인 임금은 과거에 비해서 더 늘어났다. 제2차 세계대전 이후에 노동력에 진입한 여성은 적어도 최소한의 교육은 받았다. 경제 변화와 훈련받은 노동자에 대한 수요가 증가함에 따라, 아동의 학교교육은 사회적으로 그리고 가족 안에서도 중요해졌다. 노동계급 자녀에게 확대된 학교교육은 그들의 취업 전망에 큰 영향을 미쳤다. 교육받은 여성의 시간은, 비록 최소한의 교육만 받은 경우라도 교육을 전혀 받지 못한 여성의 시간보다 더 높은 시장 가치를 얻었다. 19세기에 그랬던 것처럼 미혼 여성이 아무런 훈련이나 기술 없이 어린 나이에 취업하면 임금이 매우 낮았다. 여성은 결혼하면 아이 양육과 가정관리에 전념하는 것이 일반적이었는데, 시장노동을 대안으로 선택할 경우 임금이 매우 낮았기 때문이다. 앞서 살펴본 당대에 일어났던 여러 가지 에피소드들이 보여 주는 것처럼, 초기에 기혼 여성을 노동력에 재진입시킨 주요한 요인은 빈곤과 위기였다. 20세기 중반에는 젊은 노동계급 여성이 어느 정도의 교육과 훈련을 받았다. 남성과 여성, 그리고 미혼 여성과 기혼 여성 간의 임금 격차는 여전히 컸다. 많은 기혼 여성은 여전히 절박한 필요 때문에 착취가 심한 저임금 일을 감수해야 했다. 그러나 교육을 받은 결과, 기혼 여성의 임금도 전체적으로 과거보다는 높아졌다. 이 여성들은 결혼 뒤에도 계속 일을 하거나 자녀가 진학하면 직장에 복귀하고자 하는 더 큰 유인을 갖게 되었다. 그것은 바로 임금소득에 소요되는 시간의 가치가 증대된 것이다.

기혼 여성이 일하는 일차적인 동기는 자녀였지만, 다른 이유도 있었다. 어떤 여성은 연구자들에게 자신이 임금을 벌어들임으로써 "분수에 넘치는 사치품을 향유할 수"[16] 있게 되어 가족의 안락이 증진된다고 말했다. 8장에서 기술했던 소비지향 추세는 전후 시기에 더 분명해졌다. 기혼 여성이 시간제나 전일제 일을 해서 가족이 휴가를 가고 라디오나 더 좋은 주택 또는 가구를 가질 수 있었다.

> 그녀의 임금이 지출되는 방식을 보면 그 여성이 기본적으로 필수생활비를 벌거나 본인의 쾌락을 위해서 일하는 것이 아님을 알 수 있다. 돈은 가족의 생활수준을 높이는 수단으로서 필요했다. 그것은 자립이라는 기반 위에서 좀 더 현대적이고 멋있게 꾸미고, 더 풍요로운 음식과 좋은 신발, 더 큰 옷장을 마련하고, 내구성 소비 상품을 사고, 가족이 해변에서 휴가를 보낼 수 있게 하고, 저렴한 중고차를 장만하는 데에 사용되었다.[17]

1950년대와 1960년대의 조사에 응답한 여성들 또한 동료 관계를 좋아하고 집에 있는 것보다 일이 더 재미있기 때문에 일을 한다고 답했다. 비올라 클라인Viola Klein이 청소일을 하는 여자에게 왜 일을 하느냐고 묻자, 그녀는 "나는 신경이 약한데, 일이 건강에 도움이 돼요. 의사가 일을 가지라고 권유했어요. 내가 이 일을 꼭 해야 할 필요는 없어요"라고 말했다.[18] 라운트리와 레이버스George R. Lavers는 1951년 요크의 표본집단에 속한 1,278명의 주부(대부분은 시간제로 일했

다) 중 약 21퍼센트가 "집에 하루 종일 갇혀 지내는 대신에 사람들을 만나는 즐거움 때문에" 일한다고 대답했다. 사교에 대한 욕구는 가족의 사생활이 중요해지면서 생겨났는데, 이러한 욕구를 충족시키기 위해 부분적으로 주거 편의 시설을 확대하기도 했다.

여성이 이런 동기 때문에 일을 한다고 표현했다는 사실은 중요하다. 그것은 기혼 여성이 노동을 하는 이유가 가족의 빈곤 때문인 경우보다 개인 선택의 문제인 경우가 더 많다는 것을 나타낸다. 그럼에도 불구하고, 이런 선택을 한 여성은 소수였다. 취업한 주부와 어머니의 대부분은 가족의 지위를 유지하거나 향상시키기 위해서 일했다. 소비가 증대된 시대에 가족의 지위를 향상시킨다는 것은 가족의 욕구를 충족시키기 위해서 돈을 번다는 것을 의미했다.

여성 취업의 새로운 유형

자녀들이 필요로 하는 것과 기혼 여성의 임금소득 시간의 가치 변화뿐만 아니라 경제와 출생률, 사망률, 결혼율이 변화하면서 노동계급 가족의 생활주기에 따른 여성의 취업 유형도 변화했다. 미혼 여성은 대부분 계속 일을 했다. 그러나 그들의 취업은 이제 더 이상 과거와 같이 학교를 마치고 결혼하기 전까지 지속되는 하나의 단계가 아니었다. 여성들은 점차 결혼 뒤에도 계속하게 될 직업에서 숙련과 경험을 쌓아 나갔다. 기혼 여성도 가족을 위해 일한다는 점은 변하지 않았지만, 노동력 참여 유형은 변화했다. 고용주들은 여전히 기혼 여성을 부차적인 임금소득자로 간주하고, 일에 대한 몰입이 가족에 대한 관심보다 부차적이라며 낮은 임금을 지급했다. 물론 이것은 어느 정도는 정확한 평가이다. 그러나 과거 몇 십 년 사이에 생겨난 가족의 필요로 인해 여성은 일생 동안 더 안정적으로 임노동에 몰입할 수 있게 되었다. 일을 하는 동기도 빈곤보다는 대부분 자녀와 관련된 지출의 증대 때문으로 변했다. 게다가 교육을 받고 기술도 가진 기혼 여성은 결혼 기간에도 그들이 벌 수 있는 잠재적인 임금을 포기하지 않으려 했다. 어떤 사람은 시간제로 일했고, 많은 경우 자녀가 아주 어릴 때에만 일을 그만두었다. 그런데 출산의 감소는 기혼 여성의 일생에서 자녀 출산과 양육 기간을 급격히 단축시켰다.

재생산활동에 소요한 햇수(1750)

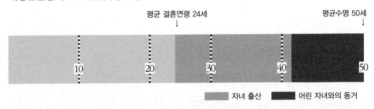

재생산활동에 소요한 햇수(1960)

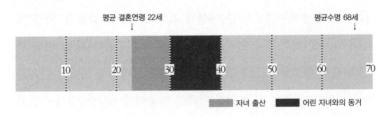

출처 : Evelyne Sullerot, *Women, Society and Change*, p. 75.

여성 취업의 새로운 유형은 몇 가지 측면에서 전산업화 시기의 유형과 일치한다. 즉, 여성은 인생을 통해 유급 노동과 가내노동을 한다. 생산적인 활동은 아이가 태어나면 일시적으로 중단되지만, 영원히 중단되는 것은 아니다. 그러나 전산업화 시기의 여성과 달리, 현대의 노동계급 주부는 재생산활동에 좀 더 적은 시간을 할애한다. 기대수명도 늘어났다. 가족의 경제적인 필요는 지속적으로 기혼 여성의 임금을 필요로 한다. 재생산에 대한 요구가 줄어듦으로써, 여성은 일생 중 더 많은 시간을 임금을 버는 데에 사용할 수 있게 되었다.

결론

산업화가 여성의 일에 미친 영향은 무엇인가? 그 대답은 간단하지 않으며, 하나만 있는 것도 아니다. 생산양식의 변화는 즉각적으로 또는 자동적으로 여성의 일을 변화시키지 않았다. 그뿐만 아니라 여성의 생산활동에 영향을 미치는 재생산 전략과 가족 조직을 직접적으로 변화시키지도 않았다. 그러나 중요한 변화들이 일어났다. 산업화가 여성의 일에 미친 영향은, 산업화가 경제와 인구 및 가족 조직에 끼친 각기 다른 영향과 각 영역들 간의 관계를 변화시킨 과정을 살펴봐야만 제대로 파악할 수 있다.

1700년 이래로 영국과 프랑스에서 경제, 인구, 가족이 서민계층 여성의 일에 미친 영향이 어떻게 변화해 왔는지 간단히 정리해 보자. 전前산업 경제에 전형적이던 가구생산양식 하에서는 생산의 단위는 작고 생산성은 낮았다. 모든 가구 성원은 나이와 성에 따라 각기 다른 생산적인 일에 종사했다. 우리는 이런 조직 형태를 **가족경제**라고 불렀다. 결혼 내 출생률은 높았지만, 높은 사망률이 순재생산net reproduction을 자연스럽게 억제시켰다. 아이는 잠재적인 노동자였지만, 또한 제한된 자원에 대한 잠재적인 상속자였다. 가구는 만혼으로 다음 세대의 크기를 조절했고, 몇몇 성원에게는 독신을 강요했다. 높은 출생률과 높은 사망률, 그리고 자원이 제한되어 있다는 사실은 여성이 생산활동에 일차적으로 시간을 투자했음을 의미했다. 미혼 여성은 부모 집에서 일하거나 집에서 일할 필요가 없으면 다른 집에서 일했다. 기혼 여성은 생산자이자 어머니였다. 가구에 기반을 둔 노동은 생산적인 활동과 가사 활동의 결합을 촉진시켰다. 기혼 여성은 가족경제를 위한 생산 요구를 충족시키기 위해 그들의 시간을 조정했다.

산업화 시기에 이르러, 생산 단위의 규모가 증가하고 생산활동은 가구에서 작업장과 공장으로 이전했다. 사람들은 점차 임금을 벌기 위해 일했다. 특히 산업화 초기에 섬유산업은 여성과 아동노동에 크게 의존했다. 가족은 노동과 재생산 전략에 대한 예전의 기대를 새로운 상황에 맞추어 변화시켰다. 그 결과가 **가족임금경제**였다. 가족 임금경제 아래에서 가족은 구성원의 노동을 계속해서 조정했다. 이제 생애 단계에 따른 여성의 생산활동을 규정짓는 요인은 노동에 대한 필요보다 임금에 대한 가구의 필요였다. 가족은 계속해서 많은 자녀를 낳았고, 영아사망률은 여전히 매우 높았다. 이와 같이 높은 사망률과 생존한 자녀가 잠재적인 가족임금소득자가 된다는 사실 때문에 많은 자녀를 낳는 초기의 출산 전략은 지속되었다. 그러나 새로운 상황에서 높은 출산율은 기혼 여성에게 문제가 되었다. 과거처럼 생산활동과 재생산활동에 시간을 적절히 분배해야 했지만, 이제 취업은 집에서 떨어진 곳에서 이루어졌다. 가족임금경제 아래에서 기혼 여성은 가구 생활에 그들의 임금이 필요할 때 일을 했다. 생계가 절박해지면 전적으로 자녀 양육이나 가내 활동에만 시간을 투자하지 않았다. 그러나 가사와 재생산의 필요 또한 여성의 시간을 많이 요구했다. 그래서 여성의 취업은 일시적이고 불규칙한 경향이 있었다. 여성은 기회가 생기면 가내노동과 관련된 현금 소득 활동을 임시적으로 했다. 그러다가 다른 가족 성원, 특히 자녀가 임금소득자로 대체되면 기혼 여성은 임금소득 활동을 그만두었다. 여성은 일생 동안 생산활동과 재생산활동을 번갈아 가며 했다. 여성이 일할 시기를 결정한 것은 가족의 필요였다. 딸이었을 때에는 대개 임금소득자였다. 어머니나 주부가 되면 임금에 대한 가족의 필요, 즉 다른 가족 성원의 임금과 노동에 따라 여성이 현금소득에 투자하는 시간이 결정되었다.

기술 변화와 중공업의 성장, 그리고 산업 조직 규모의 증가로 19세기 말에 이르면 생산성이 증대하고 크게 번창했다. 새로운 제조업 조직은 일차적으로 성인 남성 노동력을 필요로 했다. 그러나 서비스 부문에서는 많은 수의 화이트칼라 일자리가 여성에게 제공되었다. 이 시기 남성의 임금은 증가했고, 많은 노동계급 가족의 생활수준이 생계 수준 이상으로 향상되었다. 가구의 기능이 재생산과 소비 영역으로 전문화됨에 따라, 가족경제는 **가족소비경제**가 되었다. 그럼에도 불구하고, 가족은 여전히 구성원의 노동을 계속해서 조정했다. 자녀는 학교를 졸업한 뒤에 대개 가족임금소득자가 되었다. 이제 사회는 모든 아동에 대한 교육을 필수적으로 요구했고, 보수가 좋고 정규적인 직장을 가지려면 최소한의 교육 수준이 필요해졌다. 기혼 여성은 여전히 임금이 필요한 경우에만 일을 했는데, 기혼 여성의 생산활동은 점차 가족이 위기에 처했을 때 일시적으로 하는 일을 의미하게 되었다. 일차적인 임금소득자의 실업이나 질병, 사망으로 인해 발생하는 이 같은 위기는 점점 더 노년기에 집중되는 경향이 있었다. 대부분의 결혼 기간 동안에 여성은 가족을 위해서 자녀 양육과 소비활동 전문가로 활동했다. 이 임무는 노동계급 가족에게 중요하면서도 경제적으로 유용한 욕구를 채워 주었다. 가족경제를 관리하고 상품과 서비스를 구매하는 데에는 시간과 숙련이 필요했다. 게다가 새로운 출산 전략은 여성에게 더 많은 시간을 자녀 양육에 투자할 것을 요구했다. 19세기 말에 가족은 출산을 억제하기 시작했다. 새로운 의료 조치와 영아 사망의 감소는 이보다 더 늦은 1910년경에야 진전되었다. 가족이 아이를 더 적게 낳게 됨에 따라, 아이가 성인이 될 때까지 생존할 수 있도록 자녀 양육에 더 많은 시간을 투자하는 것이 중요해졌다. 이런 가족의 필요에 따라 어머니는 임금소득보다는 가사 활동이나 자녀 양육에 더 많은 시간을 할당하게 되었다.

제2차 세계대전 이후에 달라진 경제적인 조건과 가족의 필요는 여성의 취업에 다른 영향을 미쳤다. 서비스 부문이 확대되고, 화이트칼라 여성에 대한 수요가 증대되었다. 특히 영국에서는 더 많은 시간제 노동을 구할 수 있었다. 출생률은 계속해서 떨어졌고, 새로운 수준의 의료 조치로 영유아의 생존 가능성이 더 높아졌다. 아이는 일생 중 더 많은 기간 동안 학교를 다녔고, 가족임금소득자로는 더 적은 시간을 보냈다. 그 결과, 기혼 여성이 임금소득 활동에 투자하는 시간이 늘어났다.

역사 기록에서 여성의 생산활동은 U자 형태(전산업화 시기의 가족경제에서는 상대적으로 높다가 산업경제에서는 더 낮아졌다가 현대적인 서비스 부문의 발전과 함께 다시 높아지는 형태)를 보인다. 기혼 여성의 생산노동은 이런 유형에 기여했다. 미혼뿐만 아니라 기혼 여성이 가구경제에서도 일했고 오늘날의 소비경제에서도 일한다는 사실이 이 두 시기 여성의 생산활동 수준을 높였다.

재생산활동에 대해서는 어떤 선명한 설명 곡선도 보이지 않는다. 재생산 유형은 다음과 같은 방식, 즉 상대적으로 낮은 결혼율과 높은 결혼 내 출생률, 높은 영유아사망률에서 높은 결혼율과 낮은 출생률, (자녀 양육에 투자하는 여성의 시간이 증가한 결과인) 낮은 영유아사망률로, 그리고 낮은 출생률과 (이제 더는 어머니 한 사람의 시간에만 의존하지 않는) 낮은 영유아사망률로 변화해 왔다. 그러나 어떤 시기에도 여성의 생산활동 유형은 지배적인 가족 출산 전략에 영향을 미치고 영향을 받아 왔다.

여성 생산활동의 결정 요인

이 책에서 우리는 250년의 기간에 걸친 두 국민국가의 전체적인 특징을 비교해 왔다. 우리는 구체적인 경제적·생태학적 특징을 가지고 몇 개의 도시들을 비교했다. 우리는 또한 가족 안에서 여성이 딸, 주부, 어머니로서 담당하는 역할을 연구했다. 몇 가지 다른 수준에서 여성과 일에 대해 비교·조사함으로써, 우리는 여성의 취업 유형 변화에 대한 몇 가지 설명을 일반화할 수 있었다.

가장 일반적인 수준에서 보면, 한 사회의 생산과 재생산 체계가 가구 안에서 상호작용함으로써 취업 가능한 여성의 공급에 영향을 미친다고 결론 내릴 수 있다. 경제와 생산양식의 특성과 조직 규모, 그리고 기술은 노동자로서 여성에 대한 수요에 영향을 미친다.

역사적으로 여성이 생산에 참여할 가능성은 가구생산양식과 가장 밀접하게 연관되어 있다. 해당 가구가 가구 생산을 하는 시기에 가까우면 가까울수록 여성이 생산노동을 하고, 재생산활동에 소비하는 시간을 줄여 생산노동에 투자할 가능성이 더 크다. 19세기 전체를 통해 프랑스 경제에서는 소규모의 가구 생산조직이 계속해서 중요한 특징으로 자리 잡았다. 반면 영국은 일찍부터 대규모의 공장 체계를 발전시켰다. 그 결과, 프랑스의 여성 노동력 참여율은 영국보다 항상 더 높았다.

일단 산업생산양식이 지배적이 되고 사람들이 집 밖에서 임금을 벌기 위해 일을 하게 되면, 전체적이고 지역적인 경제조직은 여성 유급 고용에 대한 수요에 영향을 미친다. 여기서 한 가지 중요한 제약 요인, 즉 가장 보편적인 성별 직업 분리가 작용한다. 직업 분리의 정도는 시기에 따라 약간 다르지만, 사회·고용주·노동자가 성별로 유형화된 직업을 수용하는 경향이 지속적으로 존재해 왔다. 그런데 여성은 여성적인 직업에서 노동자에 대한 수요가 높을 때 일하는 경우가 많다. 남성 노동자의 공급(예를 들면, 전쟁 기간이나 그 뒤에)이 부족해지면, 여성이 비여성적인 직업에 들어가는 경우가 더 많아진다. 서로 다른 도시의 경제구조를 분석해 보면, 여성의 취업 수준은 여성 직업이 가장 많은 곳에서 가장 높다는 것을 알 수 있다.

물론 여성 노동자의 공급은 인구학적·사회적·경제적인 요인에 따라 부분적으로 규정된다. 미혼 여성은 자기 시간에 대한 다른 요구들이 거의 없기 때문에 취업하기에 가장 적합하다. 반면 기혼 여성은 재생산과 가내 활동을 유급 노동과 조정해야만 한다. 산업화 초기에 특히 섬유도시에서 그러한 조정의 어려움이 분명히 있었다. 여성 노동자에 대한 경제적인 필요와 임금에 대한 가구의 필요 때문에 기혼 여성은 자신을, 심지어는 유아를 희생하면서까지 높은 취업 수준을 유지했다. 그러나 섬유도시에서조차 기혼과 미혼 인구 비율 등의 인구학적인 상황이 여성 노동자의 공급을 규정지었다. 여성에 대한 수요가 크고 미혼 여성의 공급은 적었던 후기에는 고용주가 기혼 여성의 특수한 요구에 맞추어 노동조건을 변화시켰다.

가구의 필요 또한 여성 노동자의 공급에 영향을 미쳤다. 가족의 경제적인 필요에 따라 가구 내 분업이 이루어졌다. 가구생산양식 아래에서 구성원들의 취업 여부는 가구 단위의 노동에 대한 필요에 따라 결정되었다. 임금소득 가족 체계에서는 생계를 위한 요구가 노동에 대한 필요를 대체했다. 가난한 가구는 가능한 한 많은 구성원을 임금노동시장에 내보냈다. 그러나 기혼 여성은 가능한 한 가족 분업에 따라 가사와 양육에 시간을 할애했다. 생산성 증가와 남성의 높은 임금은 가구 내 분업을 더 분명하게 했고, 활동 분화를 가능하게 했다. 미혼 여성은 임금소득자로서 선호된 반면, 기혼 여성은 양육이나 소비 전문가로서 선호되었다.

물론 가구의 필요는 단순히 경제적인 것만은 아니었다. 자녀와 자녀 양육에 대한 강조는 여성, 특히 기혼 여성 노동력의 노동시장 공급에 영향을 미쳤다. 출생률과 사망률이 높았던 초기에는 영유아들을 특별히 보호해야 한다는 개념이 없었다. 아이를 낳고 젖을 먹이는 데에 들이는 시간 외에는 아이에게 시간을 거의 투자하지 않았다. 출생률의 감소와 더불어 아이가 성인까지 생존할 가능성이 높아지면서 아이의 필요를 새삼 강조하게 되었다. 어머니가 자녀의 육체적·정신적·도덕적 건강을 책임져야 한다고 간주되었다. 가족은 어머니가 자녀 양육에 소비하는 시간을 중요하게 생각하게 되었다.

그러면서 기혼 여성이 집에서 보내는 시간이 임금소득 활동에 투여되는 시간을 앞지르기 시작했다. 그러나 제2차 세계대전 이후에 자녀 양육 개념에 또 다른 변화가 일어났다. 낮은 출생률이 지속되고 영유아의 생존 가능성이 급격히 향상됨에 따라, 어머니가 어린 자녀의 보호와 양육에 소비하는 시간이 줄어든 것이다. 육체적인 생존이 아니라 자녀의 사회적·경제적인 장래, 즉 교육과 훈련이 점차 중요해졌다. 자녀에게 이런 투자를 하기 위해서는 추가적인 가족 자금이 필요했고, 점차 기혼 여성은 그런 자금을 벌기 위해 유급 고용을 찾아 나섰다.

일에서뿐만 아니라 가구 구성원으로서의 노동자를 살펴봄으로써, 우리는 가족의 역할을 평가할 수 있게 되었다. 우리는 가족이 경제 변화의 와중에서 어떤 연속성을 제공한다는 것을 발견했다. 한 생산양식 아래에서 형성된 가치와 행동, 전략은 경제가 변화함에 따라 지속적으로 행동에 영향을 미쳤다. 오래된 관습은 새로운 상황에 아주 서서히 적응되어 갔다. 우리가 조사한 시기에 가족경제가 생산 단위에서 임금 단위로 변화되었다. 그러나 가족 성원이라는 사실은 노동에서의 역할과 부모 자녀 관계를 계속해서 규정지었다. 우리의 연구는 산업화가 가족과 노동을 분리시키고 한 영역을 다른 영역으로부터 고립시킨다고 가정하는 예전의 관점에 이의를 제기한다. 우리는 산업화가 가족 단위에서 생산활동을 분리했다는 것을 발견했다. 그럼에도 불구하고, 가족은 가족 성원의 생산활동에 지속적으로 영향을 미쳤다. 이 점은 우리가 이 책의 〔1978년 초판〕 서문에서 인용한 세 명의 해설자들을 통해서 잘 설명되었다. 그들이 끌어낸 결론

이 아주 다름에도 불구하고, 시몽Jules Simon, 튀르강Jules Turgan, 엥겔스 Friedrich Engels는 모두 여성의 일은 가족에 의해서 평가되어야 한다는 데에 동의했다.

이 책을 통해서 우리는 여성 생산활동의 유형 변화를 기술하고 분석했다. 우리의 분석은 다른 학문들, 특히 경제학·인류학·인구학의 통찰 덕분에 더욱 풍부해졌다. 이 책은 비록 1700년 이후의 영국과 프랑스의 여성사에 초점을 맞추고 있지만, 우리의 결론은 더 폭넓게 적용될 수 있다. 현재와 마찬가지로 과거에도 여성의 취업 유형은 경제, 인구, 그리고 가족의 상호작용에 따라 규정되었다. 구체적인 역사적 상황이 다르고, 따라서 여성이 서로 다른 상황에서 할 수 있는 경험과 태도, 선택 역시 다르다. 사회사는 그러한 차이를 연구하고 구체화하는 데에 흥미와 관심이 있다. 학제간 연구는 과거에 여성이 점했던 지위를 이해하려는 사람들과 현재와 미래의 여성 지위를 변화시키고 향상시키려는 사람들에게 중요한 통찰력을 제공한다.

제1장 경제와 인구

[1] J. H. Clapham, *The Economic Development of France and Germany, 1815~1914* (Cambridg : At the University Press, 1966), pp. 8-10에서 재인용.

[2] J. F. C. Harrison ed., *Society and Politics in England, 1780-1960* (New York: Harper and Row, 1965), p. 23.

[3] David Davies, "The Case of Labourers in Husbandry, 1795," in Harrison, p. 39.

[4] Samuel Bamford, "Early Days, 1849," in Harrison, p. 54.

[5] Carlo Cipolla, *Before the Industrial Revolution : European Society and Economy, 1000~1700* (New York: Norton, 1976), p. 74.

[6] Robert Forster and Elborg Foster, *European Society in the Eighteenth Century* (New York: Harper Torchbooks, 1969), p. 113.

[7] René Baehrel, *Une Croissance: La Basse Provence rurale (fin du XVIe siècle-1789)* (Paris: S.E.V.P.E.N., 1961), pp. 109-120 ; Pierre Goubert, "The French Peasantry of the Seventeenth Century: A Regional Example," in Trevor Aston ed., *Crisis in Europe, 1540~1660: Essays from Past and Present* (London: Routledge and Kegan Paul, 1965), p. 148, and idem, *Beauvais et le Beauvaisis; Olwen Hufton, The Poor of Eighteenth Century France, 1750~1789* (Oxford: Clarendon Press, 1974), and idem, "Women and the Family Economy in Eighteenth Century France," *French Historical Studies* 9 (Spring 1975) : 1-22.

[8] Daniel Thorner, Basile Kerblay and R. E. F. Smith eds., *A.V. Chayanov on the Theory of Peasant Economy* (Homewood, III.: Richard D. Irwin, 1966), p. 54: Jean-Louis Flandrin, *Familles: Parenté, maison, sexualité dans l'ancienne société* (Paris: Hachette, 1976), p. 103.

[9] Lutz Berkner, "The Stem Family and the Developmental Cycle of the Peasant Household: An Eighteenth Century Austrian Example," *American Historical Review* 77 (April 1972); 398-418; Ann Kussmaul-Cooper, "Servants and Laborers in English Agriculture," unpublished paper, University of Toronto, 1975 (저자의 허가를 받고 인용); Alan Macfarlane, *The Family Life of Ralph Josselin* (Cambridge : At the University Press, 1970), p. 209.

[10] 더 자세한 설명은 E. P. Thompson, *Whigs and Hunters* (London: Allen Lane, 1975) and Douglas Hay et al., *Albion's Fatal Tree* (New York: Pantheon, 1975)를 참조.

[11] E. J. Hobsbawm, *Industry and Empire: An Economic History of Britain since 1750*

(London: Weidenfeld and Nicolson, 1968), p. 15.

[12] Davies, in Harrison, p. 39.

[13] Ibid., p. 40.

[14] James Raine, "Historic Towns"(1893), pp. 204-206, Benjamin Seebowm Rowntree, *Poverty: A Study of Town Life* (London : Nelson, 1901), pp. 22-23에서 재인용.

[15] Pierre Deyon, *Amiens, Capitale provinciale. Etude sur la société urbaine au 17e siècle* (Paris, The Hague : Mouton, 1967), p. x.

[16] K. J. Allison and P. M. Tillot, "York in the Eighteenth Century," in P. M. Tillot ed., *A History of Yorkshire* (London: The Institute of Historical Research, 1961), p. 219 ; 또한 George Benson, *An Account of the City and Country of York from the Reformation to the Year 1925* (York : Copper and Swan, 1925), pp. 84-85도 참조.

[17] Deyon, p. 546.

[18] Cipolla, p. 75.

[19] Hufton, "Women and the Family Economy," p. 4 ; Cissie Fairchilds, *Poverty and Charity in Aix-en-Provence, 1640-1789* (Baltimore: Johns Hopkins University Press, 1976), p. 10.

[20] Jeffrey Kaplow, *The Names of Kings: The Parisian Laboring Poor in the Eighteenth Century* (New York : Basic Books, 1972), p. 45 ; Allison and Tillot, p. 216.

[21] David Landes, *The Unbound Prometheus* (Cambridge: At the University Press, 1969), p. 44.

[22] Henri Mendras, *The Vanishing Peasant: Innovation and Change in French Agriculture*, trans. by Jean Lerner (Cambridge, Mass.: M. I. T. Press, 1970), p. 76.

[23] R. -J. Bernard, "Peasant Diet in Eighteenth-Century Gevaudan," in Forster and Forster eds., *Diet from Pre-Industrial to Modern Times* (New York: Harper and Row, 1975), p. 30.

[24] Deyon, pp. 7-10.

[25] Pierre Goubert, *Beauvais et le Beauvaisis*, p. 344. 또한 Hufton, *The Poor in Eighteenth Century France*를 참조.

[26] Deyon, p. 357.

[27] Fairchilds, pp. 85-86.

[28] Rudolph Braun, "The Impact of Cottage Industry on an Agricultural Population," in David Landes ed., *The Rise of Capitalism* (New York: Macmillan, 1966), p. 56; 또한 Flandrin, pp. 180-181을 참조.

[29] André Armengaud, *La Famille et l'enfant en France et en Angleterre du XVIe au XVIIIe siècle. Aspects démographiques* (Paris: Société d'édition d'enseignement supérieur, 1975), p. 145.

[30] Pierre Goubert, "Recent Theories and Research on French Population between 1500~1700," *Population in History: Essays in Historical Demography*, eds. by

D. V. Glass and D. E. C. Eversley (Chicago : Aldine, 1965); Louis Henry, "The Population of France in the Eighteenth Century" in Glass and Eversley; John Hajnal, "European Marriage Patterns in Perspective," in Glass and Eversley; E. A. Wrigley, "Family Limitation in Pre-Industrial England," *Economic History Review*, 2nd Series, 19 (April 1966): 89-109.

[31]   David Levine, "The Demographic Implications of Rural Industrialization; A Family Reconstitution Study of Shepshed, Leicestershire, 1600~1851," Social *History* (May 1976), pp. 177-196 ; 또한 Braun, "Impact of Cottage Industry"를 참조.

[32]   Fairchilds, p. 33.

[33]   Deyon, p. 254.

[34]   Armengaud, *La Famille et l'enfant*, p. 30 ; Deyon, p. 42; John Knodel and Mary Jo Maynes, "Urban and Rural Marriage Patterns in Imperial Germany," *Journal of Family History* 1 (Winter 1976).

[35]   Armengaud, *La Famille et l'enfant*, p. 52; E. A. Wrigley, *Population and History*, p. 124; Flandrin, p. 197.

[36]   Wrigley, "Family Limitation in Pre-Industrial England," p. 123.

[37]   Emmanuel Le Roy Ladurie, "L'Amenorrhée de famine (XVIIIᵉ-XXᵉ siècles)," *Annales: ESC*, 24e Année (November-December 1969), pp.1589-1601; Jean Meuvret, "Demographic Crisis in France from the Sixteenth to the Eighteenth Century," in Glass and Eversley.

[38]   Armengaud, *La Famille et l'enfant*, p. 53.

[39]   Carlo Cipolla, *The Economic History of World Population*, rev. ed. (Baltimore: Penguin, 1964), p. 77; and L. A. Clarkson, *The Pre-Industrial Economy in England, 1500~1750* (London: Batsford, 1971), pp. 28-29.

[40]   Goubert, "Recent Theories," p. 468.

[41]   Armengaud, *La Famille et l'enfant*, pp. 74-77; Peter Laslett, "Parental Deprivation in the Past: A Note on the History of Orphans in England," *Local Population Studies* 13 (Autumn 1974): 11-18; Jean Fourastié, "De la vie traditionnelle à la vie 'tertiare'," *Population* 14 (1959); p. 427.

[42]   Deyon, p. 39.

[43]   Mohammed El Kordi, *Bayeux au XVIIIᵉ-XXᵉ siècles* (Paris, The Hague: Mouton, 1970), p. 64. 더불어 다음을 참조. Fourastié, p. 425; Micheline Baulant, "The Scatterred Family: Another Aspect of Seventeenth-Century Demography," in Robert Forster and Orest Ranum, eds., *Family and Society* (Baltimore: Johns Hopkins, 1976). p. 105; Marcel Couturier, *Recherches sur les structures sociales de Châteaudun, 1525~1789* (Paris : S.E.V.P.E.N., 1969), p. 64; Hufton, *The Poor in Eighteenth Century France*, p. 116 ; François Lebrun, *Les Hommes et la mort en Anjou aux 17ᵉ et 18ᵉ siècles* (Paris, The Hague: Mouton, 1971), p. 190.

[44] Armengaud, *La Famille et l'enfant*, p. 79. 이 시기의 인구사에 대한 개요는 Jacques Dupâquier, "Les Caractères originaux de l'histoire démographique française au XVIIIe siècle," *Revue d'histoire moderne et contemporaine* 23 (April-June 1976) 을 참조.

제2장 가족경제와 미혼 여성

[1] 여성의 임금에 대해서는 Henri Hauser, *Ouvriers du temps passé* (Paris: Alcan, 1927); Huftom, "Women and the Family Economy"를 참조.

[2] T. H. Hollingsworth, *Historical Demography* (London: The Sources of History Limited in Association with Hodder and Stoughton Ltd., 1969), pp. 160-168.

[3] Frances Collier, *The Family Economy of the Working Classes in the Cotton Industry, 1784~1833* (Manchester: Manchester University Press, 1964), p. 2.

[4] Joan Thirsk, "Industries in the Countryside," in *Essays in the Economic and Social History of Tudor and Stuart England, in Honor of R. H. Tawney*, ed. by Jack Fisher (Cambridge: University Press, 1961), p. 87.

[5] Maurice Garden, *Lyon et les lyonnais au XVIIIe siècle* (Paris: Les Belles-Lettres, 1970); Armengaud, *La Famille et l'enfant*, p. 36.

[6] Goubert, *Beauvais et le Beauvaisis*, p. 344.

[7] Clark, *The Working Life of Women*, p. 195.

[8] Couturier, *Recherches*, p. 181.

[9] Rétif de la Bretonne, Emmanuel Le Roy Ladurie, "De la crise ultime à la vraie croissance, 1660~1789," in *L'Age classique des Paysans, 1340~1789* (Paris: Seuil, 1975), p. 460.

[10] Clark, p. 194 ; Hufton, "Women and the Family Economy," p. 9.

[11] Clark, pp. 115-16.

[12] Jean-Claude Perrot, *Genèse d'une ville moderne : Caen au XVIIIe siècle* (Paris, The Hague: Mouton, 1975), p. 425; Macfarlane, *The Family Life of Ralph Josselin*, p. 209.

[13] Hufton, "Women and the Family Economy," p. 3 ; Le Roy Ladurie, "De la crise ultime," p. 477.

[14] Ann Kussmaul-Cooper, "The Mobility of English Farm Servants in the Seventeenth and Eighteenth Centuries," unpublished paper, University of Toronto, 1975, p. 6(저자의 허락을 받고 인용).

[15] Hufton, "Women and the Family Economy," p. 5.

[16] Ivy Pinchbeck and Margaret Hewitt, *Children in English Society*, vol. 1 (London: Routledge and Kegan Paul, 1969), p. 99.

[17] Song contributed by Michael Hanagan.

[18] Flandrin, *Familles*, p. 106.

[19] Deyon, *Amiens*, p. 340.

[20] Hufton, "Women and the Family Economy," pp. 7-9.

[21] El Kordi, *Bayeux au XVIIe et XVIIIe siècles* p. 125; Armengaud, *La Famille et l'enfant*, p. 36; Couturier, pp. 132, 137; Jean-Marie Gouesse, "Parenté, famille et mariage en Normandie aux XVIIe et XVIIIe siècles," *Annales: Economies, Société, Civilisations* 27 (1972), p. 1145.

[22] P. E. H. Hair, "Bridal Pregnancy in Rural England in Earlier Centuries," *Population Studies* 20 (November 1966), pp. 233-243 ; Hollingsworth, p. 194.

[23] Peter Laslett and Karla Oosterveen, "Long-term Trends in Bastardy in England: A Study of the Illegitimacy Figures in the Parish Registers and in the Reports of the Registrar General, 1461~1960," *Population Studies* 27 (1973), p. 284.

[24] David Levine and Keith Wrightson, "The Social Context of Illegitimacy in Early Modern England," in Peter Laslett ed., *Bastardy and Its Comparative History*, forthcoming from Cambridge University Press.

[25] John R. Gillis, *Youth and History* (New York: Academic Press, 1974), p. 29; Natalie Davis, "The Reasons of Misrule: Youth Groups and Charivaris in Sixteenth-Century France," *Past and Present* 50 (1971), pp. 41-75.

[26] Edward Shorter, *The Making of the Modern Family* (New York: Basic Books, 1975), p. 219.

[27] Ernest Cadet, *Le Mariage en France* (Paris : Guillamin, 1870), S. Daubie, p. 118 에서 인용.

[28] Armengaud, *La Famille et l'enfant*, p. 144; Lawrence Stone, "The Rise of thw Nuclear Family in Early Modern England," in Charles Rosenberg ed., *The Family in History* (Philadelphia: University of Pennsylvania Press, 1975), pp. 48-49.

[29] Martine Segalen, *Nuptialité et alliance: Le Choix du conjoint dans une commune de l'Eur*e (Paris: G.P. Maisonneuve Larose, 1972), p. 104.

[30] Armengaud, *La Famille et l'enfant*, p. 144.

제3장 가족경제와 기혼 여성

[1] Gouesse, "Parenté, famille et mariage," pp. 1146-1147.

[2] Deyon, *Amiens*, p. 341.

[3] El Kordi, *Bayeux*, p. 257.

[4] Deyon, p. 254.

[5] Armengaud, *La Famille et l'enfant*, p. 75.

[6] Le Roy Ladurie, "De la crise ultime," p. 447.

[7] Sebastien Le Prestre de Vauban, Michel Morineau, "Budgets populaires en France au XVIIIe siècle," *Revue d'histoire économique et sociale* 50 (1972), p. 236에서 인용; 또한 Flandrin, *Familles*, p. 113을 참조.

[8] Pinchbeck, *Women Workers*, p. 203; Clark, *The Working Life of Women*, p. 97.

[9] Madeleine Guilbert, *Les Fonctions des femmes dans l'industrie* (Paris, The Hague: Mouton, 1966), pp. 30-31.

[10] Garden, *Lyon*, p. 324.

[11] Clark, p. 61.

[12] Pinchbeck, p. 20.

[13] Flandrin, p. 113.

[14] Bernard, "Peasant Diet," p. 30.

[15] Pinchbeck, p. 157.

[16] Ibid., p. 127.

[17] Clark, p. 156 ; 또한 Hufton, "Women and the Family Economy," p. 12.

[18] Pinchbeck, pp. 284-85.

[19] Deyon, *Amiens*, p. 39.

[20] Guilbert, pp. 21-22.

[21] Clark, p. 194.

[22] Pinchbeck, p. 295.

[23] Clark, pp. 150, 290 ; Hufton, *The Poor of Eighteenth Century France*.

[24] Kaplow, *The Names of Kings*, p. 45.

[25] Clark, p.135.

[26] Morineau, "Budgets populaires en France," pp. 210, 221.

[27] Pinchbeck, *Women Workers*, pp. 284-285.

[28] Baulant, "The Scattered Family," p. 106.

[29] Hufton, *The Poor of Eighteenth Century France*, p. 116.

[30] Baulant, p. 104.

[31] Couturier, *Recherches*, p. 139.

[32] Hufton, *The Poor of Eighteenth Century France*, p. 117.

[33] 같은 책 p. 38에서 인용.

[34] 이것은 Eileen Power의 입장이다. Eileen Power, *Medieval Women* (Cambridge: University Press, 1975), p. 34.

[35] Le Roy Ladurie, "De la crise ultime," p. 481.

[36] Olwen Hufton, "Women in Revolution, 1789-1796," *Past and Present* 53 (1971), p. 92.

[37] Le Pelletier cited in Morineau, "Budgets populaires en France," p. 210; Georges Lefebvre, *Etudes Orléannaises*, vol. 1 (Paris: CNRS, 1962), p. 218; Hufton, *The Poor of Eighteenth Century France*, pp. 46-48.

[38] Roderick Phillips, "Women and Family Breakdown in Eighteenth Century France : Rouen 1780~1800," *Social History* 2 (May 1976), pp. 197-218; Nicole Castan, "La Criminalité familiale dans le ressort du Parlement de Toulouse, 1690~1730," in André Abbiateci et al., *Crimes et criminalité en France, XVIIe-XVIIIe siècles* (Paris: Colin, 1971); Yves Castan, *Honnêteté et relations sociales en Languedoc (1715~1780)* (Paris: Plon, 1974).

[39] E. P. Thompson, "The Moral Economy of the English Crowd in the Eighteenth Century," *Past and Present* 50 (1971), p. 115. 빵 폭동에 관한 기타 연구들은 Louise A. Tilly, "The Food Riot as a Form of Political Conflict in France," *Journal of Interdisciplinary History* 2 (1971), pp. 23-57에 인용되어 있음.

[40] Thompson, "The Moral Economy," p. 82.

[41] Natalie Zemon Davis, "Women on Top," in Natalie Zemon Davis, *Culture and Society in Early Modern Europe* (Stanford: Stanford University Press, 1975).

[42] Thompson, "The Moral Economy," p. 82.

[43] Olwen Hufton, "Women and Marriage in Pre-Revolutionary France," unpublished paper, University of Reading (England), 1974, p. 16.

[44] Archives Departementales, Cher, Cote 1, MI 23. 이 참고문헌은 UCLA의 Nancy Fitch가 제공한 것이다. 그녀의 도움에 감사를 전한다.

[45] Hufton, "Women and Marriage", p. 14.

[46] Garden, *Lyon*, p. 324; Hufton, *The Poor of Eighteenth Century France*, p. 318; George Sussman, "The Wet-Nursing Business in Nineteenth Century France," *French Historical Studies* 9 (Fall 1975), pp. 304-323.

[47] Pinchbeck and Hewitt, *Children in English Society*, p. 8.

[48] Ibid., p. 7.

제4장 산업화

[1] Wanda F. Neff, *Victorian Working Women* (New York: Columbia University Press, 1929), p. 42.

[2] 영국의 산업화에 관해서는 다음의 문헌들을 볼 것. Phyllis Deane, "The Industrial Revolution in Great Britain," *The Emergence of Industrial Societies*, ed. by Carlo M. Cipolla. Vol.4 of *The Fontana Economic History of Europe* (London: Collins/ Fontana Books, 1973); H. J. Perkin, "The Social Causes of the British Industrial Revolution," *Transactions of the Royal Historical Society*, Series V, vol. 18 (1968); Elizabeth Gilboy, "Demand as a Factor in the Industrial Revolution" in *Facts and Factors in Economic History* (Cambridge, Mass: Harvard University Press, 1932); E. J. Hobsbawm, *Industry and Empire* (London: Weidenfeld and Nicolson, 1968);

David Landes, *The Unbound Prometheus; Neil J. Smelser, Social Change in the Industrial Revolution* (Chicago: University of Chicago Press, 1959).

3   Landes, p.124, citing Phyllis Deane and François Perroux.

4   Deane, "The Industrial Revolution in Great Britain," p. 177.

5   Claude Fohlen, "The Industrial Revolution in France, 1700~1914," in *The Emergence of Industrial Societies*, ed. by Carlo Cipolla, p. 26; Maurice Agulhon, Gabriel Desert and Robert Speckin, *Apogée et crise de la civilisation paysanne, 1789~1914* (Paris: Seuil, 1976), p. 71; Tom Kemp, *Economic Forces in French History* (London: Dobson, 1971); Landes, *Prometheus*.

6   그래프와 텍스트의 국가 수준 노동 통계자료들은 T. Deldycke, H. Gelders and J. M. Limbor, *La Population active et sa structure* (Brussels: Institut de Sociologie, 1969)에 기초하고 있다.

7   가내공업에 대해서는 다음 글들을 참조. Tom Kemp, *Industrialization in the Nineteenth Century* (London: Longmans, 1961), p. 62; Albert Aftalion, *Le Développement de la fabrique et le travail à domicile dans les industries de l'habillement* (Paris: Sirey, 1906), p. 37; Emile Dorchies, *L'Industrie à domicile de la confection des vêtements pour hommes dans la campagne lilloise* (Lille: Imprimerie centrale du Nord, 1907), pp. 6-7, 151-52. 가내 서비스에 대해서는 Theresa McBride, *The Domestic Revolution* (London: Croom Helms, 1976)을 참조.

8   Clara Collet, "The Collection and Utilization of Official Statistics Bearing on the Extent and Effects of the Industrial Employment of Women," *Journal of the Royal Statistical Society* 61(1898), p. 224.

9   Pinchbeck, *Women Workers*, p. 37.

10 Ibid., p. 109.

11 Ibid., p. 110. 농업 부문에서 여성 노동력에 대한 필요, 여성 노동력의 취득 방식, 그리고 이런 것들이 19세기에 어떻게 변했는지는 J. P. D. Dunbabin, *Rural Discontent in Nineteenth Century Britain* (New York: Holmes and Meier, 1974), pp. 134-135 참조.

12 Roger Thabault, *Education and Change in a Village Community : Mazières-en-Gâtine, 1848~1914* (New York: Schocken, 1971), p. 21; Gordon Wright, *Rural Revolution in France* (Stanford, Calif.: Stanford University Press, 1964), p. 6.

13 Karl Marx, *The Eighteenth Brumaire of Louis Napoleon Bonaparte, in On Revolution*, ed. by Saul K. Padover (New York: McGraw-Hill, 1971), pp. 320-321.

14 Alfred Cobban cited in Wright, p. 1.

15 Eileen Yeo and E. P. Thompson, *The Unknown Mayhew* (London: Merlin Press, 1971), p. 272.

16 Aftalion, *Développement* and Clara E. Collet, "Women's Work," in *Life and Labor of the People of London*, ed. by Charles Booth, Series, I, vol. 4 (London: Macmillan, 1902)를 보시오.

[17] J. F. C. Harrison, *Society and Politics in England*, p. 145에서 인용.

[18] 성별에 따른 직업 분리 현상에 대해서는 다음의 글을 참조. Lloyd, *Sex, Discrimination and the Division of Labor*; Edward Gross, "Plus ça change···?" The Sexual Structure of Occupation Over Time," *Social Problems* 16 (Fall 1968), pp. 198-208; special issue of *Signs*, ed. by Martha Blaxall and Barbara B. Reagan, vol. 1 (Spring 1976), part 2.

[19] Adna Ferrin Weber, *The Growth of Cities and Country in the Nineteenth Century* (Ithaca, N.Y.: Cornell University Press, 1967), p. 144.

[20] George Benson, *An Account of the City and Country of York from the Reformation to the Year 1925* (York: Cooper & Swan, 1925), pp. 88-91.

[21] Alan Armstrong, *Stability and Change in an English Country Town. A Social Study of Work, 1801~1851* (Cambridge: At the University Press, 1974), pp. 43-45.

[22] Alberic de Calonne d'Avesne, *Histoire de la Ville d'Amiens*, vol. 3 (Amiens: Piteux, 1906), pp. 4-8, 114-115.

[23] Armand Audiganne, *Les Populations ouvrières et les industries de la France* (Paris: Capelle, 1860), pp. 34-35.

[24] Claude Fohlen, *L'industrie textile au temps du Second Empire* (Paris: Plon, 1956), p. 162.

[25] Louis Reybaud, *La Laine* (Paris: Levy, 1867), pp. 236, 223-224 ; idem, *Le Coton. Son Regime, ses problèmes. Son Influence en Europe* (Paris : Levy, 1863), p. 222.

[26] Archives municipales d'Amiens (hereafter AMA), 2F38.1 "Situation industrielle, 4e semestre, 1859" and 2F38.3 "Situation industrielle, ler trimestre, 1887."

[27] AMA 1F2.36-37: Census summary of occupations, 1851. 또한 다음도 참고. Howard P. Chudacoff and R. Burr Litchfield, "Towns of Order and Towns of Movement: The Social Structure of Variant Types," unpublished paper, Brown University, 1973.

[28] Gaston Motte, *Roubaix à travers les âges* (Roubaix: Société d'Emulation, 1946), dedication.

[29] Theodore Leuridan, *Histoire de la Fabrique de Roubaix* (Roubaix: Beghin, 1864), pp. 156-157.

[30] Reybaud, *Le Coton*, p. 179.

[31] Leuridan, pp. 151-152, 163-164.

[32] Jacques Prouvost, "Les Courées a Roubaix," *Revue du Nord* 51 (April-June 1969), p. 316.

[33] 루베 1861년, 1872년, 1906년, 앙쟁 1861년, 1872년, 1906년, 아미앵 1906년의 도시 직업과 인구학적 특성들은 각 연도의 해당 도시 문서에서 발견된 개별 가구 목록의 10퍼센트 표본에 기초하여 작성된 것이다. 개인 수준의 자료들은 컴퓨터로 분석 가능하도록 코딩되었다. 표집 방법, 코딩 절차, 직업 코드 등은 R. Burr Litchfield

and Howard Chudacoff, "Comparative Cities Project" (Brown University)에 의
존했다. 방법론의 지식과 미간행 논문들, 데이터 등에 관하여 많은 도움을 준
Litchfield 교수에게 감사 드린다.

[34] Friedrich Engels, *The Condition of the Working Class in England*, trans. W. O.
Henderson and W. H. Chaloner (Oxford: Blackwell, 1958), pp. 51-52.

[35] Michael Anderson, "Household Structure and the Industrial Revolution. Mid-
Nineteenth Century Preston in Comparative Perspective," in Peter Laslett and
Richard Wall eds., *Household and Family in Past Time* (Cambridge: At the
University Press, 1972), p. 215.

[36] Michael Anderson, *Family Structure in Nineteenth Century Lancashire* (Cambridge:
At the University Press, 1971), p. 75.

[37] R. Burr Litchfield, "Cotton Mill Work and the Fertility of Working Class Families
in Mid-Victorian Stockport," unpublished paper, Brown University, 1975. p. 5.

[38] Anderson, *Family Sturucture*, pp. 84-85.

[39] Audiganne, *Les Pupulations ouvrières*, vol. 2, p. 100.

[40] Poem by Lucien Lucas, from mimeographed brochure "La Ville d'Anzin," available at
Anzin City Hall. 노르 지역의 프랑스 탄광지대의 발전 과정에 대해서는 다음의 문헌
들을 참조. E.A. Wrigley, *Industrial Growth and Population Change*(Cambridge: At the
University Press, 1961), p. 24; Marcel Gillet, *Les Charbonnages du nord de la France
au XIXe siècle* (Paris, The Hague: Mouton, 1973).

[41] Archives départmentales du Nord(이후 ADN으로 표기), M473.27: Summary
of 1866 census for Anzin. 주거에 대한 자료로는 E. Vuillemin, *Enquête sur les
habitations, les écoles et le degré d'instruction de la population ouvrière des mines
de houille des bassins du Nord et du Pas-de-Calais* (Comité des Houillères du Nord
et du Pas-de-Calais, 1872), pp. 11, 13; Reed Geiger, *The Anzin Coal Company,
1800~1833* (Newark, Del.: University of Delaware Press, 1974).

[42] Emile Zola, *Germinal* (London: Everyman's Library, 1933), p. 31.

[43] Margaret Hewitt, *Wives and Mothers in Victorian Industry* (London: Rockliff,
1958), p. 17.

[44] Anderson, *Family Structure*, p. 71.

제5장 인구 변화

[1] 이런 발전 과정에 대한 논의로는 다음의 글을 참조할 것. Wrigley, *Population
and History; Carlo Cipolla, The Economic History of World Population*, rev. ed.
(Baltimore: Penguin, 1964), p. 85.

[2] Phyllis Deane, *The First Industrial Revolution* (Cambridge: At the University

Press, 1967), p. 32; Joseph J. Spengler, "Demographic Factors and Early Modern Economic Development," *Daedalus. Historical Population Studies* (Spring, 1968), p. 436; age-specific death rates in Wrigley, *Industrial Growth*, pp. 102-109.

3   André Armengaud, "Population in Europe, 1700~1914," in Carlo Cipolla ed., *The Industrial Revolution* (London: Collins/Fontana, 1973), pp. 54-56.

4   Ibid.

5   Wrigley, *Population and History*, p. 223.

6   이 책 제9장을 볼 것.

7   Pierre Bourdieu, "Célibat et condition paysanne," *Etudes rurales*, 5 & 6 (1962 ~1963); Emmanuel Le Roy Ladurie, "A System of Customary Law: Family Structures and Inheritance Customs in Sixteenth-Century France," in Forster and Ranum, *Family and Society; Martine Segalen, Nuptialité et alliance: Le Choix du conjonint dans une commune de l'Eure* (Paris: Maisonneuve et Larose, 1972). Katherine Gaskin, "An Analysis of Age at First Marriage in Europe before 1850," 미시간대학교의 이 미발표 원고는 결혼연령에 관한 논문을 아주 철저히 검토하고 있다. 논문을 읽도록 허락해 준 데에 감사 드린다.

8   Arnold Van Gennep, *Manuel de folklore français contemporain*, vol. 1, part 2 (Paris: Picard, 1943), p. 257.

9   Alain Corbin, *Archaisme et modernité en Limousin au XIXᵉ siècle* (Paris: Revière, 1975) I., p. 563.

10   Anderson, *Family Structure*, pp. 132-134.

11   Pierre Bourdieu, "Marriage Strategies as Strategies of Social Reproduction," in Forester and Ranum, 특히 pp. 129-131.

12   Louis-René Villermé, *Tableau de l'état physique et morale des ouvriers employés dans les manufactures de coton, de laine et de soie* (Paris: J. Renouard, 1840), I, p. 190.

13   Rudolph Braun, "The Impact of Cottage Industry on an Agricultural Population," in *The Rise of Capitalism*, ed. by David Landes (New York: Macmillan, 1966), p. 59.

14   Ibid., p. 59.

15   Segalen, pp. 106, 160.

16   Pierre Guillaume, "Le Comportement au mariage de differents groupes sociaux bordelais," in *Sur la population française au XVIIIᵉ et au XIXᵉ siècles* (Paris: Société de démographie historique, 1973), pp. 326-328.

17   R. Burr Litchfield with David Gordon, "A Close Look at Manuscript Vital Registration: Illegitimacy in Mid-Nineteenth Century Amiens," unpublished paper, Brown University, 1976.

18   Frédéric Le Play, *Les Ouvriers européens. Etudes sur les travaux, la vie domestique et la condition morale des populations ouvrières de l'Europe* (Paris:

Imprimerie impériale, 1855), V, p. 442; VI, p. 202.

[19] Armstrong, *Stability and Change*, p. 165.

[20] Anderson, *Family Structure*, pp. 132-34.

[21] Villermé, *Tableau*, I, p. 51.

[22] Material calculated by Louise A. Tilly from Roubaix, Anzin census samples; Amiens, *Bulletin Municipal de la Ville d'Amiens* (Amiens: Progrès de la Somme, 1887), Annexe 5, 16; and Armstrong, p. 162.

[23] Villermé, I, p. 33.

[24] Ibid., p. 228.

[25] Gerard Duplessis-Le Guelinel, *Les Mariages en France* (Paris: Colin, 1954), p. 130.

[26] Edward Shorter, "Illegitimacy, Sexual Revolution and Social Change in Modern Europe," *Journal of Interdisciplinary History* 1 (Autumn 1971), pp. 231-272.

[27] AN(Archives nationales) C998: Assemblée nationale Comité de l'Asistance publique. Note sur le mariage des indigents (1848); Societé charitable de St.-François-Régis de Paris, *Circulaire de cette société de charité à toutes les Sociétés de Saint-Régis de France et l'Etranger* (Paris, 1844); *L'Oeuvre charitable de Saint-François-Régis de Marseille, 1838~1938* (Marseille, 1938), pp. 33, 57; Material in Archives Municipales of Roubaix (Series ZIIIF. 1), Archives départementales of the Nord(Series M222.373) and Roubaix, *Rapport du Maire* (Roubaix, annual series from 1863) on Society of Saint-François-Régis; Ernest Cadet, *Le Marriage en France* (Paris: Guillaumin, 1870), pp. 49, 167.

[28] Helene Berguès et al., *La Prévention des naissances dans la famille. Ses origines dans les temps modernes*, I.N.E.D. Cahier no. 35(Paris: Presses Universitaires de France, 1960)는 프랑스에서 사용된 피임 정보를 검토하고 있다.

[29] 출산 전략이 사망률 및 기대수명과 맺고 있는 관계에 대해서는 Charles Tilly, "Population and Pedagogy," *History of Education Quarterly* (1973), pp. 113-128에서 논의되고 있다.

[30] R. Felhoen, *Etude statistique sur la mortalité infantile à Roubaix et dans ses cantons Wattrelos-Croix-Wasquehal comparée avec celle de Lille et Tourcoing, 1871~1905* (Paris: Vigot, 1906).

[31] Peter Uhlenberg, "Changing Configuration of the Life Course," unpublished paper, University of North Carolina, 1975.

제6장 가족임금경제와 여성

[1] Audiganne, *Populations ouvrières*, I, p. 198.

[2] Agricole Perdiguier, *Mémoires d'un compagnon* (Moulins: Editions des cahiers du

centre, 1914), p. 33.

3 Le Play, *Les Ouvrieres européens*; 예를 들어 III, p. 8 ; V, p. 45 ; VI, p. 109.

4 M.E. Loane, *From Their Point of View* (London : Edward Arnold, 1908), p. 52.

5 Louis Reybaud, *Le Coton* (Paris : Levy, 1863), p. 115.

6 Hewitt, *Wives and Mothers*, p. 187.

7 Jennie Kitteringham, "Country Work Girls in Nineteenth-Century England," in *Village Life and Labour*, ed. by Raphael Samuel (London: Routledge and Kegan Paul, 1975), p. 82 ; Hewitt, pp. 187-188.

8 Antoine Prost, *Hisroire de l'enseignement en France, 1800~1967* (Paris: A. Colin, 1968), pp. 94-101.

9 Charles Robert, *De l'ignorance des populations ouvrières* (1863), cited in George Duveau, *La Pensée ouvrière sur l'education pendant la Seconde République et le Seconde Empire* (Paris: Domat-Montchrestien, 1948), pp. 178-179; E. Anthoine, *L'instruction primaire dans le département du Nord, 1868~1877* (Lille: Robbe, 1878); ADN M605.14.

10 Diane Theodore, "Travail des enfant dans les manufactures amienoises au XIXe siècle," unpublished paper, University of Amiens, 1972; Eugene Tallon and Maurice Gustave, *Legis lation sur le travail des enfants dans les manufactures* (Paris: J. Baudry, 1875).

11 AN F17 12203(1847).

12 AN F17 12203(1847).

13 John W. Shaffer, "Occupational Expectations of Young Women in Nineteenth Century Paris," unpublished paper, U.C.L.A., 1976, p. 16.

14 Marthe-Juliette Mouillon, "Un Example de migration rurale: De la Somme dans la capitale. Domestique de la Belle Epoque à Paris(1904~1912)," *Etudes de la région parisienne* 44 (July 1970), pp. 3-4.

15 E. Royston Pike, *Human Documents of the Victorian Golden Age (1850~1875)* (London: Allen and Unwin, 1967), p. 156; and John Burnett ed., *The Annals of Labour: Autobiographies of British Working Class People, 1820~1920* (Bloomington: Indiana University Press, 1974), pp. 135-174.

16 Abel Chatelain, "Migrations et domesticité féminine urbaine en France, XVIIIe siècle-XXe siècle," *Revue d'histoire économique et sociale* 47(1969), p. 521; Theresa McBride, *The Domestic Revolution* (London: Croom Helms, 1976), pp. 40-41.

17 Mouillon, *passim*.

18 Le Play, V, pp. 374-379.

19 McBride, *The domestic Revolution*, pp. 34-47; Chatelain, p. 508.

20 이에 대한 사례들은 다음을 참조. Yeo and Thompson, *The Unknown Mayhew*, pp. 116-180; Evelyne Sullerot, *Histoire et sociologie du travail féminin* (Paris

Gonthier, 1968), p. 100.

[21] 노스웨스턴대학교의 데이비드 민독David Mindock은 우리에게 1872년의 통계조사 명부 일부분의 사본을 보내 주었다. 원본은 툴루즈 공문서 보관소에 있다. 우리에게 이 정보를 나누어 준 민독의 호의에 감사 드린다.

[22] Louis Reybaud, quoted in Abel Chatelain, "Les Usines internats et les migrations féminines dans la région lyonnaise," *Revue d'histoire économique et sociale* 48 (1970), p. 381.

[23] Michelle Perrot, *Les Ouvriers en grève* (Paris, The Hague: Mouton, 1974), I, pp. 213, 328; Paul Le Roy Beaulieu, *Le Travail des femmes au XIXe siècle* (Paris: Charpentier, 1873), pp. 414 ff.; Cadet, *Le Mariage en France*, p. 119; Jules Simon, *L'Ouvrière* (Paris: Hachette, 1871), pp. 53-54 ; Frédéric Monnier, *De l'organisation du travail manuel des jeunes filles : Les Internats industriels* (N.P.: Chaix et cie., 1869).

[24] Samuel Richardson, *Pamela* (New York: W.W. Norton, 1958), p. 4.

[25] Le Play, V, p. 422.

[26] R. H. Hubscher, "Une Contribution à la connaissance des milieux populaires ruraux au XIXe siècle: Le Livre de compte de la famille Flahaut, 1811~1877," *Revue d'histoire économique et sociale* 47 (1969), pp. 395-396.

[27] Villermé, *Tableau*, I, p. 270.

[28] Frances Collier, *The Family Economy of the Working Classes in the Cotton Industry, 1784~1833* (Manchester : Manchester University Press, 1964), p. 3.

[29] Braun, "the Impact of Cottage Industry," pp. 61-63.

[30] Pinchbeck, *Women Workers*, p. 185.

[31] Collier, p. 15.

[32] Ibid, p. 43.

[33] ADN M581.143 : "Tableau renferment les renseignements par lettre de M. le Prefet du Nord⋯."(1853).

[34] Theodore, "Travail des enfants," passim.

[35] Charles L. Livet, "Enseignment professionnel. Oeuvre des apprentis." 이 글은 1863 년 'Societe industriel d'Amiens' 회의록 19쪽에서 발췌한 것이다.

[36] France, AN, F12 4709 (1865).

[37] Litchfield, "Cotton Mill Work."; Pinchbeck, *Women Workers*, p. 185.

[38] Anderson, *Family Structure*, p. 131.

[39] Le Play, III, p. 325.

[40] Charles Benoist, *Les Ouvrières de l'aiguille a Paris : Notes pour l'étude de la question sociale* (Paris: Chailley, 1895), p. 37.

[41] Turgan, *Les Grndes usines*, vol. 6, p. 467.

[42] Villermé, I, p.113.

[43] Le Play, III, p. 275 ; V, p. 122.

[44] Shaffer, "Occupational Expectations," pp. 22-26.

[45] Benoist, *Les Ouvrières*, p. 115.

[46] A.J.B. Parent-Duchatelet, *De la prostitution dans la ville de Paris* (Paris: J.B. Baillière, 1836), pp. 73-75, 93-94.

[47] Yeo and Thompson, *The Unknown Mayhew*, pp. 141, 148, 169; E.M. Sigsworth and J.J. Wylie, "A Study of Victorian Prostitution and Venereal Disease," in Martha Vicinus ed., *Suffer and Be Still* (Bloomington: Indiana University Press, 1972), p. 81.

[48] Le Play, V, pp. 333-334.

[49] 이런 설명은 잔 부비에의 *Mes mémoires ; ou 59 années d'activité industrielle, sociale et intellectuelle d'une ouvrière* (Paris: L'Action Intellectuelle, 1936), pp. 1-54를 요약한 것이다.

[50] AN BB 30.380(1866). 이 참고문헌은 노던일리노이대학교에 있는 하비 스미스J. Harvey Smith가 제공한 것이다. 그의 도움에 감사 드린다.

[51] Philippe Ariès, *Histoire des populations française set de leurs attitudes devant la vie depuis le XVIIIe siècle* (Paris: Editions du Seuil, 1971), pp. 235-236.

[52] Anderson, *Family Structure*, pp. 131-132.

[53] Ibid p. 131에서 재인용.

[54] F. Lassale, "La Famille ouvrière," *La Réforme sociale* (May 1, 1904), p. 710.

[55] Gabriel d'Haussonville, Etudes socailes. *Misères et Remèdes* (Paris: Calmann Levy, 1900), pp. 268-269.

[56] Kitteringham, "Country Work Girls," p. 73.

[57] McBride, *The Domestic Revolution*, pp. 86-91.

[58] Alain Lottin, "Naissances illégitimes et filles-mères a Lille au XVIIIe siècle," *Revue d'histoire moderne et contemporaine* 17 (1970), p. 309.

[59] Jacques Depauw, "Amour illégitime et société à Nantes au XVIIIe siècle," *Annales. E. S. C.*, 27e année (1972), pp. 1163-1166.

[60] Cissie Fairchilds, "Sex and the Single Woman in Eighteenth Century France," unpublished paper, University of California/San Diego, 1976; Richard Cobb's notes from Declarations de Grossesse, Lyons, an II~III [1793~95], trans. by Olwen Hufton.

[61] Yeo and Thompson, p. 148.

[62] Mouillon, p. 7.

[63] McBride, *The Domestic Revolution*, pp. 82-98.

[64] Collier, pp. 17, 33.

[65] Pinchbeck, p. 237.

[66] Pike, Human Documents, p. 156에 인용되어 있는 1851년 센서스에서.

[67] Le Play, III, p. 325.

68 Lynn Lees, "Migration and the Irish Family Economy," unpublished paper, University of Pennsylvania, 1975.

69 Collet, in Booth, p. 312.

70 Anderson, *Family Structure*, pp. 18, 23, 34-41, 147-148.

71 Collet, in Booth, p. 258.

72 John Burnett ed., *The Annal of Labour*, p. 285.

73 Ibid, p. 77.

74 Collet, in Booth, p. 259.

75 Ada Heather-Bigg, "The Wife's Contribution to the Family Income," *Economic Journal* 4 (1894), p. 58.

76 Simon, *L'Ouvrière*, p. 12.

77 Le Play, III, p. 8, and VI, p. 109.

78 Pinchbeck, p. 59.

79 Hewitt, p. 193.

80 Patricia Branca, "Image and Reality: The Myth of the Idle Victorian Woman," in Mary Hartman and Lois W. Banner eds., *Clio's Consciousness Raised* (New York: Harper Torchbooks, 1974), pp. 179-189.

81 Morineau, "Budgets populaires", p. 464.

82 *La Politique des Femmes*, June 18-24, 1848. 신문에서 뽑아낸 이 글은 뉴욕주립대학교 프레도니아Fredonia 캠퍼스에 있는 로라 스트루밍어Laura Struminggher 씨가 보내 준 것이다. 그녀에게 감사 드린다.

83 Louis Reybaud, *Le Fer et la houille* (Paris: Levy, 1874), p. 203; Emile Vuilemin, *Enquête sur les habitations, les écoles et le degré d'instruction de la population ouvrière des mines de houille du Nord et du Pas-de-Calais* (N. P.: Comité des houillères du Nord et du Pas-de-Calais, 1872), p. 20; Georges Duveau, *La Vie ouvrière en France sous le Second Empire* (Paris: Gallimard, 1946), pp. 369-370.

84 Reybaud, Le Fer, p. 203

85 H. Stanley Jevons, *The British Coal Trade* (London: Kegan Paul, Trench, Trubner and Co., Ltd., 1920), p. 618; M. Davies ed., *Life as We have Known It* by Cooperative Working Women (New York: Norton, 1975), p. 26.

86 아미앵의 임금 정보는 AMA 2F38.1, "Salaires industriels dans la ville chef lieu du Departement de la Somme pendant l'année 1862"에서 나온 것이다.

87 장인층의 몰락에 대해서는 다음 저작들을 참조. Bernard Moss, *The Origins of the French Lobor Movement* (Berkeley, Calif.: University of California, 1975), chap. 1; Gareth Stedman Jones, "Working Class Culture and Working Class Politics: Notes on the Remarking of a Working Class," *Journal of Social History* 7 (1974), pp. 484-485.

88 Ellen Barlee, *A Visit to Lancashire in December 1862* (London: Seely, 1863), p. 32.

89 Engels, *The Condition of the Working Class*, Hewitt, p. 190에서 재인용.

[90] Hewitt, p. 193.

[91] AN C7321, Enquête textile, 1904.

[92] Hewitt, p. 193.

[93] Anderson, *Family Structure*, p. 74.

[94] 탁아소의 필요성에 대한 초기 토론에 관한 Jean-Baptiste-Firmin Marbeau의 저작들을 볼 것; *Des crêches, ou moyen de diminuer la misère en augmentant la population* (Paris: Imprimeur-Unis, 1845) and *Des crêches pour les petits enfants des ouvrières* (Paris: Amyot, Guillaumin et Le Clere, 1863). 루베의 탁아소 역사에 대해서는 Municipal Archives(Q III a 1-7)와 the annual *Rapports du Maire*에서 알 수 있다. 다른 논의들은 Assemblée Nationale, *Annales*, T.X XXII, 5 juin-7 juillet, 1874 (Annexe 2446), pp. 48-130; AN F15 3812-13; Andre-Theodore Brochard, *L'Ouvrière mère de famille* (Lyon: Joserand, 1874); E. Anthoine, "L'Instruction primaire," pp. 28-29를 참조.

[95] Hewitt, pp. 116-117.

[96] Villermé, I, pp. 242, 271, 394.

[97] Hewitt, p. 179.

[98] Elizabeth Leigh Hutchins and A. Harrison, *A History of Factory Legislation* (London: F. Cass, 1966), p. 47에서 재인용.

[99] AN F12 4709, 4772, 4723.

[100] AN F12 4709 (8 November 1853).

[101] Jules Mousseron, E. Decaillon, *Essai sur la vie et l'oeuvre du poète de la mine* (Centième anniversaire de al naissance de Jules Mousseron), (Denain: Musée de Denain, 1971), p. 6.

[102] M. Dournel, *Questions sociales: De Bourses de travail et des Associations populaires et économiques d'alimentation et de consommation* (Amiens: Jeunet, 1879), pp. 47-48.

[103] Morineau, "Budgets populaires," *passim*.

[104] John Burnett, *Plenty and Want: A Social History of Diet in England from 1815 to the Present Day* (London: Penguin Books, 1966), pp. 44-47.

[105] Robert Roberts, *The Classic Slum* (Manchester: Manchester University Press, 1971), p. 107.

[106] Anderson, *Family Structure*, p. 77.

[107] Ibid, ; Hufton, "Women and Revolution,", pp. 91-93; Laura Oren, "The Welfare of Women in Laboring Families: England 1860~1950," *Feminist Studies* 1 (1973), pp. 107-125.

[108] Duveau, *La vie ouvrière*, pp. 421, 436; Vuillemin, p. 31; Charles Benoist, *Les Ouvrières de l'aiguille a Paris: Notes pour l'étude de la question sociale* (Paris: chailley, 1895), pp. 36-38; M. E. Loane, "The Position of the Wife in the

Working-Class Home," in *An Englishamn's Castle* (London: Edward Arnold, 1909), pp. 183-184.

[109] Le Play, III, pp. 161, 281, 325.

[110] Duveau, *La Vie ouvrière*, p. 301.

[111] Le Play, VI, pp. 110-111; Marie-José Chombart de Lauwe, Paul-Henry Chombart de Lauwe, et al., *La Femme dans la société: Son image dans differents milieux sociaux* (Paris: Centre National de la Recherche Scientifigue, 1967), p. 158.

[112] Le Play, V, p. 427 ; IV, p. 198.

[113] Denis Poulot, *Le Sublime ou le travailleur comme il est 1870 et ce qu'il peut être* (Paris: A. Lecroix, Verboeckhoven, 1872), Duveau, *La Vie ouvrière*, pp. 54-55에 서 인용.

[114] Emile Zola, *L'Assomoir* (London: H. Hamilton, 1951); Duveau, *La Vie ouvrière*, pp. 505-510; Michael R. Marrus, "Social Drinking in the *Belle Epoque*," *Journal of Social History* 7 (1974), pp. 115-141.

[115] 카페의 역할에 대해서는 다음 글들을 참조. Michelle Perrot, *Les Ouvriers en grève*, II, pp. 589-592; passim; Michael Hanagan, "Artisan and Industrial Workers : Work Structure, Technological Changes and Worker Militancy in Three French Towns," doctoral dissertation, University of Michgan, 1976; Marrus, "Social Drinking," Jones, "Working Class Culture," p. 487.

[116] Anderson, *Family Structure*, p. 85.

[117] Wrigley, *Population and History*, p. 184.

[118] Collet, in Booth, p. 325.

[119] Bouvier, *Mes mémoires*, p. 24; Shaffer, p. 23.

[120] Anderson, *Family Structure*, p. 77.

[121] Margaret Llelwelyn Davies ed., *Life as We Have Known It*.

[122] Anderson, *Family Structure*, p. 78.

[123] Burnett, *The Annals of Labor*, p. 290.

[124] Anderson, *Family Structure*, pp. 150-161. 이런 종류의 도움을 서로 교환하는 것 에 대해 묘사하고 있는 데이비스Davies의 책에 수록된 생애사를 참조.

제7장 직업과 인구의 변화

[1] George Gissing, *The Odd Women* (London: Anthony, Blond, 1968).

[2] Deldycke et al. *La Population active*, Sections E and F.

[3] Amy A. Bulley and Margaret Whitley, *Women's Work* (London : Methuen, 1984), p. 111. 또한 다음을 참조. Clementina Black, *Sweated Industry and the Minimum Wage* (London: Duckworth, 1907).

[4] Burnett, *Annals of Labour*, pp. 139-140; McBride, *The Domestic Revolution*, pp. 112-113.

[5] Leslie Page Moch, "Domestic Service in Paris: An Avenue into the City," unpublished paper, University of Michigan, 1974, p. 17; McBride, *The Domestic Revolution*, pp. 113-114.

[6] McBride, *The Domestic Revolution*, pp. 113-115.

[7] Jean Daric, *L'Activité professionnelle des femmes en France. Etude statistique: évolution-comparaisons internationales*, I.N.E.D., Cahier no. 5 (Paris: Presses Universitaries de France, 1947), p. 39; McBride, p. 113. 또한 다음을 참조. Jean Fourastie ed., *Migrations professionnelles. Données sur leur évolution en divers pays de 1900 à 1955*, I.N.E.D., Cahier no. 31(Paris: Presses Universitaires de France, 1958), p. 159 and Collet, "Women's Work." p. 311.

[8] Paul Gemähling, *Travailleurs au rabais. La Lutte syndicale contre les sous-concurrences ouvrières* (Paris: Bloud, 1910); R. Briquet, "Le Travail des femmes en France." *Le Mouvement socialiste* (August 15), 1902; Lewinski, "La Maternité et l'évolution Capitaliste," *Revue d'économie politique* 23(1909), pp. 521-597.

[9] Féderation des travailleurs du livre, *9e Congrès national tenu à Lyon* (Paris: Imprimerie nouvelle, 1905); Gustave Rouanet, "Le Travail des enfants et des femmes." *Le Revue socialiste* (1886), pp. 210-211; Fernand and Maurice Pelloutier, "La Femme dans la société moderne." *Le Revue socialiste* (1894), pp. 285-312; Madeleine Guilbert, *Les Femmes et l'organisation syndicale avant 1914* (Paris: Centre National de la Recherche Scientifique, 1966); *passim* ; L. M. Compain, *Les Femmes dans les organisations ouvrières* (Paris: Girard et Brière, 1910).

[10] Daric, pp. 36-37; Alva Myrdal and Viola Klein, *Women's Two Roles: Home and Work* (London: Routledge and Kegan Paul, 1956), pp. 48-49.

[11] Lee Holcombe, *Victorian Ladies at Work* (Newton Abbot: David and Charles, 1973), p. 105.

[12] Pierre Giffard, *Paris sous la Troisième République: Les Grands Bazars* (Paris: V. Howard, 1882); Henriette Vanier, *La Mode et ses métiers ; frivolités et luttes de classes, 1830~1870* (Paris: A. Colin, 1960); Michael B. Miller, "The Department Store and Social Change in Modern France: The Case of the Bon Marché, 1869~1920." doctoral dissertation, University of Pennsylvania, 1976, chap. 1.

[13] Holcombe, *Victorian Ladies*, p. 103; noted in Shaffer, "Occupational Expectations."

[14] Michel Crozier, *The World of the Office Workers* (Chicago: University of Chicago, 1965), p. 16; Roberts, *The Classic Slum*, p. 201; Holcombe, p. 146; Burnett, *Annals of Labour*, p. 142.

[15] Mathilde Dubesset, Françoise Thébaud and Catherine Vincent, "Quand les femmes entrent à l'usine ⋯ Les ouvriéres des usines de guerre de la Seine, 1914~1918."

Maîtrise d'histoire, University of Paris VII, 1974, p. 377.

[16] Jeanne Bouvier, *Histoire des dames employées dans les postes, télégraphes et téléphones de 1714 à 1929* (Paris: Presses Universitares de France, 1930), p. 159; Shaffer, "Occupational Expectations." p. 10; Holcombe, p. 164; Susan Bachrach, "The Feminization of French Urban Post Offices: Women's Work as Postal Clerks, 1892~1914." unpublished paper, University of Wisconsin, Madison, 1976.

[17] Bachrach, pp. 17-19.

[18] Holcombe, pp. 34, 203.

[19] Bouvier, *Histoire des dames*, pp. 159, 234-251; Holcombe, pp. 163-171.

[20] Holcombe, pp. 34, 203.

[21] Prost, *Histoire de l'enseignement*, p. 378; Ida Berger, *Les Maternelles; étude sociologique sur les institutrices des écoles maternelles de la Seine* (Paris: Centre National de la Recherche Scientifique, 1959), p. 24; Jacques Ozouf, "Les Instituteurs de la Manche." *Revue d'histoire moderne et contemporaine* 13 (1966): p. 99 ; Ida Berger and Roger Benjamin, *L'Univers des instituteurs* (Paris: Editions de Minuit, 1964).

[22] Berger, *Les Maternelles*, pp. 55-65; idem, "Sur l'origine sociale de trois generations d'instituteurs et d'institutrices de la Seine." *Bullétin de la Société d'études historiques, géographiques et scientifiques de la région parisienne* (1954), pp. 3, 8. Berger and Benjamin은 프랑스의 각 지역에서 "산업화는 교사직의 여성화와 상관성이 있다. 1960년대에 이르면 파리 지역 교사의 70퍼센트가 여성이었다"는 것을 발견했다. Barnett Singer, "The Teachers as a Notable in Britanny, 1880~1914," *French Historical Studies* 9 (Fall 1976), p. 646.

[23] Holcombe, pp. 36-37.

[24] Ibid., p. 34.

[25] Ibid., p. 203 ; Ozouf, p. 99.

[26] Holcombe, p. 78.

[27] Ibid., pp. 77, 78, 204-205.

[28] Daric, p. 33 ; Holcombe, p. 216.

[29] Rowntree, *Poverty*, p. 32.

[30] Benjamin Seebohm Rowntree, *Poverty and Progress: A Second Social Survey of York* (London, New York : Longmans, Green, 1941), p. 9.

[31] Rowntree, *Poverty*, p. 33.

[32] 다음 자료로 계산했다. Calculated from *Census of England and Wales, 1911*, vol. 10, *Occupations and Industries*, part 2 (London, 1913), pp. 689-690.

[33] Daniel Bertin, "La Population amienoise de 1880 à 1914 (d'après les listes nominatives de rencensement)." Travail d'études et de recherches, University of Amiens, n. d., pp. 20-21.

[34] France, Office du Travail, *Enquête sur le travail à domicile dans l'industrie de la lingerie* (Paris, 1907-1911), III, pp. 213, 218.

[35] Ibid., *passim*.

[36] 1906년 센서스 명부의 가구 샘플을 기초로 계산했다.

[37] Ethel M. Elderton, *Report on the English Birthrate*. Part I. *England North of the Humber* (Galton Eugenics Laboratory Publication, 1914), p. 214.

[38] 스톡포트의 비율은 1851년과 1911년에 출간된 센서스 표를 기초로 계산했으며, 루베의 수치는 1906년 센서스의 명부 샘플에 기초한 것이다..

[39] Clara Collet, "The Collection and Utilization of Official Statistics Bearing on the Extend and Effects of the Industrial Employment of Women," *Journal of Royal Statistical Society* 61, part 2 (June 1898), p. 242.

[40] Ibid.

[41] Wrigley, *Population and History*, pp. 195-198; Ansley Coale, "The History of Human Populations," *Scientific American* (September 1974), pp. 41-51.

[42] Alexandre Faidherbe, "Etude statistique et critique sur le mouvement de la population de Roubaix (1469-1744-1893), *Mémoires de la Société d'Emulation de Roubaix*, Troisième série, II (1894~1895), p. 147.

[43] AN C 7321, Enquête Textile, 1904. 잉글랜드에서 산아제한을 실행한 증거는 장인 보조금협회에 대한 산후조리 청구에 정리되어 있다. Sidney Webb, *The Decline in the Birth-rate*, Fabian Tract 131 (London: The Fabian Society, 1907), pp. 6-8.

[44] Elderton, *Report on the English Birthrate*.

[45] Angus McLaren, "Abortion in England: 1890~1914." unpublished paper, University of Victoria, 1975.

[46] Norman Himes, *A Medical History of Contraception* (Baltimore: Williams and Wilkins, 1936), pp. 209-259.

[47] Ibid. ; Peter Fryer, *The Birth Controllers* (London: Seeker and Warburg, 1965); J. A. Banks, *Prosperity and Parenthood* (New York: Humanities, 1954), p. 168; Rosanna Ledbetter, *A History of the Malthusian League, 1877~1927* (Columbus: Ohio State University Press, 1976). 노스캐롤라이나대학교 채플힐Chapel Hill 캠퍼스의 리처드 솔로웨이Richard Soloway 교수는 영국의 산아제한 운동을 연구하고 있다. 우리에게 많은 아이디어들과 문헌 자료들을 기꺼이 공유해 준 그에게 감사 드린다.

[48] Francis Ronsin, "Mouvements et courants Néo-malthusiens en France." Thèse du IIIᵉ cycle, Université de Paris, VII, 1974; André Armengaud, "Mouvement ouvrier et Néo-malthusianisme au début du XXᵉ siècle," *Annales de démographie historique* (1966).

[49] Elderton, p. 212.

[50] Ibid., pp. 234-235.

[51] Women's Industrial Council, *Maternity: Letters from Working Women Collected by*

the Women's Cooperative Guild (London: Bell, 1915), pp. 113-114.

[52] 게리 베커Gery Becker와 제이콥 민서Jacob Mincer 및 다른 경제학자들의 최근 연구들은 신시아 로이드Cynthia Lloyd의 *Sex, Discrimination and the Division of Labor*, chap. 1.에 소개 요약되어 있다. 또한 리처드 이스털린Richard Easterlin, "An Economic Framework for Fertility Analysis." *Studies in Family Planning* 6 (1975), pp. 54-63도 참조.

[53] Elderton, pp. 234-235.

[54] Nicole Quillien, "La Main d'oeuvre féminine textile dans l'arrondissement de Lille, 1890~1914." unpublished thesis, University of Lille, 1969, p. 22; Robert Pierreuse, "La Situation économique et sociale à Roubaix et à Tourcoing de 1900 à 1914." doctoral dissertation (IIIe cycle), University of Lille, 1972.

[55] Etienne van de Walle, *The Female Population of France in the Nineteenth Century* (Princeton, N. J.: Princeton University Press, 1974), pp. 170-198, 204; John Knodel, "Infant Mortality and Fertility in Three Bavarian Villages: An Analysis of Family Histories from the Nineteenth Century," *Population Studies* 22 (1968), pp. 293-318; John Knodel and Etienne van de Walle, "Breastfeeding, Fertility and Infant Mortality: An Analysis of Some Early German Data," *Population Studies* 21 (1967), p. 130.

[56] Aline Lesaege-Dugied, "La Mortalité infantile dans le Departement du Nord de 1815 à 1914." in Marcel Gillet ed., *L'Homme, la vie et la mort dans le Nord au 19e siècle* (Paris: Editions universitaires, 1972), pp. 85-86, 104 ; Rowntree, *Poverty*, p. 230.

[57] "Report of the Interdepartmental Committee on Physical Deterioration," British Parliamentary Papers, Cd. 2175, LXXII, 1904, p. 28.

[58] Gertrude Tuckwell et al., *Women in Industry from Seven Points of View* (London: Duckworth, 1908), pp. 90-91.

[59] Lesaege-Dugied, pp. 119-120.

[60] AN F15 3812-13.

[61] Lesaege-Dugied, p. 120.

[62] Felhoen, *Etude statistique*, pp. 167-208 ; AMR, Q Ⅱ d6.

[63] G. F. McCleary, *Infantile Mortality and Infants' Milk Depots* (London: P. S. King, 1905).

[64] Lesaege-Dugied, pp. 85-86, 123.

[65] Rowntree, *Poverty and Progress*, pp. 286-287.

제8장 가족소비경제와 여성

[1] Henri Boisgontier, *Les Syndicats professionels féminins de l'Abbaye et l'Union*

Centrale des syndicats féminins (Paris: Thèse de doctorat, Faculté de droit de Lyon, 1927), p. 97.

[2] John R. Gillis, *Youth and History: Tradition and Change in European Age Relations, 1770~Present* (New York, London: Academic Press, 1974), p. 124; Elderton, *Report on the English Birthrate*, p. 233 ; W. C. Marshall, "The Effect of Economic conditions on the Birth-rate," *Eugenics Review* 5 (1913), pp. 118-120.

[3] Prost, *Histoire de l'enseignement*, p. 101.

[4] Geoffrey Best, *Mid-Victorian Britain, 1851~1871* (New York: Shocken Books, 1971), p. 110; Franchomme, "Roubaix de 1870 à 1900 (Etude démographique, économique, sociale et politique)," unpublished thesis (D. E. S.), University of Lille, 1960, pp. 112-113.

[5] P. W. Musgrave, *Society and Education in England since 1800* (London: Methuen, 1968).

[6] Charles Booth, "Occupations of the People of the United Kingdom, 1801~1881," *Journal of the Royal Statistical Society* 49 (1886), p. 371; Inter-departmental Committee on the Employment of School Children, *Report* (British Parliamentary Papers, cd. 1849, 1902, XXV, pp. 261-276)도 참조.

[7] Prost, pp. 95, 97.

[8] M. Bodin, "L'Institutrice," in *Bibliothèque sociale des métiers*, ed. by G. Renard (Paris : G. Doin, 1922), p. 60.

[9] Gillis, p. 125.

[10] Prost, p. 275.

[11] Collet, in Booth, p. 281.

[12] Gillis, pp. 124-25.

[13] Rowntree, *Poverty*, 117.

[14] Ibid., pp. 117-118, 154.

[15] Jacques Caroux-Destray, *Une Famille ouvrière traditionnelle* (Paris: Anthropos, 1974), p. 218.

[16] Peter Willmott and Michael Young, *Family and Kinship in East London* (London: Penguin Books, 1957), p. 180.

[17] Prost, p. 294 ; 또한 G. E. Clancier, *Le Pain Noir* (Paris: R. Laffont, 1956)에서 교육의 중요성에 대한 서술도 참조.

[18] Henry Leyret, *En Plein faubourg ; moeurs ouvrières* (Paris: Chapentier, 1895), p. 118.

[19] Prost, p. 310.

[20] Rowntree, *Poverty*, p. 89.

[21] Ibid., 164.

[22] Ibid., p. 105.

[23] Roberts, *The Classic Slum*, p. 144.

[24] Rowntree, *Poverty and Progress*, pp. 294, 447.

[25] Burnett, *The Annals of Labour*, pp. 214-220.

[26] Ibid., pp. 226-234.

[27] Ibid., pp. 243-245.

[28] Roberts, p. 222 ; Rowntree, *Poverty*, p. 103도 참조.

[29] André Lainé, *La Situation des femmes employées dans les magasins de vente à Paris* (Paris: Rousseau, 1911), p. 30.

[30] Holcombe, *Victorian Ladies*, pp. 128-132.

[31] Auguste Bessé, *L'Employé de commerce et d'industrie* (Lyon: E. Nicolas, 1901), p. 2 ; Lainé, p. 30. Shaffer, "Occupational Expectations"도 참조.

[32] Holcombe, p. 111.

[33] Ibid., pp. 112-114; Leon Bonneff and Maurice Bonneff, *La Classe ouvrière: Les Employés de magasin* (Paris: "Guerre Sociale," 1912), p. 43; Lainé, p. 30; Giffard, *Paris sous la Troisième République*, pp. 24, 89.

[34] Holcombe, p. 114.

[35] Ibid., p. 117.

[36] Gissing, *The Odd Women*.

[37] Shaffer, p. 9에서 인용.

[38] Holcombe, p. 146.

[39] Ozouf, "Les Instituteurs," p. 99.

[40] Holcombe, pp .21-67 ; Ozouf, pp. 100-101 ; Prost, p. 193.

[41] Wilmott and Young, *Family and Kinship*, p. 81. Gillis, *Youth and History*, p. 193도 참조.

[42] Roberts, p. 28.

[43] Maurice Halbwachs, "Revenus et dépenses de ménages de travailleurs. Une Enquête officielle d'avant guerre," *Revue d'économie politique* 35 (January-February 1921), pp. 52-53.

[44] Rowntree, *Poverty*, p. 56; John Condevaux, *Le Mineur du Nord et du Pas-de-Calais : Sa psychologie, ses rapports avec le patronat* (Lille: Danel, 1928), p. 12 와 Madeline Kerr, *The People of Ship Street* (London: Routledge and Kegan Paul, 1958); Gillis, 130쪽도 참조.

[45] Caroux-Destray, *Une Famille*, p. 217.

[46] Peter Stearns, "Working Class Women in Britain, 1890~1914," in Martha Vicinus ed., *Suffer and Be Still* (Bloomington: Indiana University Press, 1972), p. 111.

[47] Collet, in Booth, pp. 287, 314.

[48] Hewitt, *Wives and Mothers*, p. 193.

[49] M. E. Loane, "The Position of the Wife," p. 183; Michaud, *J'avais vingtans: Un jeune ouvrier au début du siècle* (Paris: Editions syndicalistes, 1967), p. 39.

[50] Madeleine Guilbert, *Les Femmes et l'organisation syndicale*, pp. 28-29 ; idem, "Le Travail des femmes," *Revue française du travail* (1946), p. 665. G. Dupeux, *La Société française 1789~1970* (Paris: Librarie Armand Colin, 1974), pp. 179-180 도 참조.

[51] B. Drake, *Women in Trade Unions* (London: Labour Research Department, 1924), pp. 17-18; Anne Locksley, "Speculation on Working Women, Resources and Collective Action," unpublished paper, University of Michigan, 1974.

[52] Collet, in Booth, p. 287.

[53] Locksley, "Speculation," A. Stafford, *A Match to Fire the Thames* (London: Hodder and Stoughton, 1961)도 참조.

[54] Michelle Perrot, *Les Ouvriers en grève*, pp. 323-326; Bouvier, *Histoire des dames*, p. 286 ; Boisgontier, *Les Syndicats*, pp. 48, 138 ; Guilbert, "Le travail des femmes," p. 665.

[55] Rowntree, *Poverty*, p. 366.

[56] Leyret, *En Plein faubourg*, p. 98.

[57] Rowntree, *Poverty*, p. 368.

[58] Roberts, *The Classic Slum*, p. 235.

[59] Ibid., p. 232.

[60] Ibid., p. 233.

[61] Shorter, *The Making of the Modern Family, passim.*

[62] Gillis, p. 121 ; Joan W. Scott, *The Glassmakers of Carmaux* (Cambridge, Mass.: Harvard University Press, 1974), p. 203.

[63] Ozouf, p. 99.

[64] Jones, "Working Class Culture," p. 491.

[65] Ibid.

[66] Roberts, p. 52.

[67] Ibid., p. 53.

[68] Caroux-Destray, p. 70.

[69] Wilmott and Young, p. 61.

[70] Alain Girard and Henri Bastide, "Le Budget-temps de la femme mariée à la campagne," *Population* 14 (1959), pp. 253-284.

[71] Roberts, pp. 81-83.

[72] Lesaege-Dugied, "La Mortalité infantile," p. 107.

[73] Elderton, *Report on the English Birthraté*, pp. 222-223.

[74] AN C7319 Enquête Textile, 1904; Mathilde Decouvelaere, *Le Travail industriel des femmes mariées* (Paris: Rousseau, 1934), pp. 222-223. Eliane Delesalle, *Le Travail de la femme dans l'industrie textile et du vêtement de l'arrondissement de Lille* (Lille: Danel, 1952) and Juliette Minces, *Le Nord* (Paris: Maspero, 1967)도 참조.

[75] Dubesset, Thebaued and Vincent, "Quand les femmes entrent à l'usine," p. 378; Material on Armentières from William Reddy, "Family and Factory : French Linen Weavers in the Belle Epoque," *Journal of Social History* 8 (Winter 1975), p. 111; on Fougères, from the dissertation research of Allen Binstock, University of Wisconsin.

[76] Edward Cadbury, M. Cecile Matheson and George Shann, *Women's Work and Wages: A Phase of Life of an Industrial City* (Chicago: University of Chicago Press, 1907), p. 147.

[77] Alexander Patterson, *Across the Bridges or Life by the South London Riverside* (London : Edward Arnold, 1911), p. 29.

[78] Collet, in Booth, pp. 310-311.

[79] 영국의 수치는 Deldycke, et al., *La Population active*, p. 185 참조. 전체 여성 노동력에 대한 프랑스의 수치는 Henri Nolleau, "Les Femmes dans la population active de 1856 à 1954," *Economie et politique* 7(1960), p. 7 참조. 프랑스의 비농업노동력에 대한 추정치는 Jean Daric, "L'Activité professionnelle des femmes en France," I.N.E.D., Cahier No. 5 (Paris: P.U.F., 1947), pp. 15, 24; Brian Mitchell, *European Historical Statistics. 1750~1970* (New York: Columbia University Press, 1975), p. 36 참조.

[80] Guilbert, "Le Travail des femmes," p. 758 ; Nolleau, p. 14.

[81] Cadbury, et al., p. 176.

[82] Roberts, p. 19.

[83] Rowntree, *Poverty*, p. 156. Cadbury, et al., p. 210도 참조. 미국에 대해서는 다음을 참조. John Modell and Tamara Hareven, "Urbanization and the Malleable Household: An Examination of Boarding and Lodging in American Families," *Journal of Marriage and the Family* (1973), pp. 467-479.

[84] Board of Trade, *Consumption and Cost of Food in Workmen's Families in Urban Districts in the United Kingdom*, British Parliamentary Papers, 84, Cd. 2337, 1905.

[85] Jeanne Singer-Kerel, *Le Côut de la vie à Paris 1840 à 1954* (Paris: Colin, 1961); François Simiand, *Le Salaire, L'évolution sociale et le monnaie; essai de théorie experimentale du salaire, introduction et étude globale* (Paris: Alcan, 1932), p. 5.

[86] Gemähling, *Travailleurs au rabais*, pp. 139-140.

[87] Bulley and Whitley, *Women's Work*, p. 113.

[88] Singer-Kerel, pp. 452-453.

[89] Rowntree, *Poverty*, p. 108.

[90] Maurice Halbwachs, "Revenus et dépenses de ménages de travaileurs," *Revue d'économie politique* 35 (1921), p. 52.

[91] Roberts, p. 80.

[92] Rowntree, *Poverty*, p. 98.

[93] Cadbury, *Matheson and Shann*, p. 212.

94 Ibid., p. 297.

95 Collet, in Booth, pp. 310-311.

96 Office du Travail, *Enquête sur le travail à domicile dans l'industrie de la lingerie* (Paris, 1907) III, p. 218.

97 Rowntree, *Poverty*, pp. 273, 276.

98 Kerr, *The People of Ship Street*, p. 30.

99 Michaud, *J'avais vingt ans*, p. 22; Rowntree, *Poverty*, p. 391; Cadbury, Matheson and Shann, p. 174; Jones, "Working Class Culture," pp. 473-475.

100 Cadbury, Matheson and Shann, p. 148.

101 Collet, in Booth, pp. 295-296.

102 Caroux-Destray, p. 47; Rowntree, *Poverty*, p. 330. 어머니가 가족의 생계를 '보조extras'하기 위해 자신의 임금을 사용하는 것은 20세기 동안 줄어들지 않았다. 라운트리가 1936년 요크로 돌아왔을 때 그는 밖에 나가 일해서 남편의 수입을 보조하는 여성은 "극히 소수에 지나지 않는다"는 것을 발견했다. 그러나 이는 부분적으로는 경제 상황이 좋지 않아 일자리 구하기가 쉽지 않았던 것에 기인한다. 라운트리는 1950년 '노동계급 중에서도 가장 부유한 계층'에 속한 사람들조차 '부업을 일삼는' 것을 보고 놀랐다. 여성 대다수는 파트타임으로 일하고 있었으며, 15세 미만 자녀가 있는 여성은 거의 없었다.(Rowntree and Lavers, p. 56). 1962년 런던의 피크 프린Peak Freen 비스킷 공장에서 일하는 기혼 여성 노동자는 가족의 생계를 보조하기 위해 주로 파트타임으로 일했다. Pearl Jephcott, with Nancy Secar and John H. Smith, *Married Women Working* (London: Allen and Unwin, 1962), p. 165.

103 일례로 Davies, *Life as We Have Known It* 과 Burnett, *The Annals of Labour, passim* 참조.

104 Caroux-Destray, p. 99.

105 Patterson, *Across the Bridges*, p. 32.; Rowntree, *Poverty and Progress*, p. 332; Jones, p. 486.

106 Jean-Marie Flonneau, Crise de la vie chère, 1910~1914, unpublished paper (Diplome d'Etudes Supérieures), University of Paris, 1966, p. 138. (Quoting Le Travailleur, August 26, 1911).

107 Rowntree, *Poverty and Progress*, p. 357; 또한 Condevaux, *Le Mineur*, p. 10과 Caroux-Destray, p. 47 ; Rowntree, *Poverty*, p. 91도 참조.

108 Kerr, p. 48.

109 Leyret, pp. 49-50과 Roberts, p. 200도 참조.

110 Davies, p. 39.

111 Marguerite Perrot, *La Mode de la vie des familles bourgeoises, 1873~1953* (Paris: Colin, 1961), p. 262; Yves Boulinguiez, "Aspects de la vie économique, politique et sociale XIXe et XXe siècles," *Revue du Nord* 54(1972), p. 322.

112 Maurice Halbwachs, *L'Evolution des besoins dans les classes ouvrières* (Paris:

Alcan, 1933), pp. 120-22; Burnett, *Plenty and Want*, p. 132.

[113] Burnett, *Plenty and Want*, pp. 132, 243-245.

[114] Ibid., p. 157.

[115] Roberts, p. 107.

[116] Davies, p. xi.

[117] Ibid.

[118] Flonneau, pp. 138-151.

[119] Jones, pp. 173-475, 486와 Leyret, p. 60도 참조.

[120] Davies, p. 38; Cadburym, et al., p. 174.

[121] Caroux-Destray, p. 47; Rowntree, *Poverty*, p. 71; condevaux, p. 10.

[122] Loane, "The Position of the Wife," p. 184.

[123] Jones, p. 486.

[124] Rowntree, *Poverty*, p. 86 ; Stearns, "Working Class Women," p. 106.

[125] Leyret, p. 122; Burnett, *Plenty and Want*, p. 272.

[126] Roberts, p. 43; Paul-Henri Chombart de Lauwe, *La Vie quotidienne des familles ouvrières* (Paris: Centre de la Recherche Scientifique, 1956), p. 56. 로버츠는 다음과 같이 기록하고 있다. "여성은 이웃과 더불어, 노동계급으로서의 삶을 살아가면서 그들에게 대단히 중요한 역할을 부여하는 정보망을 구축하게 된다. … 이것은 그들을 둘러싸고 있는 장애에도 불구하고 여성들이 영향력을 갖게 되는 하나의 방법이다."

[127] Cadbury, et al., p. 175.

[128] Ibid., p. 221.

[129] Davies, pp. 63-64.

[130] Burnett, *Annals of Labour*, p. 7.

[131] Caroux-Destray, p. 46.

[132] Patterson, p. 32.

[133] Caroux-Destray, p. 46.

[134] Wilmott and Young, p. 78.

[135] Rowntree, *Poverty*, p. 108.

제9장 제2차 세계대전 이후 여성 취업의 변화

[1] Viola Klein, *Britain's Married Women Workers* (London: Routledge and Kegan Paul, 1965), p. 27.

[2] Myrdal and Klein, *Women's Two Roles*, pp. 3, 39-40. 미국의 상황에 대해서는 다음을 참조. William H. Chafe, *The American Woman: Her Changing Social, Political and Economic Roles, 1920~1970* (New York: Oxford University Press, 1972).

[3] 이에 대해서는 다음의 글에서 논의되고 있음. J. -J. Carré, P. Dubois and E.

Malinvaud, *French Economic Growth*, trans. by John P. Hatfield (Stanford, Calif.: Stanford University Press, 1975), p. 37.

4 Daric, *L'activité professionelle*, p. 37.

5 Ibid., p. 24.

6 Gordon Wright, *Rural Revolution in France* (Stanford, Calif.: Stanford University Press, 1964), *passim*.; Carré, *Dubois and Malinvaud*, pp. 170-173. 농업에서 여성 고용의 감소 중 일부는 가족농장 고용에 대한 정의가 변화한 데에서 기인한 듯하다. Carré et al., pp. 48-54를 참조.

7 Daric, p. 62; Françoise Guelaud-Léridon, *Le Travail des femmes en France*, I.N.E.D., Cahier no. 42 (Paris : Presses Universitaires de France, 1964), p. 23.

8 Daric, pp. 28, 40.

9 Holcombe, *Victorian Ladies*, p. 217; Myrdal and Klein, p. 52.

10 Daric, p. 27; Guelaud-Leridon, p. 42-43.

11 Holcombe, p. 217.

12 Klein, pp. 84-86.

13 Rowntree and Lavers, *Poverty and the Welfare State*, p. 56; Guelaud-Leridon, pp. 14-23; Marie-José Chombart de Lauwe, Paul-Henri Chombart de Lauwe, Michèle Huguet, Elia Perroy and Noelle Bissert, *La Femme dans la Société. Son image dans differents milieux sociaux* (Paris: Centre national de la recherche scientifique, 1967), pp. 80-81 ; Klein, p. 54.

14 Pearl Jephcott, Nancy Secar and John H. Smith, *Married Women Working*.

15 Myrdal and Klein, p. 80 ; Klein, p. 16 ; Joann Vanek, "Time Spent in Housework," *Scientific American* 231 (November 1974), pp. 116-120; Alexander Szalai ed., *The Use of Time: Daily Activities of Urban and Suburban Populations in Twelve Countries* (Paris, The Hague: Mouton, 1972), passim.

16 Rowntree and Lavers, p. 57.

17 Jephcott, Secar and Smith, p. 165.

18 Klein, p. 43.

19 Rowntree and Lavers, p. 56.

다음은 대학 도서관에서 쉽게 이용할 수 있는 책과 논문들에 대한 안내이다. 이 문헌 목록은 결코 포괄적이라고 할 수는 없으며, 프랑스어 자료보다 영어 자료를 더 많이 포함하고 있다. 기본적으로는 학부생의 리서치 논문용이며, 더 폭넓은 참고문헌을 원하는 학생들은 각 장의 주를 참조하기 바란다. 각 장의 미주는 저자들이 참조한 1차, 2차 문헌에 대한 전체 참고문헌을 포함하고 있다. 이 작업의 완전한 참고문헌 목록은 저자들을 통해 얻을 수 있다.

Abensour, Léon. *Le Féminisme sous le règne de Louis-Phillippe et en 1848*. Paris: Plon-Nourrit. 1913.

Agulhon, Maurice; Desert, Gabriel and Specklin, Robert. *Apogée dt crise de la civilisation paysanne. 1789-1914*. Vol. 3 of Historie de la France rurale. Paris: Seuil. 1976.

Allison, K. J. and Tillot, P. M. "York in the Eighteenth Century." In *A History of Yorkshire*. edited by P. M. Tillot. London: The Institute of Historical Research. 1961.

Anderson, Michael. *Family Structure in Nineteenth Century Lancashire*. Cambridge: At the University Press, 1971.

_____. "Household Structure and the Industrial Revolution: Mid-Nineteenth Century Preston in Comparative Perspective." In *Household and Family in past time*, edited by Peter Laslett and Richard Wall. Cambridge: At the University Press, 1972.

Ariès, Phillippe. *Centuries of Childhood: A Social History of Family Life*, translated by Robert Baldick. New York: Vintage, 1965.

Armengaud, André. *La Famille et l'enfant en France et en Angleterre du XVIe au XVIIIe siècle. Aspects dèmographiques*. Paris: Société d'édition d'enseignement supérieur, 1975.

_____. "Population in Europe. 1700~1914." In *The Industrial Revolution*, edited by Carlo M. Cipolla. Vol. 3 of *The Fontana Economic History of Europe*. London: Collins/Fontana Books, 1973.

Armstrong, Alan. *Stability and Change in an English country Town. A Social Study of York, 1801~51*. Cambridge: At the University Press, 1974.

Bairoch, Paul. "Agriculture and the Industrial Revolution, 1700~1914." In *The Industrial Revolution*, edited by carlo M. Cipolla. Vol. 3 of *The Fontana Economic History of Europe*. London: Collins/Fontana Books, 1973.

Baker, Elizabeth. *Technology and parenthood. A Study of Family Planning Among the Victorian Middle Classes*. London: Routledge and Kegan Paul, 1954.

Banks, Joseph A. *Prosperity and parenthood. A Study of Family Planning Among the Victorian Middle Classes*. London: Routledge and Kegan Paul, 1954.

Baulant, Micheline. "The Scattered Family: Another Aspect of Seventeenth Century Demography." In *Family and Society*, edited by Robert Forster and Orest Ranum. Baltimore: Johns Hopkins University Press, 1976.

Berger, Ida. *Les Maternelles; étude sociologique sur les institutrices des écoles maternelles de la Seine*. Paries: Centre National de la Recherche Scientifique, 1959.

Bertuès, Helene; Ariès, Philippe; Helin, Etienne; Henry, Louis; Piquet, R. P. Michel; Sauvy, Alfred; and Sutter, Jean. *La Prévention des naissances dans la famille. Ses origines dans les temps modernes*. I.N.E.E. Travaux et Documents, Cahier no. 35. Paris; Presses Universitaires de France, 1960.

Berkner, Lutz K. "The Stem Family and the Developmental Cycle of the Peasant Household: AN Eighteenth Century Austrian Example." *American Historical Reviews* 77 (April 1972): 398-418.

Bernard, R. -J. "Peasant Diet in Eighteenth-Century Gevaudan." In *European Diet from Pre-Industrial to Modern Times*, edited by Elborg Forster and Robert Forster. New York: Harper and Row, 1975.

Black, Clementina ed. *Married Women's Work*. London: G. Bell and Sons, 1915.

_____. *Sweated Industry and the Minimum Wage*. London: Duckworth, 1907.

Blackburn, Helen and Vynne, Nora. *Women Under the Factory Act*. London: Williams and Norgate, 1903.

Bondfield, Margaret Grace. *A Life's Work*. London: Hutchinson, 1948.

Booth, Charles. "Occupations of the people of the United Kingdom, 1801~1881." *Journal of the Royal Statistical Society* 49 (1886): 314-435.

Booth, Charles ed. *Life and Labour of the People in London*. First Series. Poverty. London. Macmillan, 1902.

Bott, Elizabeth. *Family and Social Network; Roles, Norms and External Relationships in Ordinary Urban Families*. London: Tavistock Publications, 1957.

Bourdieu, Pierre. "Marriage Strategies as Strategies of Social Reproduction." In *Family and Society*, edited by Robert Forster and Orest Ranum. Baltimore: Johns Hopkins University Press, 1976.

_____. "Social and Biological Determinants of Human Fertility in Nonindustrial Societies." *Proceeding of the American Philosophical Society* 3(1967): 160-163.

Bouvier, jeanne. *Histoire des dames employées dans les postes, télégraphes et télégraphones de 1714 à 1929*. Paris: Presses Universitaires de France, 1930.

Branca, Patricia. "Image and Reality: The Myth of the Idle Victorian Woman." In *Clio's Consciousness Raised*, edited by Mary Hartman and Lois W. Banner. New York: Harper Torchbooks, 1974; 179-189.

Braun, Rudolph. "The Impact of Cottage Industry on an Agricultural Population." In *The Rise of Capitalism*, edited by David Landes. New York: Macmillan, 1966.

Brown, Judith K. "A Note on the Division of Labor by Sex." *American Anthropologist* 72 (1970): 1073-1078.

Burnett, John. *Plenty and Want: A Social history of Diet in England from 1815 to the Present Day.* London: Penguin Books, 1966.

Burnett, John ed. *The Annals of Labour: Autobiographies of British Working Class People, 1820-1920.* Bloomington: Industrial City. Chicago: University of Chicago Press, 1907.

Carré, J. -J.; Dubois, P.; and Malinvaud, E. *French Economic Growth,* translated by John P. Hatfield. Stanford, Calif.: Stanford University Press, 1975.

Chafe, William H. *The American Woman: Her Changing Social, Political and Economic Roles, 1920-1970.* New York: Oxford University Press, 1972.

Charles-Roux, Edmonde, et al. *Les Femmes et le travail du Moyen-Age à nos jours.* Paris: Editions de la Courtille, 1975.

Chatelain, Abel. "Migrations et domestictié féminine urbaine en France, XVIIIᵉ siècle." *Revue d'histoire économique et sociale* 47 (1969): 506-528.

_____. "Les Usines internats et les migrations féminines dans la région Lyonnaise, seconde moitié du XIXᵉ siècle et au début du XIXᵉ siècle." *Revue d'histoire économique et sociale* 48 (1970): 373-394.

Chevalier, Louis. *La Formation de la population parisènne au XIXᵉ siècle.* Paris: Presses Universitaires de France, 1950.

_____. *Laboring Classes and Dangerous Classes in Paris in the First Half of the Nineteenth Century,* translated by Frank Jellinek. New York: H. Fertig, 1973.

Chombart de Lauwe, Marie-Josè; Chombart de Lauwe, Paul Henry; et al. *La Femme dans la société: Son image dans differents milieux sociaux.* Paris: Centre National de la Recherche Scientifique, 1967.

Cipolla, Carlo. *Before the Industrial Revolution: European Society and Economy, 1000-1700.* New York: W. W. Norton, 1976.

Clapham, J. H. *The Economic Development of France and Germany, 1815-1914.* Cambridge: At the University Press, 1966.

Clark, Alice. *The Working life of Women in the Seventeenth Century*. London: G. Routledge and Sons, 1919. (Reissued by Frank Cass, 1968.)

Clark, Frances Ida. *The Position of Woman in Contemporary France*. London: P. S. King and Sons, 1937.

Cole, Ansley J. "Age Patterns of Marriage." *Population Studies* 25 (1971): 193-214.

_____. "The Decline of Fertility in Europe from the French Revolution to World War II." In *Fertility and Family Planning*, edited by S. J. Behrmann, Leslie Corsa and Ronald Freedman. Ann Arbor: University of Michigan Press, 1967.

_____. Factors Associated with the Development of low Fertility: An historical Summary." In *Proceedings of the World Population Conference 1965*. 2 Vols. New York: United Nations, 1967.

_____. "The History oh Human Populations." *Scientific American*, September 1974: 411-51.

Cohen, Miriam. "Italian-American Women in New York City, 1900-1950: Work and School." In *Class, Sex and the Woman Worker*. edited by Milton Cantor and Bruce Laurie, Westport, Conn.: Greenwood Press, 1977.

Collet, Clara E. "Women's Work." In *Life and Labour of the people in London*. First seres, vol. 4, edited by Charles Booth. London: Macmillan, 1902.

Collier, Frances. *The Family Economy of the Working Classes in the Cotton Industry, 1784-1833*. Manchester: Manchester University Press, 1964.

Daric, Jean. *L'Activité professionnelle des femmes en France. Etude statistique: évolution-comparaisons internationales*. I.N.E.D., Cahier no. 5. Paris: Presses Universitaires de France, 1947.

Davies, M. L. *Life As We Have Known It by Cooperative Working Women* (New York: Norton, 1975).

Davis, Kingsley and Blake, Judith. "Social Structure and Fertility: An Analytic Framework." *Economic Development and Cultural Change* 4(1956): 211-235.

Davis, Natalie Zemon. "The Reasons of Misrule: Youth Groups and Charivaris in Sixteenth-Century France." *Past and Present* 50 (1972): 41-75.

_____. "Women on Top." In *Natalie Zemon Davis Culture and Society in Early Modern Europe.* Stanford, Calif.: Stanford University Press, 1975.

Deldycke, T.; Gelders, H.; and Limbor, J. M. *La Population active et sa structure.* Brussels: Institut de socilogie, 1969.

Delesalle, Eliane. *Le Travail de la femme dans l'industrie textile et du vêtement de l'arrondissement de Lille.* Imprimerie Danel, 1952.

Depauw, Jacques. "Amour illégitime dt société à Nantes au XBIII⁰ siècle." *Ammales. Economies, Société, Civilisations*, 27e Année (1972): 1155-1182.

Deyon, Pierre. Amiens, *Capitale provinciale. Étude sur la société urbaime au 17e siècle.* Paris, the hague: Mouton, 1967.

Dingle, A. E. "Drink and Working-Class lining Standards in Britain, 1870-1914." *Economic History Review* 25 (1972): 608-622.

Drake, Barbara. *Women in Trade Unions.* London: Labour Research Department, 1924.

Dunham, Arthur L. *The Industrial Revolution in France (1815-1848).* New York: Exposition Press, 1955.

Dupăquier, Jacques. "Les Caractères originaux de l'histoire démographique française au XVIII⁰ siécle" *Revue d'hostoire moderne et contemporaine*, 23 (April-June 1976): 182-202).

Duplessis-Le Guelinel, Gérard. *Les Mariages en France.* Paris: Colin, 1954.

Duveau, Georges. *Les Instituteurs.* Paris: Editions du Seuil, 1957.

_____. *La Pensée ouvrière sur l'éducation pendant la Seconde République et le Second Empire.* paris: Domat-Montchrestien, 1948.

_____. *La Vie ouvrière en France sous le Second Empire.* Paris: Gallimard, 1946.

Easterlin, Richard. "An Economic Framework for Fertility Analysis." *Studies in Family Planning* 6 (March 1975): 54-63.

Engels, Friedrich. *The Origin of the Family, Private Property and the State.* New York: International Publisher, 1972.

Fairchilds, Cissie. *Poverty and Charity in Aix-en-Provence, 1640-1789*. Baltimore: Johns Hopkins University Press, 1976.

Flandrin, Hean-Louis. *Familles: Parenté, maison, sexualité dans l'ancienne société*. Paris: Hachette, 1976.

Fohlen, Claude. *L'industrie textile au temps du Second Empire*. Paris: Plon, 1956.

Forster, Edward Morgan. *Marianne Thornton: A Domestic Biography, 1797-1887*. New York: Harcourt, Brace, 1956.

Forster, G. C. F., "York in the Seventeenth Century." In *A History of Yorkshire*, edited by P. M. Tillot. London: The Institute of Historical Research, 1961.

Fourastié, Jean. "De la vie traditionelle à la vie 'tertiare." *Population* 14 (1959): 417-432.

Fourastié, Jean ed. *Migrations proffesionnelles. Données sur leur évolution en divers pays de 1900 à 1955*. I.N.E.D., Cahier no. 31. Paris: Presses Universitaires de France, 1958.

Friedlander, Dov. "Demographic Characteristics of the Coal Mining Population in England and Wale in the Nineteenth Century." *Economic Development and Cultural Change* 22 (1973): 39-51.

Fryer, Peter. *The Brith Controllers*. London: Seoker and Warburg, 1965.

Garden, Maurice. *lyon et les lyonnais au XVIIIe siécle*. Paris: Les Belles Letters, 1970.

Gauldie, Enid. *Cruel Habitations: a History of Working Class Housing, 1780-1918*. London: Allen and Unwin, 1974.

George, Mary Dorothy. *London life in the XVIIIth Century*. New York: Alfred A. Knopf, 1925.

Gillis, John R. *Youth and History: Tradition and Change in European Age Relations, 1770-Present*. New York, London: Academic Press, 1974.

Gissing, George. *The Odd Women*. London: Anthony Blond, 1968.

Glass, David Victor. *Population Policies and Movements in Europe*. Oxford: Clarendon Press, 1940.

Goode, William J. *World Revolution and Family Patterns*. New York: Free

Press of Glencoe, 1963.

Goody, Jack. "Class and Marriage in Africa and Eurasia." *American Journal of Sociology* 76 (1971): 585-603.

_____. "Inheritance, Property and Marriage in Africa and Eurasia." *Sociology* 3 (1969): 45-76.

_____. "Strategies of Heirship." *Comparative Studies in Society and History* 15 (1973): 3-20).

_____. ed. *The Character of Kinship*. Cambridge: At the University Press, 1973.

Goubert, Pierre. *Beauvais et le Beauvaisis de 1600 à 1730. Contribution à l'histoire sociale de la France du XVIIᵉ siècle*. Paris: S.E.V.P.E.N., 1960.

_____. "Legitimate Fecundity and Infant Mortality in France during the Eighteenth Century: A Comparison." *Daedalus. Historical Population Studies* (Spring 1968): 593-603.

Gross, Edward. "Plus ça change···?" The Sexual Structure of Occupations Over Time" *Social Problems* 16 (Fall 1968): 198-208.

Gueland-Lèridon, Françoise. *Le Travail des femmes en France*. I.N.E.D., Cahier no. 42. Paris: Presses Universitaires de France, 1964.

Guibert, Madeleine. *Les Femmes et l'rganisation sundicale avant 1914*. Paris: Centre National de la Recherche Scietifique, 1966.

_____. *Les Fonctions des femmes dans l'ndustrie*. Paris, The Hague: Mouton, 1966.

Haines, Michael R. "Fertility and Occupation: Coal Minning Populations in the Nineteenth and Early Twentieth Centuries in Europe and America." *Western Societies Program Occasional Papers No. 3*. Cornell University, Ithaca, New York, 1975.

Hair, P. E. H. "Bridal Pregnancy in Rural England in Earlier Centuries." *Population Studies* 20 (November 1966): 233-243.

Hajnal, John "European Marriage Patterns in Perspective." In *Population in History: Essays in Historical Demography*, edited by D. V. Glass and D. E. C. Eversley. Chicago: Aldine, 1965.

Hartwell, R. M. "The Service Revolution: The Growth of Services in the Modern Economy." In *The industrial Revolution*, edited by Carlo M. Cipolla. Vol. III of The Fontana Economic History of Europe. London: Collins/Fontana, 1973.

Heather-Bigg, Ada. "The Wife's Contribution to the Family Income." *Economic Journal* 4(1894): 51-58.

Hewitt, Margaret, *Wives and Mothers in Victorian Industry*. London: Rockliff, 1958.

Himes, Norman. *A Medical History of Contraception*. Baltimore: Williams and Wilkins, 1936.

Holcombe, lee. *Victorian Ladies at Work*. Hamden, Conn.: Archon Books, 1973.

Hollingsworth, T. H. *historical Demography*. London: The Sources of History Limited in Association with Hodder and Stoughton Ltd., 1969.

Hufton, Olwen. *The Poor of Eighteenth Century France, 1750-1789*. Oxford: Clarendon Press, 1974.

————. "Woman and the Family Economy in Eighteenth Century France." *French Historical Studies* 9 (Spring 1975): 1-22.

————. "Woman in Revolution, 1789-1796." *Past and Present* 53 (1971): 90-108.

Hunt, E. H. *Regional Wage Variations in Britain, 1850-1914*. Oxford: Clarendon Press, 1973.

Hutchins, Elizabeth Leigh and Harrison, A. *A History of Factory Legislation*. London: F. Cass, 1966

Innes, John W. *Class Fertility Trends in England and Wales, 1876-1934*. Princeton, N.J.: Princeton University Press, 1933.

Jephcott, Pearl, with Nancy Secar and John H. Smith. *Married Women Working*. London: Allen and Unwin, 1962.

Jones, Grareth Stedman, "Working Class Culture and Working Class Politics: Notes on the Remaking of a Working Class." *Journal of Social History* 7(1974): 460-508.

Kerr, Madeline. *The People of Ship Street*. London: Routledge and Kegan Paul, 1958.

Kitteringham, Jennie. "Country Work Girls in Nineteenth Century England." In *Village Life and Labour, edited by Raphael Samuel*. London: Routledge and Kegan Paul, 1975.

Klein, Viola. *Britain's Married Women Workers*. London: Routledge and Kegan Paul, 1965.

Knodel, John. "Infant Mortality and Fertility in Three Bavarian Villages: An Analysis of Family Histories from the Nineteenth Century." *Population Studies* 22(1968): 293-318.

Knodel, John and Maynes, Mary Jo. "Urban and Rural marriage Patterns in Imperial Germany." *Journal of Family History* 1(Winter 1976).

Knodel, John and van de Walle, Etienne. "Breastfeeding, Fertility and InfantMortality: An Analysis of Some Early German Data." *Population Studies* 21(1967): 109-131

Langer, William L. "Europe's Initial Population Explosion." *American Historical Review* 69(October 1963): 1-17.

Laslett, Barbara. "The Family as a public and Private Explosion." *American Historical Review* 69(October 1963): 1-17.

Laslett, Barbara. "TheFamily as a Public and Private Institution: An Historical Perspective." *Journal of Marrage and the Family* 35 (1973): 480-492.

Laslett, Peter. *The World We Have Lost*. New York: Scribner's 1965.

Laslett, Peter and Osterveen, Karla. "Long-term Trends in Bastardy in England: A Study of the Illegitimacy Figures in the Parish Registers and in the Reports of the Registrar General, 1461-1960," *Population Studies* 27(1973): 255-286.

Le Play, Frédéric. *Les Ouvriers euroéens, Etudes sur les trauvaux, la vie domestique et la condition morale des populations ouvrières de l'Europe*. Paris: Imprimerie imperial, 1855.

Levine, David. *Family Formation in an Age of Nascent Capitalism*. New York: Academic Press, 1977.

Lloyd, Cynthia B. ed. *Sex, Discrimination and the Division of Labor.* New York: Columbia University Press, 1975.

Macfarlane, Alan. *The Family Life of Ralph Josslin.* Cambridge: At the University Press, 1970.

McBride, Theresa. *The Domestic Revolution*, London: Croom Helms, 1976.

McKendrick, Neil. "Home Demand and Economic Growth: A New View of the Role of Women and Children in the Industrial Revolution." *Historical Perspectives: Studies in English Thought and Society in Honour of J. H. Plumb.* London: Europa, 1974.

Meillassoux, Claude. *Femmes, greniers et capitaux.* Paris: Maspero, 1975.

Mendras, Henri. The *Vanishing Peasant. Innovation and Change in French Agriculture,* translated by Jean Lerner. Cambridge, Mass : M. I. T. Press, 1970.

Morineau, Michel. "Budgets polularies en France au XVIIIe siècle." *Revue d'historie économique et sociale* 50(1972): 203-237, 449-481.

Myrdal, Alva and Klein, Viola. *Women's Two Roles: Home and Work.* London: Routledge and Kegan Paul, 1956.

Neff Wanda F. *Victorian Working Women.* New York: Columbia University Press 1929.

Oakley, Ann. *Housewife.* London: Allen Lane, 1974.

_____. *Woman's Work: The Housewife, Past and Present.* New York: Pantheon, 1974.

OppenHeimer, Valerie Kincade. "Demographic Influence on Female Employment and the Status of Women." *American Journal of Sociology* 78(1973): 946-961 j

_____. *The Female labor Force in the United States.* Berkeley: University of California Press, 1970.

Oren, Laura, "The Welfare of Women in Laboring Families: England, 1986-1950." *Feminist Studies* 1 (1973): 107-125.

Ozouf, Jacques. "L'Enguête d'opinion en histoire un exemple: l'instituteur français 1900-1914." *Le Mouvement social* 44 (1963): 3-22.

_____. "Les Instituteurs de la Manche." *Revue d'histoire modern et contemporaine* (1966): 98-106.

Peller, Sigismund. "Births and Deaths among Europe's Ruling Families since 19500." In *Population in History: Essays in Historical Demography*, edited by D. V. Glass and D. E. C. Eversley. Chicago: Aldine. 1965.

Perrot, Michelle. *Les Ouvriers en grève. France 1871-1890*. Paris, The Hague: Mouton, 1974.

Phillips, Roderick. "Women and Family Breakdown in Eighteenth Century France: Rouen 1780-1800." *Social History* 2 (May 1976): 197-218.

Pike, E. Roysten. *Human documents of the Victorian Golden Age(1850-1875)*. London : Allen and Unwin, 1967.

Pinchbeck, Ivy. *Wmen Workers and the Industrial Revolution, 1750-1850*. New York: G Routlege, 1930; A. Kelley, 1969.

Pinchbeck, Ivy and Hewitt, Margaret. *Children in English Society*. Vol 1. London: Routledge and Kegan paul, 1969.

Prost, Antonine. *Hisktorie de l'enseignement en France, 1800-1967*. Paris: A. colin, 1968.

Reddy, William, "Family and Factory: French Linen Weavers in the Belle Epoque." *Journal of Social History* 8 (winter 1975): 102-112.

Ritter, Kathleen V. and Hargens, Lowell L. "Occupational Positions and class Identification of Married working Women." *American Journal of Sociology* 80 (1975): 934-948.

Roberts, Robert. *The Classic Slum*. Manchester: Manchester University Press, 1971.

Roubin, Lucienne A. "Espace masculine, espace féminin en communauté provençale." *Annales*. E. S. C 26(March-April 1970).

Rowntree, Benjamin Seebohm. *English Life and leisure*. London: Longmans, Green, 1951.

_____. *Poverty: a Study of Town Life*. London: Nelson, 1901.

_____. *Poverty and Progress: A second Social survey of York*. London, New York: Longmans, Green, 1941.

Rowntree, Benjamin Seebohm and Kendall, May. *How the Laborer Lives: A Study of the Rural Labor Problem.* London: T. Nelson and Sons, 1913.

Rubinstein, D. *School Attendance in London, 1870-1904.* New York: Kelley, 1972.

Sanderson, Michael, "Education and the Factory in Industrial Lancashire, 1978-1840." *Economic History Review* 20(1967): 266-279.

Scott, Joan W. and Tilly, Louse A. "Women's Work and the Family in Nineteenth Century Europe." *Comparative studies in society and History* 17(1975): 36-64.

Segalen, Martine. *Nuptialité et alliance: Le Choix du conjoint dans une commune de l'Eure.* Paris: G.-P. Maisonneuve et larose, 1972.

Shorter, Edward. "Female Emancipation, Birth Control and Fertilityin European History." *American Historical Review* 78(June 1973): 605-640)

Sigsworth, E. M. and Wylie, J. J. "A Study of Victorian Prostitution and Venereal Diseases." *Suffer and Be Still*, edited by Martha Vicinus. Bloomington: Indiana University Press, 1972.

Smelser, Nail J. *Social Change in the Industrial Revolution: An Application of Theory to the British Cotton Industry.* Chicago: University of Chicago Press, 1959.

Stearns, Peter. "Working Class Women in Britain, 1890-1914." In *Suffer and Be Still*, edited by Martha Vicinus. Bloomington: Indiana University press, 1972.

Stine, Lawrence, "The Rise of the Nuclear Family in Early Modern England." In *The Family in History*, edited by Charles H. Rosenberg. Philadelphia: University of Pennsylvania Press, 1976.

Sullerot, Evelyne. *Histoire et socialogie du travail féminin.* Paris: Gonthier, 1968.

Sussman, George. "The Wet-Nursing Business in Nineteenth Century France." *French Historical Studies* 9(Fall1975): 304-323.

Thabault, Roger. *Education and Change in a Village Community. Mazières-*

en-Gâtine, 1848-1914, translated by Peter Tragear. New York:Schocken Books, 1971.

Thompson, E. P. "The Moral Economy of the English Crowd in the Eighteenth Century." *Past and Present* 50(1971): 71-136.

_____. "Rough Music: Le charivari anglais." *Annales E. S. C.* 27(1972): 285-312.

Thorner, Daniel; Kerblay, Basile; and Smith, R. E. F. eds. *A. V. Chyanov on the Theory of Peasant Economy.* Homewood, Ill.: Richard D. Irwin, 1966

Tilly, Charles. "Population and Pedagogy." *History of Education Quarterly* 2(1973): 113-128.

Tilly, Louise A.; Scott, Joan W.; and Cohen, Miriam. "Women's Work and European Fertility Patterns." *Journal of Interdisciplinary History* 6(Winter 1976): 447-476.

Van de Walle, Etienne. *The Female Population of France in the Nineteenth Century.* Princeton, N. J.: Princeton University Press, 1974.

Vanek, Joann. "Time Spent in Housework." *Scientific American*, November 1974: 116-120.

Watson, C. "Birth Control and Abortion in France since 1939." *Population Studies* 5(1952): 261-286.

Willmott, Peter and Young, Michael. *Family and Kinship in East London.* London: Penguin Books, 1957.

Wrigley, E. A. "Family Limitation in Pre-Industrial England." *Economic History Review*, 2nd Series, 19(April 1966): 89-109.

Yeo, Eileen and Tompson, E. P. *The Unknown Mayhew.* London: Merlin Press, 1971.

여성 노동 가족

2021년 6월 15일 초판 1쇄 발행
2023년 2월 20일　　　2쇄 발행

지은이 | 조앤 W 스콧 · 루이스 A 틸리
옮긴이 | 김영
펴낸이 | 노경인 · 김주영

펴낸곳 | 도서출판 앨피
출판등록 | 2004년 11월 23일 제2011-000087호
주소 | 우)07275 서울시 영등포구 영등포로 5길 19(37-1 동아프라임밸리) 1202-1호
전화 | 02-336-2776　팩스 | 0505-115-0525
전자우편 | lpbook12@naver.com

ISBN 979-11-90901-36-9